中国高校哲学社会科学发展报告

1978–2008

图书馆学、情报学与文献学

Report on the Development of Philosophy and Social Sciences in Chinese Colleges and Universities
(1978–2008)
Library Science, Information Science and Philology

丛书主编　教育部社会科学委员会
本卷主编　吴慰慈
副主编　张久珍　王益明　王余光

GUANGXI NORMAL UNIVERSITY PRESS
广西师范大学出版社
·桂林·

责任编辑：阳　梅
装帧设计：姚明聚
责任印制：黄　崖

图书在版编目（CIP）数据

中国高校哲学社会科学发展报告：1978~2008．图书馆学、情报学与文献学 / 吴慰慈主编．—桂林：广西师范大学出版社，2008.11
ISBN 978-7-5633-7866-1

Ⅰ．中…　Ⅱ．吴…　Ⅲ．①高等学校—哲学社会科学—发展—研究报告—中国—1978~2008②图书馆学—研究报告—中国—1978~2008③情报学—研究报告—中国—1978~2008④文献学—研究报告—中国—1978~2008　Ⅳ．C12　G25　G35

中国版本图书馆 CIP 数据核字（2008）第 169427 号

广西师范大学出版社出版发行
（广西桂林市中华路 22 号　邮政编码：541001
网址：http://www.bbtpress.com）
出版人：何林夏
全国新华书店经销
湖南新华印刷集团邵阳有限公司印刷
（湖南省邵阳市东大路 776 号　邮政编码：422001）
开本：787 mm × 1 092 mm　1/16
印张：27　　字数：410 千字
2008 年 11 月第 1 版　　2008 年 11 月第 1 次印刷
印数：0 001~2 500 册　　定价：66.00 元

丛书编委会

本 卷 主 编：吴慰慈
本卷副主编：张久珍　王益明　王余光
编写组成员(按撰写章节排序)：
图书馆学：吴慰慈　张久珍
情报学：赖茂生　李艳　陈建龙　王益明　周庆山
文献学：王余光　李雅　张慧丽

总 序

改革开放三十年以来，在党中央的高度重视和正确领导下，我国哲学社会科学迎来了新的春天。改革开放的三十年是我国哲学社会科学与社会共进步、与时代同发展、与祖国共命运、与人民同呼吸的三十年，更是高校哲学社会科学释放潜力、彰显活力、壮大实力、提升能力的三十年。三十年来，高校哲学社会科学为我国哲学社会科学事业的长足进步作出了突出贡献。高校哲学社会科学在恢复中得到了发展，在发展中得到了加强，一个门类较为齐全、适应各层次人才培养需要的学科体系和教材体系初步形成。高校哲学社会科学队伍的人员结构不断优化，整体素质不断提高，研究实力不断增强。高校哲学社会科学产出了一大批无愧于时代、具有较高水平的研究成果，在认识世界、传承文明、创新理论、咨政育人、服务社会方面发挥了重要影响。与此同时，高校哲学社会科学管理体制也在不断深化改革中积极推进，一个质量导向明确、评估监督有力、竞争流动有序、成果转化迅速、组织运行高效的管理体制机制正在形成。

高举中国特色社会主义伟大旗帜，坚持以邓小平理论、"三个代表"重要思想为指导，深入贯彻落实科学发展观，全面、公正、客观总结改革开放三十年高校哲学社会科学发展进程、发展特点和发展成就，是以改革创新精神，进一步推进高校哲学社会科学繁荣发展的重要前提和迫切需要。作为中国改革开放三十年波澜壮阔历史进程的见证者、参与者和研究者，高校哲学社会科学发展走过了不同寻常的道路，有成绩值得骄傲，有经验需要总结。我欣喜地看到，百余位高校知名学者本着高度负责的精神和历史使命感，在较短的时间内高质量地完成了《中国高校哲学社会科学发展报告(1978—2008)》编撰任务，推出了这套弥足珍贵的丛书。这是对高校哲学社会科学发展三十年的实证研究，既实现了高屋建瓴、融会贯通，把握住了三十年来各学科学术发展宏观脉络；又做到了以点带面、以简驭繁，提炼出了三十年来各学科学术发展进程中具有根本推动力和全局影响力的重大问题或事件；更基于各学科三十年发展历史、发展规律的深刻认识，对各学科发展未来方向进行了前瞻性的思考和展望。

纵观高校哲学社会科学三十年的发展历程，我们可以得到以下重要经验和启示：

——党中央高度重视哲学社会科学的繁荣发展，先后对繁荣发展哲学社会科学作出系列重大决策，切实推进落实哲学社会科学与自然科学四个“同样重要”，这是高校哲学社会科学得以繁荣发展的根本原因。

——坚持以马克思主义为指导，善于把马克思主义的立场、观点和方法贯穿到哲学社会科学事业中去，坚持用发展着的马克思主义武装头脑、指导实践、推动工作，这是高校哲学社会科学沿着正确方向发展的根本保证。

——坚持党的思想路线，解放思想、实事求是、与时俱进，以大力推动学科体系、学术观点和科研方法的创新，努力在学科建设、教材建设、教育教学等各个环节充分体现马克思主义中国化的最新理论成果，这是高校哲学社会科学充满生机和活力的不竭源泉。

——坚持为人民服务、为社会主义服务，坚持理论联系实际的马克思主义学风，立足国情、面向世界，以深入研究和解决重大理论和现实问题为主攻方向，切实回答中国特色社会主义实践提出的一系列重大课题，这是体现高校哲学社会科学价值的重要基础。

——坚持百花齐放、百家争鸣的方针，充分发扬学术民主，营造生动活泼、求真务实的学术环境，提倡不同学术观点、学术流派的争鸣和切磋，鼓励大胆探索、勇于创新，这是促进高校哲学社会科学健康发展的强大动力。

——坚持以人为本，全面贯彻党的教育方针，坚持教育以育人为本、以学生为主体，办学以人才为本、以教师为主体，努力培养德智体美全面发展的社会主义建设者和接班人，这是高校哲学社会科学的根本任务。

我国实行改革开放已经整整三十年，取得了举世瞩目的辉煌成就，积累了大量的宝贵经验。立足国情，放眼世界，大力推进理论创新，不断赋予当代马克思主义鲜明的实践特色、民族特色、时代特色，是我国哲学社会科学面临的重要任务，高校哲学社会科学使命光荣，责任重大，大有作为。从新的历史起点出发，努力回答改革开放和现代化建设进程中亟待解决、人民群众普遍关心的重大理论和实际问题，在理论上不断有所突破，有所创新，进一步探索适合中国特点的发展道路和发展模式，为实现我国经济社会的全面、协调、可持续发展提供思想保证、精神动力与智力支持，为建设以当代马克思主义为指导的，具有中国特色、中国风格、中国气派的哲学社会科学作出重要贡献，是高校哲学社会科学工作者责无旁贷的神圣使命和历史责任。

进入新时期，推动高校哲学社会科学实现新的、更好更快的发展，我们面临千载难逢的发展机遇，拥有独特的、无可比拟的优势和条件。党的十七大报告明确指出："繁荣发展哲学社会科学，推进学科体系、学术观点、科研方法创新，鼓励哲学社会科学界为党和人民事业发挥思想库作用，推动我国哲学社会科学优秀成果和优秀人才走向世界。"这是党中央在新的历史时期、新的历史阶段，为全面建设小康社会、加快推进社会主义现代化建设、实现中华民族伟大复兴提出的重大战略目标和任务，为进一步繁荣发展中国特色哲学社会科学指明了方向。认真学习贯彻落实党的十七大精神，对于以改革创新精神全面推进高校哲学社会科学科学发展、和谐发展、创新发展，具有十分重大的意义。我们要认真学习贯彻党的十七大精神，站在建设中国特色社会主义事业的战略高度，深入学习实践科学发展观，着力把握发展规律、创新发展理念、转变发展方式、破解发展难题、提升发展质量，调动一切积极因素，充分发挥高校哲学社会科学工作者的积极性、主动性和创造性，为繁荣发展高校哲学社会科学，为建设创新型国家和人力资源强国，为促进社会主义文化大发展大繁荣作出新的更大贡献！

李卫红

二〇〇八年十月十六日

前　言

1978年，党的十一届三中全会后，整个教育界、科学界都处在拨乱反正、解放思想的大潮中。在这种大的社会背景下，北京大学、武汉大学图书馆学专业恢复招生；中国图书馆学会于1979年正式成立。随后各省市、各专业系统图书馆学会也相继成立。这标志我国中断已久的图书馆学研究的恢复与再生。人们通过对“工具论”的批判和“阶级性”的讨论，开始清算图书馆学领域中“左”的影响，寄希望于新的图书馆学理论的诞生。由北京大学和武汉大学图书馆学系合作编著的《图书馆学基础》（商务版）正是在人们的期盼下应运而生的。《图书馆学基础》定型于1980年，正式出版于1981年。它作为中华人民共和国成立后正式出版的第一部图书馆学理论专著，继承了以往的理论研究成果，初步肃清了极左思潮的影响，许多理论是非得到了澄清，并以新的观点阐释了图书馆性质与职能、图书馆网络、图书馆管理、图书馆现代化等内容。该书代表了中国20世纪70年代末期至80年代初期图书馆学基础理论的水平，成为全国各高校图书馆学本科专业的通用教科书。

1982年，《图书馆学通讯》刊出了邱昶和黄昕合写的《论我国新时期的图书馆学研究》的论文，作者在文章中阐述了库恩关于科学革命的思想，指出我国图书馆学研究需要进行革命性变革。从此，学术界开始了对传统图书馆学的批判性反思，并促使理念图书馆学的兴起。1983年，刘迅的《西方图书馆学流派及其影响》一文使反思更加深入，各种刊物上登载的反思批判性文章日渐增多，图书馆学界的观念急剧更新，人们全面剖析了图书馆学理论体系，突破了传统图书馆学的束缚，在一定程度上转变了图书馆学的研究方向。其具体表现有以下三个方面的变化：①由封闭式走向开放式。这表现在两方面：一是引进、借鉴其他学科的理论与方法，使之与图书馆学研究相结合，丰富、充实了图书馆学研究的内容,深化了人们对图书馆学基本问题的认识,使图书馆学服务于社会;二是吸纳国外图书馆学理论研究的成果和技术方法,开阔了视野,有助于人们在更广阔的实践范围内,在更深层的意义上科学地总结图书馆事业发展中一系列宏观、微观方面的问题。②从求同式转向多元化。在百家争鸣中,力图赋予图书馆学新的内涵,因而在图书馆学各个领域中都有新的专著(含教材)不断问世。③从直观式转向逻辑式。在图书馆学研究中,直观的经验描述已渐被摒弃,人们不再满足于经验要素的简单堆砌,而是追求一种理性的内在的逻辑联系,使图书馆学体系更趋合理、科学。

每一门学科领域研究课题的扩大和知识总量的增长,都会促使本学科的逐步分化,出现新的研究领域,产生新的知识生长点或分支学科。同时,相关领域的特定分支,又不断地通过联结与综合而产生新的知识门类。1985 年以后,许多高校将图书馆学系拓展为图书馆学情报学系,有些学校还增设了档案学、编辑出版学、发行学等本科专业,逐步形成了以图书馆学情报学为主导的图书馆、情报与文献学学科群,这些学科的科学研究也取得了重要进展。

图书馆学研究的进展主要显现在三个方面:一是文献信息交流理论的形成,它拓展了传统的学科框架,构筑了我国图书馆学理论新体系;二是现代图书馆管理理论的提出,它为我国图书馆事业的宏观规划与微观管理提供了依据;三是在文献分类、编目等学科深化研究的基础上提出的知识组织理论,进一步发展了传统的文献揭示和整序理论,它为我国图书馆走向知识服务奠定了方法论基础。

情报学研究主要致力于构建具有中国特色的情报学学科体系。在基础理论研究方面,全面地吸收了苏联和美、英、德、日、法等国家的情报学理论,初步确立了学科理论框架;在情报检索领域,形成了传统检索与计算机检索融为一体的情报检索理论体系;在情报分析领域,从内容、方法和应用角度所展开的全面探索,确立了情报研究作为情报学分支学科的地位;在情报用户研究领域,其主要进展可以概括为用户情报需求心理、行为规律研究的深入和方法的完善;情报经济学研究在我国起步较晚,但成果显著,该领域从经济学与情报学结合的角度展开研究,已确立了我国信息经济学的体系。此外，情报学的其他领域，如情报系统管理、文献计量学、社会科学情报研究等也取得了丰厚的成果。

文献学研究成果主要表现在古文献整理、古典文献学、分科文献学、综合文献学、现代文献学、档案学与出版学等领域。在古文献整理方面，由高校承担的有《四库全书续编》、《四部汇粹》、《古代文史名著选译丛书》等。北京大学主持的《四库全书存目丛书》的整理与出版，受到国内外学术界的高度关注，具有很高的学术价值。在古典文献学方面，继张舜微的《中国文献学》和吴枫的《中国古典文献学》之后，一批古典文献学著作相继问世，如罗孟祯的《古典文献学》、来新夏的《古典目录学》、戴南海的《版本学概论》、施廷镛的《中国古籍版本概要》、曹之的《中国古籍版本学》、孙钦善的《中国古文献学史》等。分科文献学研究，是以某一学科的文献为研究对象，为该学科研究提供资料基础，如文学、史学、档案学、医学等方面，均有文献学著作问世，如张君炎的《中国文学文献学》、王余光的《中国历史文献学》、黄存勋的《档案文献学》等。综合文献学有洪湛侯著的《中国文献学新编》。现代文献学研究是突破传统文献学的框架，以全新的视野，开拓文献学的新领域。档案学、出版学和发行学的专著、教材、文集也不断问世，为这些学科的发展奠定了良好的基础。

20 世纪 90 年代，随着信息产业的迅猛发展，新的信息处理技术和网络技术的不断更新换代，为图书馆学、情报学、文献学研究不断注入新的活力，传统的研究范围、研究方法和研究手段受到了猛烈的冲击。为了有效地解决图书馆学、情报学理论和实际问题，人们在加强基础研究的同时，更加突出了应用研究。

图书馆学、情报学、文献学应用研究在国家自然科学基金、国家社会科学基金以及省、部级项目中不断获得资助。其重要课题包括文献信息资源开发、图书情报工作体制、图书情报工作网络化、情报服务、情报用户研究、情报研究与预测、数字参考咨询等。以计算机信息处理技术为主体的图书情报现代技术研究已形成规模，其研究成果已得到广泛应用。图书情报计算机管理系统、国际联机检索系统、国内联机检索系统、各类管理信息系统、各类数据库生产、电子出版系统等都发展较快，在应用中已取得了巨大的效益。

进入21世纪以来,图书馆学、情报学与文献学研究出现了新的态势,呈现出全面推进、蓬勃发展的良好局面。第一,数字图书馆模式与机制研究。该项研究是为了从建设模式、运行管理机制和评估体系等方面为数字图书馆发展提供宏观指导。数字版权保护是数字图书馆研究中的另一个热点,包括在现行法律的环境下数字版权保护对策研究以及相关的立法研究。在数字图书馆研究中,技术研究一直是重点,包括数字图书馆的技术体系结构、版权保护技术、数字信息长期保护技术、知识发现与推送技术等。近年来,数字图书馆的技术研究取得了新的进展,特别是个性化定制、知识发现、互操作、通用对象请求代理体系结构(CORBA)等技术在数字图书馆开发中的应用有较大突破。

第二,图书情报工作网络化研究。由黄长著、周文骏主持的国家社会科学基金"九五"重大项目"面向21世纪的中国图书情报工作网络化研究",于2001年通过了成果鉴定。这项研究在分析国内外图书情报网络建设现状的基础上,探讨了资源共建共享、网络用户的信息需求、数字图书馆建设等我国图书情报事业发展中面临的一系列重大问题,就我国图书情报网络的建设目标、实施步骤和应解决的问题做了详尽的阐述,并对加大信息资源开发力度、加速中文信息资源数字化进程、发展宏观信息资源管理理论等提出了操作性较强的政策性建议。

第三,标引语言与信息标引研究。目前标引语言的编制及管理已经基本上由手工操作过渡到计算机辅助编制与管理,继20世纪90年代研制出若干电子叙词表之后,2001年又研制成功了《中国图书馆图书分类法》,这是我国分类法电子化的一个标志性成果。在网络信息组织方面,研究的重点是受控语言如何经过改造适应网络信息组织的需要,以及用标引语言的理论完善现有网络信息组织的方法,提高其检索效率。"分类搜索引擎类目体系研究"、"中图法组织网络信息的可行性研究"等,都在这方面取得了进展。在网络信息检索方面,专业数据库检索、智能检索系统、信息检索标准、元数据及标记语言应用受到研究者的关注。其中《基于Z39.50的分布式WWW信息检索》、《个性化智能信息检索的设计与实现》、《网络资源元数据搜索、查询系统的实现》等代表了这方面的研究水平。

第四，元数据研究。近年来，元数据已成为许多学科共同的研究课题。元数据的作用主要在于发现和组织信息资源，特别是网络信息资源。在如何解决元数据的互操作问题上，研究者们提出了三种方法：一是元数据之间的格式转换，即元数据的映射。DC与MARC之间的映射关系明确以后，使得机读目录可以直接转换为都柏林核心的元素集，从而实现网络资源的存取，而且也为机读目录的发展提供了更加广阔的空间。二是建立一个标准的资源描述框架，用这个框架来描述所有的元数据格式。许多研究者都推荐RDF；也有研究者提出了基于资源描述框架模式（RDF Schema）和可扩展标记语言模式（XML Schema）。三是实现元数据元素名称和内容的规范化，对任何网络信息资源都可以统一规范的形式和同样的内容进行著录。

以上简要勾勒了改革开放30年来图书馆学、情报学与文献学研究的发展轨迹，这可以说明我国高校图书馆学、情报学、文献学的各个学科领域和分支领域都取得了丰硕的成果，初步呈现出理论深化、面向现实、勇于创新、多头并进的研究格局。

目录

Contents

提　要

本卷系统总结改革开放30年来图书馆学、情报学、文献学学术发展的进程，描述了30年来图书馆学、情报学、文献学学术发展的重大事件及标志性成果，展示了30年来图书馆学、情报学、文献学的学术发展成就。

本卷共分三编，第一编是图书馆学30年重大学术进展，第二编是情报学30年重大学术进展，第三编是文献学30年重大学术进展。

图书馆学30年重大学术进展的内容分别从图书馆学理论、信息资源建设、信息组织、参考咨询服务、信息资源共享、图书馆自动化、数字图书馆、图书馆管理共八个方面展开。图书馆学理论的具体内容包括图书馆学基础理论研究的总体脉络，图书馆学基础理论研究的重要成果与主要内容、图书馆学理论基础、图书馆哲学、图书馆学史、图书馆精神等新话题。信息资源建设研究的内容包括文献资源布局、藏书发展政策、数字信息资源建设、虚拟馆藏等方面。信息组织研究的具体内容包括回顾了这方面的主要成果，分期介绍了我国图书分类研究的情况。信息服务研究方面包括参考咨询服务、网络信息服务、信息服务评价、信息用户研究等内容。图书馆自动化研究主要是分五个阶段来回顾我国图书馆自动化研究的主要内容。数字图书馆研究包括数字图书馆的基本问题研究，分三个阶段来阐述数字图书馆研究的特点，重点论述了我国数字图书馆研究的几个重要问题，包括数字图书馆标准规范研究、数字图书馆信息服务研究、数字图书馆技术等方面。图书馆管理的内容主要包括图书馆管理研究的重要成果、图书馆管理的主要内容、图书馆管理研究的热点问题、图书馆管理研究现存问题。

情报学30年重大学术进展的内容分别从情报学理论、信息检索、情报研究和竞争情报、信息服务与用户研究、信息计量学、信息政策法规和伦理、情报学教育共七个方面展开。情报学理论包括情报学理论研究概况、情报学的理论体系建设、情报学研究对象的扩展、情报学理论的重点研究领域等内容。信息检索方面，描述了其主要研究内容与代表性成果，论述了信息检索学科体系建设、研究成果产业化等内容。情报研究和竞争情报方面包括学科基础理论、情报研究和竞争情报的流程、情报研究和竞争情报方法、情报研究和竞争情报系统等内容。信息服务与用户研究包括用户研究的起点、信息需要与使用的调查研究、人类信息行为研究的兴起和发展、图书馆信息服务研究的深化和信息服务概念的演变等内容。信息计量学研究包括发展概况、理论研究、应用研究、网络信息计量学等方面。信息政策法规和伦理包括信息政策研究、信息法学研究、信息伦理学研究等方面。

文献学30年重大学术进展的内容分别从文献整理研究、分科文献学研究、文献学专题研究、文献学专书研究、文献史研究、文献学家研究共六个方面展开。文献整理研究包括古籍整理方法研究、校勘学研究、目录学研究、版本学研究等方面。分科文献学研究包括历史文献学、文学文献学。文献学专题研究包括方志研究、民族文献研究、典籍导读研究、典籍与文明进程研究等。文献学专书研究包括《诗经》研究、《史记》研究、《资治通鉴》研究、《四库全书》研究。文献史研究包括图书史、出版史、藏书史、阅读史。文献学家研究总结了张舜徽、杨家骆等文献学家的学术成就。

本卷最后附有图书馆学、情报学、文献学30年发展大事记。

Abstract

This volume summarizes systematically the development process of library science, information science and documentation research during the past 30 years the since reform and opening-up, narrates the significant events and remarkable achievements, and lays out academic accomplishments in these fields.

This volume includes three parts: the first part is about the significant research advances of library science during the past 30 years; the second part is about the significant research advances of information science during the past 30 years; and the third part is about the significant research advances of documentation research during the past 30 years.

The significant research advances of library science during the past 30 years focus on the following 8 fields: theory of library science, information resources development, information organization, reference services, information resources sharing, library automation, digital library and library management. Research on library science theory consists of such topics as general research framework of library science fundamental theory, great achievements of library science fundamental theory research, foundation of library science theory, library philosophy, history of library science, library spirits, etc. Research on information resources development includes distribution of document resources, collection development policies, digital information resources development, virtual library collections, etc. Information organization research includes the review of important achievements in this field, and introduction of Chinese classification research by stages. Information services research consists of reference services, Internet information services, evaluation of information services, information users studies, etc. Library automation research reviews the research of library automation in China by 5 stages. Digital library research covers the basic issues of digital library, expounds the characteristics of digital library research by 3 stages, and discusses several important issues in digital library research of China, including standards and criteria, information services and technologies, etc. Library management research includes important research achievements of this field, contents of library management, hot topics of library management research, and current problems existing in this field.

The significant research advances of information science during the past 30 years focus on the following 7 fields: information science theory, information retrieval, intelligence studies and competitive intelligence, information services and users, informetrics, information policy, laws and ethics, and information science education. Research on information science theory includes general research situation in this field, construction of information science theory system, extension of study objects in information science, key research fields of information science theory, etc. Information retrieval research describes its major research contents and remarkable achievements, and expounds the construction of its subject system, the industrialization of research results and so on. Intelligence studies and competitive intelligence include the fundamental theory of this subject, flow of intelligence studies and competitive intelligence, methods of intelligence studies and competitive intelligence, intelligence studies and system of competitive intelligence, etc. Information services and users research focus on the starting point of users study, investigation of information needs and uses, emergence and development of information behavior research for human beings, deepening of information services research in libraries, and evolvement of concepts of information service, etc. Informetrics research consists of its research situation, theory study, applied study, Internet informetrics and so on. Information policy, laws and ethics research cover information policy study, information laws study, and information ethics study, etc.

The significant research advances of documentation research during the past 30 years focus on the following 6 fields: documentation collation, branches of documentation research, selected topics of documentation research, specific books of documentation research, documentation history, documentalist. documentation collation research consists of such fields as methods of documentation collation, textual criticism, bibliography, studies of editions, etc. Research on branches of documentation research includes historical documentation studies and literary documentation studies. Research on selected topics of documentation studies covers local chronicles, folk documentation studies, reading guidance to Classic Works, Classic Works and civilization. Research on specific books of documentation studies covers the Book of Poetry, Records of the Historian, Comprehensive Mirror to Aid in Government, and Complete Library in Four Branches of Literature. Documentation history studies include book history, publishing history, book collection history and reading history. Documentalist research summarizes the academic achievements of such documentalists as Zhang Shunhui, Yang Jialuo, etc.

The significant events during the past 30 years in library science, information science and document studies are attached to the end of this volume.

第一编　图书馆学30年重大学术进展

第一章　图书馆学理论

1　图书馆学基础理论研究的总体脉络

图书馆学基础理论的研究能够为图书馆工作和事业的发展提供科学的理论指导。图书馆学基础理论研究的目的，在于正确阐释图书馆这一社会现象，揭示图书馆事业发展的内在规律，指导图书馆工作和图书馆事业的发展。因此，图书馆学基础理论研究在图书馆学研究体系中历来占有一席之地。

综观近 30 年来图书馆学基础理论研究的脉络，我们有一条非常清楚的主线，就是中国图书馆学会学术委员会曾先后主办了 5 届全国图书馆学基础理论学术研讨会。下面我们通过回顾这 5 次图书馆学基础理论学术研讨会的情况，来反映我国图书馆学基础理论研究的发展进程。具体情况见表 1-1-1。

表 1-1-1　历届全国图书馆学基础理论学术研讨会情况

年份	地点	讨论主题
1984	杭州	图书馆学的研究对象、研究内容，图书馆学的学科性质以及新技术革命对图书馆和图书馆学未来发展的影响等问题
1991	庐山	以“回顾和清理”为主题，对 20 世纪 80 年代图书馆学理论研究的成绩和不足作一总结，为步入 90 年代的基础理论研究探明发展方向

续表

年份	地点	讨论主题
2000	常州	在新的技术环境下,图书馆学学科新的知识生长点及面向21世纪的图书馆学研究的重大选题,图书馆和图书馆学在新环境下进一步发展等问题
2003	郑州	21世纪图书馆学理论建设的历史基础和现实任务,21世纪图书馆学的发展方向,图书馆学与图书馆事业所面临的新的发展机遇及在这一发展机遇中图书馆学研究的新特点
2007	重庆	构建面向图书馆职业的理论体系,进一步拓展图书馆学的研究领域,深入发掘图书馆职业核心价值

1984年的杭州会议,在"解放思想、繁荣学术"的大背景下,勇敢地打破了中国图书馆学基础理论研究的沉闷与封闭,以改革开放的视野开创了中国图书馆学基础理论发展的多元化新格局。杭州会议在图书馆学理论研究史中占有重要地位,因此,研究者专门撰写纪念文章,如范并思的《告别杭州会议时代:纪念杭州图书馆学基础理论研讨会十周年》,马恒通的《树立科学发展观　创造图书馆学灿烂的明天——纪念杭州图书馆学基础理论研讨会二十周年》。1991年的庐山会议,针对20世纪80年代我国图书馆学理论研究的发展,以"回顾和清理"为主题,对图书馆学理论研究的成绩和不足进行了认真总结,为90年代图书馆学理论研究的健康发展指明了方向。2000年的常州会议,针对当时信息技术迅猛发展和网络环境开始形成,图书馆学研究技术化倾向日益突出的情况,开展了"探寻图书馆学学科新的知识生长点及面向21世纪的图书馆学研究的重大选题"的研讨,为新世纪图书馆学理论研究的发展作了开创性的工作。2003年的郑州会议以"发展与创新"为主题,对图书馆学基础理论的学术地

位进行了科学的定位，对新世纪图书馆学基础理论的发展提出了明确的要求。[①]

在刚刚过去的一年，也就是2007年的重庆会议，提出了构建面向图书馆职业的理论体系。吴慰慈分析了图书馆学基础理论研究未来的四个走向，其中之一强调了图书馆学基础理论研究领域的拓展。他指出，研究者应该拓展思维方式，因为"以人类社会图书馆活动的全部历史和实践为对象的开放型思维是开展图书馆学理论研究的思想基础"。范并思在会上尝试性地提出了一个以现代图书馆职业和现代图书馆基本理念为主线的新的图书馆学基础理论框架，引起了大家的关注。[②]这个理论框架包括图书馆的定义与类型、图书馆史、图书馆职业、图书馆管理与服务和图书馆学研究五部分。与会专家指出：过去几年图书馆学对公共图书馆精神的探索、对图书馆人文精神的探索、对信息公平与读者权利的探索等，实际上在理论与实践两个方面都大大拓展了图书馆学基础理论的疆域。他们还具体列出了未来图书馆学基础理论研究值得探索的领域，如公共图书馆研究、图书馆读者权利研究、图书馆人文精神研究、信息公平与自由获取研究、图书馆职业理念研究、信息技术中的基础理论问题研究、图书馆史研究、图书馆立法等。[③]

2　图书馆学基础理论研究的重要成果与主要内容

20世纪80年代以来，我国图书馆学基础理论研究取得了丰硕的成果。关于图书馆学基础理论的专著有10多部，具体情况见表1-1-2。其中吴慰慈的《图书馆学概论》、王子舟的《图书馆学基础教程》及于良芝的《图书馆学导论》是影响最为广泛的著作，这三部专著各有特色，各有侧重，成为图书馆学专业教育的经典教材。

① 杨文祥，周慧. 关于我国图书馆学基础理论研究发展历程的反思与展望——历届全国图书馆学基础理论会议回顾与21世纪图书馆学理论研究思考. 大学图书馆报[J]. 2008(2)；刘兹恒，张久珍. 构建面向图书馆职业的理论体系[M]. 北京：北京图书馆出版社，2007：42-48.

② 范并思. 新世纪图书馆学基础理论的转型——理论体系重构的初步设想. //刘兹恒，张久珍. 构建面向图书馆职业的理论体系[M]. 北京：北京图书馆出版社，2007：1-18.

③ 刘兹恒，高丹. 构建面向职业的图书馆学理论体系——第五次全国图书馆学基础理论研讨会综述[J]. 中国图书馆学报，2008(3)：78-81.

表 1-1-2　80 年代以来我国图书馆学理论研究代表性著作

年份	书名	作者	出版社
1985	图书馆学概论	吴慰慈、邵巍	北京图书馆出版社
1988	图书馆学导论	黄宗忠	武汉大学出版社
1989	宏观图书馆学	陈源蒸	北京大学出版社
1991	图书馆学基础	北大、武大合编	商务印书馆
1999	现代图书馆学理论	徐引篪	北京图书馆出版社
2002	图书馆学概论(修订本)	吴慰慈、董焱	北京图书馆出版社
2003	图书馆学导论	于良芝	科学出版社
2004	图书馆学基础	吴慰慈	高等教育出版社
2004	图书馆学基础教程	王子舟	武汉大学出版社
2007	图书馆学新探	吴慰慈	北京图书馆出版社
2008	图书馆学概论(修订二版)	吴慰慈、董焱	国家图书馆出版社

吴慰慈编著的《图书馆学概论》,第一次印刷就是 5 万册,以后还多次重版,其影响很大。修订版在体例上做了调整,内容上有很大扩展,近十几年来学界提出的新思想、新理论、新观点在本教材中都有反映,评论者认为这本书是我国图书馆学基础理论新发展的标志。2008 年该书推出了修订二版。2003 年,吴慰慈发表论文《数字时代图书馆学研究的重点领域》,指出图书馆学研究不仅应该注意本学科基本问题的阐释,而且要更加关注本学科前沿性问题的研究,包括图书馆学基础理论研究,数字图书馆技术、开发、管理研究,网络信息资源开发与利用,信息资源共享研究,读者需求与服务方式研究,文献计量学研究,文献类型研究,图书馆学专业教育研究等。以此为理论框架和写作大纲,2007 年吴慰慈主编的《图书馆学新探》出版,该书是对上述问题进一步拓展与深化的成果。这两部著作一部偏重基础,一部偏重前沿,是把握我国图书馆学理论研究的标志性作品。

于良芝的《图书馆学导论》突出了图书馆职业的建设问题，如职业哲学问题。图书馆学理论研究应该重视与图书馆职业有关问题的研究，这应该是当代图书馆学理论研究的创新点。图书馆职业问题的研究包括研究图书馆职业的社会责任、职业使命、职业意识、职业精神、职业素质、职业资格认证、职业道德规范、职业声望、职业生涯规划等。2002 年颁布的《中国图书馆员职业道德准则》引发了图书馆职业研究的热潮。图书馆职业道德规范的研究传达了图书馆职业的理念、职业精神，有利于规范职业行为，促进行业自律，建立图书馆职业群体的职业尊严、职业声誉和社会形象，提高图书馆的社会认知程度。[①]

王子舟的《图书馆学基础教程》以知识论为主线，对图书馆学理论问题进行了深入梳理与研究，提出了"知识集合"等重要命题，提出了图书馆学的宗旨就是为人们主动获取知识提供最佳工具和方法。他提出两个基本假设，一是每个人都是知识欠缺者，二是每个人都想获取有用的知识。他还提出知识是当代图书馆学的核心概念，把图书馆学的演进定名为四个阶段——"书皮图书馆学"、"尺寸图书馆学"、"机构图书馆学"和"本质图书馆学"。[②]

综观图书馆学的研究成果可以发现，我国图书馆学基础理论研究的内容主要包括图书馆学理论基础研究、图书馆学研究对象、图书馆学学科性质、图书馆学学科地位、图书馆学理论体系、图书馆哲学、图书馆学方法论、图书馆学史、传统图书馆与数字图书馆的关系等。在这里我们想总体上分析一下我国图书馆学理论研究的特点及存在的问题。如果用一句话来概括我国图书馆学理论研究的特点，那就是：30 年来，我国图书馆学基础理论研究走出了一条属于自己的道路，形成了自己独特的思维视角和研究内容。对比国内外图书馆学基础理论研究的话语后我们就可以得到这样一个判断。我国图书馆

① 于良芝. 图书馆职业哲学. 图书馆学导论[M]. 北京：科学出版社，2003：165-204.

② 王子舟. 图书馆学基础教程[M]. 武汉：武汉大学出版社，2003.

学基础理论研究与国外的情况存在很大差异。国外没有类似于我们研究中的诸如图书情报机构的性质、职能、地位、作用等内容，也没有对图书馆学的理论基础、研究对象、学科体系等内容进行广泛讨论并意见纷纭。例如，我们对图书馆学研究对象的研究，出现了"要素说"、"矛盾说"、"规律说"、"活动说"、"知识说"、"文献交流说"、"知识交流说"、"资源说"、"可获得性说"，等等。关于图书馆学的学科性质，有人认为是社会科学，也有人认为是"综合性应用科学"、"管理科学"、"信息科学"。关于图书馆哲学，有人认为图书馆哲学是一种有利于图书馆职业的健康发展的知识体系，有人认为图书馆哲学是"图书馆人——图书馆工作者和研究者——在工作之余、茶余饭后，静静深思图书馆现象时所获得的一种思维深处的感悟与理解"[①]。但到目前为止图书馆哲学的研究客体仍然不明确。我们在试图观察国外图书馆学基础理论研究是什么状况的过程中发现，他们基本上没有图书馆学基础理论研究这样的表述，基本上也没有文章专门探讨图书馆学基础理论本身。但是这并不意味着他们没有图书馆学理论研究，他们经常会探讨图书馆的生存发展问题，也非常关注对图书馆学的基本问题进行研究。我们可以列举一些文章标题来说明这样的特点，例如：《图书馆和图书馆员依然重要的33条理由》论证了网络世界中传统图书馆的地位。美国图书馆协会发布了2007年《美国图书馆状况》(*The State of America's Libraries*)报告，用一系列具体的统计数据为图书馆依然重要的论断提供支持，尤其突出了公共图书馆的作用。因此，我们说我国图书馆学基础理论研究有自己独特的发展道路。

① 蒋永福.图书馆哲学是什么[J].图书情报工作，2001(10):5-10.

了解我国图书馆学理论研究的状况一个非常好的途径是获取有关综述、述评类文章。学者们非常注重这方面内容的综述、总结和评价。这方面的重要作者包括吴慰慈、黄宗忠和韩继章。吴慰慈有《八十年代中国的图书馆学基础理论研究》、《1990年以来的中国图书馆学基础理论研究》、《中国图书馆学研究的成果及展望》、《从传统图书馆学向现代图书馆学的转型与过渡——1996－2000年的中国图书馆学基础理论研究》、《图书馆学基础理论研究述评（1995－2004年）》、《2005年图书馆学学术进展》、《2006年图书馆学学术进展》、《2007年图书馆学学术进展》等；黄宗忠有《图书馆学基础理论研究十年反思》、《20世纪100年图书馆学基础理论的研究与进展及其评介》、《中国图书馆学世纪评》、《概论改革开放以来的图书馆学基础理论研究》[①]等；以韩继章为主的一组文章是《图书馆学理论2001－2002年研究进展》、《图书馆学理论2003年研究进展》、《图书馆学理论2004年研究进展》、《图书馆学理论2005年研究进展》、《图书馆学理论2006年研究进展》。另外还有几篇重要文章值得一提：早期有卿家康在1985年撰写的《三十五年来的我国图书馆学研究》[②]，随后有刘洪波、潘寅生的《在繁荣的表象背后——评八十年代理论图书馆学研究》[③]、邱五芳的《扩张与虚化——图书馆学理论研究50年反思》[④]，以及近期的《新世纪我国图书馆学基础理论研究综述》、《1949－2003年我国图书馆学基础理论研究名篇述要》、《近年来我国图书馆学基础理论研究热点述评》等。

对我国图书馆学理论研究存在的问题我们不可能视而不见。一方面我们应该看到，我国图书馆学理论研究还处于不断发展与完善的过程之中，对某些问题的认识还没有统一思想，对一些基本的理论问题还没有揭示其本质。黄宗忠在《中国图书馆学世纪评》一文中分析图书馆学研究的不足，指出：研究技术方法多，研究理论少；研究事物多，研究人的思想少；具体问题研究多，整体系统研究少；情况综述多，本质分析少；相关论述多，本体研究少。这些问题一针见血地反映出图书馆学基础理论研究的现状，图书馆学基础理论研究的深入

① 黄宗忠，陈幼华，袁琳．概论改革开放以来的图书馆学基础理论研究[J]．图书与情报，1999(2)：2.

② 卿家康．三十五年来的我国图书馆学研究[J]．大学图书馆学报，1985(2)：13-16.

③ 刘洪波，潘寅生．在繁荣的表象背后——评八十年代理论图书馆学研究[J]．图书与情报，1989(4)：19-29.

④ 邱五芳．扩张与虚化——图书馆学理论研究50年反思[J]．中国图书馆学报，2000(2)：14-18.

程度还不够。如何解决这个问题,吴慰慈、张久珍主编的《图书馆学新探》一书明确指出:当前图书馆学研究的重要任务仍然需要加强图书馆学理论问题研究,对图书馆学的研究对象、图书馆学的学科属性、图书馆的本质属性等问题的认识还有待于继续探讨下去,因为基础理论研究决定了图书馆学体系的建构和未来发展走向,只有加强基础理论研究,才能总结出图书馆变革中产生的新问题、新现象、新技术、新方法。另一方面,我们应该有这样的准备,就是想在短期内统一思想难度很大,有分歧先放一放,一时解决不了的问题容以后慢慢解决。应该告诫研究者不必纠缠于概念,也不能强求图书馆学思想体系是同一个声音。同时,研究者应该发挥更大的智慧,立足图书馆实践,关心事关图书馆事业发展的重要问题,寻求图书馆学研究的创新。[①]

① 吴慰慈.图书馆学新探[M].北京:北京图书馆出版社,2007.

3 图书馆学理论基础

图书馆学理论基础研究是支撑图书馆学理论的根基,是国内图书馆学理论研究者一直非常关注的研究课题。吴慰慈主编的《图书馆学新探》一书指出,图书馆学理论基础研究应该为图书馆学理论的发展提供科学的指导,图书馆学理论基础研究应该随时代发展而发展,图书馆学理论基础研究应该适合图书馆实际工作的需要,图书馆学理论基础研究应该与其他相关学科互相促进。这四个方面概括了图书馆学理论基础研究的特点。

30 年来,对图书馆学的理论基础有不同的观点和思想。1982 年,刘迅提出要引入波普尔的“世界 3”理论。1983 年,周文骏提出“情报交流论”。1984 年,宓浩、黄纯元提出“知识交流论”。1985 年,沈继武研究了构成图书馆学理论基础的条件。1985 年,黄宗忠提出图书馆学是哲学、数学、信息科学、管理科学、社会学、心理学、传播学等学科组成的学科群。同年，吴慰慈提出建立在信息科学基础之上的文献信息理论应该成为图书馆学、目录学、情报学共同的理论基础。1993 年卿家康具体阐述了图书馆学理论基础的具体作用。他认为，图书馆学理论基础研究应该能够深刻地揭示研究对象类现象的本质，正确地指引学科发展的基本途径与方向，为对象学科奠定认识论基础，并能够有效地指导科学研究全过程。这高度提炼和总结了图书馆学理论基础地位和作用，至今仍然是我们判断和认定图书馆学理论基础的标准。2000 年，蒋永福提出“知识组织论”。2000 年以来，王子舟有多篇文章阐述“知识集合说”，在图书馆学基础理论研究领域产生了很大的影响。2003 年，“知识集合说”写进了图书馆学教材《图书馆学基础教程》之中，该书以知识论为立场，提出图书馆学的核心内容包括三个部分：客观知识、知识集合、知识受众，认为应根据客观知识、知识集合、知识受众及其相互之间的关系来建立图书馆学的研究客体体系。作者认为知识是当代图书馆学的核心概念，图书馆学的研究对象就是知识集合；认为“知识集合说”有助于厘清图书馆学的研究范畴，有助于拓宽图书馆学研究领域，有助于提高图书馆学的学术地位，有助于纯化图书馆学研究内容。图书馆学的研究主题虽然一度从图书整理时代的“图书”转向了图书馆经营管理时代的“图书馆”，又从经营管理时代的“图书馆”转向了信息技术时代的“信息”，但在未来知识社会中，它必将会向“知识”转移。柯平在 2006 年发表的《基于知识资源论的图书馆学基础理论体系研究》一文中认为：图书馆学基础理论具有三层结构。图书馆学的学科基点是知识资源。知识资源论是沿着知识论、知识基础论、知识社会论、知识交流论、知识组织论、知识集合论和知识管理论这样的脉络展开并形成的。基于知识论的图书馆哲学观是对图书馆学基础理论的概括和升华。基于知识资源论的图书馆学原理包括知识资源存取、转移、传承和管理原理等。基于知识资源论的图书馆学方法论的首要任务是建立并完善方法论体系。[①] 刘兹恒在2008年的《国内外图书馆学情报学研究现状》一文中指出如何帮助用户在网络世界发现知识、组织知识、获取知识、利用知识,已成为今天图书馆学情报学研究的核心内容。这一观点再次确认了图书馆学开展知识相关问题研究的重要性。

新世纪以来,知识管理成为图书馆学研究关注的热门话题。崔波认为知识管理是图书馆基本职能和社会职能的双重体现。图书馆的基本职能就是对信息、知识进行收集、整理并提供使用,这和知识管理的过程是基本一致的。任全娥认为知识管理是图书馆学发展的转机和不变的宗旨,利用知识管理思想便于整合图书馆学研究对象,便于融合基础理论与技术创新,便于拓宽图书馆学研究成果的适用范围。柯平提出研究以知识管理为基础的图书馆学。将知识管理的思想和方法应用于图书馆学,必将促进图书馆学的研究。2003年,邱均平发表论文提出知识管理不仅为图书情报学的变革带来了难得的发展机遇,而且提供了全新的观念、理论、方法和途径,这必然会大大促进图书情报学的创新和发展。我们对知识管理与图书情报学的关系展开全方位的研究,其成果将有利于从知识管理的高度来认识和发展图书情报事业,为其提供理论依据和支持,从而促进我国图书情报事业的健康发展。因此,知识管理与图书情报学关系的研究具有重要的科学理论意义和实际指导作用。2004年,李后卿撰文提出以知识管理理论为图书情报学的理论基础。知识管理论是图书情报学知识论中集大成者。它广泛摄取了知识基础论、知识交流论、知识组织论及知识集合论的精髓,创造性地将其基本功能融于一身,从而达到知识创新的目的。

① 柯平,王平.基于知识资源论的图书馆学基础理论体系研究[J].中国图书馆学报,2006(2):9-14.

图书馆学理论基础研究呈现出很多观点和流派，有些观点一提出就遭到反对，例如波普尔的“世界 3”理论，因此，未能发展成为图书馆学的理论基础；有些观点一经提出，响应者不少，但是没有进一步展开和系统阐述，所以也没有长久的生命力；有些观点提出以后无人跟随也就销声匿迹了；有些观点到今天仍然断断续续地有学者进行阐述、演变；有些观点是新近提出的，跟随者很多，但还不成熟，还有待于图书馆学理论和实践的校验。从历史的纬度梳理图书馆学理论基础研究各家观点之后，笔者发现，知识学说在图书馆学理论基础研究的范畴中有着顽强的生命力。

从现有的图书馆学文献可以看出，学界对图书馆学理论基础的寻求还将继续下去。到底何为图书馆学的理论基础，用什么思想来统领图书馆学学科体系，至今不能有定论。这正要求我们在新的信息环境中继续追寻和探求图书馆学的理论基础。

4　图书馆哲学

关于图书馆哲学的研究是近 10 年来图书馆学界比较关注的话题，代表性研究成果有：郑全太的《图书馆哲学和图书馆学的关系研究》、《图书馆哲学的实践意识探析》，蒋永福的《图书馆是什么：图书馆哲学四定律》、《试论三种哲学形态的图书馆——图书馆哲学思考之一》、《图书馆哲学是什么》，王梅的《图书馆哲学的人文内涵》、《试论图书馆哲学研究的人文转向》，周庆山的《关于图书馆哲学的思考》，朱建亮的《图书馆哲学研究的世纪回眸与展望》，叶鹰的《图书馆哲学的学理与精神》等。关于什么是图书馆哲学，蒋永福认为图书馆哲学是“图书馆人—— 图书馆工作者和研究者——在工作之余、茶余饭后，静静深思图书馆现象时所获得的一种思维深处的感悟与理解"[①]。李明华认为图书馆哲学并非外在的,而是内省的,是在图书馆形成发展过程中、在图书馆活动中、在图书馆人的意识中原本就有的。举凡法律法规、办馆思想、指导方针、发展对策、经营管理、与社会及读者的关系、对作用的认识与发挥、人书关系、规章制度、职业素养与职业道德、馆风馆貌、经费控制、建筑与设施的安排、对新技术应用的处置、自动化网络化建设,馆际关系,以及各种论著,等等,其中可以发现某种哲学思想的存在。于良芝笔下的图书馆哲学是图书馆职业哲学,她认为图书馆哲学是具体的,是一种有利于图书馆职业的健康发展的知识体系。[②]图书馆哲学的作用包括五个方面:①帮助图书馆员从图书馆职业整体使命和最终目标的角度理解具体工作的意义;②为图书馆的发展提供一个指南;③帮助图书馆职业陈述自身的价值和使命;④形成职业道德规范;⑤奠定图书馆职业知识组织整理的范式。关于图书馆哲学与图书馆学基础理论、理论基础的关系问题,何长青认为图书馆哲学研究图书馆现象领域的一般规律,是图书馆学的基础理论学科,认为图书馆哲学居图书馆学体系的最高学科层次[③]。马恒通也认为图书馆学哲学是图书馆学基础理论学科,是指导图书馆学发展的科学发展观和方法论。[④]张广钦认为应该把图书馆学理论基础视为图书馆哲学研究的重要方面,不能把图书馆学理论基础排除在图书馆哲学之外。[⑤]因为它是图书馆哲学开展研究的有机组成部分,也是我国图书馆哲学研究的中低层次表现形式之一。将它合理吸收进体系严密的图书馆哲学之中,可成为图书馆哲学的重要组成部分。考虑到我国目前图书馆学理论界的研究力量还不足以构建起图书馆哲学体系,应该先加强已有的图书馆学理论基础研究,再以点带面开展图书馆哲学研究。

研究图书馆哲学实际上是对图书馆实践活动和图书馆学理论成果作高度的抽象和系统的概括。哲学原本就是智慧之学。正确反映

① 蒋永福.图书馆哲学是什么[J].图书情报工作,2001(10):5-10.

② 于良芝.图书馆职业哲学//图书馆学导论[M].北京:科学出版社,2003.

③ 何长青.图书馆哲学论纲——图书馆学基础理论学科探讨[J].四川图书馆学报,1994(4):11-14,10.

④ 马恒通.图书馆学哲学论纲[J].大学图书馆学报,1998(4):23-30.

⑤ 张广钦.试论图书馆的哲学内涵[J].图书情报工作,2000(5):15-19.

了图书馆运动客观规律的图书馆哲学，应是多年来图书馆人智慧的结晶，应可以作为图书馆员的思想武器及认识工具，甚至成为一种精神支柱，并应有助于推动图书馆事业和图书馆学理论的发展。

5　图书馆学史

图书馆学史是研究图书馆学产生、发展、演变的历史的学科。历史地考察图书馆学理论、图书馆学思想、图书馆学研究方法、图书馆学研究者、图书馆学研究成果，对于准确地理解图书馆学的历史、发展、演变、作用和影响具有非常重要的意义。对图书馆学史的研究可以对图书馆学有一个系统的总结，总结图书馆学知识积累的过程和图书馆学发展的过程，揭示图书馆学的发展规律。部分学者也在呼吁要认识到图书馆学史研究的重要性。2001 年郑全太撰文提出我国图书馆学史学科建设亟待加强。2006 年陈光祚也提出要重视图书馆学学术史研究。

近年来，对图书馆学史的关注程度日益增大，图书馆学研究者已经意识到图书馆学史的研究是被忽略的重要研究领域，并开始重视图书馆学史研究。2000 年发布的图书馆、情报与文献学学科“十五”研究规划及课题指南（草案）把图书馆学史提到重点研究领域的位置。该指南指出图书馆学史的研究可以揭示本学科的发展历史、特点、现状、水平、经验、教训以及未来趋势等，极具认识价值。近代图书馆学在中国的建立已有 80 年历史，虽然“九五”期间为重点课题，有关论文也刊布了一些，但至今仍无高水平的重要成果问世。因此，继续加强这方面的研究仍是当务之急。

图书馆学史著作较早有吴仲强的《中国图书馆学史》，近年来有王子舟的《杜定友和中国图书馆学》、范并思的《20 世纪西方与中国的图书馆学——基于德尔斐法测评的理论史纲》、程焕文的《晚清图书馆学术思想史》、吴稌年的《图书馆活动高潮与学术转型——古近代》等。范并思的著作在图书馆学理论史研究中有一定影响。该书采用信息分析的方法,力求通过系统的、公正客观的方法,全方位地考察20世纪图书馆学的主要理论创新之处。该书尊重图书馆学的技术情结,注重从应用图书馆学领域发掘对图书馆学产生了重大影响的文献、人物与事件,将其纳入图书馆学基础理论史的范畴。[①]该书不拘泥于信息分析结果。由于我国关于图书馆学理论的资料工作的薄弱,基于现有文献的信息分析得出的结论,完全可能会遗漏某些重要的文献、人物与事件,也可能高估某些不太重要的文献、人物与事件。有人评价说这是一部史论与方法结合起来具有长远价值的图书馆学学术史著作,[②]有人评价说这是科学精神与人文精神相辉映的著作。[③]

关于图书馆学史的研究论文有黄宗忠的《中国图书馆学世纪评》、王子舟的《20世纪中国图书馆学发展的三次高潮》、韩继章的《中国图书馆百年史中的三次思想启蒙》、霍国庆的《百年沧桑　三次高潮　四代学人——20世纪中国大陆和台湾地区图书馆学史总评》[④]等。黄宗忠的论文研究了20世纪100年中国图书馆学研究的成就与不足、发展动力、发展历程、发展的特点与影响图书馆发展的因素等问题。[⑤]王子舟的论文指出,第一次图书馆学高潮出现在1925到1936年,第二次图书馆学高潮出现在1955到1965年,第三次图书馆学高潮出现在1977到1997年。图书馆学的潮起潮落还印证着这样一个尖锐的事实:在学术研究中,图书馆学界善兴潮流的同时也善逐潮流。兴潮表现出图书馆学界积极进取,在不断的热点转换中,迅速突进,使图书馆学内容与形式不断有新的变化;逐潮则表现出图书馆学界的浮躁与庸俗,当同一话题的论文充斥学术期刊之

① 范并思.20世纪西方与中国的图书馆学——基于德尔斐法测评的理论史纲[M].北京:图书馆出版社,2004。

② 胡立耘.史论与方法的统一——读《20世纪西方与中国的图书馆学——基于德尔斐测评的理论史纲》[J].中国图书馆学报,2006(2):85-87.

③赵佩纯.科学精神与人文理想的臻美之作:《20世纪西方与中国的图书馆学——基于德尔斐测评的理论史纲》初读[J].图书馆,2006(3):31-32,114.

④ 霍国庆.百年沧桑　三次高潮　四代学人——20世纪中国大陆和台湾地区图书馆学史总评[J].图书馆,1998(3):1-9.

⑤ 黄宗忠.中国图书馆学世纪评[J].图书与情报,2001(1):2-14.

时，也正是人们的冷静、客观丧失最多之时。[①]韩继章笔下的三次思想启蒙是指20世纪上半叶"新图书馆运动"所倡导的新理念、20世纪80年代以效益为核心的价值观以及21世纪初以人文思想为核心的理念。[②]另外，还需要提到一篇关于图书馆学史课程建设的论文——傅荣贤的《〈中国古代图书馆学史〉课程应该教什么》，该论文提出学科史的教学内容应聚焦于三大方面：第一，中国古代图书馆学是如何适应并支持中国传统文化的，从而从学科角度为传统文化的类型和特征提供独一无二的解释和说明；第二，中国古代图书馆学在当代中国图书馆学中的历史延续和时代更新中应发挥什么作用，从而基于民族本位立场，消解晚清以来我国图书馆学研究的西方中心主义取向；第三，中国古代图书馆学对于世界图书馆学未来的发展有什么意义，从而为世界图书馆学研究贡献自己的智慧，确证中国图书馆学并不只是欧美中心之外的一种边缘化学术。[③]在图书馆学课程体系中加强图书馆学史课程建设是很有必要的。实际上国内高校并没有普遍开设这门课程。

2006年中国图书馆学会学术研究委员会新增设图书馆史研究专业委员会，这标志着图书馆史研究开始拥有自己的组织。该专业委员会关注的重要内容之一就是图书馆学史。该委员会2006年下半年"第一届图书馆史学术研讨会"的征文主题之一就是图书馆学术史研究。该委员会的目标是促进图书馆史研究方法、理论等的创新、突破，深化和拓展图书馆史研究领域，推动图书馆史研究的国际化，逐步提升图书馆史研究的学术地位和影响力。这个专业委员会的建立为图书馆史研究搭建了一个有效、广泛的学术平台，有了这个阵地，图书馆学史研究的繁荣局面一定会早日到来。

① 王子舟.20世纪中国图书馆学发展的三次高潮[J].图书情报工作,1999(2):1-5.

② 韩继章.中国图书馆百年史中的三次思想启蒙[J].图书馆,2006(1):3-10.

③ 傅荣贤.《中国古代图书馆学史》课程应该教什么[J].大学图书馆学报,2008(3):61-69.

6 图书馆精神等新话题

最近几年,图书馆学界投入了很大热情研究图书馆精神、图书馆自由、图书馆权利、信息平等思想、信息保障制度、图书馆行业意识等问题。图书馆学基础理论研究的思维视角发生变化,研究成果也不断推陈出新,有学者认为中国新一代图书馆学家正在形成。

信息公平领域的重要论文包括范并思的《建设一个信息公平与信息保障的制度——纪念中国近代图书馆百年》,蒋永福的《论信息公平》、《信息公平与公共图书馆制度》、《基础理论研究中两个新的生长点:知识自由和信息公平》,肖希明的《和谐社会中的信息公平制度》等。蒋永福阐述了信息公平的涵义、目标、实现途径。信息公平是信息社会追求的基本价值目标之一。信息公平所要实现的目标是:通过制定和实施公平的信息政策和法律,同时通过培育健康的信息伦理(包括制度伦理和个体伦理),制止信息权力对信息权利的剥夺和歧视,实现社会成员的信息获取机会的公平和社会信息资源配置的公平,进而实现全体社会成员对所需信息资源的各取所需和所需能取。信息公平的原则包括信息自由原则、信息平等原则、信息共享原则。[①]信息公平理论引入图书馆学研究论证了图书馆在建设社会信息保障和信息公平的制度方面的地位以及图书馆所作的贡献。范并思在《新世纪图书馆学基础研究什么》提出:第一要研究观念而非概念,第二要研究制度而非机构。他认为图书馆学基础研究应关注那些从宏观或抽象的角度制约着图书馆事业发展的东西,其中最核心的就是观念,而制度研究领域可为基础理论研究寻找到属于“宏观现实问题”的理论土壤[②]。由此形成对图书馆制度的研究,对公共图书馆的社会制度属性加以论证,即它是公民信息公平、知识

① 蒋永福,刘鑫.论信息公平[J].图书与情报,2005(6):4-7,24.

② 范并思.图书馆学理论变革:观念与思潮[M].北京:北京图书馆出版社,2007.

权利的制度保障。在2005年城市公共图书馆高层论坛上，吴慰慈从理论上分析了公共图书馆在维护社会信息公平、保障民众信息权利方面的价值。

范并思、刘兹恒、王宗义、程焕文、蒋永福、杨文祥等发表了图书馆精神方面的论文，包括《公共图书馆精神的时代辩护》、《论公共图书馆精神在数字时代的弘扬和延伸》、《"公共图书馆精神"的科学解读》、《图书馆精神——体系结构与基本内容》、《图书馆精神的历史缺失》等。范并思的《图书馆精神学习札论》指出"图书馆精神"一词出现在中国近现代图书馆学早年，1990年前后进行过短暂的讨论，到2005年成为理论热点。[①]2005年，湖南图书馆纪念建馆百年的"中国图书馆事业百年馆长论坛"的馆长发言，张勇馆长倡议发起一个"21世纪新图书馆运动"：这个运动旨在弘扬图书馆精神，倡导以人为本，消除"数字鸿沟"，关心弱者，走进平民，平等服务，从而建立起一种全社会信息保障和信息公平的制度。2007年，程焕文推出《图书馆精神》，该部专著系统地论述了图书馆精神的发展演变、基本内容、体系结构等基本理论，重点总结了一批成就卓著的图书馆学大师和图书馆专家爱国、爱馆、爱书、爱人和智慧与服务的图书馆精神，并通过作者积极而富有成效的实践，证明了图书馆精神在当今图书馆事业发展中的重要作用。[②]关于图书馆精神的内涵，程焕文认为公共图书馆的历史精神就是"公共、公开、公享"六个字。图书馆精神包括图书馆的事业精神、图书馆的职业精神、图书馆的科学精神。图书馆事业精神的基本内容包括三个方面：人人享有平等利用图书馆的权利；人人享有自由利用图书馆的权利；免费服务是平等利用和自由利用图书馆的基本保障。程焕文把图书馆职业精神归结为"爱国、爱馆、爱书、爱人"八个字。范并思的文章分析了中国图书馆学家对图书馆精神的认识过程，认为近代中国图书馆界缺失了图书馆精神，并呼唤图书

① 范并思. 图书馆精神学习札论[J]. 图书与情报，2006(6)：1-3，10.

② 程焕文. 图书馆精神[M]. 北京：北京图书馆出版社，2007.

馆精神的回归与建设。图书馆人对图书馆精神的研究体现的是当代中国图书馆界的职业价值观取向的确立以及职业信念的成熟。

图书馆精神等新话题的研究不仅仅是停留在理论分析层面,其影响力已经渗透到具体的问题中。例如,王子舟的《弱势群体知识援助的图书馆新制度建设》提出图书馆应进行制度创新来保障对弱势群体知识援助的有效开展。对弱势群体实施知识援助是社会公平、正义的现实要求,也是公共图书馆应尽的义务。[①] 韩继章的《走近平民——21世纪中国公共图书馆的重要课题》指出了我国公共图书馆的贵族化倾向,认为平民化是公共图书馆平等原则的根本出发点,贵族化是图书馆异化的集中表现,指出图书馆平民化是公共图书馆选择的唯一道路。[②] 可见,图书馆精神的研究已经开始向更加理性、务实的方向发展。

① 王子舟.弱势群体知识援助的图书馆新制度建设[J].图书情报知识,2005(1):5-11.

② 韩继章.走近平民——21世纪中国公共图书馆的重要课题[J].图书情报知识,2005(1):16-19.

第二章　信息资源建设

1　藏书建设一文献资源建设一信息资源建设

20世纪80年代以后信息资源建设研究领域最引人注目的一个变化就是其名称的演变。在这个演变过程中相继出现的专业术语有:采访、藏书补充、藏书建设(馆藏建设、馆藏发展)、文献资源建设(文献信息资源建设)、信息资源建设。该领域专业术语的变化反映出信息资源建设理论发展的线条。由于信息技术的飞速发展,人类记录、传播信息和知识的手段与方式发生了根本的变化。这种变化导致了图书馆藏书建设实践和理论的变革。从传统的藏书建设到文献资源建设再发展到信息资源建设,反映出研究命题的不断拓展与深化。这一发展历程从代表性著作的名称就可以反映出来。信息资源建设研究历程中的代表性著作见表1-2-1。

表1-2-1　信息资源建设研究历程中的代表性著作

年份	书名	作者	出版社
1987	藏书建设与读者工作	沈继武	武汉大学出版社
1991	图书馆藏书	吴慰慈、刘兹恒	书目文献出版社
1991	文献资源建设	沈继武、肖希明	武汉大学出版社
1997	文献资源建设概要	张玉礼	北京图书馆出版社
1998	信息媒体及其采集	刘兹恒	北京大学出版社
2002	信息资源建设	孟雪梅	黑龙江人民出版社

续表

年份	书名	作者	出版社
2004	信息资源共享	程焕文、潘燕桃	高等教育出版社
2006	数字时代的图书馆信息资源建设	代根兴	北京图书馆出版社
2007	数字馆藏评价与绩效分析	索传军	北京图书馆出版社
2008	信息资源建设	肖希明	武汉大学出版社
2008	信息媒体及其采集(第二版)	刘兹恒	北京大学出版社

20世纪80年代初,藏书建设理论研究比较活跃。从频繁举办的各种学术活动可以看出藏书建设理论与实践在当时很受重视。会议情况见表1-2-2。

表1-2-2　80年代初以藏书建设为主题的研讨会

年份	会议情况
1982	全国藏书建设专题学术讨论会
1982	文化部图书事业管理局、北京文化部党校举办了藏书建设研讨班
1983	天津图书馆召开区县图书馆藏书建设研讨会
1983	湖南省文化厅在大庸召开了省市、县图书馆藏书建设研讨会
1983	浙江高等学校图书馆工作委员会召开藏书建设研讨会
1983	全国高等学校图书馆工作委员会秘书处召开专题会议,讨论如何有组织地进行藏书建设研究,以便改进高校图书馆藏书建设工作
1983	江苏省高校图书馆工作委员会召开藏书建设研讨会
1983	淮阴市图书馆学会召开会员大会暨藏书建设学术讨论会
1983	江苏省图书馆学会召开市、县馆藏书建设研讨会
1984	山东省高校图工委在青岛举行第三次藏书建设研讨会
1984	全国高校图书馆工作委员会秘书处再次组织藏书建设专题研讨会

这些研讨会聚集了当时图书馆藏书建设理论研究的重要成果。回顾当时的文献分布情况可以发现,藏书建设理论研究的内容主要

包括藏书建设的原则、藏书建设思想、重点藏书建设问题、藏书结构研究、藏书协调与布局研究、图书馆藏书补充条例、藏书剔除问题、各类图书馆如何开展藏书建设等。

自20世纪80年代以来，图书馆藏书建设理论研究取得了突破性进展，其中最重要的一个变化是从藏书建设发展到文献资源建设。1984年9月在大连召开的"全国高校图书馆藏书建设研讨会"上首次提出了文献资源和文献资源建设。其后十几年间，文献资源建设理论体系得到了充分的发展，并在全国图书情报界得到了普遍认同。文献资源建设理论提出的背景缘于图书馆所处的社会环境有了巨大的变化，表现在：出版业迅速发展，文献生产能力大大提高，书刊数量激增，文献类型与文献载体朝多样化方向发展，致使图书馆藏书建设面临着文献的价格、数量增长与图书馆经费短缺之间的矛盾以及馆藏数量有限与读者需求无限之间的矛盾等问题而无法摆脱。处于困境中的藏书建设尽管有很多新的理论与举措出台，但是这些都从其自身角度出发，无法克服馆藏动态发展过程中所不可避免的矛盾。仅仅靠其内部力量是难以解决的.必须从外部从社会大环境中来寻求走出低谷的方策。沈继武和肖希明在《文献资源建设》一书前言指出："藏书建设名称，已难以涵盖我国文献资源建设实践和理论研究的内容。"这时，人们提出了文献资源与文献资源建设理论正符合时代发展的需要。其理论主旨是从整体的眼光，以协同的方法来发展社会文献资源，从全局的角度来进行宏观规划，合理布局，以期建立全国的文献保障体制，满足社会文献需求。文献资源建设理论的提出，既丰富了藏书建设理论，又推动了我国图书情报界文献资源共建共享的步伐。它使藏书建设不再拘泥于单个图书馆之内，视文献工作为一项社会工程，需众多的图书馆与情报机构分工协作，共同创建一个优良的文献体系。由此，文献资源共享的思想得到了体现与确立。可见,文献资源与文献资源建设理论的产生是对传统藏书建设研究的巨大突破,是本学科发展史上的一次飞跃。这在当时的历史条件下是有着重大现实意义的。

90年代中期,我国的一些学者就提出了文献资源建设将要向信息资源建设发展的问题。原因在于人类记录和传播知识、信息的手段和方式的巨大变化导致了文献资源建设理论的嬗变。文献资源建设理论也已涵盖不了我国信息资源建设实践和理论研究的内容,有必要加以丰富和发展。[①]我国学者意识到文献资源建设理论的局限性。1993年,代根兴发表论文《试论"文献资源建设"取代"藏书建设"》,1994年又发表《我国文献资源建设理论研究的进展及存在的问题》,1996年,又发表《中国文献资源建设研究理论的回顾与展望》。代根兴提出将文献资源建设深化为信息资源建设的观点,并认为文献资源建设可能被信息资源建设所取代。[②]同年,吴晞在《文献资源、信息资源和信息资源建设》一文中也认为应该用信息资源建设取代文献资源建设,并做了较详尽的论述。[③]然而上述两篇观点新颖的论文并没有引起学术界普遍的注意。在其后的两年时间里,学术界并没有对这一理论观点的提出展开应有的讨论。直到1999年末和2000年初,一些理论工作者才对这一新的理论展开了研究,其中,董焱和刘兹恒在《网络环境下我国图书馆的发展方向》一文中专题论述了网络环境下我国图书馆应由文献资源建设向信息资源建设转变,并具体探讨了转变措施。[④]张久珍在《论信息资源建设》一文中充分肯定了文献资源建设理论的历史与现实意义以及局限性,并论述了信息资源建设理论的现实意义,指出信息资源建设理论有利于促进信息资源的深层开发、促进信息资源的动态更新、促进信息资源的迅速传播、促进信息资源的远程获取、促进信息资源的广泛共享[⑤]。高波、吴慰慈在2000年《中国图书馆学报》第5期上撰文《从文献资

① 杨沛超,等.从藏书建设到文献资源建设[J].情报资料工作.1991(5):5-7.

② 代根兴.中国文献资源建设理论研究的回顾与展望[J].图书馆,1996(3):1-6.

③ 吴晞.文献资源、信息资源和信息资源建设[J].图书馆,1996(6):1-4.

④ 董焱,刘兹恒.网络环境下我国图书馆的发展方向[J].中国图书馆学报,1999(6):34-38.

⑤ 张久珍.论信息资源建设[J].图书馆学研究,2000(1):19-22.

源建设到信息资源建设》,详细阐述了信息资源建设理论提出的背景、意义及其体系。文章认为:信息资源建设活动要比文献资源建设活动宽泛得多、复杂得多。只有将文献资源建设、数据库建设与网络信息资源建设有机地结合起来,才能称得上完整的信息资源建设。网络环境下的信息资源建设既包括文献型的资源建设,也包括数据库的建设,还包括对网络信息资源的开发与组织。信息资源建设与文献信息资源建设和馆藏建设是包容关系。信息资源建设犹如一级类目,属于宏观层面;文献信息资源建设犹如二级类目,属于中观层面;馆藏建设犹如三级类目,属于微观层面。文献资源建设尽管失去了"统帅"地位,但其作用并未削弱,而且只能加强不能削弱。而微观层次的藏书建设则是宏观和中观建设的基础,舍此,则宏观与中观建设无从谈起。三者各司其职,谁也取代不了谁。该篇文章还设计了信息资源建设理论体系结构,如图 1-2-1 所示。

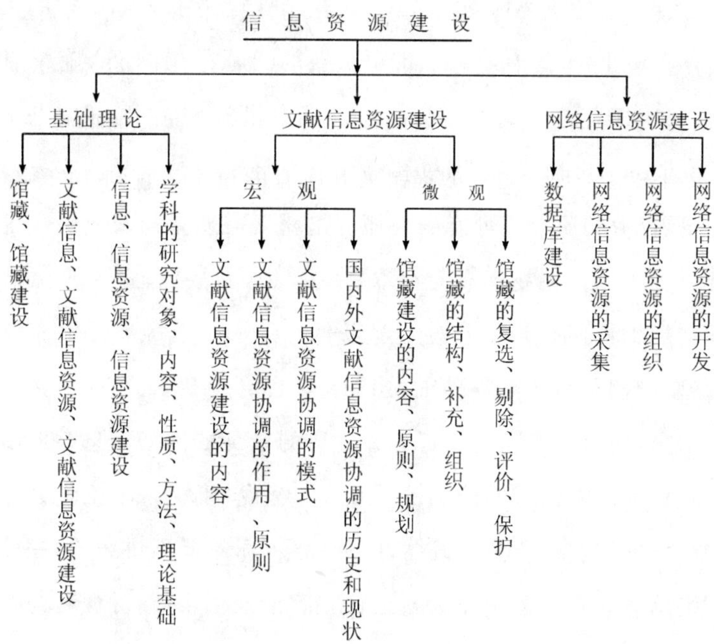

图 1-2-1　信息资源建设理论体系结构

(上图引自高波、吴慰慈的论文《从文献资源建设到信息资源建设》,刊于《中国图书馆学报》2000年第5期。)

在信息资源建设理论体系形成与发展过程之中,关于拥有与存取的讨论始终是一个重要命题。拥有与存取的讨论在理论上事关信息资源建设理念的变革,在实践中事关信息资源建设模式的选择。范并思指出存取原本是一个属于文献资源建设领域的概念,是一个来自应用领域的概念。但这一概念却对理论图书馆学产生了很大的影响。存取理论的出现使人们认识到图书馆不仅是一个藏书场所,更是一个信息存取的场所。未来图书馆是一个高效的信息存取中心,文献传递服务的中心。它维系着图书馆的基本理念,依靠图书馆的基础体制与核心能力服务于社会并向社会获取发展的资源。建立在存取理论上的发展观就是这样一种新的发展观。

尽管存取的重要性受到认可,但是,研究者在拥有与存取的关系方面存在争论,就拥有与存取谁更重要的问题存在争议。有学者认为,存取比拥有更重要。汪冰在1997年的著述中指出:在向电子图书馆发展的过渡阶段,使用权和存取能力将比本馆实际拥有显得更为重要,存取的质量很可能成为评价馆藏发展质量与成效的关键性标准。[①]也有人反对把拥有与存取对立起来,刘兹恒、张久珍在2000年撰文指出将拥有与存取对立起来争论哪一个更重要是没有意义的,存取与拥有是相互辅助的关系。[②]刘兹恒在2003年的论文中进一步指出:脱离了实际信息资源为后盾的单纯的网络信息存取能力是很难成为图书馆核心能力的。[③]此外,黄俊贵认为:不论什么图书馆都应以文献实体资源为载体,服务社会,而不是不讲条件,一律追求网络信息的存取能力作为自己的最高目标。[④]随着对拥有与存取问题讨论的不断深入,业内人士对这一问题的认识也逐渐理性。肖

① 汪冰.电子图书馆理论与实践研究[M].北京:北京图书馆出版社,1997.

② 刘兹恒,张久珍.对存取与拥有的再思考[J].图书馆杂志,2000(12):12-16

③ 刘兹恒.对图书馆信息资源建设的几点看法[J].图书馆,2003(4):3-4.

④ 黄俊贵.关于图书馆信息资源建设的问题.图书馆论坛,2003(6):135-138.

希明指出重要的是科学处理拥有与存取的关系。不同的图书馆应该根据各自的性质、任务、读者需求等情况采取不同的信息资源建设模式。从实际情况看，国内很多文献资源保障体系或网络都采取了集拥有与存取于一体的模式，这将是我国信息资源建设模式的合理选择。[①]刘兹恒在 2008 年的论文中进一步明确指出存取和拥有都是信息资源建设不可缺少的方式和手段，不同的信息服务机构，应该根据自己的实际，对不同的信息资源选择不同的建设方式，以形成为用户服务的资源基础。[②]

① 肖希明. 国内外信息资源建设理论与实践的发展[M]. 图书馆学研究进展. 武汉：武汉大学出版社，2007:127.

② 刘兹恒. 国内外图书馆学情报学研究现状[J]. 中国医院，2008(2):10-13.

2 文献资源布局

20 世纪 80 年代中我国出现了文献资源布局的研究热潮。代表性研究成果包括：1986 年《关于我国图书馆文献资源布局的初步探讨》、1987 年《论全国文献资源布局的原则与模式》、1988 年《我国文献资源集中—分布式网络布局模式的初步构想》、1990 年《我国文献资源合理布局的历史与现状》、1991 年《全国文献资源调查与布局研究 用户调查研究报告》、1992 年《文献资源布局政策研究刍议》、1994 年《论我国文献资源的整体布局》、1996 年《肩负历史重托开创文献资源布局新局面》等。90 年代初形成了阶段性成果，即 1991 出版了《全国文献资源调查与布局研究报告集》、《全国文献资源调查与布局研究成果汇编》，1993 年出版了《文献资源建设与布局论文选》。

对文献资源布局研究起重要推动作用的是中国图书馆学会于 1986 年 11 月在南宁召开的全国文献资源布局学术讨论会。2006 年刘兹恒发表《文献资源建设中一个具有重要历史意义的会议——纪念全国文献资源布局学术讨论会 20 周年》[③]。该纪念文章对全国文献资源布局学术讨论会的历史意义总结如下：①关于文献资源布局，

③ 刘兹恒. 文献资源建设中一个具有重要历史意义的会议——纪念全国文献资源布局学术讨论会 20 周年[J]. 图书馆，2006(6):1-5.

过去一直被理解成作为馆藏的文献按学科或类型在地域空间分布的状况或格局,它是一种长期的、自然的形成。而通过这次会议,人们认识到,文献资源布局还应该指合理、方便而又经济的文献资源分布格局的设计和建设。也就是说,要通过整体化建设和调控,使社会文献资源形成统一的、协调优化的整体,其收藏与分布能够方便、经济、有效地满足整个社会的文献信息需求。这样,文献资源布局就不仅是一种状态,更是一种活动,人们完全可以通过努力,改善文献资源的配置,实现对全社会的文献资源保障。②会议深入讨论了全国文献资源总体布局和在全国总体布局指导下的地区性、系统性、专业性文献资源布局,提出了文献资源布局的目标、原则和模式。③会议直接促成了史无前例的全国文献资源调查的开展。会议强烈呼吁尽快开展对全国文献资源状况的调查研究,为全国的文献资源合理布局提供必要的依据。

"全国文献资源调查与布局研究"课题的情况是这样:在肖自力等人的主持下,在中国社科情报学会的积极支持与推荐下,国家哲学社会科学规划办公室于1987年6月决定将"全国社科文献资源调查"课题作为"七五"社科基金重点资助项目;1988年8月,刚刚成立不久的部际图书情报工作协调委员会文献资源专业组又决定将这项课题纳入其领导,并将调查对象扩展为包括所有学科的全国文献资源调查。这次全国文献资源调查,调动了全国万余名图书情报工作者参加,历时四年,共调查了500多个有代表性的图书情报单位的研究级学科文献收藏2000余个,建立起了"全国文献资源数据库"和"全国文献资源调查用户评议数据库",达到了预期的目的。整个调查工作,无论是参加调查的人数、涉及的地区和系统、调查内容的深度和广度,还是调查方法的科学性、调查结果的可靠性,都足以说明这是一次意义重大、构思恢宏、规模空前的文献资源调查,是一项同时具有基础性和开拓性的工作，它有力地促进了我国文献资源整体化建设，被称为是“我国图书情报事业史上的一件大事”。全国文献资源调查与布局研究是综合运用了系统工程、数学统计、书目核对、引文分析用户评议、文字报告、加权赋值评级等多种方法，融定性研究与定量研究于一体，并结合我国实际，提出了一套切实可行的综合性的文献资源调查研究方法体系。这些先进的科学研究方法的引入与综合运用，标志着我国文献资源建设理论研究正向科学化方向发展。

80 年代中有关文献资源布局的研究迅速在全国产生影响。很多地区展开本地文献资源的调查与布局研究，如吉林省文献资源调查与布局研究、上海地区文献资源布局、舟山市文献资源布局，新乡地区文献资源布局现状及分析等。各个系统和不同学科也纷纷组织研究本领域的文献资源布局问题，如中国科学院文献资源调查分析和合理布局研究、全国农业系统文献资源调查与布局研究报告、医学文献信息资源布局的模式、我国民族文献资源的科学布局、北京市公共图书馆系统文献资源布局、河南省高校图书馆系统文献资源布局规划、江西医学文献资源调查和合理布局的研究、黑龙江省专利文献资源调查与布局研究、湖南省科技文献资源合理布局对策研究等。

3　藏书发展政策

藏书发展政策，又称馆藏发展政策，国内最早可追溯到肖自力 1982 年翻译介绍的美国图书馆协会资源与技术服务部资源分布藏书发展委员会制定的《藏书建设方针规范指南》。之后，国内学者陆续开展了对藏书发展政策的研究，至今仍然是一个重要的研究话题。例如 1988 年的《藏书发展政策与馆藏评价的一致性》、1995 年的《关于中国图书馆藏书发展政策的调查与分析》、1999 年的《我国图书馆藏书发展政策的制定》、2001 年的《电子馆藏及其发展政策研究》、2007 年的《论数字馆藏发展政策的框架与内容》、2008 年的《国内藏书发展政策研究情况概述》等论文。从这些论文的研究内容来看,藏书发展政策研究的议题主要有:藏书发展政策的基础理论研究,包括藏书发展与藏书发展政策的概念、藏书发展政策的内容、藏书发展政策的作用和意义等。藏书发展政策文件制定的研究,包括藏书发展政策制定的原则依据、步骤程序和修订工作,其中最重要的是藏书发展政策文件的内容框架组成。与藏书发展政策内容相关的研究,包括文献采访的原则方针、各类文献选择的标准、文献保护、藏书剔除、馆藏评价、藏书发展纲要、经费预算、交换与赠书、合作藏书发展等。[①]专业图书馆藏书发展政策研究,这里的专业包含三层意思:一是某一系统图书馆藏书发展政策,如高校图书馆、科研图书馆、公共图书馆藏书发展政策;二是某一类型图书馆藏书发展政策,如医学图书馆藏书发展政策;三是具体某个图书馆藏书发展政策。新信息环境对藏书发展政策的影响研究,主要包括电子馆藏政策的研究和合作藏书与资源共享政策的研究。下面我们对有代表性的研究成果的内容作介绍。

① 陆艳. 国内藏书发展政策研究情况概述[J]. 新世纪图书馆, 2008(1):25-28.

1995 年,汪冰在《关于中国图书馆馆藏发展政策的调查与分析》中对 1982 年至 1995 年十余年来国内藏书建设理论研究主要取得的成绩做出概括:①藏书建设的观念已经在更新。②研究了评价藏书质量的标准,包括藏书结构理论和复本问题。其中藏书结构理论是受美国学者研究的启发影响最大的一个领域,是藏书发展研究的一个重要组成部分,其理论研究的应用也是制定藏书发展政策的依据和基础。从这个意义上我们可以认为国内图书情报界已自发地进行着藏书发展政策理论基础的研究。③研究了藏书的再选择,即藏书的复选和剔除。④探讨了藏书布局新模式,即"三线典藏制"。⑤应用现代科学研究方法如系统方法、数学方法包括模糊数学方法等来研究藏书建设的实践问题。⑥宏观理论研究与实践取得了很大进展,并促进了国内文献资源整体化建设的进展。⑦探讨了书价上涨经费紧张的对策。⑧在理论上明确了对采访人员素质的要求。①

2002年,肖希明、袁琳出版了关于藏书发展政策的专著《中国图书馆藏书发展政策研究》,该书在考察国内外图书馆藏书发展及其政策研究现状的基础上,阐述了藏书发展政策研究的意义,比较全面地分析了当今图书馆藏书发展的信息环境和影响图书馆藏书发展的各种社会因素,深入探讨了适应环境变化的图书馆藏书发展政策的具体内容,提出了若干新的政策思想,并对图书馆藏书发展政策文件的制订提出了设想和建议。该书对1982－2002年我国图书馆藏书建设取得的成果概述如下:①关于藏书补充的研究,包括补充的原则和采访方针、选书标准、复本政策、经费短缺的对策。②关于藏书结构的研究,包括藏书结构理论、藏书结构构成要素、藏书结构的规划与设计、各类型图书馆藏书结构。③关于合作藏书与资源共享的研究,包括对其必要性的认识以及我国文献资源整体布局模式的研究。④关于在新的信息环境中调整藏书发展政策的研究等。②

2007年索传军的论文《论数字馆藏发展政策的框架与内容》提出,数字馆藏发展政策又称"电子馆藏发展政策",是图书馆有关评价、选择、购买、使用电子信息资源的一系列原则、标准与规定。其基本框架包括:①制定政策的现实基础和客观依据;②各项具体政策,包括馆藏采访政策、经费分配政策、馆藏发展纲要、馆藏管理政策、馆藏保藏政策、馆藏评价政策、合作馆藏和共建共享政策。③

① 汪冰.关于中国图书馆馆藏发展政策的调查与分析[J].图书馆,1995(3):1-6.

② 肖希明,袁琳.中国图书馆藏书发展政策研究[M].南京:南京大学出版社,2002.

③ 索传军,袁静.论数字馆藏发展政策的框架与内容[J].中国图书馆学报,2007(2):65-69.

4 数字信息资源建设

数字信息资源在图书馆馆藏中的比例不断上升,已经成为当代图书馆发展的一个显著特征。数字资源建设在整个图书馆馆藏建设中的地位越来越重要,在理论界也引来了越来越多的关注。在中国期刊网"中国期刊全文数据库"检索发现,以"数字资源建设"为标题的文章有600多篇,以"电子资源建设"为标题的文章有200多篇,以"数字馆藏"为标题的论文也有200多篇。较早的研究成果有:1996年杨秀萍的《馆藏电子出版物建设探讨》、1998年索传军的《论电子图书馆的资源建设》、许绥文的《漫笔之三:馆藏资源的数字化》、1999年盛小平的《试论我国网络电子期刊资源建设》、2000年吴志荣的《论数字信息资源建设》。新世纪以来,关于图书馆数字信息资源建设的研究不断深入。其涉及的内容包括:馆藏资源数字化、电子馆藏评价、数字资源整合、数字信息资源建设的原则、电子资源建设策略、数字资源发展规划、数据库建设、数字信息资源建设相关法律问题研究、特色数字资源建设问题研究、特定图书馆的数字资源建设方案研究等。

图书馆数字资源建设问题在世纪之交开始引起重视。原文化部副部长艾青春在2000年12月海口召开的中国数字图书馆工程资源建设工作会议上提出,中国数字图书馆工程建设的核心是资源建设。2002年中国高等教育数字图书馆(CALIS二期)把数字资源建设作为最重要的组成部分开始启动,CALIS管理中心召开数字资源建设大型研讨会,在CALIS成员馆中间统一认识、部署数字资源的发展规划和实施方案。会议报告包括:陈凌的《CALIS数字资源发展的总体思路及建设项目》、杨毅的《CALIS引进电子资源介绍》、肖珑的

《CALIS 数字资源整合方案介绍》等。

程焕文在《信息资源共享》一书中提出：数字信息资源建设主要是指数据库建设。[①]图书馆的数据库建设包括以下四个方面的内容：①馆藏书目数据库。馆藏书目数据库是开发信息资源的基础数据库，是图书馆全面实现网络化自动化的基础。其作用是对馆藏进行揭示，便于用户检索和利用图书馆的信息资源。②联合书目数据库。联合书目数据库通常是一个地区或者一个国家的图书馆等信息机构在馆藏书目数据库的基础上，通过联机编目而建立的反映文献资源收藏处所的书目数据库。联合书目数据库有利于地区间的协作采购和文献资源保障体系的建立，是实现馆际互借、资源共享的前提条件。③特色文献数据库。特色文献数据库是图书馆等信息机构根据其文献资源状况与用户的信息需求，选择馆藏中富有特色的文献资源所建立的专门化数据库。特色文献数据库可分为特色文献书目数据库和特色文献全文数据库两个类型。特色文献数据库有利于深层次地揭示和利用文献信息资源，是图书馆等信息机构提高信息资源服务水平和开展信息资源共享的重要途径。④数据库产品。数据库产品的类型多种多样，如光盘数据库、单机版数据库、联机数据库、书目数据库、全文数据库、事实数据库，等等。这里所说的数据库产品是指数据库生产商开发的且图书馆能够通过购买获得其所有权的各种数据库，即不包括图书馆只能购买其使用权的各种数据库。购买数据库产品有利于提高图书馆信息资源建设和共享的成本效益，是目前图书馆信息资源建设的一种重要而又卓有成效的手段。

张久珍在《电子信息资源建设策略分析》一文中指出图书馆电子信息资源建设的主要目标包括提供精选资源、提高电子信息资源的可获得性、扩大电子信息资源的覆盖范围、提高电子信息资源的全文化程度等方面。图书馆电子信息资源建设策略应该包括制定适宜的

① 程焕文. 信息资源共享[M]. 北京：高等教育出版社，2004.

电子信息资源建设政策、合理规划各类型资源之间的比例、妥当进行经费投入、开展合作发展电子信息资源、有效管理电子信息资源建设工作等。[①]

关于数字信息资源建设的研究成果还体现在对某一类型图书馆或某一系统图书馆或某一区域图书馆数字信息资源建设的针对性研究。例如国家图书馆的数字资源建设,CALIS 的数字资源建设,党校图书馆数字资源建设,中科院图书馆的数字资源建设,图书馆联盟数字资源建设研究,基层公共图书馆数字资源建设的理念、原则与方案,中小型图书馆数字资源建设的对策,贵州省高校数字资源建设的现状与对策,地方文献数字资源建设与专题信息服务,西北地区文献信息保障系统及数字资源建设。

研究数字信息资源建设不容忽略的一个重要问题是馆藏资源数字化问题。研究人员就是否应该大规模开展馆藏资源数字化存在争议。陈源蒸认为由于全社会对计算机的应用以及图书馆自身的自动化基础都非常薄弱,因而图书馆不具备将大量馆藏资源进行数字化转换的条件。馆藏资源数字化不宜成为图书馆的主要任务,更不宜作为一种口号提出来。对馆藏资源数字化在理论上阐释清楚对于图书馆工作实践是非常有指导意义的。实际情况已经证明有些图书馆投入大量的人力、物力和财力进行馆藏资源数字化而产生了不良后果。馆藏资源数字化需要的技术、设备、经费支持是很多中小型图书馆难以承受的,图书馆在馆藏资源数字化建设上出现的跟风现象必然带来不利影响。已经有专家形象地指出:这如同挖了一个巨大的坑,很多图书馆往里面扔钱。热情使人们忽视了科学,本该进行的严谨的科学探索,简单地变成了馆藏资源数字化的竞争。[②]馆藏资源数字化研究的内容还包括不同类型文献的数字化问题研究、馆藏资源数字化的系统建设问题研究、特色馆藏资源数字化建设、相关版权问

① 张久珍. 电子信息资源建设策略分析. 四川图书馆学报, 2003(4):43-47.

② 陈源蒸. 数字图书馆非图书馆[J]. 大学图书馆学报,2005(4):2-7.

题研究、馆藏数字化技术研究等。

与数字信息资源建设紧密相连的问题是网络信息资源建设问题。较早关注这个问题的是1997年黄纯元的《图书馆与网络信息资源》、2000年刘兹恒与张久珍的《对我国图书馆网络信息资源建设理论与实践的思考》。黄纯元指出,研究网络信息资源的主要目的有两点:一是如何把网络信息资源的服务有机地纳入到现有的图书馆服务中去;二是如何运用和贡献图书馆学情报学在组织文献信息与书目控制方面的研究成果和长期的经验积累,积极参与对网络信息的研究,提高网络信息资源管理的有序化。[①]刘兹恒与张久珍的论文认为网络信息资源建设是新的图书馆馆藏发展模式,确立和发展网络信息资源建设理论的原因在于网络信息资源迅速增长、图书馆网络信息资源建设急需理论指导、图书馆网络信息资源建设研究重心出现偏移、新的资源共享模式的迫切要求等方面。另外还有人研究网络信息资源建设的关键技术、CALIS与高校网络信息资源建设、中文网络信息资源建设与网上中华文化的弘扬等问题。[②]

网络信息资源建设的具体内容涉及网络信息资源开发与利用的问题研究。陈光祚于2002年主编的《因特网信息资源深层开发与利用研究》一书认为因特网信息资源的有序化和有效检索是一个热门课题。吴慰慈于2004年主编的《图书馆学基础》一书指出:网络信息资源给图书馆藏书结构带来的深刻变化已经影响到图书馆馆藏发展的模式。我们应该认识到网络信息资源建设是自藏书建设以来馆藏发展的一次飞跃。研究网络信息资源开发与利用有利于拓展与充实图书馆学理论研究的内涵和深度,有助于清楚地界定网络信息资源采集的方式、特色、渠道等问题,促进图书馆重视如何开发和利用网络信息资源以深化和拓展图书馆的服务。因此,网络信息资源的开发与利用对于当代图书馆事业的发展及当代图书馆学研究的创新都

① 黄纯元.图书馆与网络信息资源[J].中国图书馆学报,1997(6):13-19.

② 刘兹恒,张久珍.对我国图书馆网络信息资源建设理论与实践的思考[J].图书馆学、信息科学、资料工作(复印报刊资料),2000(7).

是很重要的。[①]

在CNKI“中国期刊网全文数据库”中检索以“网络信息资源开发”为题名的文章有近500篇之多。这些文章的内容涉及:网络信息资源开发的模式、网络信息资源的选择与评价、不同类型网络资源的开发利用问题、网络信息资源开发利用的策略等。吴慰慈主编的《图书馆学基础》一书把网络信息资源开发的模式总结为三个方面:①传统馆藏数字化。图书馆网络信息资源建设的途径之一是把本馆拥有的传统馆藏(即图书、报刊等印刷型文献)进行数字化转换和上网。②OPAC建设。图书馆合作建设联机公共检索目录(OPAC)是实现电子资源整合的一个重要途径。③网络资源导航。网络资源导航将某一主题或相关主题的数据库或服务器的地址集中,按某种方式连接在一起,向用户提供这些资源的分布情况,供用户查找获取网上资源。网络资源导航的价值就在于其提供的是精选的有学术价值的信息资源的可靠的链接,这不仅有利于提高图书馆管理网络信息资源的能力,也有利于用户方便快捷地存取网络信息资源。网络信息资源导航是构建虚拟信息资源库、实现专题化虚拟馆藏建设的重要方式。网络信息资源选择与评价的问题主要集中在选择与评价标准的研究上,特别关注关于评价指标体系的研究。研究论文包括《网络信息资源评价的方法及指标》、《网络信息资源评价指标研究的回顾及相关问题的思考》、《国内外网络信息资源评价研究进展》等。国内这方面的研究多是介绍、引进、借鉴国外的相关研究成果。

5 虚拟馆藏

我国图书馆界关注虚拟馆藏的研究始于20世纪末。其代表性论文有:1997年的《利用虚拟馆藏满足本馆需求》、2000年的《网络环

① 吴慰慈.图书馆学基础[M].北京:高等教育出版社,2004.

境下虚拟馆藏的建设》和《大学图书馆虚拟馆藏资源建设的现状及发展》、2001年的《影响虚拟馆藏利用的因素分析——虚拟馆藏选择评价刍议之一》、2002年的《虚拟馆藏建设中的版权问题》、2005年的《虚拟馆藏资源组织问题研究》、2006年的《排名前50位高校图书馆的虚拟馆藏利用调查》等。关于虚拟馆藏的研究内容包括:什么是虚拟馆藏、虚拟馆藏的构成、虚拟馆藏的特点、虚拟馆藏对实体馆藏的影响、虚拟馆藏建设策略、虚拟馆藏的组织与揭示等方面。

所谓虚拟馆藏是指一个物理实体图书馆能够在计算机网络上利用的信息资源的总和。对于一个物理实体图书馆而言,它对虚拟馆藏只有使用权,而没有所有权;而对物理馆藏,它不仅有使用权,而且还有所有权。虚拟馆藏的出现,极大地丰富了图书馆的馆藏空间,提高了图书馆满足读者信息需求的能力。虚拟馆藏已经成为图书馆信息资源体系的一部分。现代图书馆的馆藏空间结构是由物理馆藏和虚拟馆藏两大部分组成的。虚拟馆藏的出现使我国图书馆界在馆藏发展的指导思想上逐渐发生了变化,馆藏建设的观念已经逐步从传统的建立一个有限的物理实体转变到对网络信息甚至全球信息的把握上来。在馆藏建设中,不是试图拥有全部的信息资源,而是强调利用网络技术,能够快速地检索到各地的信息资料。这不仅仅是观念的转变,而且已逐步落实到馆藏发展的实践中去了。①

肖希明认为,虚拟馆藏至少应该包括两大类:①联机检索的数据库。这是图书馆通过签约付费,可远程登录、在线利用的电子信息资源。但这些电子信息资源(数据)存储在数据库提供商的服务器上,而不是在图书馆中。图书馆对这类电子信息资源只有检索使用权(在签约付费时间范围内),而非永久拥有与使用权。因而这是一种虚拟馆藏,这种虚拟馆藏在图书馆占有相当的比重。②Internet信息资源。图书馆根据读者需求及馆藏发展需要,搜索、选择Internet

① 吴慰慈,张久珍.图书馆学情报学前沿探寻[M].北京:北京图书馆出版社,2002.

中的信息资源,下载存到本馆或本地网络之中,通过网络或其他方式提供给用户使用,或者链接到图书馆的网页上,如建立 Internet 信息资源导航库,以方便读者迅速检索自己感兴趣的有价值的网络信息资源。①

① 肖希明. 论虚拟馆藏的建设[J]. 图书馆, 2002(3): 25-27, 56.

肖希明的文章分析了虚拟馆藏的特征,包括:①虚拟性。虚拟性是虚拟馆藏的首要特征。虚拟是与实在相对的。对于一个实体图书馆来说,虚拟馆藏是非实在的,因为人们感觉不到它的存在,但它又恰恰是客观存在着的,只不过没有像物理馆藏那样真实、直观地呈现在人们的眼前罢了。②无产权性。产权,即财产的所有权。一个实体图书馆对物理馆藏是拥有产权的,但对于虚拟馆藏则只有使用权而没有产权。从总体来看,对于网络化的图书馆来说,馆藏的产权性已经不像过去那样重要了。③丰富性。目前,虚拟馆藏中既有海量的电子信息资源,又有众多可以联机检索到的实体图书馆的非电子信息资源,这些丰富的信息资源都可以有偿或无偿的方式支持图书馆的信息服务工作。④分散性。物理馆藏是集中式贮存的,而虚拟馆藏是分布式贮存的。从虚拟馆藏中的非电子信息资源来看,它贮存在各个图书馆和情报机构之中;从电子信息资源来看,它分别贮存在世界各地的服务器上。⑤非垄断性。正是由于网络信息资源的分布式存贮,所以任何一个国家都无法对网络信息资源进行垄断。⑥共享性。虚拟馆藏的共享性是非垄断性的逻辑发展。网络本身就是开放的,因此也就决定了网络信息资源的共享性。

肖希明提出虚拟馆藏的选择标准包括用户需求、信息的内容质量、信息形式特征、使用的方便程度、使用与运行环境、成本效益。关于虚拟馆藏对物理馆藏结构的影响,虚拟馆藏是图书馆馆藏空间结构的有机组成部分,是对传统物理馆藏结构的一种补充。它不可能取代物理馆藏。有关虚拟馆藏的研究内容还包括特色虚拟馆藏、现实馆藏与虚拟馆藏的整合、虚拟馆藏的利用调查、虚拟馆藏的资源组织问题、虚拟馆藏建设中的著作权保护问题等。

需要指出的是虚拟馆藏的研究与上一个标题中网络信息资源建设、网络信息资源开发与利用问题是密切相关的。

第三章 信息组织

1 信息组织研究主要成果

20 世纪 80 年代以来信息组织研究领域的发展经历了从分类法、主题法研究到信息组织研究的历程。代表性论著的名称反映着这一变化,具体情况见表 1-3-1。

表 1-3-1 信息组织研究历程中的代表性著作

年份	书名	作者	出版社
1980	现代西方主要图书分类法评述	刘国钧	吉林人民出版社
1981	图书分类学	白国应	书目文献出版社
1983	图书分类	北京大学图书馆学情报学系《图书分类》编写组	书目文献出版社
1993	当代分类法主题法索引法研究	侯汉清	书目文献出版社
1999	文献分类法主题法导论	马张华、侯汉清	北京图书馆出版社
2000	信息组织的分类法与主题法	曹树金、罗春荣	北京图书馆出版社
2001	信息组织	马张华	清华大学出版社
2001	信息组织	周宁	武汉大学出版社
2001	文献分类学	俞君立	武汉大学出版社

续表

年份	书名	作者	出版社
2002	中国文献分类法百年发展与展望	俞君立	武汉大学出版社
2002	网络信息资源的组织：从信息组织到知识组织	刘嘉	北京图书馆出版社
2002	信息组织：原理、方法和技术	储节旺	安徽大学出版社
2003	网络信息组织：模式与评价	黄如花	北京图书馆出版社
2003	信息组织概论	冷伏海	科学出版社
2004	信息组织	戴维民	高等教育出版社
2004	网络信息组织	陈耀盛	科学技术文献出版社
2006	数字时代的图书馆信息资源组织	段明莲、沈正华	北京图书馆出版社
2007	KOS 在网络信息组织中的应用与发展	司莉	武汉大学出版社
2007	网络信息资源组织	马张华、黄智生	北京大学出版社

2　文献分类

在介绍文献分类研究的发展历程之前，我们先来介绍白国应 1993 年的一篇论文《从图书分类学到文献分类学》，文章指出，在编辑《中国大百科全书·图书馆学》的时候，经编辑委员会审定，把“图书分类学”改名为“文献分类学”。这标志着本学科进入了一个新时期、新阶段，也是历史转折的一个新起点。文献调研发现，“图书分类学”这一表达多出现在 20 世纪 80 年代、90 年代，早期有 1981 年白国应的专著《图书分类学》、1985年卿家康的《浅论我国图书分类学研究》,后来有1989年俞君立的《对图书分类学教育目标的探讨》、1993年吴昌合的《也谈图书分类学的研究对象》、1996年傅荣贤的《试论图书分类学的学科地位》等。文献分类学这一表达在近10多年使用较多。例如,1995年的《走向21世纪的中国文献分类学》、《中国文献分类学研究的方向、重点及热点》,1997年刘延章的《中国文献分类学研究之轨迹》,2005年吴昌合的《文献分类学研究对象新识》。2001年俞君立主编的教材就名为《文献分类学》。近两年来,白国应撰写了10篇关于"我与文献分类学"的回忆文章。

下面我们分期介绍我国图书分类研究的情况,基本上是以五年为一个阶段。

2.1 1978—1985年

20世纪70年代末80年代初刘国钧、来新夏、肖自力、关家麟、李严、卢子博、侯汉清、乔好勤、杜定友、范并思、郑一仙、柯平、张欣毅等都发表过关于图书分类的论文。早期图书分类研究的内容主要包括这些方面:

①关于图书分类的基础知识,例如,1979年史永元的《图书分类基础知识》,1982年刘国钧的《图书分类法基础知识讲稿大纲》、侯汉清的《图书分类基本术语解说》。

②关于图书分类的理论阐述,例如,1979年张德芳的《分类学与图书分类》、刘发的《科学分类与图书分类——关于图书分类的对象、方法和体系》、1980年白国应的《试论图书分类与科学分类的关系》、1981年史永元的《刘国钧教授的图书分类学术思想》等。

③文献分类的基本方法、工作经验介绍,这一类论文当时最多。例如,关家麟的《略谈科技文献分类》、白国应的《边缘学科图书资料如何分类》,以及《关于社会科学图书的分类方法》、《对中文期刊分类

工作中几个问题的认识》、《我对当前“图书分类”工作的看法》、《图书分类差错原因浅析》、《怎样分析和解决分类中的疑难问题》等。

④关于我国古代图书分类的思想成果总结，例如，《郑樵图书分类理论试探》、《图书分类的理论家——郑樵》、《略论我国古代图书分类体系的沿革及其原因》等。

⑤关于《中图法》的使用方法、存在问题、修订意见等，例如《我们使用“中图法”的体会》、《〈中国图书馆图书分类法〉与我国图书分类标引工作标准化》、《〈中图法〉改进刍议——关于分面组配和分类语言符号化问题》、《期刊分类的特殊性不应忽视——对〈中图法·期刊表〉的修改意见》等。

2.2　1986－1990年

1985年以后的几年，除继续研究图书分类的方法以及《中图法》的问题外，我国图书分类研究的内容发生了变化，体现在：

①开始关注国外的情况。例如，1986年的《图书分类学研究的新进展——英国分类研究小组〈公报〉第12号简介》、1987年的《美国DIALOG系统全部文档分类目录》、1988年的《〈概略分类体系〉评介》、1990年的《1945年以来，英国对主题编目与分类的贡献》。

②关于分类主题词表的研究论文增多。例如，《〈中国分类主题词表〉编制的理论与实例分析》、《从〈中国分类主题词表〉的编制谈谈我国文献检索体系的标准化》、《分类主题一体化的尝试——谈〈教育科学叙词表〉的编制》、《〈汉语主题词表·主表〉的组织方法探讨》、《我国词表工作近期发展方向——兼论建立国家主题词库的可行性》等。

③理论研究深度增加，不仅仅是分类方法的介绍、工作经验的分享，还开始研究分类标准化问题、分类主题一体化问题、分类语言规范化问题。例如，《文献分类学术语辨析》、《论等级体系分类的数学

结构》、《情报检索语言发展的重要方向——分类主题一体化》、《我国文献分类标准化的回顾与展望》、《论自然语言信息处理及模糊自动分类理论》等。

④开始关注计算机应用研究。早在1982年侯汉清就发表了《电子计算机与文献分类》[①],之后的五六年这类文章很少,直到80年代末才真正开始关注这个问题。例如,1989年张炳恒的《微机图书分类编目自动化系统》、1990年张长安的《微机用于中文文献自动分类的可行性探讨》、苏丽珍的《实现分类主题一体化的自动聚类检索系统》等。1986年,上海交通大学计算中心的朱兰娟研制了中文科技文献(计算机类)实验性自动分类系统。1989年,天津医学情报所的张炳恒研制了半自动图书分类系统。

① 侯汉清,黄刚. 电子计算机与文献分类[J]. 现代图书情报技术,1982(1):5-14.

2.3 1991—1995年

1991至1995年间,很多论文仍然在关注实践工作中文献分类的方法和经验问题。除此之外的研究内容的主要特点如下:

①原理性的探讨。如1991年的《浅议分类主题一体化检索语言的理论基础》,1994年的《对分类主题一体化讨论中几个基本问题的认识》、《分类标记原理与方法概述》、《文献分类的基本原理、原则和方法》等。

②计算机应用研究。1992年的《自动化辅助分类工具》、《浅谈机读分类主题一体化词库建设》、《中文文献自动分类研究概述》、《计算机辅助图书分类、主题标引与检索系统》、《计算机分类检索》,1995年的《计算机辅助编制分类主题一体化词表的实践与研究》等。仅1995年就有多个自动分类系统研制出来,包括杭州应用工程技术学院的叶新明研制了中文文献自动分类系统,南京大学信息管理系的苏新宁等人研制出了汉语档案自动分类系统,清华大学电子工程系的吴军研制了自动分类系统,上海交通大学、空军政治学院信息管理

系以及上海第二医学院的有关专家合作开发出肿瘤学专业文献自动分类系统。

③古代图书分类研究。这个领域的主要作者是傅荣贤，论文有1994年的《中国古代图书分类的基本特征》，1995年的《论中国古代图书分类的价值取向》、《〈七略〉图书分类理据中的时序原则》等。

④分类法研究。从20世纪70年代末期开始，我国文献分类法基本形成了《中图法》、《科图法》和《人大法》三足鼎立之势。文献分类法的研究也已深入到微观领域，开始由纯理论的探讨转向理论与应用并重。在深入研究的基础上，我国先后对《科图法》、《中图法》和《人大法》作了修订。《科图法》于1979年完成修订第2版，1994年出版第3版；《中图法》于1980年出版修订第2版，1990年出版修订第3版，1999年出版修订第4版；《人大法》于1982年出版增订第5版，1996年出版修订第6版。不论是修订期间还是修订前后，都有很多文章研究这些分类法各自的优劣。特别是对《中图法》的研究形成了热潮，被看作是中国文献分类学研究的主流和重心。研究者对《中图法》第3版的评价是：正确处理了分类法编制的思想性原则、科学性原则、实用性原则三者之间的关系。通过增设、改动、调整、删除有关类目和订正类名、修订类目注释以及采用双表列类法，使类目体系比第2版更为科学、合理。通过较大幅度地增设专类复分表和扩大仿分及主类号组配的使用范围，并采用字母标记法，进一步提高了分类表包容文献的能力，增强了实用性。

⑤回顾和总结文章。这一时期出现多篇总结性成果，例如，1993年《四十年来我国图书分类基本原则的发展概况》，1994年的《分类主题一体化词表的理论及研制述评》、《论我国分类检索语言现状与发展路向》，1995年的《我国期刊分类工作研究现状述评》等。

2.4 1996—2000年

1996—2000年,有关图书分类和文献分类研究的文章增多。研究的主题分布可以概括为下面八个方面。[①]

①文献分类基本理论问题。包括1996年戴煜滨的《我国近代图书分类理论的形成》,1997年傅荣贤的《关于分类语言的哲学反思》、文榕生的《文献分类由被动走向理智——类目控制论》、刘延章的《中国文献分类学研究之轨迹》,1999年白国应的《中国文献分类学研究中的十大结合》、《论20世纪的中国文献分类学》等。白国应论述了20世纪中国文献分类学发展的四个时期,出现的三次高潮,取得的六项重大成就和十条基本经验。[②]

②分类法兼容问题。包括《情报检索语言的标准化与兼容化》、《从兼容的角度谈分类法面临的挑战》等。张琪玉教授提出并分析了情报检索语言主动式兼容的模式与被动式兼容的模式,阐述了情报检索语言兼容措施基本原理和技术。

③计算机应用研究。包括《我国分类检索语言计算机化的回顾与前瞻》、《我国图书馆计算机分类编目技术研究》、《计算机辅助分类检索系统的设计》、《数字图书馆对信息资源分类编目的影响和研究》、《我国文献分类计算机化的发展与近期目标研究》。《我国分类检索语言计算机化的回顾与前瞻》一文分析、总结了国内外文献分类计算机化的进展与成果,从加快建设分类法机读文档与加强机检适应性等方面论述了我国分类法计算机化的发展。[③]张琪玉教授认为,情报检索语言中增加与自然语言的对应转换功能,是它走向自动化的关键性环节,今后分类表和词表应朝这个方向发展。

④网络信息分类研究。包括1999年的《网络信息分类浅议》、《网络分类目录及其分类法》,2000年的《指南型网络分类体系初探》、《Yahoo的分类体系结构及原理探微》、《网络信息的分类和编目

① 俞君立,朱蓓.1996—1998年我国文献分类研究进展[J].图书馆杂志,1999(11):1-5.

② 俞君立,吴礼志.1999—2000年我国文献分类研究进展[J].图书馆杂志,2001(8):2-5,13.

③ 朱丽.我国分类检索语言计算机化的回顾与前瞻[J].图书馆,1997(1):28-31.

问题研究》、《搜索引擎及网络信息资源的分类组织》、《文献分类法在网络资源组织中的应用》等。陈树年论述了构建网上分类体系的原则和技术，提出了一个适用于一般用户的综合性中文搜索引擎的信息分类大纲。①

⑤自动分类研究。包括《题名自动分类标引探讨》、《一个中文文本自动分类数学模型》、《自动分类研究现状与展望》等。邓要武等人报道了"图书自动分类专家系统"的设计思路、研究方案与功能。1997年，天津医学情报所的张炳恒提出"全自动图书分类系统"概念，并对研制"全自动图书分类系统"的理论问题作了论述，包括：计算机智能问题、语义结构分析、自动分词问题、全自动图书分类和标引的数学表达式。②

⑥分类法发展趋势研究。包括1996年的《我国文献分类法的发展趋势》、1998年的《中国图书分类的历史演变及发展趋向》、2000年的《我国文献分类法的六大发展趋势》等。分类法的发展趋势表现为分面组配化、分类法主题法一体化、计算机化、标准化、兼容化与系列化。1999年，张琪玉在《我国情报语言20年来的进步与向21世纪前进的目标》中认为我国文献分类法应做的工作是：完成分类表词表的机读化，大量编制抽词词典，推进情报语言的自然语言化，编制网上资源检索工具。③近期的研究课题包括情报检索语言研究、自然语言检索研究、网上资源检索研究以及情报语言学基础研究课题等。2000年，司莉等在《我国文献分类计算机化的发展与近期目标研究》中指出，我国文献分类法计算机化的发展目标是出版与推广分类法机读版，制定机读数据分类标引规则，研究制定规范化的分类法机读格式，建立标准化的分类规范文档，开发研制综合性自动分类标引、联机检索及分类法管理系统，编制适用网上信息检索与组织的统一分类体系。④

① 陈树年.搜索引擎及网络信息资源的分类组织[J]. 图书情报工作，2000(4)：31-37.

② 肖明，沈英. 自动分类研究进展[J]. 现代图书情报技术，2000(5)：25-28.

③ 张琪玉.我国情报语言20年来的进步与向21世纪前进的目标[J]. 图书馆，1999(4)：1-7，21.

④ 司莉，俞君立，贺定安. 我国文献分类计算机化的发展与近期目标研究(上)——20年来的成就与存在问题[J]. 图书情报知识，2000(2)：12-16.

⑦国外分类法研究。包括曾锡年的《略论〈杜威十进分类法〉120年来的发展》、《历史的丰碑:纪念〈杜威十进分类法〉出版120周年》、马张华的《〈杜威十进分类法〉21版修订:特点与启示》、俞君立的《〈杜威十进分类法〉第21版心理学类表评析》、周从军的《〈杜威十进分类法〉的复分体系》、洪漪的《〈杜威十进分类法〉对中国图书分类法的影响与启示》、张晓娟的《〈杜威十进分类法〉在联机环境中的应用评述》等。

⑧关于《中图法》、《科图法》、《人大法》的研究。主要内容是研究这些分类法的特点、不足及修订意见,包括范翠玲的《〈中图法〉第四版问题综述》、吴开华的《〈中图法〉(四版)TN、TP类修订释析》、王惠敏的《浅谈〈科图法〉第3版的成功与不足》、陈秀雄的《浅谈〈中国科学院图书馆图书分类法〉第三版的几个特点》、文榕生的《第六版〈人大法〉之成功与不足》、白国应的《〈中国人民大学图书馆图书分类法〉的历史、功绩、问题和展望》。

2.5 2001年至今

①关于传统分类法、主题法在网络环境下的应用,王忠红认为,传统分类法的知识系统性和标识语言的通用性以及族性检索能力和扩缩功能,是其他情报检索语言所不具备的,也是无法取代的。[①]因此,它在新的信息环境下也必然会有一席之地。洪漪和梁树柏在《分类法在信息网络中的应用》一文中认为,随着信息网络的发展,占据主导地位的分类法不可避免地会受到挑战,但与此同时也面临着新的发展机遇。[②]分类法在信息网络中的应用主要表现在用于联机浏览检索、非文本信息的组织、超文本系统的管理以及作为网络信息组织的通用工具并促进分类主题一体化。也有作者认为,从我国的具体情况来看,对《中图法》不断进行改造、完善,使之满足新的标引要求,是一条十分现实的路子。司莉提出,基于网络信息资源组织用的

① 王忠红. 网络信息环境下的传统分类法[J]. 图书情报工作, 1999(2):37-39.

② 洪漪,梁树柏. 分类法在信息网络中的应用[J]. 情报学报, 1998(1):19-22.

传统分类法，应从以下几个方面进行改造：多维揭示；适当降低分类难度（增加直观性、透明性）；提高分类法类目标题语词的表达性和现时性，选择、积累、增添终端用户检索的自然语词，及时反映网络资源建设和利用中的新主题——重视分面分类思想和方法；扩展同主题法即主题词表的联系；粗分类原则，采用分面分析方法，建立强大的参照系统，加强标引深度，打破传统的线性资源组织方式，走分类主题一体化道路；分类法应当解决机读化和网络化、兼容性和国际通用性——分类—主题—自然语言一体化；充分利用新技术、新方法（超文本技术、分面分析方法）改造原有的分类法，提高分类法描述网上信息主题的能力。马张华对文献分类法在网络资源组织中的应用进行总结，认为其特点在于：收入资源大多经过精选；对类目进行必要调整；对类目体系的深度进行控制；加强类下说明；多种检索途径界面；显示形式、处理层次多样，编制方式多样。[①]

②网络信息分类研究。如2001年宛玲的《中文网络信息分类组织分析》，左少凝的《网络信息资源分类组织研究进展》，2002年邓香莲的《文献信息分类与网络信息分类之比较研究——兼谈构建网络信息分类体系》、《网络信息检索工具的分类体系——网络信息检索工具发展的方向与提高竞争力的途径》，刘延章的《中文搜索引擎分类体系的特点、问题及其改进》，2003年侯汉清的《中文搜索引擎分类体系兼容互换工具的设计》，2004年曹树金的《自动分类在搜索引擎性能优化中的应用》，2008年的《从自由分类法看网络信息的分类组织》等。网络信息分类问题受到越来越多的关注，近年来发表的论文不断增多。论文主要关注网络信息分类的特点、当前网络信息分类存在的问题、与传统文献分类的区别、网络信息分类体系构建的原则以及如何构建合理的网络信息分类体系等内容。

③文献分类工作研究。这一类的文章一直占有比较大的比重。

① 肖雪．1997年—2002年我国文献分类理论研究进展[J]．高校图书馆工作，2003（6）：13-17.

尤为突出的是白国应发表了几十篇研究各类文献的分类工作论文，包括《关于数学文献分类的研究》、《关于金属学文献分类的研究》、《关于半导体技术文献分类的研究》等。白国应在文献分类研究方面的论文有300多篇，为我国的文献分类研究作出了重要贡献。

④《中国分类主题词表》研究。论文有《〈中国分类主题词表〉的修订方案和方法的探讨》、《〈中国分类主题词表〉的符号在CNMARC中的套录》、《网络时代〈中国分类主题词表〉的发展与应用》、《〈中国分类主题词表〉(第二版)电子版在文献标引中的使用价值及修改意见》、《基于〈中国分类主题词表〉的领域本体构建研究》、《〈中国分类主题词表〉的两种对应依据》等。

⑤《中国图书馆分类法》研究。这一主题的论文数量的比重也很大。论文有《〈中图法〉(4版)的不足以及图书分类的未来》、《国外文献分类法修订维护的发展及对〈中图法〉的启示》、《DDC、UDC网络化对〈中图法〉发展的启示》等。研究者从具体的学科在《中图法》中的具体位置来探讨《中图法》的类目设置问题，指出类目设置一些不合理的地方，并提出一些改进的建议。2008年李敏在《〈中图法〉(4版)研究论文分布统计与发展特征分析》一文中统计了1998－2006年国内刊物上发表的有关《中国图书馆分类法》(4版)研究论文，成果较多的主题为《中国图书馆分类法》(4版)将来发展中应着重解决的问题。若能充分借鉴国外分类法在网络信息组织中的成功经验完善自己，在后控性、兼容性和专家系统的知识基础等方面做出调整，《中国图书馆分类法》定会迎来又一个黄金发展期。[①]

① 李敏.《中图法》(4版)研究论文分布统计与发展特征分析[J]. 图书馆建设，2008(5).

3 信息组织

检索中国期刊网“中国期刊全文数据库”的结果发现，国内较早研究信息组织的论文有：1997年宋彩萍和霍国庆的《信息组织论纲》。2000年以前，我国对信息组织的研究尚处于起步阶段，发表的论文数量仅仅有几篇，主要是：《信息网络环境下的信息组织》、《从信息组织模型的角度看数据库技术的发展》、《网络计算环境及其信息组织技术研究》等。自2000年始，研究信息组织的文章数量大幅度增长。平均每年有几十篇之多。这表明，我国学者对信息组织这一领域的认识正在不断加深，重视程度也在不断地加深。①

信息组织研究的内容主要有：①信息组织的理论研究，包括基本概念、组织方法、发展历史、基本原理和原则、研究对象等。②信息组织的具体方式方法的研究，如分类法、主题法、目录组织法以及分类和编目在网络信息组织中的应用等。③网络信息组织技术的研究，包括元数据、搜索引擎、数据挖掘、在线翻译等。

关于信息组织的概念，宋彩萍和霍国庆的文章认为信息组织的理论基础应是信息系统理论、编码理论和逻辑理论，并借用语言学中的语法学、语义学和语用学的含义将信息组织的方法分为语法信息组织、语义信息组织和语用信息组织等三个层次。

关于网络信息组织的研究已经成为当前图书馆学研究的热点领域。网络信息组织研究的内容包括：网络信息分类组织、网络信息组织方法、网络信息组织技术、网络信息组织模式、网络信息资源的自组织等。陈树年提出建立网上信息的知识分类系统的基本结构与编制方法：有一个涵盖各知识领域、结构清晰、层次简明、能满足网上信息组织需要的分类体系；采用等级结构展示知识的系统联系，构成枝干分类的主题树或脉络清晰的地图；应采用对用户最有利的排列次序等并提出了中文信息分类大纲。关于网络信息组织的方法，王知津提出，分类法在网络信息组织中的应用表现在四个方面，分别是分类法提供对非文献资源组织的途径、分类法提供对超文本信息资

① 李晓花．最近十年我国信息组织研究统计分析[J]．江西图书馆学刊，2006(3)：64-66.

源的组织、分类法用于网络浏览工具、分类法在搜索引擎中的使用。主题法在网络信息组织中的应用表现在三个方面,分别是主题法用于主页信息的字顺主题组织,创建主题树指引库技术组织和揭示网络信息资源,用关键词法与叙词法相互结合的形式组织与揭示。[①] 网络信息组织技术包括元数据、数据挖掘、数据仓库、知识发现、标记语言、自动跟踪技术、自然语言处理技术、机器翻译技术、多媒体技术、人工智能技术等。学者认识到当前加强网络信息组织技术研究的重要性,包括网上信息的自动加工技术和索引数据库研究、元数据的标准化问题、数据挖掘、元搜索引擎采用的技术研究、专业性元搜索引擎的系统建模等。网络信息资源的组织技术需要向智能化方向发展,真正达到以用户为中心,全面有效地满足各类人员网上信息查询的需要。

① 王知津,孙鑫.网络信息组织的原理、方法与问题[J].图书馆理论与实践,2006(3):65-67.

元数据是信息组织研究的重要内容。元数据研究的内容主要包括:元数据发展历史、元数据格式、元数据数据元素的设计、对各种元数据格式的比较研究、DC 元数据、专门元数据研究、元数据标准化问题、元数据互操作问题、保存元数据研究等。元数据决定着数字图书馆的信息组织和利用方式,也是实现跨资源库语义互操作的基础。随着信息资源的多样化和电子资源的急剧膨胀,人们如何高效地检索和发现所需信息成为一个亟待解决的问题。元数据的标准和规范研究成为当今数字图书馆建设的关键课题和热点问题之一。

信息组织研究的新领域已经出现,表现在:对本体的研究、对语义网的研究、对知识网格和语义网格的研究、对自动标引和自动分类的研究等。对本体的研究文章有《从情报检索语言到本体——信息组织的新变革》、《基于本体的信息资源组织算法研究》、《聚焦信息组织研究的前沿——面向网络信息组织的本体开发》、《叙词表与本体的区别与联系》等。对语义网的研究文章有《基于语义的网络信息资源组织》、《基于语义网的信息组织与智能导航研究》、《语义网信息组织机制论纲》等。网络信息的自动分类问题研究文章有《虚拟图书馆中网页的自动分类研究》、《自动分类技术研究》、《用于中文信息自动分类的〈中图法〉知识库的构建》等。陈树年指出，当前自动分类面临的问题是人和机器的分工问题、网站信息的分析和提取问题、分类知识库的构造问题。自动标引方面的文章有《自动标引通用评价模型研究》、《中文图书自动标引与分类加权设计研究》、《手工标引法与自动标引法之比较》、《分类法主题法一体化自动标引系统的基本原理和方法》等。章成志的文章指出，主要有三个领域的研究者对自动标引进行了不同角度的研究：图书情报领域主要从资源构建角度进行研究，为主题标引提供了丰富的词表资源；语言学领域从语言分析的角度研究了主题提取的机制与方法，利用词法知识、句法知识、语义知识以及篇章知识进行不同层次的主题提取研究；人工智能领域主要从机器学习角度对自动标引进行了大量的研究，如利用启发式知识、标记数据的机器学习，无标记的机器学习，集成学习等方法的运用。[①] 自动标引中存在的问题包括标引数据集不平衡问题、标引代价敏感问题、标引数据标注瓶颈问题、标引颗粒度问题、标引关键词数问题、标引结果评价问题、标引系统实用化问题。自动标引的研究方向主要有：本体的自动构建并用于自动赋词标引中、多种标引方法的集成学习、更理想的机器学习方法的运用、深层语言知识的获取及其在自动标引任务中的运用等。

① 章成志.自动标引研究的回顾与展望[J].现代图书情报技术，2007(11)：33-39.

4　文献编目

20世纪80年代以来，文献编目研究取得了丰硕的成果。表1-3-2反映了文献编目研究代表性著作。

表 1-3-2　文献编目研究代表性著作

年份	书名	作者	出版社
1980	西文图书编目	北京大学图书馆学系	未出版
1985	图书馆古籍编目	北京大学图书馆系、武汉大学图书馆系	中华书局
1991	西文文献编目	段明莲、关懿娴	北京大学出版社
1994	现代文献编目教程	刁维汉	华东师范大学出版社
1994	中文文献编目	刘苏雅	书目文献出版社
1994	图书在版编目	陈源蒸	北京大学出版社
1995	文献编目教程	李晓新等	南开大学出版社
1996	现代文献编目	王松林	书目文献出版社
1997	西文文献编目	王作梅等	武汉大学出版社
2000	文献编目工作	黄俊贵	北京图书馆出版社
2000	文献信息资源编目	段明莲	北京大学出版社
2003	信息资源编目	王松林	北京图书馆出版社
2006	文献信息编目	孙更新	武汉大学出版社
2006	新编文献编目	李晓新	南开大学出版社

除研究文献编目的教材和专著外，编目规则和手册方面的研究成果也有很多。具体情况见表 1-3-3。

表 1-3-3　文献编目规则和手册

年份	名称
1991	中国机读目录通讯格式
1995	中国机读目录格式使用手册
1996	中国文献编目规则
1999	计算机编目技术手册
2000	CALIS 联机合作编目手册
2002	中文拓片机读目录格式使用手册

续表

年份	名称
2004	CALIS 联机合作编目手册例解　中文部分
2004	新版中国机读目录格式使用手册
2005	中国文献编目规则
2006	CALIS 西文图书编目业务培训教材　普通班
2006	CALIS 印刷型西文连续性资源编目业务培训手册
2007	CALIS 联机合作编目手册例解　西文部分

20 世纪 80 年代，文献编目研究内容主要侧重于著录方法、著录标准化、编目总论、目录组织、目录总论、书次号及编目条例等方面。进入 90 年代以后除了对著录、编目总论、编目条例等继续研究外，出现了对计算机编目、在版编目、书目数据库建设、书目规范控制、机读目录等领域的研究热潮，大大丰富和充实了文献编目的理论体系。司莉的文章指出 90 年代文献编目研究有待拓展的领域是加强文献编目理论体系研究、深化书目规范控制研究、重视在版编目(CIP)的应用研究、重视用户的检索需求研究、加强对建立书目数据库的理论指导、书目信息网络系统的开发与研究。①

文献编目标准化、规范化研究在文献编目研究领域占有重要地位。其内容主要有文献编目标准化理论、文献编目规则及其运用、书目规范控制等。文献编目标准化存在的问题主要是：一些人对标准化工作在思想上不够重视；不同系统、不同机构缺少协调与合作；标准的修订过程太长，标准不统一、不规范；中外文文献编目不一致等。针对上述问题，编目工作标准化应遵循下列原则：简单化原则、统一性原则、稳定性原则、全面性原则与经济性原则等。黄俊贵论述了规范控制的发展、含义、因素、目的、类型以及规范款目的编制和书目数据与规范数据的组织等问题。

① 司莉．90 年代我国文献编目研究进展[J]．图书馆，2001(3):40-43.

关于计算机编目的研究内容主要有中国机读目录格式及其使用、书目数据库建设、联机联合编目、网络资源编目等。一些学者针对使用CNMARC中的诸多问题，提出了解决办法，并论述了完善机读目录的途径与方法。大量论文关注书目数据库建设的现状、存在问题及各种类型文献的书目数据库建设的问题。有学者认为，图书馆要建设高水平的书目数据库，必须做好建库前的准备工作，实行标准化建库，分工协作，联合建库，资源共享；通过服务和产品开发促进书目数据库的建设。陈咏梅指出，计算机编目存在的问题有：标准化水平有待提高、标准的修订工作亟需规范、文献编目体系尚未完善、标引工具的使用不规范、编目软件不够规范、编目人员的水平和素质不高。[①]陈如好指出，网络信息资源编目研究的重点是：①分析网络信息资源的主要特征，进一步理解并灵活运用AACR2R-93和ISBD(ER)著录规则以及USMARC格式中的有关规定，同时克服MARC和AACR2的局限性，参照DC或者在DC的基础上开发一个适应于中文环境的通用元数据格式。②借鉴USMARC的成功经验，修订CNMARC格式。如扩大编目对象的覆盖范围，增加、更改、启用电子信息资源所需相应字段，如增加856字段等，更改008字段第26位数据元代码、采用5--字段等。③参考国际通用规范，指定我国书目文献信息系统适用的元素集。④开展DC和XML技术在提高电子信息资源检索有效性方面的宣传，普及其用法，并加强对编目人员有关计算机和网络知识以及现代编目知识的培训教育。[②]很多论文研究联机联合编目的建设问题，内容包括联机联合编目的意义、内容、进展，以及我国联机编目网络的建立与发展问题。陈源蒸分析了建立中国联机编目网络的必要性与可行性，他认为全国性的联机编目网络应具备以下特点：①统一管理，分散编目；②兼容各种编目软件；③具有唯一性的批量检索功能；④采用多种通信途径；

① 陈咏梅.计算机编目工作研究综述[J].图书馆学研究，2005(10)：35-38.

② 陈如好.现代文献信息编目技术研究进展[J].图书馆理论与实践，2003(6)：5-6.

⑤分点服务，方便用户；⑥加强书目质量控制；⑦实施后控规范方法。他还提出了面向 21 世纪我国联机编目网络的目标：编制建国 50 年图书目录；推进地县级图书馆加入网络；逐步完善网络功能；与数字化图书馆建设衔接。[①]

关于文献编目工作研究的内容主要有编目工作管理、编目方法与图书在版编目等。[②]编目工作管理方面主要研究了书目数据的质量控制问题。有的学者提出了网络环境下控制书目数据质量的措施：制定工作细则；提高编目人员的总体素质；严格数据校对；对书目数据库进行经常性维护；加强管理，建立科学的工作流程。编目方法方面的研究主要包括中文文献、西文文献、日文文献与俄文文献的编目方法等。有的学者对图书 CNMARC 数据套录方法作了探讨。吴昌合针对图书在版编目（CIP）数据存在的问题，提出了十条相应对策：树立正确的 CIP 工作指导思想；加强组织领导，健全 CIP 管理系统；制定相应的法规、政策，推动 CIP 的全面实施；加强宣传力度，统一出版社认识；优化编目工作程序，保证 CIP 数据质量；修改、完善国家标准，实施技术质量监控；提高 CIP 人员素质；提供 CIP 资金保障；扩大 CIP 数据的功能，提高其利用率；加强 CIP 制作的计算机化、网络化建设。[③]

胡小菁于 2008 年发表的论文《编目的未来》认为，对互联网时代编目的未来有两种截然不同的看法，一方面认为编目工作可以像以往处理其他载体文献一样处理网络资源，另一方面则认为由于“Google 时代”的来临，编目工作需要作根本性的改变。争议尚无结果，但在互联网时代，实际的编目工作已经显现了四大发展趋势，即编目格式简单化、编目外包普遍化、数据来源多样化及联合目录本地化。[④]

① 杜芸. 近十年来我国图书馆计算机编目研究的回顾[J]. 津图学刊，2001(2)：72-74.

② 黄葵，司莉. 近年来我国文献编目研究述要[J]. 图书情报知识，1999(4)：24-28.

③ 吴昌合. CIP 在我国的实施及其作用[J]. 科技与出版，2000(3)：20-21.

④ 胡小菁. 编目的未来[J]. 大学图书馆学报，2008(3)：18-22.

第四章 信息服务

1 信息服务研究主要成果

检索CNKI“中国期刊网全文数据库”可以发现,我国图书馆学研究领域不管是对读者工作的研究还是对信息服务的研究,都相当重视。这一点从文献数量可以证明。把检索范围限定在图书馆学情报学领域内,把检索项限定在篇名,30年来关于“读者工作”和“读者服务”的文章有2800多篇,关于“信息服务”的文章有7000多篇,关于“参考咨询”的文章有2300多篇,关于“知识服务”的文章有900多篇,关于“用户”的文章有1700多篇。相比其他研究领域信息服务研究方面的成果数量要多很多,可以反映出研究者对信息服务研究的高度关注。

北京大学、武汉大学都有教授撰写了图书馆服务方面的著作。20世纪80年代的著作名称多是“读者工作”,90年代以后就开始使用“信息服务”这个概念。图书馆服务工作的研究经历着从读者工作研究发展到信息服务研究的历程。这一发展变化从该领域的经典教材的名称可以得到反映。表1-4-1是信息服务研究历程中的代表性著作。

表1-4-1　信息服务研究历程中的代表性著作

年份	书名	作者	出版社
1985	读者工作概论	沈继武	书目文献出版社
1986	图书馆读者工作教程	张树华等	北京大学出版社
1988	图书馆读者工作	赵世良	学苑出版社
1993	信息服务与用户研究	胡昌平	武汉大学出版社
2001	信息服务与用户	胡昌平、乔欢	武汉大学出版社
2002	图书馆信息服务与管理	刘荣	北京图书馆出版社
2005	数字时代的图书馆信息服务	张树华等	北京图书馆出版社
2005	信息服务与用户研究	胡昌平等	科学技术文献出版社

从《数字时代的图书馆信息服务》的主体内容我们可以看出当代图书馆信息服务研究的主要内容包括信息用户与信息需求、信息传递服务、信息检索服务、参考咨询服务、用户教育、信息资源开发与知识服务、图书馆宣传、网络信息服务、图书馆信息服务评价等。

《信息服务与用户》一书的主要内容有：信息服务实践与用户理论的进展、信息服务业的社会发展机制与管理体制、信息服务与用户研究的基本方法及其应用、用户信息需求分析、用户社会交往与互助中的信息活动、用户信息心理研究、文献信息服务及其组织、信息服务的市场经营与原理、信息服务的政策与法律保障。

30年来图书馆服务研究发生的变化突出体现在从读者工作研究向信息服务研究发展。这种变化源于图书馆服务模式的变革。传统图书馆服务模式主要是在图书馆内，以馆员面对面地向读者提供“收藏”、“借还”服务为主。随着传统图书馆逐渐向数字图书馆、网络图书馆转变，图书馆的信息来源、信息采集、加工、传递与利用等一系列环节都发生了根本的变化。现代图书馆的读者服务也已经从传统模式走向现代化信息服务。《图书馆学情报学前沿探寻》一书中总结了新技术革命对读者服务工作的影响,表现在如下方面:读者服务的模式——从"以藏书为轴心"向"以读者为轴心"转化,读者服务的对象——从"图书馆读者"向"社会读者"延伸,读者服务的范围——从"图书馆服务"向"资源共享服务"拓展,读者服务的内容——从"传统馆藏提供"向"电子信息资源存取"发展,读者服务的重点——从"一般借阅咨询服务"向"电子信息咨询服务"转移,读者服务的手段——从"传统手工操作方法"向"综合文献技术应用"发展,读者服务的功能——从"单纯文献传递服务"向"多元文化信息服务"扩展,图书馆的读者教育——从"图书馆利用教育"向"信息认知能力教育"发展,读者服务人员的角色——从"文献资料的传播者"向"信息资源的导航者"嬗变。[①]

① 吴慰慈.图书馆学情报学前沿探寻[M].北京:北京图书馆出版社,2002.

2 参考咨询服务

参考咨询服务研究的主要著作见表1-4-2。

表1-4-2 参考咨询服务研究代表性著作

年份	书名	作者	出版社
1986	参考咨询基础知识问答	卢子博、倪波主编	书目文献出版社
1986	参考工作导论 基本参考工具书	(美)卡茨(Katz, W. A.)著 戴隆基等译	书目文献出版社
1993	参考服务概论	刘圣梅、沈固朝编著	南京大学出版社
2004	参考咨询新论	夏侯炳	江西人民出版社
2004	信息咨询理论与方法	詹德优	武汉大学出版社

续表

年份	书名	作者	出版社
2004	图书馆数字参考咨询服务研究	初景利	北京图书馆出版社
2007	数字参考咨询服务 我国图书馆的实践与研究	谢美萍	湖南师范大学出版社

詹德优的《信息咨询理论与方法》是该领域一部重要的教材，该书系统地论述了信息咨询的特点和原理、由来与发展，信息咨询机构及参考资源建设、咨询馆员与用户、咨询程序和方法、网上咨询服务平台构建、咨询接谈与服务评价、信息咨询市场化管理及产业化发展等内容。尤其对网络环境下信息咨询的发展、电子阅览室与电子参考源建设、网络检索策略及网络咨询服务平台构建等现实问题，进行了具体的分析与设计。

夏侯炳的《参考咨询新论》涵盖了参考咨询的业务拓展、工作特性、社会功能、组织建设、参考馆藏、馆员素质、服务对象、服务形式、科学管理等内容。有人认为该书知识体系上有创新、论述角度有创新、通过深入挖掘内容来实现创新。

《图书馆数字参考咨询服务研究》一书总结了传统图书馆参考咨询到数字参考咨询的演进、国内外数字参考咨询的研究、国内外数字参考咨询的实践发展，探讨、分析了数字参考咨询服务模式、数字参考咨询质量控制与评价、数字参考咨询工作框架的建立与运行。①

从论文方面看，早期参考咨询服务研究主要是工作研讨，例如肖群在1980年撰写的《关于做好参考咨询工作的几点建议》、1985年黄水清的《图书馆的参考咨询工作》、1989年夏侯炳的《试谈参考咨询工作人员的素养》等。从论文内容看，80年代的研究主要是工作方法、工作经验的总结和交流，有的文章阐明参考咨询服务对图书馆

① 初景利. 图书馆数字参考咨询服务研究[M]. 北京：北京图书馆出版社，2004.

工作的重要性,研究内容的丰富程度还不够。

90年代,一些有深度、有广度的文章开始出现,例如,1992年雷永立的《高校图书馆参考咨询服务的现状与未来——对武汉地区十所高校图书馆参考咨询服务现状的调查》、1994年卢晓宾的《我国高校图书馆参考咨询服务工作现状分析与发展战略》等。1996年詹德优的《关于新中国参考咨询研究的统计与分析》则是第一篇综述参考咨询研究进展的论文,该文在探讨"参考咨询"的概念和范围的基础上,对新中国成立47年来的参考咨询研究成果逐年、逐类进行了统计与分析,进而提出今后的研究思路,着重强调了五个方面的问题,包括理论研究与实际工作同步发展问题、理论研究的学术性和理论性问题、参考咨询与现代技术应用问题、参考咨询的比较研究问题、参考咨询的队伍建设问题。[①] 1997年詹德优等又在《90年代我国图书馆参考咨询服务研究述评》中指出,参考咨询服务研究在90年代已逐渐超越了对具体工作内容、方式方法的微观性研究阶段,理论性、宏观性及现代化研究正日益增强。研究内容基本上触及了咨询服务的方方面面,包括咨询服务理论研究、参考咨询工作、文献检索课、查新服务、定题服务、对国外的研究、中外对比、咨询服务现代化等内容。[②]

20世纪90年代末开始,国内对数字参考咨询、虚拟参考咨询或者称是网络参考咨询服务的研究逐渐升温。数字参考咨询服务研究的内容包括国外情况、服务模式、服务质量、发展趋势、技术支撑、人员素质、法律支撑等,以及参考咨询工作的各个细节,如知识库的建立与规范、咨询回答语言技巧、咨询者的隐私保护等问题。代表性的成果有:2001年张晓林的《数字化参考咨询服务》一文介绍了数字化参考咨询服务的主要形式、相关技术和典型项目,包括基于电子邮件的、基于实时交互的和基于合作的数字参考咨询,并简要分析相应的组织管理问题。[③] 该文章在同类文章中被引率名列前茅。孟连生、惠

① 詹德优. 关于新中国参考咨询研究的统计与分析[J]. 图书与情报, 1996(1): 20-25.

② 詹德优, 赵媛. 90年代我国图书馆参考咨询服务研究述评[J]. 中国图书馆学报, 1997(1):41-46.

③ 张晓林. 数字化参考咨询服务[J]. 四川图书馆学报,2001(1): 34-40.

瑶的《中国数字参考咨询发展概述》一文分析了中国开展数字参考咨询服务(DRS)的意义与条件，概述了中国DRS的主要模式与方法，并介绍了中国开展DRS的几个主要图书馆，最后对中国DRS的未来发展提出了几点建议。[①]何爱琴、鄢小燕的论文《国内合作数字参考咨询系统比较分析》介绍了我国四个主要的合作数字参考咨询系统：上海图书馆的网上联合知识导航站、中山图书馆的联合参考咨询网、国家科技图书文献中心(NSTL)专家咨询系统和中国科学院国家科学数字图书馆(CSDL)参考咨询系统，从基本情况、实时咨询、非实时咨询、服务方式和服务情况等角度，对这四个合作数字参考咨询系统做了比较，并分析了其特点及存在问题。[②]

新世纪以来的参考咨询服务研究发展到一个高潮，研究内容日益丰富，研究的视角逐渐扩大，研究深度得到加强。从数量上看，2000年前关于参考咨询研究的文章有300多篇，平均每年大约有15篇，2000年以来该领域的文章就超过2000篇，平均每年有220多篇。从质量上看，研究热点不再仅仅停留在描述参考咨询服务的模式，也不是仅仅研究数字参考咨询工作的一般性问题，而是开始深入研究如何提高参考咨询服务的质量，并对质量评价设计了具体的指标、详细的测度方法。近两年关于数字参考咨询服务评价研究方面的成果介绍如下：张娴等的《国家科学数字图书馆网络联合参考咨询服务质量控制及评价研究》一文，通过对国内外数字参考咨询服务质量评价体系的研究与应用情况，具体结合国家科学数字图书馆数字参考咨询服务质量控制需要，建立了实际操作的评价体系及制度化的系统评价方案。评价体系设立了2个一级指标，6个二级指标，16个三级指标，4个四级指标，在评价制度方面建立了具体的评价方法，即根据体系设计的指标进行定量与定性双结合的评价方法，并在评价时间、评价小组、评价主要程序及评价报告与评价结论方面都

① 孟连生，惠瑶．中国数字参考咨询发展概述[J]．图书馆理论与实践，2006(1)：1-4.

② 何爱琴，鄢小燕．国内合作数字参考咨询系统比较分析．图书馆学研究，2006(8)：25-28.

做了具体要求。[1]这是我国一套比较完整的、制度化的、操作性较强的质量控制评价体系。2006年吉林大学的过什明撰写了博士论文《数字参考咨询服务模式与质量评价研究》,是数字参考咨询服务评价研究的一个重要成果。2007年张久珍申报的课题《图书馆数字参考咨询服务质量评价研究》(项目号07CTQ002)获得了国家社会科学基金项目立项。2008年国家图书馆的卢海燕等翻译了该领域的一个代表性著作——美国麦克卢尔等撰写的《数字参考咨询服务的质量评价》,对于提高数字参考咨询服务质量,帮助图书馆员设计、开展良好的参考咨询服务提供了有益的指导。[2]

① 张娴,等.国家科学数字图书馆网络联合参考咨询服务质量控制及评价研究[J].现代图书情报技术,2005(11):30-33.

② 卢海燕,等.数字参考咨询服务的质量评价[M].北京:国家图书馆出版社,2008.

3 网络信息服务

图书馆利用网络开展信息服务已成为当代图书馆服务工作的一大显著特色。网络信息服务的研究历史很短,从中国期刊网上的检索结果可以显示出网络信息服务的研究成果主要从1999年才增多起来。所以,图书馆开展的网络信息服务是一种新的服务内容和服务形式。图书馆网络信息服务环境的形成条件主要体现在网络信息技术的应用、网络基础设施的建设、网络信息资源的积累、网络信息用户的参与四个方面。网络信息服务的特点在于信息资源的提供数字化、信息资源的传递远程化、信息服务时间的全天候、信息服务用户的范围扩大、信息服务内容的类型增多、信息服务评价标准的革新。较早的研究论文有1996年的《中国教育科研计算机网络与图书馆的文献信息服务》,1998年的《为非网络用户提供网络信息资源服务的探讨》,1999年的《21世纪读者服务趋势——网络信息服务》、《网络信息服务对策研究》,2001年的《基于push技术的图书馆网络信息服务新模式》等。2000年以后有关网络信息服务的文章迅速增多。有关论文的议题分布在如下方面:网络信息服务的模式、网络信息服务的策略、网络信息服务比较研究、某一类型图书馆网络信息服务研究、网络信息服务的评价、网络信息服务的法律问题研究、联机目录研究、联机检索研究、数字参考咨询服务研究、网络文献传递研究、网络信息资源导航服务、个性化网络信息服务研究等。

4　信息服务评价

由于国内图书馆服务质量评价的研究起步较晚,国内较多文章是介绍、引进国外的研究方法和成果,包括 SERVQUAL、LibQUAL、用户满意度指数测评法。例如《SERVQUAL 与我国高校图书馆服务质量评价——关于 SERVQUAL 适用性的定量研究》、《国外图书馆信息服务评价的理论模型及其应用——从服务导向质量理论到 LibQUAL^{+} 评价模型》、《基于 LibQUAL$^{+\sim(TM)}$ 的广东高校图书馆服务质量评价》、《基于 SERVQUAL 模型的图书馆服务质量评价实证研究》、《ARL 对 LibQUAL^{+} 图书馆服务质量评价模式的研究与应用》。张卫群指出,从目前的研究来看,由于服务质量构成的复杂性,任何一种评价模式都不是无懈可击的,SERVQUAL、LibQUAL 等评价方法也存在着不足,国际图书馆学界对于服务质量及服务质量评价模式、评价方法的讨论仍在继续,但用户满意已成为图书馆服务质量管理的主导性理念,用户感知服务质量的评价模式已成为评价图书馆服务质量的主要方法。

图书馆信息服务评价研究涉及评价的原则、评价指标体系、评价方法等方面。关于评价原则有作者提出信息服务与具体用户相结合的原则、定性分析与定量分析相结合的原则、近期效用与远期效用相结合的原则、直接效用与间接效用相结合的原则。关于评价方法有作者提出社会科学领域里的各种评价分析方法及工具均可应用于图书馆的服务质量评价,如各种数学分析模型、象限分析法、乘积标度法、主成份分析法、层次分析法、链接分析法,等等。基于图书馆服务工作的多样性与服务评价模糊性的考量,一些研究者认为图书馆服务质量的评价应该是一个多层次、多指标的决策问题,需要在服务质量评价研究中导入可信度较高的定量评价方法,建立定性与定量相结合的服务质量综合评价分析模型,以期对评价结果有一个相对客观和科学的认识,为图书馆领导层制定服务改进措施时提供更准确、更可靠的决策信息。这些研究涉及的方法主要有:层次分析法、模糊综合评价、回归模型、灰统计方法等。

关于评价指标体系,针对国内图书馆信息服务质量评价的指标体系已经出现了几个有代表性的成果。2004 年清华大学图书馆以 LibQUAL+ 项目为蓝本,提出四组(服务情感/服务效果、信息/资源的获取、设施/环境条件、用户个人控制)22 个项目的指标体系和一个总体综合评价,进行读者满意度调查。[①]2005 年中山大学资讯管理系唐琼等对 LibQUAL 加以修正,以五个层面(图书馆员、服务效果、馆藏资源、图书馆设施/设备、图书馆环境)的 22 个问题测度中山大学、华南理工大学、华南师范大学图书馆的服务质量。2006 年北京大学图书馆设置了五个方面(图书馆服务、资源建设与使用、图书馆设备与环境、图书馆员、总体评价)25 个调查项目,分别从满意度、关注度、了解度等方面进行调查。[②]

基于数字图书馆、网络环境研究图书馆信息服务的评价文章有《数字图书馆信息服务质量评价模式研究》、《网络环境下信息服务质量评价体系的构建》等。有作者指出,数字图书馆评价应侧重于增加包含用户的评价指标,如感知服务质量、价值的指标以及数字图书馆的资源/服务的影响指标。应完善数字图书馆资源和服务的相关指

① 吴冬曼,等. 网络环境下图书馆服务质量评价方法探析——清华大学图书馆读者满意度调查工作的实践与思考[J]. 大学图书馆学报,2006(1):49-52.

② 唐琼,等. 基于 LibQUAL+(TM) 的广东高校图书馆服务质量评价[J]. 大学图书馆学报,2006(2):63-69.

标。因为很多传统图书馆的评价指标已经不适用于对数字图书馆的评价。[①]王宏鑫研究了图书馆网络信息服务绩效评价的指标和方法，提出图书馆网络信息服务绩效评价包括网络信息服务系统建设绩效评价、网络信息资源建设绩效评价、用户感知的服务绩效评价。[②]评价方法包括自我评价、第三方评价和用户评价。网络信息服务系统建设包括网络信息服务组织建设、网络信息服务平台建设、网络信息服务质量。对于网络信息服务组织建设绩效的评价，主要是对组织的管理水平进行评价，包括对人员知识结构、技术水平、组织结构形式、管理机制的评价。网络信息服务平台建设绩效的评价指标有网站对浏览器的兼容性、搜索引擎上的出现率、站点速度、链接有效率、被链接率、拼写错误率、站点设计、网站流量等。对于网络信息服务质量管理体系建设绩效的评价，主要是对网络信息服务质量管理水平进行评价，包括对网络信息质量管理体系运作成熟水平、网络信息服务质量管理体系运作过程的评价。网络信息资源建设绩效评价，就是对网络界面和数字馆藏质量进行评价。对于网络界面建设绩效的评价，包括对网站或网页的内容、外观和易用性的评价。数字馆藏的评价研究购入式数字馆藏、自建式数字馆藏、开发式数字馆藏的评价指标。

① 范晓虹. 关于信息服务质量评估的几个问题[J]. 图书情报知识，1999(1):32-34.

② 王宏鑫. 图书馆网络信息服务绩效评价的指标与方法[J]. 图书馆杂志，2006(2):23-26.

5　信息用户研究

图书馆服务的对象是读者或者称为用户。用户是开展一切信息服务工作的出发点，又是一切信息服务工作的归宿。所以，对读者和用户的研究历来汇集了很多研究成果。该方面的研究内容主要包括：用户构成研究、用户信息需求研究、用户信息行为研究、用户心理研究、用户权利研究、用户满意度研究、用户教育研究等。

关于用户信息需求的研究主要集中不同用户群的信息需求特点和规律研究上,如公共图书馆用户信息需求的特点、高校图书馆用户信息需求的特点、网络信息用户需求的特点等。用户驱动的图书馆服务是当今图书馆界普遍认可的服务模式。所以,必须要基于用户需求来开展图书馆的各项工作。因此,用户信息需求的调查研究日益受到重视。有作者认为用户信息需求研究需要诊断用户信息需求的价值取向、需求内容和需求行为,提出构建用户信息需求模型、建立知识交流网络、营造信息供需交互的桥梁等诊断用户信息需求的方法。针对各级各类图书馆用户信息需求的调研成果纷纷呈现在我们面前,如《按照用户需求调整社科信息服务策略——浙江省四大系统图书馆读者信息需求调查》、《企业信息需求特征与图书馆服务对策》、《市民信息需求与利用行为的调查分析》、《高校学生读者信息需求的调查与分析——以华南师大大学城校区为例》、《大学生网络信息需求及行为调查研究——以沈阳大学为例》等。

关于用户信息行为的研究内容主要集中在信息行为基本原理的研究和网络用户信息行为研究等。有作者提出信息行为的类型包括信息需要、信息查询、信息选择、信息利用、信息转换与增长。还有作者提出与信息查询行为相关的概念有信息检索行为、信息浏览行为。网络用户信息查询行为研究集中在用户利用搜索引擎的信息行为研究、特定用户群体的网络信息查询行为研究、用户个体差异对信息查询行为的影响分析、网络用户信息查询行为模型的构建等方面。网络用户信息查询行为的研究方法包括查询日志分析法、问卷法、访谈法、观察法、出声思维法等。从下面一些文章的标题可以反映出该方面的研究重点,例如《浅析利用大学图书馆 OPAC 的信息寻求行为》、《南京地区高校本科生网络信息检索行为调查分析》、《信息检索过程中的用户交互行为及其影响因素》、《人文社会科学研究人员信息搜集的行为规则分析》、《因特网用户信息检索与浏览行为研究》等。

20世纪90年代中期，读者权利在法律视野中是作为"读者权益"一词被研究讨论的。随着图书馆立法被提上议事日程，2000年左右，读者权利开始作为被深化之后的法律概念进行专门的、独立的研讨。较早以读者权利为内容的论文是1998年李冬梅的《浅论图书馆法中的读者的地位和权利》。2004年，程亚易发表论文《读者权利：图书馆服务中一个不容忽视的问题》、《走向权利的时代：读者权利百年演变》，介绍了近百年来中国图书馆界的读者权利的演变过程，剖析了图书馆服务中存在的"违权"、"违法"问题，提出实现与保障读者权利的基本对策。随后的文章有的研究读者权利的内容和权利保障，有的透过读者权利表面，深入发掘读者权利的法学原理。[①]关于读者权利的内容，迟玉琢在《1998－2006年读者权利研究综述》一文中总结了12个方面的权利：成为读者的权利、平等权、图书馆使用权、接受教育权、安全保障权、无偿使用权、参与管理权、时空权、自由选择权、文献获取权、知情权、法律诉讼权。[②]

早期以用户教育或读者教育为主题的文章包括1982年李晓明的本科毕业论文《论用户培训》，1983年张晓林的《图书馆要做好读者教育——兼谈美国大专院校的读者教育》、任月娟的《英美大学图书馆用户教育概况》、范铮的《美国大学图书馆的读者教育》，1984年高校图工委组织翻译的《用户培训译文集》、选编出的《用户培训文集》，1985年刘松甫的《用户教育的现状与展望》，1986年郑挺翻译的《英国图书馆用户教育的理论与实践》，1988年姚俊文的《试论情报用户教育的根本目的和目标》等。观察近20年的文献可以发现，早期较多使用"用户教育"和"读者教育"，20世纪80年代中后期到90年代较多使用"情报用户教育"，从90年代末开始出现了"信息用户

① 吴漂生. 我国读者权利研究综述[J]. 图书馆论坛，2007(4)：16-19.

② 迟玉琢. 1998－2006年读者权利研究综述[J]. 图书情报论坛，2007(2)。

教育”。当前普遍采纳的说法是“用户教育”、“信息用户教育”和“信息素质教育”。信息素质教育的提出对图书馆用户教育工作是一个极大推动,很多图书馆都借鉴了信息素质教育的思想、理论和方法,在信息需求分析、信息检索策略制订、信息检索技术培养、信息的评价与选择、信息能力评估等方面对用户教育提出了更明确的要求。可以说,信息素质教育是新时期、新环境下用户教育的继续发展。1984年,教育部颁发了《关于在高等学校开设文献检索与利用课的意见》,1985年又颁发了《关于改进和发展文献课教学的几点意见》。两个文件的颁发极大地促进了高校图书馆用户教育工作与研究的进展。用户教育的内容包括图书馆基本知识、网络发展概况、信息基础知识、数据库知识和网络基础知识、计算机在信息检索中的应用、联机与光盘数据库、精神文明和法制教育。图书馆用户教育的途径和方法包括加强文献检索课的教育方式、内容、模式的改革,利用图书馆网站开展用户教育,开展多层次的用户教育讲座。近年来,用户教育的重点转移到网络环境下用户教育模式的改革、用户教育内容的拓展、数字图书馆用户教育方式等问题上。《数字时代的图书馆信息服务》一书论述了用户教育的作用在于:有助于提高图书馆资源利用率;有助于培养用户信息意识;提高用户信息技能;有助于规范用户信息行为;有助于扩大图书馆影响,提高其社会地位。[①]新环境下图书馆用户教育工作的特点在于:信息资源环境的变化影响了用户教育的内容和形式,信息技术的应用影响了用户教育的手段,用户信息需求的变化增加了用户教育工作的难度,图书馆员角色的变化赋予用户教育工作者更多的责任。

① 张树华,等.数字时代的图书馆信息服务[M].北京:北京图书馆出版社,2005.

第五章　信息资源共享

图书馆学界一直非常重视信息资源共享的研究。为了总体上了解信息资源共享研究的状况，我们进行了几项检索。选择的数据库是 CNKI“中国期刊网全文数据库”，检索词包括“信息资源共享”、“文献资源共享”、“资源共享”。检索范围限于图书馆学情报学类下，检索的模式是题名检索。我们分了三个时间段来检索。图 1-5-1 是检索结果一览。

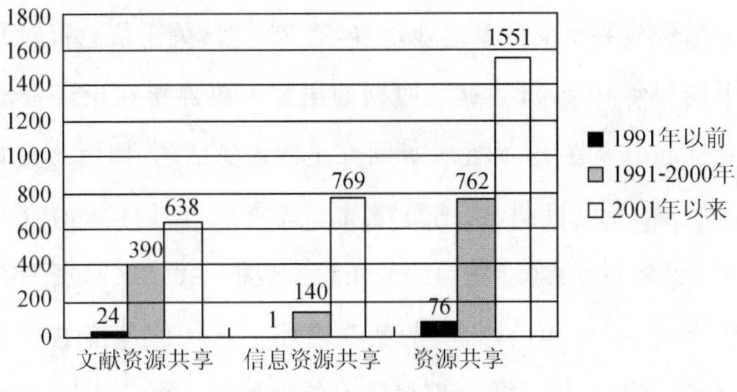

图 1-5-1　信息资源共享研究论文数量

从上面的数据和图形中我们可以发现，信息资源共享有时候表达为文献资源共享，而且在 2000 年以前更多地采用文献资源共享这个表达，新世纪以来才更多地使用信息资源共享。分析文献发布情况可以发现，1990 年以前我国图书馆学界关于资源共享的文章仅有几十篇。可以说，关于资源共享研究的第一个十年仅处于萌芽阶段。

早期的文章有:1981 年曾仕任的《略论图书馆的资源共享》、1984 年沙树贤的《市级三大系统图书馆资源共享问题》、1986 年张树华、李广建的《论图书馆资源共享》、1987 年金恩晖的《从馆自为藏到资源共享》、1988 年于鸣镝的《论资源共享是图书馆的必由之路》、1989 年吴慰慈的《图书馆资源共享的目标》。从研究主题看,1990 年以前关于资源共享的文章有 76 篇,关于文献资源共享和信息资源共享的文章只有 25 篇。可见,早期的文章多是研究图书馆的资源共享问题,还没有普遍关注文献资源共享或者信息资源共享的问题,并且研究的内容主要是提请关注资源共享的问题,停留在论证资源共享很重要这一务虚的层面,经常出现的表达方式是设想、初步构想、现实意义等词语。例如,于鸣镝论证了图书馆为什么要实行资源共享、资源共享又为什么是图书馆的必由之路这个问题。1991 到 2000 年间,关于文献资源共享的文章迅速增多,达 390 篇,关于信息资源共享的文章平均每年有 14 篇。这一时期的研究不再停留在论证资源共享的重要性和必要性上,而是开始研究更深入的话题,如信息资源共享的阻碍因素、实现机制、实施策略及方式方法等具体的内容。例如 1992 年吴慰慈指导李弘撰写的硕士论文《关于我国文献资源共享体系的研究》。1996 年,肖希明的文章论述了现代信息技术对文献资源共享的影响,分析了我国信息技术的发展对文献资源共享的支持状况,提出了加速现代信息技术的运用,实现文献资源共享的若干建议。1997 年肖希明出版专著《文献资源共享理论与实践研究》。1998 年朱强的文章介绍了英国高等学校在招生数量猛增造成资源短缺的情况下实行信息资源共享的对策和措施,分析了所考察的几个项目的特点,针对我国存在的问题提出了建议。2000 年吴慰慈还指导许桂菊撰写了博士学位论文《网络环境下的资源共享》。此间还有黄长著、戴龙基、刘兹恒、范并思、陈传夫等发表了重要论文。新世纪以来的文献资源共享和信息资源共享研究已经涌现出 1000 多篇文章，而且还有专著问世，包括 2003 年高波著《网络环境下中日图书馆文献信息资源共建共享比较研究》、2004 年程焕文主编《信息资源共享》、王超湘著《现代图书馆与信息资源共建共享导论》。如果想把我国信息资源共享研究的 30 年简单地描述出个轨迹的话，我们可以总结如下：第一个十年是研究要不要信息资源共享的问题，第二个十年是研究怎么进行信息资源共享的问题，第三个十年则是把信息资源共享从理论走向实践。

下面我们选取几个方面来展现信息资源共享研究的成果，主要涉及《文献资源共享理论与实践研究》、《信息资源共享》两部著作，信息资源共享的体制和机制问题，信息资源共建共享问题，图书馆联盟以及一份重要的信息资源共享宣言。

肖希明著《文献资源共享理论与实践研究》论述了文献资源共享的历史与现实、文献资源共享的理论基础、文献资源共享系统分析、文献资源共享中的技术因素、文献资源共享中的人文因素、我国文献资源共享系统的模式。[①] 该书认为文献资源共享是一种观念，是一种崇高的理想，但又是一种充满理性的自觉的社会实践活动，是人类的一项伟大实践。该书是国内第一部文献资源共享方面的专著，具有“广阔的学术视野、崭新的理论框架”，被誉为数十年来中国文献资源共享理论与实践研究的一部佳作。[②]

程焕文主编的《信息资源共享》一书出版后产生较大影响。该书被评述为“标新立异、新见迭出”，主要表现在“五个任何理论”和四个基本定理。“五个任何理论”是指信息资源共享的最终目标，或称“5A 理论”，即任何用户（Any user）在任何时候（Anytime）、任何地点（Anywhere），均可以获得任何图书馆（Any library）拥有的任何信息资源（Any information resource）；信息资源共享的四个基本定

① 肖希明. 文献资源共享理论与实践研究[M]. 南宁：广西教育出版社，1997.

② 代根兴. 中国文献资源共享理论与实践研究的佳作——评《文献资源共享理论与实践研究》[J]. 图书馆，1999(5)：73-74.

理的内容是:定理一,一切信息资源都是有用的;定理二,一切信息资源都是为了用的;定理三,人人享有自由平等地利用信息资源的权利;定理四,用户永远是正确的。该书论述了信息资源共享模式,包括 OCLC 模式、PRDLA 模式、中文文献资源共建共享合作会议模式、OhioLIN K 模式、Minitex 模式、NACSIS 模式、CALIS 模式。[①]《信息资源共享》提出了一系列资源共知共建共享的新理论、新技术、新方法,开拓了信息资源研究的新领域。[②]

关于信息资源共享的体制问题。我国的信息资源共享活动经费主要来源于国家,共享体系得到政府部门的大力支持,所以政府的干预是必不可少的保障。同时研究者认识到,我国信息资源共享的障碍不是来自技术方面,而是管理体制方面的问题。单纯依靠政府的做法并不可取,应该采取通过组建图书馆联盟的形式来创新信息资源共享的管理体制,这种管理体制能够有效克服长期以来束缚我国信息资源共享的体制性障碍。

信息资源共享的运行机制问题。这方面的研究主要是关注信息资源共享的利益平衡机制,强调图书馆在信息资源共享活动中承担的责任和享受的权利均衡。肖希明指出:长期以来,我国信息资源共享缺乏一种利益平衡机制,在缺乏利益平衡机制的情况下,必然会使这些图书情报机构对资源共建共享的投入得不到应有的回报和补偿,因而对资源共建共享持消极态度。所以,必须建立一种利益平衡机制,使参加资源共建共享网络的各成员之间,能够依据他们对资源的投入和贡献,获得相应的利益,这样信息资源共享才能有长久的动力。[③]机制创新的思路为实现信息资源共享指明了方向。刘兹恒在研究了 CASHL 的模式后从五个方面论证了 CASHL 是我国信息资源共建共享的成功模式。他认为,CASHL 的组织模式和运行机制在世界上都是先进的,对我国图书馆信息资源共建共享是

① 程焕文.信息资源共享[M].北京:高等教育出版社,2004.

② 郑艳平.信息资源共享研究领域的新成果——评《信息资源共享》[J].图书情报知识,2005(4):112.

③ 肖希明.国内外信息资源建设理论与实践的发展.图书馆学研究进展[M].武汉:武汉大学出版社,2007:158.

一个重大的突破。[①]

共享的前提是共建。所以,共建共享已经成为一个习惯性表达。近10年来,我国图书馆界非常重视信息资源共建共享问题的研究。在"中国期刊网全文数据库"中按篇名来检索"信息资源共建共享",得到400多篇论文。较早研究这一命题的有1996年高曼的《图书馆自动化、数字化、网络化与文献信息资源共建共享》、1998年霍国庆的《论信息资源的共建和共享》、刘兹恒和张久珍的《论图书馆资源共建》等。随后,每年都有几十篇论文关注这个问题。研究的内容包括:信息资源共建共享的现状分析,信息资源共建共享的障碍分析,信息资源共建共享的模式研究,信息资源共建共享的策略研究,网络信息资源的共建与共享,国外信息资源共建共享的模式与经验介绍,一定地区内信息资源共建共享体系的研究,军队、农业、社科院、党校等专门系统的信息资源共建共享体系建设问题研究,信息资源共建共享涉及的标准化问题、知识产权问题研究等。图书馆学界的重要作者,包括吴慰慈、刘兹恒、肖希明、高波等都有专门研究信息资源共建共享的文章。例如2000年杨文祥的《文献信息资源共建共享的历史回顾与现实任务》、刘兹恒的《构建网上学术信息资源共建共享系统》、周和平的《21世纪中文文献信息资源共建共享的思考》,2001年高波的《网络环境下我国图书馆信息资源共建共享现状调查报告》,2003年肖希明的《理论创新与信息资源共建共享》,2005年吴慰慈的《区域性信息资源共建共享保障体系建设研究》等。

研究者们从各种不同的角度来探讨我国信息资源共建共享的障碍,而越来越多的人已经看到并认同,目前我国信息资源共建共享的障碍,主要不是来自技术层面,而是管理体制与运行机制的弊端。有人主张建立一个具有较强的宏观调控功能的横向协调组织,其主要职能就是在各个层次上组织和协调文献信息资源的共建共享活动。

① 刘兹恒. CASHL是我国信息资源共建共享的成功模式[J]. 大学图书馆学报,2006(5):7-10.

这类组织的具体任务是:成员馆的评估和吸纳、成员馆义务和权利的规定、共建共享规划的制定、共建共享标准的确定和监督实施、共建共享活动的组织和调控、重大事件的决策程度、成员馆纠纷的仲裁、共建共享经费的预算、协调委员会的权限及其任期和选择等。肖希明提出信息资源共建共享运行机制包括三个方面。一是决策机制。图书情报机构应该根据用户的需求和自身的能力,根据受益情况来自主决策是否参加资源共建共享活动,而国家也要通过各种政策、法规来指导、调节和规范信息资源配置,鼓励图书情报机构参与资源共建共享活动。二是信息机制。在信息资源共建共享中,政府和图书情报机构之间应该有完善的纵向信息传递,而各类型图书情报机构之间更应该有发达的横向信息传递,密切联系、加强协调与合作。三是动力机制。必须建立一定的物质利益机制作为信息资源共建共享的驱动力,认真研究如何引入市场机制,将信息资源共建共享纳入有偿信息服务的轨道,按照互利互惠的原则,使每个图书馆对信息资源共建共享的投入都能得到合理的回报和补偿。[①]

① 肖希明.理论创新与信息资源共建共享[J].图书馆,2003(4):1-2。

1999年1月,全国文献信息资源共建共享协作会议在北京召开。来自全国各地的公共图书馆、高校图书馆、科学院系统图书馆和情报(信息)所等代表共100多人参加了会议。与会代表签署了"文献信息资源共建共享倡议书"。新中国成立以来全国规模最大的文献信息资源共建共享协作网正式开始运作。在信息资源共建共享理论研究取得丰硕成果的同时,信息资源共建共享实践的发展也取得了实质性进展。国家级的CALIS、NSTL,以及许多省市建立的高等教育文献保障系统,公共图书馆系统建立的地区性文献信息资源共享网络等,都表明我国信息资源共建共享正在取得实实在在的进展。

图书馆联盟是我国信息资源共建共享活动中出现的一种新的组织形式。国内对图书馆联盟的研究始于世纪之交,至今已经有200

多篇研究论文，例如：2000 年戴龙基的《图书馆联盟——实现资源共享和互利互惠的组织形式》，[①] 2004 年程焕文的《图书馆联盟——21世纪图书馆发展的大趋势》、李国庆的《世界图书馆联盟的典范：OhioLINK信息资源共享模式研究》，2005 年燕今伟的《图书馆联盟的构建模式和发展机制研究》，2006 年蒋敏的《中国图书馆联盟的建设与信息资源共建共享的发展》，[②] 2007 年谢春枝的《图书馆联盟的成本效益分析及决策选择》等。研究内容包括：图书馆联盟的定义和类型，联盟的功能和特点，联盟建设的意义和必要性，联盟的组织模式和管理要素，中外图书馆联盟的对比研究等。程焕文指出，有了联盟，图书馆才真正迈向信息资源共享。联盟不仅是图书馆的一种新的组织形式，更是图书馆的一种新的力量源泉。图书馆能够通过联盟增强购买力、分摊费用、共同拥有电子数据库的使用权，通过联盟给资源供应商施加影响以降低电子资源的价格、便于开展系统操作和维护方面的协作、联合编目。因此，图书馆联盟被认为是网络时代图书馆合作最有活力和最具可行性的形式。

① 戴龙基，张红扬. 图书馆联盟——实现资源共享和互利互惠的组织形式[J]. 大学图书馆学报，2000(3)：36-39.

② 蒋敏. 中国图书馆联盟的建设与信息资源共建共享的发展[J]. 图书馆研究与工作，2006(4)：4-6.

关于信息资源共享的研究还需要特别提出一份宣言，即《大学图书馆学报》2005 年第 6 期刊出的《图书馆合作与信息资源共享武汉宣言》。该宣言于 2005 年 7 月 8 日在“中国大学图书馆馆长论坛”上原则通过并签署。[③] 宣言阐明了信息社会中图书馆与信息的重要性，说明了数字时代图书馆合作的必要性，确立了信息资源共享的终极目标与近期目标，提出了具体的行动方向和简要的实施策略。2006年第 2 期推出专题文章来进行解读，湖南图书馆馆长张勇，武汉大学图书馆馆长燕今伟，厦门大学图书馆馆长萧德洪，中山大学图书馆馆长程焕文，南京大学信息管理系教授郑建明，武汉大学信息管理学院教授陈传夫、肖希明等分别从不同角度表达了各自的理解和感受。张勇认为：宣言站在理论前沿的高度，支持大学图书馆的开放和社会

③ 中国大学图书馆馆长论坛　图书馆合作与信息资源共享武汉宣言[J]. 大学图书馆学报，2005(6)：2-4.

共享,充分吸收和反映当前图书馆学理论的研究成果,堪称我们这个时代颇具经典的理论范文。陈传夫、肖希明指出:作为宣言,不仅要宣明观点和理念,更重要的是提出行动方向。政府要在推动图书馆事业发展中发挥更大作用,推进图书馆联盟建设,缩小信息鸿沟;图书馆自身应具有开放的心态和切实的行动,加强信息资源共享的技术支撑条件建设,平衡知识产权保护与信息资源共享之间的利益关系。[①]郑建明在文章中就如何贯彻落实宣言的精神提出建设性意见——该宣言应该成为我国各类图书馆开展合作与信息资源共享活动的纲领性文件。

① 陈传夫,肖希明.凝炼共识　昭示理念　推进合作共享——我们理解的《图书馆合作与信息资源共享武汉宣言》[J].大学图书馆学报,2006(2):2-7.

第六章 图书馆自动化

图书馆自动化的发展是始终与现代信息技术的发展紧密联系在一起的，图书馆自动化研究的内容随信息技术的进步而不断发展变化。下面我们分阶段来回顾我国图书馆自动化研究的主要内容。

1 20世纪70年代末到80年代初

这一时期，我国图书馆自动化研究处于起步阶段。早在1975年，刘国钧发表了《"马尔克"计划简介——兼论图书馆引进计算机问题》。之后两三年间，刘国钧发表的关于图书馆自动化的译稿有10多篇。刘国钧是我国图书馆自动化研究的先驱。这一阶段图书馆自动化研究的特点之一是出现较多的向国内介绍国外图书馆自动化情况的论文。随后，对国外图书馆自动化在理论研究和实践成果上的介绍、分析逐渐增加。例如《美国国立医学图书馆的计算机系统》(1980)、《国外图书馆图书流通的自动化》(1981)、《挪威的图书馆自动化》(1981)、《欧洲四国考察见闻——计算机在图书情报、资料档案工作中的应用》(1981)、《美国图书馆自动化的发展及其启示》(1982)、《英美图书馆自动化流通系统发展概况》(1982)、《美国国会图书馆自动化对我们的启示》(1983)、《加拿大的多伦多大学图书馆自动化系统(UTLAS)》(1983)、《瑞典皇家工学院图书馆自动管理系统(RAMAS)》(1983)、《日本图书馆机械化的现状和未来的趋势》

(1983)等。这些研究为我国图书馆自动化的始创奠定了基础。对国外先进经验的学习,为我国图书馆自动化的研究和发展提供了可靠的资料和保障。结合国外经验研究我国图书馆自动化问题的文章也逐渐增多,期间发表的论文情况见表1-6-1,从论文的标题、作者及作者单位的分布,我们可以了解到当时我国图书馆自动化研究的状况。

表1-6-1　早期研究我国图书馆自动化问题的文章

年份	篇名	作者	作者单位(发文时为准)
1979	图书馆与科学技术现代化	张琪玉、卢子博	武汉大学
1980	谈谈计算机在图书情报工作中的应用	陈源蒸	北京大学图书馆
1980	要让国产计算机为图书情报工作现代化服务——TQ16计算机情报检索程序简介	陈光祚等	武汉大学
1980	建立我国机读目录系统的几个问题	惠世荣	武汉大学图书馆学系
1980	中国图书馆自动化和人材培养问题		
1980	图书馆使用电子计算机的准备工作	徐秉铎	中国科学院兰州图书馆
1980	电子计算机文献检索系统简介	宋承林	国防科技大学图书馆
1980	尽快实现我国图书馆情报检索自动化	张振宜、徐向辉	中国科学院沈阳计算技术研究所
1980	图书馆计算机系统的系统分析和系统设计	周兵	北京图书馆
1981	图书情报工作必须现代化	钱三强	中国科学院

续表

年份	篇名	作者	作者单位(发文时为准)
1981	一个实验性西文图书采购子系统	董成泰	北京大学图书馆
1981	一次图书流通管理程序的设计试验	冯咏轩、莫少强	广东省中山图书馆
1982	电子计算机与文献分类	侯汉清、黄刚	北京大学图书馆学系
1982	DJS－130 在图书馆的应用	清华大学图书馆	清华大学图书馆
1982	我馆计算机实验系统的建设及应用	吴志革	
1982	论机编西文新书联合通报——图书馆界走向自动化的理想途径	陈源蒸	北京大学图书馆
1983	计算机情报检索知识讲座	毕强、迟忍	东北师范大学图书情报系
1983	计算机技术在图书馆的应用	张晓林	四川大学图书馆
1983	用计算机编制西文图书目录卡片的成果报告	陆玉英、安树兰	北京大学图书馆、清华大学图书馆
1983	北京地区西文图书机读目录研制进展	陈源蒸	MARC 协作组方案组
1983	EC－1022B 计算机编目系统	王大可	武汉大学

这一阶段的图书馆自动化学术活动有：

1978 年 8 月，国际图书馆协会联合会、美国西蒙大学图书馆学教授林瑟菲在武汉大学做了题为《美国图书馆的自动化活动》的报告。

1979 年夏天，由联合国教科文组织、法国国家科技情报管理局和中国科技情报所联合主办的“情报自动化和联机检索系统”研讨会在北京召开。

1981年12月,全国高校图书馆计算机应用座谈会召开,研究在高校如何开展自动化。

1982年5月,北京大学举办“图书馆自动化讲座”,邀请加拿大专家周敏民讲学。

1982年5月,在北京地区高校图书馆学会的指导下,召开了第一次图书馆自动化专业学术会议。1983年12月召开第二次会议,参加会议的有26个单位的61名代表。会议共交流了15篇论文,反映了北京地区高校系统图书馆近两年在计算机应用上所取得的部分成果,内容包括西文图书书目系统的研制、图书流通管理系统的研制、计算机情报检索等。这些活动对于促进高校图书馆自动化发展起了很大的作用。

1983年,全国高校图书馆工作委员会与全国文献工作标准化技术委员会第六分委员会于8月1—11日在北京共同召开西文图书编目标准化与自动化研讨会。会议认为,编目工作自动化是图书馆自动化的基础,会议对计算机在图书情报工作中的应用,西文图书编目标准化与自动化课程教学如何适应标准化与自动化的要求等问题进行了交流和讨论。

关于机读目录的研究在整个图书馆自动化研究方面始终占有相当的比重。从1980年起,有关机读目录研究的论文开始出现。北京图书馆、中国科学院图书馆、北京大学、清华大学、中国人民大学和中国图书进出口公司等六单位成立了“北京地区研究和试验西文机读图书目录协作小组”。1981年,研制了利用美国国会图书馆的LC－MARC磁带编制西文图书目录的模拟系统。为研究LC－MARC磁带对我国西文图书自动化的实际价值,为预测我国西文图书在

MARC带上的占有率，1982年初全国高校图书馆工作委员会决定拨出一笔经费，要求从处理某些高等学校图书馆所积压的西文书开始，利用MARC磁带，用计算机编制目录卡片，来取得各项实际数据，这项课题由清华大学图书馆承担，北京大学图书馆协助，于1982年3月完成。1983年，陆玉英等在《大学图书馆学报》上发表了《用计算机编制西文图书目录卡片的成果报告》，对这一研究的成果进行了总结和汇报。1983年MARC协作组方案组成员陈源蒸发表了《北京地区西文图书机读目录研制进展》。

2　20世纪80年代初到80年代末

这一阶段的图书馆自动化研究非常活跃。80年代初，我国图书馆界对于图书馆自动化的作用、地位、发展以及建设方法等相关问题进行了理论研究和探讨，为开发有中国特色的图书馆自动化管理系统积累了比较丰富的经验。有代表性的研究文章包括《WD－TQGX微型机图书情报管理系统》（张琪玉，1984）、《图书馆自动化的过去、现在与将来——兼论微型计算机对图书馆自动化的影响》（王知津，1984）、《图书馆自动化过程中的防患措施、系统增值和系统互联问题》（张晓林，1984）、《关于高校图书馆自动化道路问题的探讨》（毛玉姣，1984）、《图书馆学教育要适应图书馆自动化建设的需要》（陈源蒸，1984）等。这个阶段先后出版了一些有关图书馆自动化方面的著作，是国内比较早的系统研究图书馆自动化的成果。这些早期成果出自北京大学和武汉大学。具体情况见表1-6-2。

表 1-6-2　图书馆自动化主要著作(20 世纪 80 年代初—80 年代末)

年份	著作名称	作者
1980	图书馆自动化原理	北京大学图书馆学系情报学教研室编
1981	图书馆自动化资料汇编	北京大学图书馆学系与北京大学图书馆合编
1985	图书馆自动化基础	武汉大学刘荣、毛玉娇
1985	图书馆自动化基础	湖北省高等学校图书馆工作委员会与武汉大学图书情报学院编

有关图书馆自动化系统方面的理论研究与总结性文章在这一阶段出现,例如《我国图书馆自动化的现状与展望》(1988)、《两年来我国图书馆自动化进展》(1988)、《我国高校图书馆自动化的回顾与展望》(1989)、《我国图书情报工作自动化发展评述》(1990)等。

这一阶段图书馆自动化的有关学术活动有:

中国图书馆学会学术工作委员会现代化研究组于 1985 年 12 月召开了"电子计算机在图书馆应用学术讨论会";

1985 年成立的"全国图书馆工作协调委员会"将图书馆自动化网络布局列入统筹安排的工作内容之一;

1986 年,江苏省首届图书情报工作现代化学术研讨会召开;

从 1986 年起,华东地区七省(市)高校图工委协作会每年召开一次微机应用研讨会,成为华东地区高校图书馆自动化的协作组织;

1987 年,哈尔滨工业大学举办图书馆自动化讲习班,为期 1 个月,邀请了多位国外专家讲课;

1988 年,农业院校图书馆现代化管理和自动化业务工作研讨会在北京农大图书馆召开;

1988 年,专门的图书馆自动化专业委员会成立并形成了工作思路报告,例如《图书馆自动化专业委员会工作纲要(初步意见)》;

1989年8月，中国农业图书馆协会图书馆自动化专业委员会在大连水产学院召开了农业图书馆自动化系统发展与应用研讨会。

这一时期，图书馆自动化研究的成果还体现在联合目录、数据库建设等方面。1987年，哈尔滨工业大学计算机应用教研室和哈尔滨工业大学图书馆合作研制“区域性西文期刊机读联合目录”。1988年，中国科学院研制出“西文连续出版物联合目录系统”。1988年，北京大学图书馆联合目录研制组推出“机编西文图书联合目录”系统，成员有董成泰、李淑敏等。早期的数据库建设多是关注国外数据库的介绍和引进。例如：《世界三大农业数据库比较分析》(1982)、《国外数据库的历史、现状及发展方向》(1982)、《日本联机数据库服务系统近况》(1984)等。

3　20世纪80年代末到90年代中期

这一阶段是图书馆计算机集成管理系统日益成熟的时期。80年代中期以后，国内有少数图书馆开图书馆自动化集成系统研发之先河。1988年9月在北京举办的“高校图书馆计算机应用成果展示会”上有五个集成化图书馆管理系统已投入实际应用。这五个集成系统分别来自东北电力学院图书馆、深圳大学图书馆、福建师范大学图书馆、成都科技大学图书馆、空军政治学院图书馆。随后，上海交通大学图书馆也开始研制自动化集成系统。北京地区的图书馆自动化的发展比较有代表性，能够说明这一阶段的情况：1991年9月北京地区高校图书馆自动化研究会成立，1992年7月和1994年10月北京地区高校图书馆两次举办图书馆自动化技术交流和成果展示。1994年5月北京地区高校图书馆自动化工作会议的召开，标志着北京地区高校图书馆自动化已开始由单机应用向全面集成系统过渡；

从单一的图书馆系统向包括远程通讯网络、多媒体应用等方面扩大；从图书馆局域网向校园网、Cernet网、Internet网发展。到90年代中期，我国图书馆自动化系统的研发曾经出现了一个高潮时期，当时推出了目前在国内较有影响的几个大型自动化系统，并提出了"第三代图书馆自动化系统"的概念。据统计，自1980年至1990年有近20个集成系统投入运行。截至2000年，国内有2000多家图书馆采用了自动化集成系统。

这一阶段图书馆自动化集成系统研究的突出成果如下：

1987年12月，"深圳大学图书馆计算机管理集成系统"通过鉴定，该系统把采访、编目、流通、馆藏检索、期刊管理等功能有机地进行组合，采用集中统一的中央数据库管理；

1988年，深圳图书馆自动化集成系统作为文化部国家重点科技项目下达；

1988年1月，东北电力学院图书馆的"整体化图书情报计算机管理系统"研制成功，采用了CCPCNET局域网络，用一台COPAM386作网络服务站存放共享书目数据库；

1988年1月26日，由人民解放军空军政治学院研制的"中西文兼容图书馆计算机管理集成系统"在上海通过鉴定；

1989年，上海交大图书馆和情报研究所联合研制计算机管理集成系统，是通用型的图书馆集成系统，可运行于任何HP/3000系列机上；

1990年，北京大学图书馆成立自动化集成系统(PULAIS)分析与设计组，开始自行研制开发自动化系统。1991年下半年，PULAIS系统陆续投入使用；

1990年4月，北京大学地球物理系图书室研制出"极地情报中心图书馆自动化集成系统"(PLAIS)，鉴定委员会认为该系统是我国第一个在 VAX 系列机上研制的图书馆自动化集成系统；

1991 年，广东省中山图书馆采用 IBM AS/400 机开发的广东省中山图书馆自动化集成系统（ZSLAIS）全面开通并投入运行。到 1996 年推广应用到 60 多个图书馆；

1991 年，中国科学院上海有机化学研究所图书馆在 VAX 机上开发的集成化管理系统 SIOCL 全面投入运行；

1992 年 9 月，中国社会科学院文献情报系统提出了"全院图书情报自动化管理系统及网络"的研究课题，成立了专门的课题组。

1992 年，广东图书馆新技术应用研究所的"中国图书馆电脑管理集成系统"（CN－LIMS）研制成功并投入运行。CN－LIMS 有三个版本，适用于大、中、小型图书馆，可实现远程联机编目与检索；

1992 年 12 月，中国科学院文献情报中心承担研制的"分布式图书馆自动化集成系统（DILAS）"通过专家鉴定；

中国科学院文献情报中心于 1993 年引进了美国传技电脑公司的图书馆集成系统 TOTALS，经过必要的二次开发，于 1993 年 8 月投入运行；

1993 年，中国矿大图书馆自动化集成系统开通。该馆于 1992 年 8 月引进日本富士通 K650/30 小型机；

1993 年，上海音乐学院研制了图书馆自动化集成系统，开始了音乐文献管理的计算机化；

1994 年，汕头大学图书馆自动化集成系统（STULAIS）通过技术鉴定，其中央书目数据库有标准数据 9 万余条；

1994 年，"医学院校图书馆计算机管理集成系统"（MLCMIS）研制成功。

这一阶段机读目录的研究与开发获得了很大进展，表现在机读目录的编制实践在很多图书馆合作展开。1989 年，南京图书馆、湖南图书馆、深圳图书馆、汕头大学图书馆开始合作建立数据库。1990年7月,北京图新技术开发公司与北京图书馆联合举行图书馆新技术展示会,展示的产品有中国国家书目机读目录。西文期刊联合目录等。1990年9月,由吉林省科技情报所主持的"吉林省西文科技期刊联合目录检索系统"、"吉林省中西文科技期刊联合目录检索系统"、"吉林省中文科技期刊联合目录检索系统"三项成果在长春制作成功并投入利用。"吉林省西文科技期刊联合目录检索系统"收录省内67个图书、情报机构所藏各种学科内容、出版形式和语种外文科技期刊4561种。"吉林省中西文科技期刊联合目录检索系统"收录了上述机构所藏及参照中国科学院中西文期刊连续出版物联合目录中所反映出来的中西文期刊8327种。1991年,北京图书馆自动化发展部出版了《中国机读目录通讯格式》,这是我国图书馆自动化事业发展中的里程碑。1991年,北京图书馆成功地完成了文化部下达的"图书目录编制检索自动化系统研究",开始向国内外发行机读目录。1992年,北京图书馆中文机读目录数据中心建立。这一阶段有29个高校图书馆参加了"中文书目合作回溯建库"业务,除了建库本身的成果,还收集、编写了较完整的规章制度和具体的著录标引规划、细则,不仅保证项目自身的健康进行,且对于今后的合作建库工作和中文图书计算机编目有很好的作用。

这一时期有比较成熟的图书馆自动化专著和教材问世,包括马自卫的《图书情报自动化》(1993)等。详细情况见表1-6-3。

表1-6-3 图书馆自动化主要研究成果

(20世纪80年代末—90年代中期)

年份	著作名称	作者
1990	图书馆自动化系统	杨宗英、颜莼
1990	计算机图书情报管理系统	高维浦、张永宁
1991	图书馆自动化集成系统介绍(光盘)	深圳图书馆编
1991	图书馆自动化系统设计	宛福成
1991	图书馆自动化入门	黄俊贵、倪波
1991	图书馆自动化入门	邵品洪等
1992	北京大学图书馆自动化集成系统使用手册	北京大学图书馆自动化部
1992	图书馆自动化应用基础	沈迪飞
1993	图书情报自动化	马自卫
1994	Z39.50在图书馆自动化系统中的应用研究(博士论文)	杨晓江

对图书馆自动化集成系统的研究从1988年起开始起步,发表的论文有《图书馆计算机管理集成系统的技术设计》(1988)、《深圳大学图书馆微机管理集成系统》(1988)、《图书馆计算机集成系统的发展历程》(1990)等。到90年代初已经很活跃,例如北京大学图书馆学系早在1990年周文骏老师就指导了硕士学位论文《计算机化图书馆集成系统的书目检索子系统设计》,该系在1991年有三篇硕士学位论文完成:《"分布式图书馆自动化集成系统"中文编目子系统的分析与设计》、《"分布式图书馆自动化集成系统"中文图书采购子系统的分析与设计》、《关于图书馆自动化集成系统理论探讨及集成系统中文图书采编子系统的设计》。

这一阶段比较有代表性的图书馆自动化活动见1-6-4。

表 1-6-4　图书馆自动化有关学术活动

(20 世纪 80 年代末—90 年代中期)

年份	有关学术活动
1988	中国科学院文献情报自动化工作研讨会
1989	深圳蛇口图书情报工作新技术应用研讨会
1990	中国图书馆学会图书馆自动化分会召开第 3 届图书馆自动化学术讨论会
1990	南京大学召开江苏省图书馆计算机应用交流会
1991	中国图书馆学会第 4 届全国图书馆自动化研讨会
1991	文化部图书馆自动化集成系统黑龙江省图书馆推广站成立
1991	农业图书馆自动化研讨会暨专业委员会年度会议召开
1992	华东地区部分委属高校图书馆微机应用研讨会在青岛举行
1992	浙江省图书馆学会自动化分会召开图书馆自动化建设研讨会
1992	广东省公共图书馆计算机信息系统建设协调会议举行
1992	山东省高校第 4 届图书馆自动化工作研讨会召开
1993	文化部图书馆自动化集成系统辽吉地区推广站成立
1993	广东省高校图书馆馆长会议暨计算机应用研讨会在广州召开
1994	全国第 2 届高校图书馆自动化系统软件展示会暨学术研讨会在上海召开
1994	北京地区高校图书馆第 2 届计算机应用和信息服务学术研讨会及系统展示会
1994	山西省高校“图书馆发展与图书馆自动化”研讨会在临汾召开

从上面一系列的活动我们可以看出,从文化部到中国图书馆学会,从各省市到各系统,都很重视图书馆自动化的理论和实践工作。全国的、地方的及各系统的学术组织专门成立了图书馆自动化分会以推进系统内图书馆自动化的进程,如中国图书馆学会图书馆自动化分会、浙江省图书馆学会自动化分会、农业图书馆自动化专业委员会。

4　90年代中期到21世纪初

这一阶段是图书馆自动化网络建设初步发展阶段。1993年，"信息高速公路"建设之风席卷全球，给图书馆自动化带来了新的发展机遇。从90年代中期起，随着互联网概念传入中国，我国图书馆自动化开始向网络化发展。图书馆网络化是指依托计算机技术和通讯技术的广义的网络化，即把区域、跨区域和跨国的图书馆计算机自动化系统通过通讯网络连接形成图书馆网络。这一时期，图书馆自动化网络方面的研究逐渐增多，检索CNKI"中国期刊全文数据库"的结果表明，把自动化与网络化放在一起来讨论的论文从1995年后明显多起来。例如《珠江三角洲公共图书馆自动化网络的建设与发展》(1993)、《关于实现天津高校图书馆自动化、网络化策略问题的探讨》(1995年)、《通向"信息高速公路"的图书馆——广东省图书馆自动化网络化巡礼》(1996年)、《中国图书馆自动化网络化发展现状》(1996年)、《网络化：图书馆自动化建设的新阶段》(1996年)、《党校图书馆自动化与网络化》(1997年)、《北京图书馆自动化、网络化建设的现状与展望》(1998年)等文章，从文献的关键词我们可以感受到图书馆自动化网络化建设的时代已经来临。这一阶段，图书馆自动化集成系统在原有基础上，向网络化方面有了较大的改进，1998年5月，北京大学图书馆成立"自动化研究开发部"，来从事具有自主版权的图书馆自动化系统的开发工作。自动化部主任孙辨华主持国家"九五"科技重点攻关项目"新一代图书馆信息系统(Nlis)"的研制，1998年9月通过专家验收。Nlis自动化集成管理系统的功能模块涵盖了图书采访、编目、流通、连续出版物等所有业务范围，全面实现了图书管理的自动化。深圳大学图书馆SULCMIS系统1997年升级为新一代图书馆自动化系统。1998 年开始推广,1999 年全国已有 40 多家用户。

这一阶段图书馆自动化网络发展的模式有基于地区合作、基于系统合作以及两种的混合式。区域性的网络化图书馆系统把某一区域范围内的图书馆联合起来进行协调合作,打破了隶属行业分割的局限,实现了不同类型图书馆在自愿原则基础上的联合,国内较有影响的是"上海地区文献资源协作网"和"武汉地区高校协作网"。基于系统合作的模式是同一系统或同一行业,在馆藏结构和服务类型上具有相似或类同特点的图书馆之间而进行的协作。例如"中国高等教育文献保障系统"、"全国医学图书馆文献资源共享网络系统"、"全国民族院校图书馆协作网"、"全国党校系统数字图书馆"、"全国社会科学系统联机图书馆中心"。跨区域、跨系统的图书馆之间联合形成混合式的网络化图书馆系统。这种模式一般都要求建立以地区中心馆为网络主干、辅以各馆密切配合的协作网络形式。这种模式的协调组织必须要有一定的行政权威才能进行组织协调,并且需要具有整体性、全面性和前瞻性的统筹规划及强有力的指导程序,例如"全国文献资源共建共享协作网"、"中国数字图书馆联盟"等。

这一阶段图书馆自动化研究成果见表 1-6-5。

表 1-6-5 图书馆自动化主要研究成果

(20 世纪 90 年代中期—21 世纪初)

时间	著作名称	作者
1995	计算机应用与图书馆自动化	秦建宁
1996	图书馆自动化课程教学大纲	国家教委高教司
1996	图书馆自动化基础	付守灿、陈文广
1997	图书馆自动化	袁名敦、耿骞
1997	电子图书馆理论与实践研究	汪冰

续表

时间	著作名称	作者
1998	图书馆自动化快捷之路：通用图书馆计算机集成管理系统 FLCS 使用说明及编程	赵殿文等
1998	图书馆自动化新论：信息管理自动化	郑巧英
1998	图书情报管理自动化基础	刘荣
1999	基于分布式面向对象技术的图书馆自动化系统研究（博士论文）	叶峰

这一阶段图书馆自动化方面的活动也很多。具体情况见表 1-6-6。从这些活动的名称我们就可以看出，这一阶段图书馆自动化与网络化、联网建设开始密切联系在一起。

表 1-6-6　图书馆自动化有关活动

（20 世纪 90 年代中期—21 世纪初）

年份	活动
1995	广东高校图工委主办"中南地区高校图书馆自动化与联网建设学术研讨会"
1995	山东省高校图书馆自动化管理研讨会
1995	第四次全国农业图书馆自动化研讨会在昆明召开
1995	北京图书馆受文化部图书馆司的委托举办"图书馆自动化管理馆长培训班"
1996	中国图书馆自动化发展研讨会在北京图书馆召开
1997	武汉大学图书馆学情报学研究所和《图书情报知识》编辑部联合主办"第二届全国图书馆自动化网络化建设研讨会"在江西庐山举行
1998	辽宁省召开"全省公共图书馆自动化建设研讨会"

5　21世纪以来

新世纪以来,我国图书馆自动化建设的规模不断扩大。这一阶段,图书馆自动化建设的突出特点是不断向网络化方向发展。在图书馆服务网络建设的大环境下,对图书馆集群化管理的研究和实施提上日程。传统图书馆自动化管理系统馆际协助功能不强,随着图书馆网络化发展的步伐不断加快,图书馆自动化系统为适应新形势和新要求需要创新。适合总分馆制度管理的自动化系统对于图书馆的自动化、网络化、数字化建设和资源共享具有重大的战略意义。广东省流动图书馆自动化系统的选择与应用就是其中一个突出事例。2003年,广东流动图书馆被写入《广东省文化大省建设规划纲要》,成为建设文化大省的一项重要举措。2007年广东流动图书馆有40个分馆。适合总分馆管理的自动化系统除具有图书馆集成管理等传统功能模块外,还具备如下性能:网络环境下的高度集成和数据共享,即全省所有分馆共享同一个书目数据库,但又能反映各分馆的馆藏;图书交接和书目数据迁移十分方便,图书流动到下一站时,书目数据库不必拷贝和重装;每个分馆的电脑硬件不必再升级,也不用省馆派人到现场安装新的软件;容易操作和维护,各分馆没有系统级的维护人员也行;有良好的发展潜力,便于以后的扩建和发展。

这一阶段图书馆自动化的研究成果见表1-6-7。

表 1-6-7　图书馆自动化主要研究成果(21世纪以来)

年份	著作名称	作者
2002	ALEPH500图书馆集成系统使用手册	国家图书馆计算机集成系统工作组译
2004	图书馆信息化建设	陈能华
2006	图书馆自动化	胡均平
2006	现代图书馆自动化建设	顾玉青等

这一阶段图书馆自动化方面的活动见表1-6-8。

表 1-6-8　图书馆自动化有关学术活动(21世纪以来)

年份	活动内容
2000	"面向21世纪图书馆自动化管理系统建设与发展"研讨会在北京大学图书馆召开
2000	辽、苏、津、晋、吉、黑六省市图书馆学会联袂合作——"图书馆自动化集成系统(ILAS)专题研讨会"在丹东召开
2000	《现代图书情报技术》杂志社在深圳大学举办"图书馆自动化与网络化建设学术研讨会"
2002	全国地级市公共图书馆自动化发展战略研讨会
2002	北京地区高校图书馆自动化研究会换届、更名暨学术研讨会在北京邮电大学召开
2006	浙江省图书馆学会网络化数字化分委员会、高校图书情报工作委员会自动化专业委员会年会

从上面我们列举的新世纪以来图书馆自动化的成果和活动,可以看出,"图书馆自动化"这一个议题作为关键词有所减少。原因在于新世纪以来,数字图书馆发展迅速,人们的视线转移到"数字图书馆"有关议题的讨论。当然,这并不是说图书馆自动化这个话题不重要了,而是因为图书馆自动化各个方面的问题已经演化为数字图书馆各个方面的问题。

目前我国图书馆自动化研究比较关心的问题是自动化发展不平衡的问题。我国图书馆自动化发展中存在着较为严重的地区不平衡现象。一般而言，高校图书馆、科学院图书馆与经济发达地区的图书馆发展情况较好，但是在经济欠发达地区，图书馆、尤其是中小型图书馆自动化发展情况不容乐观。另外，图书馆自动化发展过程中存在缺乏宏观调控与规划的问题。自动化系统从一开始就处于自发、分散的状态，缺乏统一的规划与足够的合作，使得我国图书馆自动化系统种类繁多，标准千差万别。全国96所“211工程”的高校的图书馆中，就有包括Unicorn、Innopac、Horizon Aleph、Vintage、汇文系统、ILAS、Melinets、Datatrans、博菲特系统等十多个不同的系统。而在公共图书馆中也存在着类似的情况：仅以省级图书馆为例，便有Aleph、智慧2000、Horizon、Innopac、Unicorn、汇文系统、南图力博系统、ISLAIS、ILAS、Totals、Dynix共11个不同的系统。这些系统相互独立、各不相同，每个都有自己独有的应用软件和检索方式，既给用户带来了不便，也不利于图书馆之间进行馆际互借与资源共享。同时，缺乏宏观调控与规划也给数据库建设带来了问题。由于缺乏合作、协调，使得目前我国图书馆数据库开发、购买等方面都存在严重的重复建设现象，浪费了大量的资金和人力，妨碍了图书馆事业的更好发展。鉴于这些问题，我们应该明确未来我国图书馆现代化研究的重点。

第七章 数字图书馆

1 数字图书馆的基本问题研究

数字图书馆的基本问题包括数字图书馆的起源、概念、特征、功能等内容。数字图书馆提出的具体时间，不同的文献中有不同的说法。有的认为 1991 年美国人率先提出了数字图书馆的概念。有的则认为 1990 年密歇根大学的研究人员首次提出了“数字图书馆”的概念。还有作者认为数字图书馆这一概念问世于 1993 年。总之可以认为数字图书馆这一概念问世于 20 世纪 90 年代初期，是随着互联网的出现而诞生的。

关于我国数字图书馆起源于哪一年也有不同看法。有一种意见是从 1995 年算起，标志是 1995 年 6 月北京图书馆在科研处下成立专门小组，开始跟踪国际数字图书馆研发进展。基于这个时间起点，《数字图书馆论坛》在 2005 年组织撰写了《我国数字图书馆十年回顾专刊》。还有一种意见是从 1997 年算起，这是把 1997 年 7 月国家实施“中国试验型数字式图书馆项目” 作为我国数字图书馆建设的开端。基于这个时间起点，2007 年 11 月“2007 数字图书馆建设与应用研讨会暨成果展示会” 在深圳大学城召开，会议主题是“中国数字图书馆十年：回顾与展望”。十年来中国数字图书馆建设成就显著，几个国家级的数字图书馆项目、大规模的数据库集团引进、大规模的数字化工作、大规模的数据库制作、中文数字出版、中文数据库、数字图书馆技术、多方面的数字图书馆应用等方面都展现了我国数字图书馆事业的繁荣与进步。数字图书馆改变了图书馆的面貌,改变了图书馆的工作模式与服务理念,改变了用户对图书馆的认知,赋予了图书馆新的职能和历史使命。

关于数字图书馆的定义,各种教科书和论著中有不同解释,在数字图书馆发展的不同阶段也出现了不同的解释。有人认为数字图书馆不是指一个具体的图书馆形式,而是"一种新信息环境",是由全球数千万台计算机互联形成的分布式的虚拟信息空间。有人认为数字图书馆是指以数字文献为基础的、以数字收藏物为主要馆藏的图书馆,它依据网络为用户提供各种数字信息,以满足用户的需求。有人认为数字图书馆就是指以二进制编码的数字方式存贮和处理信息,运用计算机通讯及多媒体技术,进行高质量的保存与管理,并提供电子网络检索和服务的信息系统。有人认为数字图书馆是指图书馆利用先进的计算机技术和通讯技术,把馆藏信息数字化以供人们随时随地查阅.它是一个信息服务系统。有人认为数字图书馆是指拥有内容丰富的经过整序的多种媒体形式的数字化信息,并利用先进技术通过计算机网络为人数众多而又处在不同地理位置的用户高效、方便地提供信息服务的机构。有人认为数字图书馆的定义是超大规模的、分布式的、能够跨数据库检索的海量数字化信息资源库。尽管有些人的观点强调"环境",有些人强调"系统",有些人强调"机构",有些人强调"资源",但是我们从不同的定义中可以总结出构成数字图书馆核心概念的两个要素:数字化和网络化。数字化是资源的存在形式,网络化是资源的存取形式。

关于数字图书馆的特点,中国数字图书馆工程领导小组组长徐文伯认为,数字图书馆有五大特点:收藏数字化、操作电脑化、传递网络化、信息存贮自由化、资源共享化和结构连接化。有人认为数字图书馆的特征主要体现在数字化和网络化两个方面。具体体现为下列几个方面：有一定规模的数字化信息资源，数字信息资源的网络化存取，通过超链接形成的信息资源网状组织结构，具有智能化、多媒体的基于全文的信息检索技术，具有强大的信息和知识的收集、传播和发布功能以及对馆藏的利用将不受时空限制，等等。

2　我国数字图书馆研究的历程

在 CNKI“中国期刊全文数据库”中检索，按题名检索“数字图书馆”，命中 8789 篇成果，其中分布在核心期刊上的有 2887 篇成果。具体数据见图 1-7-1。下面我们分三个阶段来阐述数字图书馆研究的特点。

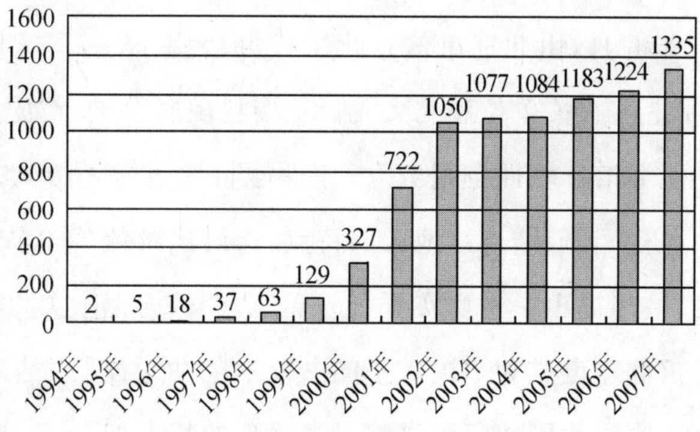

图 1-7-1　数字图书馆研究成果分布

2.1　2000 年以前我国数字图书馆研究的状况

查阅 CNKI“中国期刊全文数据库”上较早研究数字图书馆的文章可以看出，在我国开始建设数字图书馆之初，主要是介绍国外数字图书馆的情况。例如，1994 年鲁向禹发表了编译论文《美国的数字图书馆计划与信息高速公路》,论述了美国的数字图书馆计划及其与未来信息高速公路建设的关系。1995 年,北京大学图书馆的朱强在美国伊利诺伊大学进修回国后,在《大学图书馆学报》上发表了《数字图书馆:21 世纪图书馆的原型——美国"数字图书馆创始"计划简介》一文,全面系统地介绍了美国"数字图书馆创始"计划及其六个研究项目的组织、协调与管理办法。中山大学信息管理系的黄晓斌 1995－1996 年在美国加州大学伯克利分校作访问学者期间,参加过"数字图书馆"的项目研讨,随后在国内发表文章介绍美国数字图书馆研究的发展状况。

1997 年 7 月,"中国试验型数字图书馆项目"(CPDLP)得以实施,它是我国数字图书馆建设开始的标志。1999 年,北京大学图书馆成立了数字图书馆研究所,加快了高校数字图书馆研究和开发的步伐。

1999 年 6 月,由北京市信息化工作办公室下达,国家图书馆牵头,联合北京市有关单位和北大、清华、中科院联合进行"中关村科技园区数字图书馆群软课题研究"。该课题将通过各种方式对该地区现有资源进行调研,结合该地区的特点,探讨建设数字图书馆群的方法和路线,最终提出一份切实可行的实施方案,为把中关村科技园区数字图书馆群建设成为中国数字图书馆示范性工程奠定基础。

在这一阶段我国数字图书馆研究呈现的特点如下:

图书情报界意识到数字图书馆是未来图书馆发展的必然趋势,开始关注国外数字图书馆的研究动态,相关的国际学术交流也比较活跃,除了邀请国外学者到我国介绍国外数字图书馆概况外,还派出学者实地考察研究,所有这些活动都为后来数字图书馆的发展奠定了良好的基础。这一时期的文章主要是介绍国外,特别是美国在数字图书馆方面的研究工作,综述数字图书馆的概念及运行模式,讨论实现数字图书馆的对策等。分析数字图书馆的文献主题分布可以发现,从1995年到1999年,与我国数字图书馆相关的文章的关键词中,除“数字图书馆”外,出现频次最高的为数字化、电子文献、信息技术、电子信息资源和自动化等词语。虽然除了上述关键词外,还有网络和数据库等关键词出现,但是数量不多。由此可见图书馆资源的数字化是这一阶段研究的热点,这也是数字图书馆建设的必要条件。这和当时的图书馆实践是一致的,辽宁省图书馆主要是将原来馆藏的资料转换为数字化形式,而上海交大则将一些民族音乐数字化,存储了乐谱和乐曲并提供五线谱到简谱的转换功能和点播服务。北京图书馆和上海图书馆重点是将自身馆藏的孤本、善本和古画等珍贵资料数字化,通过扫描、照相技术转成数字影像,存储到计算机中。当时数字化的焦点还聚集在资源形式的数字化方面。在资源的数字化过程中,一部分问题也浮出水面:如何保证信息的完整性、可靠性、快速、简单易用、良好的性能价格比,如何确保数字资料不被非法复制和发布等。这就需要用数字图书馆的技术和服务来满足这些需求。在数字图书馆技术方面,1998年以前,技术研究侧重于图书馆管理方面的自动化技术。中国数字图书馆建设启动后,我国研究和开发的技术包括数字化技术、数字对象的存储技术、分布式数字对象的管理、多媒体技术、元数据自动生成和转换技术等。

2.2　2000—2004年我国数字图书馆研究的状况

这一阶段的数字图书馆研究逐渐活跃,在CNKI“中国期刊网全文数据库”中展开的调查可知,2000年我国数字图书馆的研究较以往在量上有显著提高,从1999年的129篇文献上升为2000年的327篇文献,以后每年都高于100篇,掀起了我国数字图书馆研究的热潮,数字图书馆成为图书情报界的研究热点。

2000年,是中国数字图书馆发展的转折点。中国数字图书馆从初期的研究、开发、试验,逐渐发展到初具规模。其中一个重要的原因是我国政府对数字图书馆建设给予了巨大的资金支持。由中央财政陆续投入建设的国家级数字图书馆项目有多项,这些国家级项目是我国数字图书馆建设的核心,引起了广泛关注,对其他的数字图书馆建设产生了深远的影响。在这一阶段,高校图书馆系统、公共图书馆系统、党校图书馆系统、科学院图书馆系统、社科院图书馆系统、国家国防工业数字图书馆、军队院校图书馆系统、中国医学科学院图书馆系统等都有突出的数字图书馆建设成果。CALIS是全国性高校数字图书馆建设的典范。地区性高校数字图书馆建设也在蓬勃发展。

这一阶段数字图书馆研究关注的具体内容包括:

数字资源的研究。数字化资源一直都是数字图书馆研究的重点问题。研究内容包括馆藏数字化、数字化资源建设的技术问题和管理问题、网络信息资源建设问题、特色资源和特藏资源的数字化建设等。数字图书馆资源建设的目标是把图书馆文献资源进行系统地开发、科学地组织和有效地提供,将有序化、知识化、专业化、集成化的数字信息资源提供给用户。

元数据研究。为了解决数字图书馆资源的存放、共享和发现,需要更复杂的编目规则,元数据结构是斯坦福大学为适应数字图书馆的发展而提出的,我国研究者也开始了对元数据的研究。元数据研究以其较强的技术性和实践性而一直是图书情报界关注的热点和前沿。在元数据结构引入中国初期,我国相关方面的研究还比较少;但在数字图书馆发展的第二阶段末期,元数据的研究都以成倍的速度增长。关于数字图书馆标准与规范问题。北京大学图书馆的中文元数据标准框架项目定义了元数据、元数据标准、元数据标准框架几个重要概念;国家图书馆的中文元数据标准规范项目制定出一份《中文元数据方案》;中国科技信息研究所、中国科学院文献情报中心和国家图书馆联合发起我国数字图书馆标准与规范建设项目元数据及对象数据技术规范、置标语言规范、电子图书浏览器标准等三类标准的起草和制定。从数字图书馆起步阶段到现在,元数据研究以其较强的技术性和实践性而一直是图书情报界关注的热点和前沿。

资源共享问题。数字图书馆建设需要大量资金支持,这不是一般图书馆能够承受的。为了节约资金,提高信息资源利用率,资源共享的理念逐渐深入人心,而数字化、网络化形成的有序信息空间也为信息资源共享提供了广阔的空间。

数据库建设问题。数据库是开展数字图书馆必备的条件之一,许多项目的开展就是为了建设全面的、系统的数据库存储数据,以便于以后的检索与利用,为用户服务。在数字图书馆发展的第二阶段,关于数据库的研究呈现出上涨趋势,这些研究主要集中在以下几个方面:数据库技术与数字图书馆的关系、数据库技术在数字资源组织中的应用以及特色数据库的建设。

数字图书馆建设所面临的问题也变得多样化起来,例如版权问题、馆员培训、用户培训等都引起广泛关注。

2.3　2004年以来我国数字图书馆研究的状况

经过前10年的发展,数字图书馆技术和数字图书馆资源建设取得了巨大进步。近三四年来,我国数字图书馆步入深入发展阶段。深入发展的标志包括数字图书馆加强标准规范建设,数字图书馆开始高度重视面向用户的服务,数字图书馆日趋重视改革传统的资源结构和服务模式,满足用户在网络环境下利用信息的需求。数字图书馆的虚拟参考咨询服务、学科信息服务、个性化服务等方面成绩斐然。

2004年5月,国家科技图书文献中心、国家图书馆、中国科技信息所、中国高等教育文献保障体系(CALIS)、中国科学院文献情报中心联合主办了“全国数字图书馆标准规范建设宣传与推广会议”。会议听取了全国数字图书馆建设有关单位专家学者以及实践工作者的意见和建议,推动我国数字图书馆的规范化建设,促进我国数字图书馆资源和技术标准建设过程中的合作与协调发展。

在数字图书馆信息服务方面,图书馆 2.0 概念的成功引入使得信息服务理念实现了向用户为中心的转移。在这一理念的推动下,图书馆将多种 Web2.0 的技术应用到图书馆信息咨询,例如,邮箱定题服务、短信定制服务、MyLibrary、实时在线咨询等。随着新的信息服务方式的采用,图书馆咨询服务已经向计算机化、网络化发展,而与此同时,这对数字图书馆参考咨询馆员在信息时代的素质提出了更高的要求,馆员的职责正趋向于多元化、服务提供趋向于全面化,但目前我国图书馆馆员的综合素质还有待提高。

数字图书馆重视内容管理技术、智能检索技术、信息安全技术、开源构件技术、网络存储技术、个性化服务技术、数字版权管理技术等相关技术的研究与应用。

数字图书馆标准规范研究已取得一定成果,但还未形成统一的标准规范体系,现有的数字图书馆标准规范与数字图书馆建设中的具体应用之间还存在一定的距离。数字图书馆需要对已有标准规范进行更新,努力与国外数字图书馆标准规范建设接轨,在标准规范基础上需要开发更多新的应用,以吸引更多的用户,提高数字图书馆资源的利用率。

数字图书馆建设和运作的各个环节都与知识产权紧密相关,知识产权问题是数字图书馆信息服务的瓶颈,制约着我国数字图书馆的发展,限制了数字图书馆信息资源的传播与共享。文献调研的结果显示,自 2004 年以来,国内学者对建设数字图书馆所涉及的著作权、版权、知识产权保护问题以及合理使用问题投入了非常高的研究热情，显示出这一棘手问题至今依然是数字图书馆建设过程中的大难题。数字图书馆事业的良性发展有赖于充分运用知识产权这把双刃剑。

经费问题成为数字图书馆发展的瓶颈。现阶段我国数字图书馆的建设经费主要依靠上级主管单位的行政下拨款项，政府投资不足是当前数字图书馆建设面临的一大问题。建设数字图书馆需要政府持续性的投入。

数字图书馆发展到这一阶段，相关的研究活动已基本涉及数字图书馆领域的方方面面，关于数字图书馆建设和理论问题的研究已日趋成熟，而知识产权保护、信息服务等领域成为研究关注的热点。从发表的相关期刊论文数量来看，2004 年我国数字图书馆研究迎来了新的高潮。学者对国内数字图书馆发展的研究关注保持着很高的水平。这点同时也表明，这一时期国内数字图书馆发展越来越趋于成熟，研究成果也越来越丰厚。

3 我国数字图书馆研究的几个重要问题

3.1 数字图书馆标准规范研究

随着图书馆数字化历程的推进，我国数字图书馆标准规范建设引起高度关注，图书馆界普遍意识到具备统一的标准与规范，是建设资源集成、共享的数字图书馆的前提。近年来数字图书馆标准规范建设取得了一定的成果，建立了元数据标准、检索和互操作标准、数字信息集合的元数据标准以及通信、系统、安全、管理、知识产权、服务、运营等多方面的标准与规范，这些标准规范体系很好地指导了数字图书馆的建设实践。

科技部《中国数字图书馆标准规范建设》(Chinese Digital Library Standards,CDLS)项目是科技基础性工作专项资金重点项目,主要针对数字图书馆系统的数字资源建设与服务,制定我国数字图书馆标准规范发展战略与标准规范框架,制定数字图书馆核心标准规范体系,建立数字图书馆标准规范开放建设与开放应用机制,促进我国数字图书馆的快速、经济和可持续发展。项目一期从2002年10月开始,到2005年9月结束。项目二期从2006年开始。参建单位包括中国科技信息研究所、中国科学院文献情报中心和中国国家图书馆等将近20个单位。CDLS子项目包括总体框架与发展战略、开放建设机制、数字资源加工规范、基本元数据规范、专门元数据规范、数字对象唯一标识符、数字资源检索协议规范、元数据规范开放登记系统、资源集合元数据规范、高层元数据规范。

该项目为当前我国数字图书馆建设提供了相对完善的标准和规范基础,它指导并规范了各个数字图书馆项目的资源加工、描述、组织、服务和长期保存,还提出和完善了数字图书馆标准规范框架体系,并初步建立了基于联合、开放、共享的标准规范建设、应用和管理机制。至2007年,该项目已经完成的最终报告达145个。完成的技术标准、研究报告全部在项目网站上(http://cdls.nstl.gov.cn)公开发布。CDLS发布的部分技术标准和研究报告见表1-7-1。

表1-7-1　CDLS发布的部分技术标准和研究报告

技术标准和研究报告名称	发布时间
地方志描述元数据规范	2004年6月7日
电子图书描述元数据规范	2004年6月7日
古籍描述元数据规范	2004年6月7日
家谱描述元数据规范	2004年6月7日
网络资源描述元数据规范	2004年6月7日

续表

技术标准和研究报告名称	发布时间
舆图描述元数据规范	2004年6月7日
专门数字对象描述元数据规范设计指南	2004年6月7日
中国数字资源唯一标识符发展战略	2004年6月7日
《数字资源加工标准规范》研究报告	2006年11月22日
复合数字对象描述标准与规范	2006年11月22日
通用数字资源(图像数据)格式标准分析报告	2006年11月22日
知识组织体系描述标准与规范	2006年11月22日
拓片元数据规范	2007年1月19日
资源集合描述元数据标准制定工作流程及工作规范	2007年1月19日

2004年,中国高等教育文献保障系统(CALIS)管理中心整理编撰《中国高等教育数字图书馆技术标准与规范》,主要有三方面内容,即CADLIS总体架构和基本技术标准与规范、各子项目技术标准与规范、有关产品认证和项目管理方面的规范。CALIS在标准规范建设方面形成了260多万字的规范文档和培训手册,包括36种数据规范、12种接口规范、8种服务规范。具体包括:门户规范、异构资源整合检索规范、OpenURL资源调度规范、参考咨询访问规范、专门数字对象元数据规范、数字对象规范(METS)、CALIS－OID数字对象标识符规范、OAI服务规范、METS交换规范、数字版权保护DRM规范、数字对象加工规范、统一用户认证规范、计费与结算规范、日志与统计规范、服务器之间安全通信规范等。

中国数字图书馆工程已制订完成了《中国数字图书馆工程建设一期规划》及《中国数字图书馆工程一期规划实施方案》,同时也积极参与数字图书馆标准规范研制工作并制订完成了《中文元数据方案》等。

中国科学院国家数字图书馆项目(CSDL)对信息系统开放描述的基本原则、方法、技术和发展趋势等进行了系统研究,目前已形成《数字图书馆建设的标准规范体系》等系列研究报告,并进一步制订了《国家科学数字图书馆开放描述与标准应用指南》。而"分布环境下信息系统的开放描述研究"则开创了我国数字图书馆标准规范建设真正意义上联合、开放、共享的先河。

为推广我国数字图书馆规范建设的成果,CDLS项目在2004年5月举办了"全国数字图书馆标准规范建设宣传与推广会议"。为推进我国数字图书馆标准与规范建设取得的实质效果,CDLS项目组在全国范围内推广宣传数字图书馆的各类技术标准,在全国四个区域内依次开展"全国数字图书馆标准规范建设宣传与推广"培训活动,首期、二期、三期、四期分别在北京、哈尔滨、西安、深圳成功举办。2008年又开始了第五期和第六期的培训工作。

3.2 数字图书馆资源整合研究

图书馆数字信息资源飞速增长,但是存在的问题也很多,例如互不关联、内容交叉,平台各异、用法不一等,让用户无所适从。要实现数字图书馆的建设目标,整合现有文献信息资源无疑是关键。资源整合就是依据一定的需要,对各个相对独立的资源系统中的数据对象、功能结构及其互动关系进行融合、类聚和重组,重新组合一个新的有机体,形成一个性能更好、效率更高的新的数字资源体系。资源整合是数字图书馆建设中的基础工程。[①]

① 马文峰等.数字资源整合的发展趋势[J].图书情报工作,2007(7):66-69.

数字资源整合的方式有很多种,一种是基于机构信息资源的整合。从机构信息资源的整合方面来看,我国已经形成了国家层面上专业机构信息资源的整合体系。其中以中国高等教育文献保障系统(CALIS)、国家科技图书文献中心(NSTL)、中国科学院国家科学数字图书馆(CSDL)等信息资源整合建设项目为代表。中国科学图书馆的“中国科学文献服务系统(Science China)”是国内在资源整合方面的成功范例。它在元数据层把自建的现期目次库、学科数据库和引文数据库进行了全面集成,并采用基于 Open URL 的开放链接技术构建了“扩展服务”中间层,与第三方的书目数据库、文摘类数据库和全文数据库进行了全面整合,不仅形成了“目次－摘要－全文－引文”的完整文献服务体系,而且内嵌馆际互借、原文传递、参考咨询链接网络资源扩展查询和个性化服务等多种功能,全面提升了服务质量。这被认为可以发展成为中国的“web of knowledge”。另外还有一种整合方式是基于内容的信息整合,包括基于书目系统的信息整合形式和基于学科或主题内容的信息导引系统的整合形式。书目系统的整合是数字信息资源最基本的整合方式,即通过执行 Z39.50 协议,聚合不同平台上的异构 OPAC 数据库,建立书目整合检索系统。用户可以在一个统一的 OPAC 系统检索界面,通过著者、题名、关键词、标准书号等检索途径检索到相关图书馆的 OPAC 书目信息,而不需要在各个图书馆不同的 OPAC 界面之间来回切换。基于学科或主题内容的信息导引系统的整合形式主要是建立学科信息门户、主题网关、专业门户、热点门户等。[①]

① 马文峰.数字资源整合研究[J].中国图书馆学报,2002(4):64-67.

数字信息资源整合技术对于实现资源和服务的整合起着很大作用。比较常用的技术有两种:跨库检索技术和参考链接技术。跨库检索技术能够实现对分布式资源的一站式访问。参考链接技术可以实现不同信息源的内容关联。应用这些技术发展出来的商业化的应用也有很多。

有代表性的跨库检索方面的成果是 CALIS 统一检索平台。该平台是 CALIS 二期构建的公共服务平台中一个重要的组成部分,由 CALIS 技术中心和北大图书馆联合研制,于 2002 年 10 月完成了该系统的总体设计,2003 年 3 月完成了系统原型开发,同年 7 月完成了系统主要功能的开发。该系统用于整合图书馆中分散在本地和异地的各种异构数据库资源,向读者提供一个单一的数字资源检索窗口。利用该系统,读者能以单一身份、单次登录和单一的检索方式来同时对多个本地和异地数字资源库进行检索,从而大大提高读者检索的效率。另外,系统还向读者提供了个性化检索服务功能,使得读者可以自行对常用的资源进行分类,对检索结果进行保存、转发、打印,定制适合自己需求的资源访问方式。

参考链接技术的典型产品是 Ex Libris(艾利贝斯)公司的 SFX。SFX 能够在学术信息环境中提供强大的链接服务,是图书馆管理数字资源的有力工具。SFX 链接服务器能够为图书馆实现各种不同类型的、而且不断增长的电子资源之间的开放链接提供切实可行的解决方案,帮助读者实现跟检索结果相关的各种资源之间的透明链接和导航,并且可以与图书馆现有的全文传递、馆际互借、参考咨询等服务无缝集成。

此外,很多图书馆在研究基于网格技术来整合数字资源与服务。网格(Grid)是一种新的对资源/服务的集成技术,其本质是一种资源共享/协同的理念和思想。利用网格技术整合资源是未来数字资源整合的发展趋势。网格不仅能够实现资源的高度共享,避免大量的重复建设,同时将大幅提升网络的性能和信息服务工作效率。①

① 周军.基于网格技术的数字图书馆建设[J].图书馆论坛,2007(4):126-127.

数字图书馆资源整合的目标是不断扩展整合范围、深化整合功能,包括传统资源与数字资源的整合、不同格式数字资源之间的整合、多语种资源间的整合、馆内资源与馆外资源的整合,以及对 Web 动态的、非规范性资源的整合等。基于数字图书馆的资源整合不仅仅限于资源本身,如何重组、集成与资源相关的应用程序和服务,已经成为国内外图书馆界关心的话题。整合系统的服务和功能日益丰富多样,不仅仅包括检索服务,还包括文献传递、参考咨询服务等。

用户需求的多样化也给数字图书馆资源整合提出了新挑战，用户需求方面的差异性和个性化日益受到重视。资源整合不再是为了解决单个的检索需求，而是面向用户的个性需求提供持久的跟踪服务，支持主动的推送服务与知识检索服务。[①]

① 李广建等. 数字资源整合的实现机制及关键技术——对国外数字资源整合系统的实证研究[J]. 中国图书馆学报，2007(2)：75-80.

3.3 数字图书馆信息服务研究

2006年，《现代图书情报技术》在第11期上开辟了特邀专栏"数字图书馆服务"专辑，北京大学图书馆副馆长肖珑撰写了题为《迎接数字图书馆服务时代的到来》专辑序。该序指出：中国数字图书馆事业历经10年发展，迎来了"数字图书馆服务时代"。数字图书馆服务是数字图书馆价值的最终体现，也是检验我们数字图书馆的建设是否成功的最终杠杆。因此，在已有的丰富的数字资源基础上，运用各种技术平台为用户提供符合需求的、快速、准确、方便的信息服务环境，是我们积极迎接这个时代到来的最佳选择。而如何提供这样一个服务环境，让用户能够获取所需的知识并享受这个环境带来的便利与和谐，也是我们正在思考的热点问题。

数字图书馆时代的信息服务不同于传统图书馆"面对面"的服务模式，随着数字图书馆建设的深入开展，图书馆在服务理念、体制机制、服务方式、服务手段和服务队伍建设等方面不断进行创新。从文献分布看，有关数字图书馆信息服务的热门关键词有面向用户的服务、个性化服务、主动服务、数字参考咨询服务、RSS推送服务、知识服务、全文服务等。下面我们对数字图书馆信息服务呈现出的几个新特点做简单介绍。

数字图书馆信息服务已越来越多地呈现出以用户为中心的特点。在发展图书馆服务和资源的同时，大家普遍意识到用户互动的重要性。2005年9月，西方图书馆界首次提出了图书馆2.0的概念，图书馆2.0是Web2.0的技术或服务（如Wiki、Blog、RSS、 ging/Folksonomy 等)在图书馆信息服务中的应用。Web2.0 的应用服务为图书馆信息服务的拓展和提升提供了借鉴和发挥的空间。2.0环境下的数字图书馆信息服务具有用户交互性、服务个性化和系统开放性等特征。2006 年初,范并思和胡小菁在《大学图书馆学报》上发表《图书馆 2.0:构建新的图书馆服务》,这是"图书馆 2.0"概念首次出现在国内图书馆情报学专业期刊上。[①] 自此,国内图书馆界对图书馆 2.0 的研究形成一股热潮,相继召开了三次会议来展开讨论,具体的会议信息见表 1-7-2。会议资料显示,上海大学图书馆、暨南大学图书馆等在 2.0 实践方面已经有所进展。[②] 江苏汇文软件公司也开发出面向图书馆 2.0 的 OPAC 检索系统,展示了热门搜索、检索提示、热门借阅、分类聚合、资源整合、相关借阅、虚拟书架、RSS 提醒、标签等功能。图书馆 2.0 的概念和实践推动国内图书馆界重新思考、重新规划、重新定位自己应该做什么,怎样去做。

① 范并思,胡小菁. 图书馆 2.0:构建新的图书馆服务[J]. 大学图书馆学报,2006(1):2-7.

② 江波. 暨南大学图书馆的 2.0 实践[EB/OL]. http://you.xmulib.org/. [2008-3-19].

表 1-7-2　Web2.0 与信息服务研讨会历次会议情况

会议名称	时间	地点	主题
第一届 Web2.0 与信息服务研讨会	2006 年 5 月	上海图书馆	创新=信息 * 交流^2.0
第二届 Web2.0 与信息服务研讨会	2007 年 4 月	厦门大学图书馆	Web/Lib2.0:服务,因你而变
第三届 Web2.0 与信息服务研讨会	2008 年 4 月	浙江大学信息资源管理研究所	Web/Lib2008:论剑 2.0

数字图书馆的个性化服务在近年来很受关注。张晓林在 2001 年发表的《基于 Web 的个性化信息服务机制》中提到个性化服务正在改变图书情报机构以往"我提供什么,用户就接受什么"的运作方式,开创了"用户需要什么,我就提供什么"的发展道路。[③] 数字图书

③ 张晓林. 基于 Web 的个性化信息服务机制[J]. 现代图书情报技术. 2001(1):25-29.

馆的个性化信息服务使得用户能够根据自身的需求定制自己所需的资源、信息和服务，同时，数字图书馆针对用户的个性和特点，主动为用户选择并传递动态信息。数字图书馆个性化服务方式包括信息分类定制服务方式、信息推送服务方式、信息智能代理服务方式、信息垂直门户服务方式、信息帮助检索服务方式、数据挖掘服务方式和信息呼叫中心服务方式。RSS(Really Simple Syndication，真正简单的聚合)拥有强大的信息聚合和推送功能，是图书馆提供个性化信息推送服务的有力工具。RSS 个性化信息推送服务的基本原理和过程是：读者信息需求了解、专题信息搜索、生成 RSS 信息文档、主题聚合、产生 RSS 提要库、信息内容集结、产生 RSS feed、推送到读者兴趣库等。

数字图书馆开展移动服务的典型应用是手机图书馆系统。手机图书馆服务目前是指移动用户通过手机，以无线接入方式接受图书馆提供的各项短信服务。移动服务能够增加与读者的互动途径，服务内容包括开馆信息、书目检索、文献请求、参考咨询、讲座预定等服务。随着 3G 时代的来临，数字图书馆的移动服务将会有更大的发展空间。茆意宏于 2008 年发表了《手机图书馆的兴起与发展》、《基于手机移动通信网络的图书馆服务研究述评》，代表了移动服务研究的最新成果。文章指出：手机图书馆将移动通信网络和数字图书馆系统结合起来，利用手机终端延伸、拓展传统的图书馆服务，随时随地进行信息传输与服务，是图书馆向数字化发展的新方向。[①]

① 茆意宏.手机图书馆的兴起与发展[J].大学图书馆学报，2008(1)：3-6.

知识服务这个话题进入我们的视线始于 2000 年张晓林的《走向知识服务：寻找新世纪图书情报工作的生长点》，随后 8 年来，关于知识服务的研究论文有 500 多篇(在“中国期刊全文数据库”中按精确匹配模式检索篇名是“知识服务”的命中数量)。这些文章的标题有：知识服务——时代赋予图书馆的新使命；面向知识服务的图书馆发展战略;图书馆的核心服务能力是知识服务;知识服务——图书馆信息服务的新定位;知识服务是新时期图书馆服务创新的必然选择;知识服务——数字图书馆发展的趋势。还有人研究从信息服务到知识服务及其两者的对比研究;图书馆信息服务新走向——知识服务;将知识服务进行到底——基于知识交流的知识服务;面向用户需求,突出知识服务;知识服务——新世纪高校图书馆的基本功能;知识服务——21 世纪图书馆的发展方向;网络服务的新模式——从信息服务向知识服务转变;等等。[①]之所以列举了这么多标题,是想说明关于图书馆知识服务的讨论目前看来还停留在理念层次上,或者说是口号式的呼唤。数字图书馆到底如何开展知识服务,知识服务的具体实践情况如何至今还没有清晰的图景。如果仅仅把图书馆知识服务停留在文字游戏般的讨论中,这对于图书馆事业的进步并没有太大意义。因此,笔者以为不可轻言知识服务。

① 毕强.知识服务——现状、进展及挑战[J].中国图书馆学报 2007(6):41-45,50.

3.4 数字图书馆技术

信息时代,数字图书馆更加关注技术的发展与应用。文献调研可以发现,关于信息技术的文献数量与其他方面相比占有绝对优势,可见信息技术在数字图书馆发展历程中的重要性。

数字图书馆技术起初是以书目为中心或以图书馆自动化系统为中心,典型的成果是网络联机联合编目系统、联机情报检索系统等。随后,数字图书馆技术发展到以资源数字化为中心,主要是扫描技术、OCR 技术、海量信息存储技术、全文检索技术等。目前,数字图书馆技术发展到以资源集成为中心,核心是解决分布式异构数字资源的互操作问题,代表技术是跨库检索技术、OpenURL 技术、门户技术、元数据收割技术等。

数字图书馆技术研究的内容包括:①数字资源的创建和采集技术。所谓创建,即直接生成数字化资源的技术和方法;所谓采集,即把现有的大量资源通过不同技术存储在不同载体之上。②数字资源的标引技术。对标引技术的研究主要集中在元数据、通用标识语言标准(SGML)和可扩展标记语言(XML)。③数字资源的存储与管理技术。其中涉及海量存储的问题。④数字资源的查询与检索技术。其中包括文本检索和基于内容的检索,后者多针对多媒体资源。⑤数字图书馆的实现技术。其中包括面向数据库的中间件、数字图书馆的互操作方法、通用对象请求代理体系结构等技术研究。⑥信息安全技术。其中主要涉及知识产权的保护,相关技术有数字水印技术、数字签名技术、数据加密技术等。从文献主题看,近年来有关数字图书馆技术的话题有:数字资源整合技术、网格技术、智能搜索引擎技术、版权保护技术、流媒体技术、维基技术、存储技术、网络信息挖掘技术、数据仓库技术、信息抽取技术、推拉技术、信息安全技术、web2.0技术、数字水印技术、RSS技术、内容管理技术、信息过滤技术、RFID技术、信息可视化技术、图像处理技术、移动通信技术、3G技术、聚类技术、VPN技术、P2P技术、参考链接技术、反向代理技术、XML技术、缩微技术、数据迁移技术等。

在任何时候、任何地点都能接入网络获取所需的信息已经成为21世纪信息服务的重点。无线网络技术的应用研究开始活跃起来。无线网络技术包括蓝牙技术、Wi2fi技术和家庭网络的Home RF技术等。无线技术在图书馆中的应用领域包括:读者利用无线技术检索、访问图书馆资源;在无线技术的支持下,读者可以实现无线方式的在线阅读;读者可以充分利用无线终端的设备优势,实现随时随地的资源访问和资源下载;通过无线方式完成图书续借、图书预约提醒等功能。[1]

最近两年,RFID技术的应用研究也比较引人注目。RFID(Radio Frequency Identification,射频识别)技术诞生于第二次世界

① 李广建. 数字图书馆技术的发展趋势[J]. 图书情报工作,2005(1):6-7.

大战期间,兴起于20世纪90年代。RFID是一种应用电磁波频谱,以非接触、无视觉、高可靠的方式,传递特定识别信息的网络系统。[①] RFID技术带来了全新的排架体系与标识系统,能够实现准确快速定位和导航。利用射频扫描很容易找出错架书,缓解了因开架阅读错架严重、整架工作量大的难题。RFID技术采用标签识别,实现自动分拣,缓解了完全靠人工、费时费力且易出错的难题。虽然国内图书馆界很关注RFID技术的发展,也有一些图书馆已经开始应用,还有一些图书馆准备开始应用,但是,应用的范围并不大。该系统之所以没有在国内图书馆广泛应用主要还存在标准问题、系统设备生产问题、集成商问题以及经费问题、兼容问题,等等。RFID的应用面临着标签成本高、设备成本高、迁移成本高、故障率高、技术标准不成熟、管理模式不成熟等问题。[②]

① 杨向明. 基于无线射频RFID技术的图书馆自动化管理系统[J]. 河南图书馆学刊,2006(6):59-62.

② 奇正童话. RFID离我们还有多远?[EB/OL]. http://my.donews.com/leonz/2006/02/19/rfid.[2008-3-29].

第八章　图书馆管理

1　图书馆管理研究的重要成果

1981 年 3 月，中国图书馆学会学术委员会在四川峨嵋山召开了“图书馆科学管理专题学术讨论会”。有人认为这是我国图书馆管理学确立的标志。20 世纪 80 年代以来，图书管理学研究开始获得突飞猛进的发展，研究成果丰富。据统计，[①] 1981－1989 年共发表有关图书馆管理论文 1561 篇；1990－1996 年 2017 篇；1996 年以来发表的有关图书馆管理论文超过 3000 篇，呈逐年增长的趋势。研究领域也十分广泛，从具体业务管理扩展到对管理学科的系统研究和对图书馆管理理论的探索，为图书馆管理提供了丰富的理论指导和实践方法，产生了许多有深度、力度和新意的成果。如刘兹恒的《图书馆管理思想与模式的变革》、胡伟的《图书馆系统管理——现代管理方法在图书馆的应用》、陈和平的《图书馆定额管理》等。

① 李万健，霍国庆. 图书馆管理. 中国图书馆年鉴(1999). 北京：北京图书馆出版社，1999.

可以说，经过长期的发展，我国的图书馆管理研究已经取得了巨大的成就。据李松妹总结，我国近年来的图书馆管理研究成果丰硕，呈现出五大特点：数量众多，内容丰富；现代管理理论继续得到积极运用；知识管理成为研究热点；“以人为本”成为现代图书馆管理的趋势；经济管理方法被积极借鉴；等等。正像谭兆民在《我国图书馆管理实践与理论研究述评》中总结的那样：经过 20 多年的发展，我国实现了图书馆管理体制的建立与完善，图书馆管理的各种规章制度相继问世，图书馆管理专著丰硕、论文数量巨大，图书馆管理的范围不断拓宽，图书馆管理实践升华为理论体系，研究主题、研究方法都达到新的水平。[①]

① 谭兆民. 我国图书馆管理实践与理论研究述评[J]. 大学图书馆学报，1998(3)：35-39.

在这个过程中，也产生了一系列图书馆管理研究的代表性著作，为促进学术交流、图书馆教学与图书馆人才培养起了极大的推动作用。图书馆管理研究的代表性著作见表1-8-1。

表1-8-1　图书馆管理研究代表性著作

年份	书名	作者	出版社
1982	图书馆管理学纲要	于鸣镝	大连海运学院图书馆
1984	图书馆管理	石渤	书目文献出版社
1986	图书馆管理学概论	郭星寿	武汉大学图书情报学院
1992	图书馆管理学	黄宗忠	武汉大学出版社
1993	图书馆管理学概论	林增铨	南京大学出版社
1993	图书馆管理工作指南	刘迅	东北工学院出版社
1997	图书馆管理综论	谭祥金	北京图书馆出版社
2001	图书馆管理工作	潘寅生	北京图书馆出版社
2002	图书馆管理：协调图书馆人行为的艺术	刘喜申	北京图书馆出版社
2003	现代图书馆管理	徐建华	南开大学出版社
2004	数字图书馆管理论纲	李冠强	东南大学出版社
2005	图书馆管理教程	付立宏、袁琳	武汉大学出版社
2006	数字时代的图书馆管理	熊丽	北京图书馆出版社
2007	现代图书馆管理概论	李松妹	北京图书馆出版社

下面简要介绍几部代表性著作的内容。

潘寅生于2001年出版的《图书馆管理工作》围绕如何办好图书馆、搞好图书馆的各项管理工作，进行论述和探讨。作为岗位培训的教材，该书共分十章，其逻辑顺序为管理理论、管理体系、管理方法、管理对象和内容、管理效益评价，最后以未来管理发展瞻望作为全书的结尾。该书吸收了很多管理研究的成果，同时融进了当前图书馆管理改革的一些新做法，符合实际并具有很强的时代特点。

随着传统图书馆向数字图书馆的转换，全面认识和研究传统图书馆到现代图书馆的过渡问题和如何建立现代图书馆的管理体制的问题就显得十分重要。徐建华的《现代图书馆管理》一书正是在这种环境下产生的。在书中，作者指出现代图书馆应是数字化资源与传统印刷型文献共存的复合图书馆，强调现代图书馆的数字网络化建设需要国家有关部门加以统筹协调。作者还非常明确地提出现代图书馆的服务理念就是“以用户为中心”，指出现代图书馆应为用户考虑，从用户的角度进行机构设置，充分考虑用户的信息需求、使用习惯、信息接收方式等。作者将不同的服务理念作为传统图书馆和现代图书馆的分水岭，为现代图书馆管理提出了“用户定制服务”这一基本服务理念。这些先进的理论为现代图书馆的管理提供了指导，从而利用现代管理理论去解决当今图书馆管理实践中所遇到的问题。全书分为理论、战略、运作、专项管理共四篇十章，将现代管理中的战略管理、再造工程、全面质量管理、服务管理、人力资源管理、经费管理、组织文化、形象塑造、公共关系、危机管理等理论引入现代图书馆管理领域，为图书馆界打开一扇崭新的管理理论之窗。正像来夏新在序言中写到的：其篇章结构与内容论述，均能独出机杼，摆脱前人类似著作之窠臼，颇具新意。

付立宏和袁琳的《图书馆管理教程》也是图书馆学的一部重要著作。该书以“基础篇”、“职能篇”、“制度与方法篇”和“应用篇”为架构，论述了管理思想史、图书馆管理的基本概念与原理，分析了图书馆计划、组织、领导、控制与评价等职能，阐述了图书馆伦理、图书馆政策与图书馆法等管理机制与制度,介绍了图书馆目标管理、全面质量管理与量化管理等管理方法,最后探讨了图书馆人力、财力资源管理,图书馆知识管理以及图书馆事业管理等应用领域。由于本书的作者既有高校教师,又有图书馆馆长和相关业务工作者,使得全书既有一般管理理论和方法的阐述,又紧密结合图书馆管理活动的实际,具有很高的实用性。另外,全书还具有结构完整、紧扣时代脉搏、博采众长等特点,并注重图书馆管理的创新。

熊丽的《数字时代的图书馆管理》从一个全新的角度介绍数字图书馆的建设、管理,将科学管理在各行各业的应用移植到图书馆里。全书从图书馆管理的内外环境分析起,探讨了数字图书馆管理的理念、公共关系、人力资源开发、图书馆条例、法规、标准、图书馆评估以及图书馆集成管理系统等内容。在书中,他清晰地陈述了数字图书馆与传统图书馆的异同点,其共同点是图书馆的基本宗旨相同,都是为收集、保存、整理和传播文献信息资源,并采用各种手段为社会提供最大限度的服务。而在信息存储形式、信息组织形式、信息处理和输出形式以及服务方式等方面都有根本的不同。因此,数字图书馆的管理与传统图书馆的管理也需要有很多转变;管理观念要由封闭型向开放型转变,管理理论要从科学管理向知识管理转变;管理手段要从人工管理向计算机管理转变;管理方法要从重“物”管理向重“人”管理转变;开展继续教育,从可有可无向制度保证转变。

2　图书馆管理的主要内容

总体来说,图书馆管理研究的主要内容包括图书馆管理的原理、方法、职能,宏观管理,业务管理,行政管理,人力资源管理,经费管理,图书馆公共关系,危机管理,各种类型图书馆的管理研究等。其中管理原理研究较多的是目标管理、质量管理、项目管理、竞争战略等。管理方法将行政方法、法律方法、经济方法、教育激励方法以及计量方法、技术方法结合在一起，是以物流、信息流为主体，以人为主要对象的综合的、集成的管理方法。管理职能的研究在计划、组织、协调、控制等原有管理职能的基础上更加重视知识共享、知识获取、知识中介、知识转化、教育、交流、学习、创新等的作用与功能，实现管理职能的创新。图书馆宏观管理指的是事业管理、图书馆立法、图书馆政策及图书馆规章制度、图书馆评估等内容。业务管理是指图书馆业务流程管理、图书馆评估、图书馆统计以及计算机技术应用管理等内容。行政管理包括图书馆领导与决策、思想政治工作、岗位责任制等内容。图书馆人力资源管理涉及图书馆人力资源规划，图书馆员的招聘、选择和录用，图书馆人力资源绩效测评与激励管理，图书馆员职业生涯开发与管理等。图书馆经费管理要分析当今我国图书馆的经费状况以及经费短缺的解决途径，加强图书馆经费管理的方法等。图书馆的公共关系涉及图书馆的组织文化、形象塑造，以及现代图书馆开展公关活动的必要性、方法、对象及特点等。危机管理研究现代图书馆进行危机管理的必要性，现代图书馆可能面临的危机类型，危机管理的步骤及忌讳原则，现代图书馆中危机管理系统的建设等。

在网络化、数字化、信息化给社会带来影响的同时，图书馆文献的内容和载体形式、读者利用文献的渠道、图书馆间的合作与文献共享等方式也发生了根本性的改变，出现了一大批学者从事现代技术条件、现代管理思想下图书馆管理的研究，将先进的管理理论运用到图书馆管理中来，以推进图书馆事业的发展。李松妹在《现代图书馆管理概论》一书中指出，战略管理与竞争战略管理理论、企业再造理论、全面质量管理理论、组织文化理论、知识管理理论、SWOT 理论、

CIS理论、终身学习理论、帕累托原理、核心竞争力理论、双赢思维理论、物流理论、集成管理理论、项目管理理论等先进理论都可以借鉴到现代图书馆的管理中来。比如全面质量管理理论,注重关注图书馆用户,坚持不断改进图书馆的服务能力,不仅注重文献资源以及为用户提供的信息质量,而且关注图书馆内所有工作、所有活动的质量,持续改进每项工作的质量,用事实与数据说话。比如组织文化理论,图书馆要建立由图书馆倡导的、全体员工共同遵守的、在图书馆内代代相传的、以用户为中心的、以服务为理念的文化传统、价值观念、行为准则、管理制度等。他还指出,图书馆的核心竞争力是图书馆在社会中的独特的竞争优势,是维持图书馆存在和保障图书馆发展的独特的、外界不易掌握的能力,主要来源于图书馆活动过程中的高层次的信息研究与开发环节,领先的管理战略和服务战略也是图书馆核心竞争力的来源。

3 图书馆管理研究的热点问题

20世纪80年代初研究图书馆管理的文章有1981年黄宗忠的《试论现代图书馆管理》,第一次比较系统地把管理科学的原理应用于图书馆管理的研究。而后的研究者开始逐渐关注于传统图书馆与现代图书馆管理的不同,研究图书馆管理的改革,出现了大量优秀的文章。如1983年周世辟的《图书馆管理体制改革管见》,分析了我国图书馆的发展状况,提出作者对我国图书馆体制改革的一些看法:成立全国统一的图书馆事业和情报事业的管理机构;成立国家中心图书馆和中央一级的专业图书馆和地区中心图书馆,包括地区专业中心图书馆;改革图书馆的布局,扩建县、公社图书馆,在市区设立分馆;各馆均向广大群众开放等。还有袁洪杰的《谈谈图书馆管理工作的改革》，吴善勤的《试论图书馆的管理改革》等大量研究成果。1987年以后，由于现代管理科学的理论与方法的引入，研究者开始以全新的观点来审视图书馆管理学，从“实践—理论—方法”到“简单概念—概念群体—体系结构”等进行多角度的探讨，许多理论问题达到了共识，如图书馆管理过程，应包括计划、组织、指挥、用人、协调与控制等方面。

李万健、霍国庆的论文分析了20年来我国图书馆管理热点问题的发展脉络。[①]20世纪80年代中前期图书馆管理研究的热点主要包括：国外图书馆管理理论的引进和应用，对图书馆管理基本理论的探讨，图书馆法的讨论，关于有偿服务的争论，延续70年代末的关于图书馆人、财、物和业务流程的研究。80年代后期图书馆管理研究的热点包括：经费拮据及其对策问题，图书馆管理改革问题，目标管理问题，计算机技术应用管理问题，发展战略问题。90年代早期图书馆管理研究的热点包括：图书馆公共关系和形象设计问题，图书馆评估问题，适合社会主义市场经济的图书馆管理机制问题，图书馆竞争问题，职称考核和岗位培训问题。90年代中期以后图书馆管理研究的热点包括：图书馆产业化和市场经营问题，“一馆两制”问题，人才流失问题，适应因特网的管理问题。吴建中论述了现代图书馆管理的十个热点问题，包括科学发展观、战略规划、组织文化、绩效评价、服务价值链与核心竞争力、新公共管理、知识管理、全面质量管理、营销管理、危机管理。[②]近年来，人本管理、激励管理、知识管理、团队管理、文化管理以及数字图书馆管理的问题也很受关注。新的管理思想和理论对图书馆管理理论与实践产生很大影响。其中人本管理被视为图书馆管理的趋势，图书馆界人士也由图书馆“知识宝库”传播知识的重任认识到知识管理对于图书馆管理的重大影响和积极意义。

① 李万健，霍国庆．图书馆管理学研究20年[J]．图书馆工作与研究，1999(4)：15-22.

② 吴建中．现代图书馆管理的热门话题(上)[J]．图书馆杂志，2004(8)：3-8.

4 图书馆管理研究的代表性论述

关于图书馆管理研究领域的一些有代表性的论述择录如下。

罗曼认为,资源共建、共享应成为图书馆管理的重要理念,管理思想必须彻底实现两个转变:从一般化建设向特色化建设转变,从“重拥有”向“重存取”转变。21世纪图书馆的管理是以服务质量为核心的管理。21世纪图书馆的管理是强调以人为本的管理。

程焕文提出高校图书馆管理的新理念:图书馆馆长是图书馆管理的核心;服务是图书馆管理的本质,现代的图书馆已经从“学术性机构”转变为“学术性服务机构”,从“有偿服务”转变为“免费服务”,从追求“数字化网络建设”到“精神文化建设”,服务的本质愈加显现;图书馆员的天职、人性化是图书馆管理的最高境界。①

关于核心竞争力,也经常表述为核心能力。杨广锋在《国内图书馆核心竞争力研究评述》中指出,“图书馆核心竞争力”从“企业核心竞争力”移植过来后,逐渐实现了图书馆领域的本土化。②王宗义认为核心能力建设的主要目的在于巩固图书馆传统领域的优势地位。③吴建中的文章指出,从大量业务活动中把核心业务遴选出来,对于提高图书馆业务的效率很有必要,图书馆应该将重心转移到知识要求高、增值效益大的业务领域,以提高图书馆的核心竞争能力和综合发展能力。李爽提出,图书馆员核心能力区别于图书馆事业的核心能力和图书馆的核心能力。图书馆员核心能力是图书馆职业精神与信息能力的结合。徐引篪、张秋在《图书馆核心能力研究的三大主流观点》一文中指出,20世纪90年代以来,国内图书馆界对图书馆核心能力的研究和理解主要有三大主流观点:①从社会制度角度理解图书馆的核心能力,认为图书馆的核心能力在于它是保障知识

① 程焕文,王蕾.21世纪高校图书馆管理的新理念.大学图书馆学报,2003(2):15-21.

② 杨广锋.国内图书馆核心竞争力研究评述[J].图书情报工作,2007(1):48-51.

③ 王宗义.图书馆“核心能力”建设的思考:“新世纪图书馆管理变革的散思”之三[J].图书馆建设,2003(3):1-4.

自由的一种社会制度；②从系统角度理解图书馆的核心能力，认为图书馆的核心能力是技术、技能、管理、经营、组织和文化的有机整合；③从服务角度理解图书馆的核心能力，认为知识服务是图书馆的核心能力。[①]

陈燮君的《以科学管理方法营造跨世纪的新馆——关于上海图书馆新馆建设的理论思考》，分析了世纪之交图书馆管理的五大变化：从“物流—人流”的管理到“物流—人流—信息流”的管理；从“书本位”管理到“人本位”管理；从单一指标管理到科学指标体系管理；从“精确”的时空边界管理到“模糊”的时空边界管理；从传统图书馆的管理到“数字式”图书馆的管理。[②]

关于危机管理，刘兹恒等在《图书与情报》2007年第2期发表了《图书馆危机管理的基本概念及内容》、《图书馆危机管理的研究背景》、《图书馆危机管理的原则》等文章。吴建中提出错综复杂的社会环境和网络时代的危机特点，给图书馆管理带来了新的挑战，建立科学合理的危机管理机制已经摆上了图书馆管理的议事日程。危机难以预测，但可以预防，只有有效地建立危机管理机制，制定防范应急预案，才能达到以最短时间、最快速度、最优方案战胜危机，将损失抑制到最小程度。[③]徐建华也提出现代图书馆应结合自身实际情况，运用先进的管理思想和技术手段，建立职能明确、权责分明、组织健全、运行灵活、高效统一的危机管理系统，包括建立危机快速反馈机制、构建完善的内部协调机制、拓展与用户的危机沟通渠道等，将危机管理纳入现代图书馆的日常管理工作，提高危机管理的能力，获得长期而快速的发展。

关于人本管理的文章自2000年后大量涌现，如：《以人为本是现代图书馆管理思想的基石》、《公共图书馆以人为本管理模式的构建》、《“以人为本”构建中国现代图书馆制度》、《论图书馆以人为本的

① 徐引篪，张秋. 当代图书馆核心能力研究的三大主流观点[J]. 图书情报工作，2005(6)：66-70.

② 陈燮君. 以科学管理方法营造跨世纪的新馆——关于上海图书馆新馆建设的理论思考[J]. 图书馆杂志，1996(6)：6-13.

③ 吴建中. 现代图书馆管理的热门话题(下)[J]. 图书馆杂志，2004(9)：18-23.

管理思想和服务理念》等。人本管理被认为是现代图书馆区别于传统图书馆的重要特征,姚丹在《人本管理——图书馆管理的必然选择》中提出,人本管理意味着图书馆整个业务运作过程是始终围绕图书馆事业的两大活动主体——图书馆员工和读者而进行的,图书馆员工是图书馆建设的中坚核心力量,读者是图书馆建设的强大的推动力,在管理实践中既要调动图书馆员工的工作积极性、发挥他们的创造潜能,同时更要贴近、满足读者的需求,看重读者的能动作用。人力资源管理方面的研究文章也大量涉及人力资本、人文、以人为本、人格化、职业生涯、民主、激励、柔性等内容。[①] 在这些管理研究中都强调"人"的作用,强调要发挥馆员的特长和优势,使他们在图书馆事业中感到被公众和领导承认、重视的自豪感和满足感;被人尊敬和认同的荣誉感;在工作岗位上展示自己的才华、发挥自己技能的价值感。

柔性管理思想最早产生于日本丰田公司的柔性制造系统,已经成为目前世界上最受推崇的管理方法之一。在人本管理运用于图书馆管理后,图书馆管理者以及理论研究者逐渐将更为专业的柔性管理的思想运用到图书馆管理中来,以改变长期来刚性管理给图书馆造成的管理落后的局面。比如王艳领 2003 年的《论柔性管理在图书馆管理中的运用与结合》一文,从内涵、职能及方法运用上探讨了柔性管理作为一种互补与刚性管理刚柔相济运用在图书馆管理中的新型管理模式,指出了图书馆柔性管理具有教育、协调、激励和互补职能。管理无定式,现代图书馆员成为图书馆柔性管理的核心,积极建设柔性的图书馆管理模式,建立良好的图书馆文化精神,是实现图书馆柔性管理的关键。[②]

近两年,能本管理的概念又被运用到图书馆管理中来。郝丽佳、李容在 2007 年发表文章《知识经济时代高校图书馆管理新理念——

① 姚丹. 人本管理——图书馆管理的必然选择[J]. 科技文献信息管理,2006(3):30-33.

② 王艳领. 论柔性管理在图书馆管理中的运用与结合[J]. 图书馆工作与研究,2003(3):60-62.

能本管理》，揭示高校图书馆实行能本管理的必要性，以及探讨高校图书馆实行能本管理的主要途径，并提出要将培养和造就能够把知识、技能有效转化的“能人”，建立一支具有丰富知识、高度创新能力的馆员队伍，作为图书馆人力资源管理的根本目标。[①] 相关文章还有张润梅的《能本管理在高校图书馆管理中的应用》，曾庆霞、颜雪琴的《能本管理在图书馆管理中的应用》等。

① 郝丽佳，李容. 知识经济时代高校图书馆管理新理念——能本管理[J]. 科技情报开发与经济，2007(5)：82-83.

5 图书馆管理研究现存问题

30多年来，我国的图书馆管理实践与理论研究取得了令人瞩目的成就，但还存在一些问题：

谭兆民在《我国图书馆管理实践与理论研究述评》一文中指出，我国图书馆几十年一贯制的管理体系和手段极不适应社会的发展，各类型、各层次图书馆行政上由各系统各级部门直接管辖，业务上由文化部门分层领导，这种行政管理与业务辅导的双轨并行、分散管理在一定程度上阻碍了图书馆事业的发展，使图书馆的业务标准化、规范化、资源共享一直难以实现。另外，高校图书馆系统与其他图书馆的发展不平衡，研究广度、深度都有不小差距。[②]

② 谭兆民. 我国图书馆管理实践与理论研究述评[J]. 大学图书馆学报，1998(3)：35-39.

沈光亮指出了图书馆管理研究存在的不足，认为图书馆管理研究观点分散，过于积极借鉴管理学理论和方法，例如研究内容涉及弹性管理、质量管理、差异管理、团队管理、时间管理、薪酬管理、物业管理、供应链管理、合作管理、绩效管理、危机管理、定量管理、营销管理、经营决策、定额管理、契约管理、冲突管理、统计、精益管理、业务外包、战略管理、客户关系、ERP(企业资源管理规划)理论、RSM (用户满意管理)理论、CS(顾客满意)理论、CIS(企业识别系统)理论、5S理论等。然而这些研究大都停留在表层现象，深入研究不够，应用研究少,离真正实现对图书馆管理实际工作的指导尚有距离。[①]

李万健、霍国庆也提出,我国图书馆管理研究中存在着五大问题:研究中"三多三少",水平一般的论文多、硬套现成理论和方法的论文多、总结经验的文章多,精品成果少、核心作者少、具体案例研究少;各级图书馆领导大多终日忙于事务工作,较少开展图书馆管理研究;"重技术轻管理"的倾向有增无减;中国图书馆学会及各地、各行业分会在组织图书馆管理研究方面还缺乏力度,对研究的协调和引导也不够;我国的图书馆管理研究尚未形成有鲜明特色的理论体系。[②]

改革开放30年来,可以说有关图书馆管理的研究已经从纯经验、感悟为主导的研究转变为理论与经验相结合的研究,从封闭式的研究转变为主动寻求现代管理理论并与国际先进水平同步、跟踪最新成果的研究。虽然目前的研究还不够深入,观点也较分散,大都停留在表层,但我们有理由相信,在图书馆学界人士的不断深入研究下,在现代先进理论的指导下,在实践经验不断丰富的条件下,这些困难都会被解决的。现代图书馆,需要管理的现代化,面对转型期图书馆的特点和问题,图书馆要充分重视管理能力的改进,要不断深化改革、转变服务方式,创造最佳的社会效益和经济效益;要发挥图书馆的群体优势,通过资源共建共享最大限度地满足社会公众对于知识信息日益增长的需求。从大的方面来说,现代图书馆要不断更新管理理念,加强业务管理。完善管理机制,改进管理方法,并健全绩效评估体系,提高管理者的管理水平,激励引导图书馆向高效益迈进。更要关注于管理工作的新形势,研究新情况,解决新问题,在观念认知上更新,形式方法上更新,使图书馆管理活动更加有效,从而推动图书馆事业的进一步发展。

① 沈光亮.近五年来图书馆管理研究进展.现代情报[J],2006(6):123-125.

② 李万健,霍国庆.图书馆管理学研究20年[J].图书馆工作与研究,1999(4):15-22.

第二编　情报学30年重大学术进展

第一章　情报学理论

我国情报学研究与我国情报事业同时起步和发展。1957年底，中国科学技术情报研究所理论方法组建立和《科技情报工作》创刊，标志着情报学理论研究在我国迈入了有组织和建制化阶段。初期，情报学界主要是引进国外科技情报工作理论方法，探索符合我国国情的科技情报事业体制和情报服务多样化的理论。1958年召开的全国科技情报工作会议，首次提出了科技情报工作“广、快、精、准”的指导方针。从20世纪60年代初到“文革”前，开展了有关我国科技文献报道体系和分类法/主题法问题的研究和讨论。同时，为了培养大批高素质的科技情报工作者，袁翰青、曹昌等老一辈情报学家编印出第一部情报学教材——《科技情报工作讲义》(上、下册)，这标志着我国的情报学研究开始将工作知识和经验进行理论化总结和提升。讲义中不少理论和原则至今仍然有重要的参考价值。而我国情报学理论研究真正获得大的发展，还是有赖于1978年开始的改革开放政策。

1　情报学理论研究概况

1978年，我国迎来了科学的春天，我国的情报学研究也开始进入蓬勃发展和繁荣时期，相继掀起了两个高潮，一是情报学理论研究和建设，二是信息技术引进和应用。

在改革开放春风的吹拂下,大批学术刊物相继创刊,一批高水平、高质量的学术论著相继问世,情报学研究步入了一个多视角、全方位的阶段。1978年,中国科学技术情报学会成立后,各类学术活动明显增多,国际交流和合作日益活跃。1979年《科技情报工作》复刊,新的情报学刊物像雨后春笋般地涌现出来,如:《情报学刊》(1980年)、《情报科学》(1980年)、《图书情报知识》(1980年)、《情报学报》(1982年)、《情报理论与实践》(原名《兵工情报工作》,1964年创刊)以及《图书情报工作》(1956年)等学术刊物相继创刊。它们为我国情报学界开展学术争鸣和交流提供了重要的舞台和阵地。1983年著名科学家钱学森发表题为《科技情报工作的科学技术》的重要讲话,提出"科技情报工作是一门科学技术"的新论断,为情报学理论与方法建设指明了方向,开拓了新局面。[①]

① 梁战平.情报学的新发展[J].情报学报,2001(4):23-26.

1992年,国家科委召开第8次全国科技情报工作会议,并颁布了我国科学技术第6号蓝皮书《国家科学技术情报发展政策》,进一步明确了情报学理论体系的发展方向。情报学界在情报学理论研究和建设方面取得了一批新成果。

进入21世纪以后,情报学理论研究在广度和深度方面又有了更大的发展,发表论文的数量和质量都有很大提高。

1.1 著作出版情况

据初步统计,1978年以来,我国正式出版的各类情报学论著达300余种。其中,有关情报学理论方法的一些代表性论著和译著有:(美)贝克(J. Becker)著、刘昭东译的《情报学浅说》(科学出版社,1979年),(苏)米哈依诺夫著、徐新民等译的《科学交流与情报学》(科学技术文献出版社,1980年),严怡民的《情报学概论》(武汉大学出版社,1983年),罗式胜的《文献计量学》(书目文献出版社,1983年),赵惠丰等的《社会科学情报工作概论》(档案出版社,1985年),

邱均平的《文献计量学》(武汉大学出版社,1986 年),(日)津田良成编、楚日辉和毕汉忠译的《图书馆情报学概论》(科学技术文献出版社,1986 年),杨沛霆等的《科技情报工作概论》(科学技术文献出版社,1987 年),邹志仁主编的《情报学基础》(南京大学出版社,1987年),中国科学技术情报学会编的《情报工作和情报科学发展战略》(科学技术文献出版社,1988 年),王万宗的《情报学概论》(北京大学出版社,1988 年),杨起全、李延成编著的《情报学》(科学技术文献出版社,1988 年),王崇德的《文献计量学教程》(1990 年),包昌火的《情报研究方法论》(科学技术文献出版社,1991 年),王崇德的《情报科学原理》(台北:农业资料服务中心,1991 年),张新华的《情报学理论流派研究纲要》(上海社会科学院出版社,1992 年),易克信、赵国琦主编的《社会科学情报理论与方法》(社会科学文献出版社,1992年),赵保佑等编著的《情报社会学》(东方出版社 ,1992),中国大百科全书部编辑委员会《本卷》编辑委员会的《中国大百科全书　图书馆学　情报学　档案学》(中国大百科全书出版社,1993),丁学东的《文献计量学基础》(北京大学出版社,1993 年),王崇德的《情报学引论》(天津大学出版社,1994 年),刘兆东等编著的《信息工作理论与实践》(科学技术文献出版社,1995 年),中国国防科技信息学会的《情报学进展》(共七卷)(国防工业出版社,1995－2008 年),严怡民的《现代情报学理论》(武汉大学出版社,1996 年),缪其浩等的《市场竞争和竞争情报》(军事医学科学出版社,1996 年),靖继鹏、毕强编著的《情报学理论基础》(吉林科学技术出版社,1996 年),岳剑波的《信息环境论》(书目文献出版社,1996 年),周晓英的《基于信息理解的信息构建》(中国人民大学出版社,2005 年),霍忠文的《国防科技信息工作理论与实践》(国防工业出版社,2006 年),贺德方等的《数字时代情报学理论与实践——从信息服务走向知识服务》(科学技术文献出版社,2006 年),查先进主编的《情报学研究进展》(武汉大学出版社,2007 年),马费成等的《IRM-KM 范式与情报学发展研究》(武汉大学出版社,2008 年)等。这些专著和教材的出版,为我国情报学理论研究水平和专业教育水平的提高都作出了重要贡献。

1.2 论文发表情况

利用《全国报刊索引》数据库检索 1978－2007 年情报学方面的论文,结果如表 2-1-1。

表 2-1-1 我国情报学论文发文情况(1978—2007 年)

年份	基础理论研究	工作体制与组织	情报搜集	情报处理	情报检索	情报自动化处理	情报资料利用	世界情报事业	我国情报事业	总计
1978	11	2	23	12	34	0	0	13	17	112
1979	24	15	25	14	56	0	0	23	27	184
1980	200	0	0	0	0	0	0	0	127	327
1981	160	0	54	12	77	0	0	0	196	499
1982	155	0	96	24	143	0	0	0	375	793
1983	267	0	128	38	133	0	0	0	491	1057
1984	299	0	87	34	149	0	0	0	356	925
1985	331	0	183	59	184	0	0	0	390	1147
1986	353	0	177	57	257	0	0	0	274	1118
1987	410	0	170	88	307	0	0	0	284	1259
1988	413	0	148	45	236	0	0	0	192	1034
1989	337	0	149	30	216	0	29	0	162	923
1990	247	0	143	24	199	0	41	0	168	822
1991	47	10	20	8	27	25	84	2	132	355
1992	156	33	96	36	99	90	106	4	87	707
1993	179	26	62	87	115	92	79	3	90	733

续表

年份	基础理论研究	工作体制与组织	情报搜集	情报处理	情报检索	情报自动化处理	情报资料利用	世界情报事业	我国情报事业	总计
1994	156	20	27	109	77	67	77	10	105	648
1995	120	29	32	52	102	61	80	7	70	553
1996	157	15	11	24	126	58	44	5	70	510
1997	129	25	9	28	97	87	39	6	97	517
1998	121	13	8	44	131	68	32	3	77	497
1999	146	15	17	134	242	87	28	5	65	739
2000	165	9	6	173	195	19	33	3	41	644
2001	154	4	8	111	161	5	17	0	10	470
2002	133	9	4	102	176	7	30	1	20	482
2003	151	9	4	184	187	6	30	0	13	584
2004	134	13	3	123	136	5	28	6	16	464
2005	126	8	5	156	178	25	29	7	32	566
2006	167	7	8	198	125	67	30	8	14	624
2007	159	12	9	134	189	23	32	9	46	613
合计	5607	274	1712	2140	4354	792	868	115	4044	19906

从统计数据可以看出，20世纪80年代是我国情报学研究的高峰期。情报学各分支领域的研究都呈现出蓬勃发展的局面，有关国内情报事业、学科基础理论、情报检索方面的研究尤为突出。而到了90年代，情报学研究特别是理论研究则进入低谷阶段，一些刊物停刊，发文量锐减。90年代中期以后，发文量才有所回升。究其原因，一方面是市场经济大潮对理论研究冲击很大，另一方面是1992年9月全国科技情报工作会议决定将“情报”改“信息”之后，情报学研究重点也逐渐转向信息和信息管理。据统计，1992年以后，信息和信

息管理方面的论文占情报学论文总数的比重迅速上升,到1998年已接近40%。[①]

① 沈丽容,倪波.新中国情报学论文分析[J].图书情报知识,2000(1):8-12.

1.3 国家社会科学基金和国家自然科学基金立项情况

表2-1-2列出了1994—2008年国家社会科学基金资助的情报学类项目,共79项。从表中可以看出,国家社会科学基金对情报学研究的资助力度稳步上升,最初每年只有3项,到2008年已达到17项。研究内容方面,学科理论问题特别是知识管理问题研究占的比重最大,共有21项。其次是知识组织和检索技术方面,19项;信息需求和信息行为问题,7项;IT应用和自动化问题,7项;信息资源开发利用与共享问题,7项;信息化问题,6项;信息服务问题,5项;信息政策和法律问题,3项;学科综合和信息计量学问题各1项。

表2-1-2 1994—2008年情报学国家社科基金资助项目

年份	项目名称	负责人	工作单位	类别
1994	图书馆·情报与文献学学科调查	黄长著	中国社会科学院文献信息中心	重大
1994	社会主义市场经济环境下社会科学信息需求与对策研究	张聿忠	中国社会科学院文献信息中心	一般
1994	文献定量化基础理论研究	王崇德	天津师范大学应用文科学院	一般
1995	各阶层读者社科信息需求变化与现状的研究	金恩晖	吉林省图书馆	一般
1995	信息系统基础理论及其应用研究	严怡民	武汉大学图书情报学院	一般
1995	我国社科文献情报工作现代化面临的挑战和对策	张晓林	四川联合大学信息管理系	青年

续表

年份	项目名称	负责人	工作单位	类别
1996	国外图书馆学情报学理论与方法研究丛书	孟广均	中国科学院文献情报中心	重点
1996	情报人—机系统基础研究	王以群	中南工学院	一般
1996	基于ANSI39.50标准的分布式信息检索系统	余锦凤	北京大学信息管理系	一般
1997	面向21世纪的中国图书情报工作网络化研究	黄长著 周文骏	中国社会科学院 北京大学	重大
1997	网络信息环境下的信息组织与检索	赖茂生	北京大学信息管理系	一般
1997	网络环境下我国信息社会化问题的研究	刘晓敏	郑州航空工业管理学院信息科学系	青年
1998	联网环境中检索语言兼容互换问题研究	侯汉清	南京农业大学信息管理系	一般
1998	现代化过程中我国社科图书信息工作管理模式及发展研究	刘荣	武汉大学图书情报学院	一般
1998	面向因特网的精粹信息开发利用研究	倪晓建	北京师范大学	一般
1999	支撑中小企业的信息管理与信息网络建设	冷伏海	黑龙江大学信息管理系	一般
1999	中国社会信息化进程测度分析	郑建明	南京大学信息管理系	一般
1999	国家创新体系的信息消费结构研究	况能富	华中师范大学信技系	一般
2000	中英文网络门户的比较研究	董小英	北京大学信息管理系	一般

续表

年份	项目名称	负责人	工作单位	类别
2000	我国网上信息资源建设知识产权管理政策	陈传夫	武汉大学	一般
2000	网络环境中主动信息服务机制研究	焦玉英	武汉大学信息学院	一般
2001	信息安全、网络监管与中国的信息立法研究	张新华	上海社会科学院信息研究所	重点
2001	我国信息资源市场化问题研究	卢小宾	东北师范大学信息传播与管理学院	一般
2001	基于学习的智能检索机制研究	张玉峰	武汉大学信息管理学院	一般
2001	超文本信息导航技术的内在机制与认知功能	毕强	吉林大学	一般
2002	知识标引与检索中的知识链研究	温有奎	西安电子科技大学经济管理学院	一般
2002	领导决策信息咨询服务体系建设研究	吴怡青	中共山东省委党校	一般
2002	信息可视化研究	靖培栋	北京师范大学管理学院	一般
2002	基于内容的多媒体信息标引与检索的创新	肖明	北京师范大学信息技术与管理学系	青年
2003	IRM 及 KM 范式下的情报学发展模式研究	马费成	武汉大学信息管理学院	一般
2003	我国学习型企业信息消费的满意度研究	况能富	华中师范大学	一般
2003	网络数字资源共享的障碍分析及目标实现	查先进	武汉大学信息管理学院	一般

续表

年份	项目名称	负责人	工作单位	类别
2003	网络信息组织模式的优化研究	黄如花	武汉大学信息管理学院	一般
2004	知识创新的理论、机制和实践	张新华	上海社会科学院信息研究所	一般
2004	基于信息构建的网络信息空间智能导航方法研究及其测评	毕强	吉林大学信息资源研究中心	一般
2004	网络信息资源评价指标体系的建立和测定	朱庆华	南京大学信息管理系	一般
2004	网络用户信息行为研究	邓小昭	西南师范大学	一般
2004	面向网络信息组织的中文网络本体语言研究	戴维民	解放军南京政治学院上海分院	一般
2004	基于中文 XML 文档的全文检索研究	夏立新	华中师范大学信息管理系	青年
2005	从数字信息资源中实现知识抽取的理论和方法研究	张智雄	中国科学院文献情报中心	一般
2005	基于 ICTS 核心信息能力的信息化测度研究	吕斌	上海大学悉尼工商学院	一般
2005	信息化测度指标构建理论及测度分析研究	郑建明	南京大学信息管理系	一般
2005	基于信息融合技术的 WEB 检索模式研究	李培	南开大学国际商学院	一般
2005	知识转移与 ERP 实施成效研究	董纪昌	中国科学院研究生院管理学院	青年
2005	基于个性化服务的信息资源组织与集成研究	王翠萍	东北师范大学传媒科学学院	青年

续表

年份	项目名称	负责人	工作单位	类别
2005	网络伦理及其社会调控机制研究	沙勇忠	兰州大学管理学院	青年
2006	基于本体的跨语言信息检索理论与实验研究	王惠临	中国科学技术信息研究所	一般
2006	基于TAM与TTF模型的网络信息资源利用效率	孙建军	南京大学信息管理系	一般
2006	在整合INFORMATION和INTELLIGENCE研究基础上实现情报学可持续发展	李国秋	华东师范大学商学院	一般
2006	网络信息过滤研究	张帆	华中师范大学信息管理系	一般
2006	基于作者共被引和元分析的知识管理流派	仲秋雁	大连理工大学管理学院	一般
2006	P2P网络模式下的信息服务研究	温浩宇	西安电子科技大学	青年
2006	基于XML的多媒体信息检索模型及实现研究	陆伟	武汉大学信息资源研究中心	青年
2007	信息资源产业与相关产业的整合与协同研究	赖茂生	北京大学信息管理系	重点
2007	企业知识整合与扩散研究	夏火松	武汉科技学院	一般
2007	知识转移影响因素的社会学分析	梁战平	中国科学技术信息研究所	一般
2007	企业隐性知识整合及扩散机制研究	张德茗	中南大学	一般
2007	企业知识资本管理研究	范徵	上海外国语大学	一般

续表

年份	项目名称	负责人	工作单位	类别
2007	构建分布式 ONTOLOGY 的方案设计与实现	任瑞娟	河北大学图书馆	一般
2007	XML 模糊结构与内容检索模型及实现研究	万常选	江西财经大学	一般
2007	主题图的语义相关度评价方法研究	裘江南	大连理工大学管理学院	青年
2007	后发企业知识传导的路径、成本及其机制	江积海	重庆大学	青年
2007	基于科学知识图谱的中外创新管理研究	陈悦	大连理工大学人文社会科学学院	青年
2007	不同主体层次上组织的知识转化及其绩效的影响	卫武	中南财经政法大学	青年
2008	知识组织系统构建与知识服务研究	卜书庆	国家图书馆	一般
2008	基于 WEB 2.0 的网络环境下情报学核心内容构架的研究	刘春茂	天津师范大学	一般
2008	基于引文的知识链接服务研究	曾建勋	中国科学技术信息研究所	一般
2008	学科知识测度体系及其应用研究	丁堃	大连理工大学人文社会科学学院	一般
2008	心理契约视角下企业内部隐性知识共享机理及绩效评价研究	张新	山东经济学院	一般
2008	虚拟企业知识转移机制与效用研究	徐升华	江西财经大学信息管理学院	一般

续表

年份	项目名称	负责人	工作单位	类别
2008	网络社区信息运动模式研究	袁毅	华东师范大学商学院信息学系	一般
2008	信息生态系统构建的理论与应用研究	靖继鹏	吉林大学管理学院	一般
2008	信息生态系统理论及其应用研究	娄策群	华中师范大学	一般
2008	网站信息传递中符号表征的认知活动探索	甘利人	南京理工大学	一般
2008	基于企业联盟的知识共享研究	周永红	湘潭大学公共管理学院	青年
2008	基于社会认同理论对网络社区与信息运动模式的一个实证研究	何雁群	复旦大学管理学院	青年
2008	网络社区环境中基于领域本体的用户兴趣模型与个性化知识服务研究	于长锐	上海财经大学	青年
2008	面向企业创新发展的行业信息服务重组研究	周朴雄	华南理工大学经济与贸易学院	青年
2008	领域本体的自动构建和应用研究	刘柏嵩	宁波大学商学院	青年
2008	网络信息资源评价指标体系构建与实证分析	张洋	中山大学资讯管理系	青年

由于公开数据难以获得,表2-1-3只列出了1993—2006年国家自然科学基金资助的部分情报学类项目,共30项。从表中可以看出,国家自然科学基金在对情报学及相关领域研究的资助力度也呈缓慢上升趋势。研究内容方面,信息技术应用问题和管理决策机制

问题研究立项最多，分别达到9项和8项；其次是知识管理问题和信息计量学问题，各有4项；余下的是理论问题2项，信息服务问题2项，信息保障问题1项，评价研究1项。

表 2-1-3 1993—2006年情报学国家自科基金资助部分项目

年份	项目名称	负责人	单位
1993	社会主义市场经济中科技信息工作机制研究	胡昌平	武汉大学图书情报学院
1993	竞争情报对企业竞争决策的支持机制研究	李正中	中国科学技术大学商学院
1994	科学研究与发展(R&D)中的信息保证	胡昌平	武汉大学图书情报学院
1997	科学信息离散分布的机理与模型研究	马费成	武汉大学传播与信息学院
1998	信息服务的社会监督	胡昌平	武汉大学信息管理学院
1999	面向智能的信息理论及应用	孙健	北京邮电大学智能研究中心
1999	以知识创新为基础的科学信息生产与交换机制	方卿	武汉大学信息管理学院
2000	基于智能化知识采掘的高新技术监测分析研究	黄圆圆	北京理工大学管理与经济学院
2000	基于电子商务的企业信息服务研究	包昌火	中国兵器工业情报研究所、北京大学
2001	促进企业核心竞争力机制形成的知识管理系统研究	赖茂生	北京大学信息管理系
2001	面向自然语言处理的逻辑语义表达与演算模型研究	李弘伟	中国科学技术信息研究所

续表

年份	项目名称	负责人	单位
2001	网络计算环境下信息资源共享的效率研究	马费成	武汉大学信息资源研究中心
2002	网络信息计量学的理论、方法与实证研究	邱均平	武汉大学中国科学评价研究中心
2003	面向商务智能的第三方物流软决策方法	武兴龙	东南大学经济管理学院
2003	竞争情报、知识管理互动关系及其提升企业竞争能力作用机制研究	秦铁辉	北京大学信息管理系
2003	我国情报学学科建设、发展与前瞻性研究	梁战平	郑州航空工业管理学院信息科学系
2003	科学计量学方法的传承与创新	武夷山	中国科学技术信息研究所
2003	科学计量方法的传承与创新:理论探索与案例分析	武夷山	中国科学技术信息研究所
2004	数字图书馆自学习知识管理系统的研究与实现	余锦凤	北京大学信息管理系
2004	基于用户行为测试的科技数据库网站满意度测评系统研究	甘利人	南京理工大学经济管理学院
2004	知识服务中信息传递机制与内容识别机制研究	何绍华	武汉大学信息管理学院
2004	网络环境中基于专题文献的信息过滤化模型与运行机制研究	焦玉英	武汉大学信息管理学院
2004	我国数字化信息资源管理的可视化模型研究	周宁	武汉大学信息管理学院
2004	运用文本数据库中元数据关联规则进行知识发现的研究	崔雷	中国医科大学信息管理与信息系统(医学)学院

续表

年份	项目名称	负责人	单位
2005	本体库管理系统技术研究	杜小勇	中国人民大学信息学院
2005	基于语义网的多媒体知识元发现与挖掘	刘怀亮	西安电子科技大学经济管理学院
2005	基于语义网的多媒体知识元发现与挖掘	秦春秀	西安电子科技大学经济管理学院
2005	竞争情报活动中的人际网络研究	秦铁辉	北京大学信息管理系
2005	基于数据挖掘的企业竞争情报智能采集机制研究	张玉峰	武汉大学信息管理学院
2005	基于政务本体的信息资源类目自动映射方法研究	李鹏	中国科学技术信息研究所
2006	网上学术信息的分布与变化规律研究及其应用	邱均平	武汉大学中国科学评价研究中心

2 情报学的理论建设工作

情报学是一门源于实践的学科，其理论体系的创立与情报工作实践有着密切的联系。我国的情报学理论研究从引进、研究和借鉴国外理论研究成果开始，逐步发展到自我理论建设和自主创新阶段。

2.1 基础理论研究

杨沛霆在1980年发表的文章中，深入地分析和阐述了情报的性质和价值，提出情报这个概念具有种种对立统一的性质，其中最重要的是：普遍性与特殊性、可用性与受益性、累积性（过去）与预测性（未来）、综合性与专业性。[①]

赵红洲提出“中介世界”概念，提出图书情报属于“中介世界”，有了它，人类的社会活动才真正摆脱那种“一无图纸、二无资料”的简单模式，

① 杨沛霆. 情报的实质与价值[J]. 情报学刊，1980，创刊号，82.

代之以由复杂的科学体系结构直接参与的创造性科学劳动模式。[①]

布鲁克斯提出波普尔的"世界3"理论是情报学的哲学基础,此观点在我国情报学界引起了颇大的兴趣和争论,使人们更多地从哲学角度去探讨和开拓情报学理论,这标志着我国情报学理论研究的深入。杨学山在讨论情报学的研究对象时,肯定了米哈依诺夫、布鲁克斯等人的理论的价值,同时指出了他们的不足,认为科学知识的所有部分的传递远远地超出了米氏所定义的科学交流过程,情报学的研究对象也不可能包括波普尔的"世界3"中的所有人造物。[②]杨起全和李云增在评述波普尔"世界3"理论时指出,它概括了一些社会现象,具有一定的合理性。但他过分强调精神产品的独立性,走向了多元论。[③]

卢太宏1988年在一篇文章中系统地梳理了情报学的发展脉络,包括发展阶段、代表人物、基础文献、主要流派及其观点、学科特征和主要分支学科,总结出三个研究规范,即S规范(面向情报源)、T规范(面向传递过程)和U规范(面向情报用户)。他还指出三个规范间轴向原则、问题域、研究对象和方法、研究基点和目标不同,且三者间又存在迁移互补关系,具有明显的时序性。[④]

王崇德在《情报科学原理》一书中提出了情报学的六个原理,即相似原理、耗散结构原理、马太效应原理、最小努力原则、大世界悖理和随机过程原理。这些总结颇有新意。

张新华的《情报学理论流派研究纲要》一书在分析西方情报学界40多年的研究状况的基础上,从理论基础、研究对象和范围、对相关学科的借鉴、研究方法、应用目标五个维度出发,首次总结划分出了情报学理论的六大流派,并对各理论流派进行了评介。[⑤]

严怡民等编著的《现代情报学理论》一书,针对现代情报学基本理论中的一些重点问题,包括理论基础、方法论、用户行为、信息交

① 赵红洲. 从"中介世界"看图书馆情报[J]. 情报学报,1982(1):60-66.

② 杨学山. 情报学的研究对象及其体系结构[J]. 情报学刊,1985(5):4-8.

③ 杨起全,李云增. 图书馆学和情报学的理论基础是辩证唯物主义——试评波普尔的"世界3"理论[J]. 情报科学,1983(4):17-20.

④ 卢太宏. 情报科学的现状和未来[M]. 情报工作和情报科学发展战略——2000年的中国研究. 北京:科学技术文献出版社,1988,1-39.

⑤ 张新华. 情报学理论流派研究纲要[M]. 上海:上海社会科学院出版社,1992.

流、信息产业、信息系统和情报政策等方面，进行了深入的探讨和阐述。作者提出：情报学的研究也必须适应时代发展的需要，以大情报观为指导，既要研究科技情报，也要研究社会其他领域的情报。作者把"栈"理论和对数变换理论用于交流过程的阐述，对情报现象和情报交流的认识比以往更加深入了。

梁战平提出："information"是一个连续体的概念，由事实(Fact)、数据(Data)、信息(Information)、知识(Knowledge)、情报与智能(Intelligence)五个要素构成"信息链"。信息的上游面向物理属性，信息的下游面向认知属性。五者之间具有并列、转化、包含和层次关系。他还提出了情报学研究的八种范式(机构范式、信息运动范式、解释学范式、技术主导范式、认知范式、知识主导范式、经济学范式和人文范式)、研究热点和前沿领域。①

马费成在最近发表的一篇论文中提出了"情报空间的基本原理"，具体为：离散分布原理、有序性原理、相关性原理、易用性原理、小世界原理、对数透视原理，认为这六个原理是情报学科理论体系的基本原则、思想和规律。②

元理论研究：元理论就是关于理论的理论，由相互连接的本体和认识论假设构成，一般包括一个科学共同体共享的"本体"(研究的成果)、概念(如何命名和定义)、事实(发生了什么)、认识论(能从中学到什么)和方法论(如何学习和研究)。它是一个学科的理论建设的逻辑起点。这种预设或假定通常是隐含的，主要来自共识或直觉。K. Otten和A. Debons1970年提出情报学需要一个元科学，需要一种共同的语言和研究框架。John T. Dow 1977年提出情报学要有一种元理论，以便深刻理解已有的理论。他将这种元理论表述为把全部有关信息的表述归结为因果、宏观、微观三个层次以及从一个层次到另一个层次的转换规则。③ 1997年，Vickery关于情报学元理论

① 梁战平．情报学若干问题辨析[J]．情报理论与实践，2003(3)：193-198.

② 马费成．论情报学的基本原理及理论体系结构[J]．情报学报，2007(1)：3-13.

③ Dow, John T. A metatheory for the development of a science of information. Journal of the American Society for Information Science. 1977 (6)：323.

的论文发表后,欧美尤其是北欧的丹麦、芬兰的情报学界对元理论研究兴趣日增,发表了不少论文。近年来,我国情报学界也开始了这方面的研究,陆续推出了一些颇有新意和深度的研究成果。①②

①② 王芳. 情报学的范式变迁及元理论研究[J]. 情报学报,2007(5):764-773.

当前,我国情报学研究有以下特点:一是理论研究受到重视,在对以往研究成果总结的基础上,对学科理论进行重新审视和提升,特别在认知观、知识化方面引起共鸣;二是计量学研究形成新的热点,除了继续深化对于一些基本定律的认识以外,研究重点从文献计量转向网络计量方向;三是情报检索技术和理论的探讨,受信息技术和网络技术的影响越来越大,开始注重与用户的互动以及个性化服务提供;四是信息服务研究转向知识服务研究,知识服务理论、服务模式、知识组织等成为新的关注点;五是信息经济学、信息法学等交叉学科的兴起与发展,预示着多学科集成整合的发展趋势,为我们勾勒出了一幅情报学研究的全方位图景。③

③ 贺德方,等. 数字时代情报学理论与实践——从信息服务走向知识服务[M]. 北京:科学技术文献出版社,2006.

2.2 学科理论体系研究

学科理论体系是一个学科理论的基本架构,更是一个学科理论完善程度的标志。它的研究和建设,不仅需要有扎实的基本理论基础,还需要有把握学科全局的能力和系统的思想。构建学科理论体系是一件极具挑战性的研究工作,很多人都经不起这种诱惑,都试图展示一下,使得这类文章不少,提出了各种各样的体系,但经得起推敲的成果不多。下面介绍几种比较有影响的成果或观点。

一是钱学森根据系统工程的思想,提出情报学包括三个层次:第一是资料的搜集;第二是怎样把资料整理、贮存并能有效地提取;第三是把死的知识变成活的情报,即情报的分析与综合。

二是严怡民等提出的原理体系、学科体系、学体体系论,认为情报学理论体系应包括三方面:一是原理体系,即对情报学分支学科具有普遍指导意义的情报学基础;二是学科体系,即情报学原理体系和各分支学科一起构成的、系统的情报学理论体系；三是学体体系，即以情报学为核心学科，以情报为主题范围，与相关学科共同构成的统一框架结构，形成描述社会情报活动大系统的趋全性、综合性、多学科性的知识体系。①

三是刘植惠提出的宏观情报学、中观情报学和微观情报学论。他认为知识有序化是情报学基础理论的核心部分，知识分初级、中级和高级有序，其中，中级层次上的知识有序化理论构成情报学方法论的基础；并认为宏观情报学是从整体上研究人类社会中产生、传递、利用情报的现象及其规律，微观情报学研究情报单元及人脑吸收情报单元的机制，中观情报学则研究起中介作用的文献。②

四是许志强提出的情报学多元进化理论，认为多元进化是当代科学发展的普遍规律。情报学理论的多学派是其多元化的标志，情报学进化通过"情报学基因"、"情报学细胞"（DNA）的进化而逐步形成"情报学体系"，并给出了情报学多元进化的路线图。③

五是符福峘提出的五大要素模式，认为情报学理论体系由基础理论、学科体系结构模式、情报流运动的特点和规律、情报系统管理和发展政策、情报学研究方法论等构成。④

六是王琳提出基于SCI（Social-Community-Individual）结构模型的知识理论，包括知识行为理论、知识组织理论、知识检索理论、知识服务理论和知识交流理论。每一分支的知识理论又都沿个体、社群和社会三个空间维度展开，形成相应的三种不同层次理论。⑤

① 严怡民．情报学概论[M]．武汉：武汉大学出版社，1983.

② 刘植惠．关于情报学学科建设的思考[J]．情报学报，1987(1)：13-17.

③ 许志强．情报学多元进化理论研究[OL]．http://lib.nuaa.edu.cn/xxy/fifth/theory/pluralistic.htm.[2008-9-10].

④ 符福峘．情报学理论体系[J]．中国信息导报，2007(7)：4-6.

⑤ 王琳．情报学中的知识理论研究[D]．北京大学博士学位论文，2008(6).

3　情报学研究对象的逐步扩展

独特的研究对象，是一门学科独立于学科之林的基本条件之一，也是一个学科的理论必须阐述清楚的重要问题。随着改革开放的扩大和深入以及信息技术应用和信息化大潮的推动,我国情报学界对情报学的研究对象的认识也逐步扩展和深化。

3.1 小情报观(科技情报观)

由于我国情报学起源于科技情报工作。20世纪80年代初,又受米哈依洛夫科学交流理论的影响很大,所以我国情报学界曾经普遍认为情报学是研究科技情报传递的理论、方法和原理的一门学科,主要任务在于揭示科技情报的产生、加工处理、传递交流和利用,研究对象界定为两个方面:一是静态的科学情报,二是动态的科学交流过程。这种观点的出现和长时间占支配地位有其客观必然性,其负面作用是不适当地限制了学科的发展空间,制约了情报学的发展。[①]

3.2 大情报观(信息观)

20世纪80年代中后期起,在市场经济大潮的冲击下,越来越多的人认识到必须拓宽情报学的研究范围,面向经济建设主战场,所以,在情报学界逐步树立起"大情报观",即信息观。1985年,杨学山等人就曾经指出"科学交流理论"的不足之一是把研究对象局限于科学情报,提出情报学研究应当面向社会信息。[②]卢太宏等人1987年也提出了"大情报"观点,并将其界定为"从科技情报延伸到各类社会需求的情报,从单一领域的情报系统演变为综合的社会情报系统"[③]。观念的改变,促使其他领域的情报工作,如经济情报工作、医学情报工作、体育情报工作等也逐步发展起来了。特别是1992年原国家科委将"科技情报"改名为"科技信息"之后,信息产业、信息服务等问题都纳入到情报学的研究范围之内。随后,几乎有半数的情报研究机构更名为"信息"机构,各大专院校的"科技情报专业"也纷纷更名为"科技信息专业"或"信息学专业"。这就更加坚定了人们对于大情报观的认识。严怡民是"大情报观"的主要推动者,在其著作中经常强调"大情报观"的观点。[④]"大情报观"或"信息观"的提出和形

① 王知津,张国华. 20年来我国对情报学研究对象的研究[J]. 情报理论与实践,2004(2):120-123.

② 杨起全,李云增. 图书馆学和情报学的理论基础是辩证唯物主义——试评波普尔的"世界3"理论[J]. 情报科学,1983(4):17-20.

③ 赵蓉英,侯经川. 近十年来情报学的发展及其哲学思考[J]. 图书情报知识,2003(6):9-13.

④ 严怡民. 四十年来我国科技情报事业的发展[M]//中国科技信息事业创建四十周年文集. 国家科委科技信息司编. 北京:科学技术文献出版社,1996,55-59.

成，不仅适应了当时科技情报工作改革的需要，对我国科技情报事业起到了积极促进作用；同时也适应了情报学的发展需要，支持了我国情报学界推动的信息管理转向运动。

3.3 新情报观(知识观)

1996年，经济合作与发展组织(OECD)研究报告《1996年科学技术和产业展望》发表，对我国学术界和经济界影响很大。知识被公认为是提高生产力和实现经济增长的驱动力。人们认识到，推动社会经济发展的重要因素不是未加工的信息而是知识，是被激活和被吸纳的知识；社会的进步与生产力发展的主要源泉也不是粗糙的信息而是不断创新的知识。我国情报学界也及时地关注到这个趋势，并开始将“知识”作为情报学的主要研究对象。知识的组织、传播、扩散以及知识管理问题，迅速成为情报学的研究热点。新的情报观，即知识观出现了。其认为新情报观应以网络化、知识经济时代为背景，研究知识和知识活动(激活、扩散、转移、增值、吸收、利用、数字化、网络化)的规律性。这样，情报学就开始进入了“知识观”的时代，[①] 情报学理论研究和表述也进入了“知识化”时代。[②]

① 邹永利. 关于情报学认知观点的思考. http://www.dybook.com/app/news/view.jsp/Information_2004-9-12.

② 肖勇. 情报学研究的知识化趋势[J]. 情报资料工作，2002(2)：10-11.

4 情报学理论研究的新领域

20世纪90年代，信息经济的推动，信息技术应用和网络的普及，以及学科交叉，使情报学理论研究呈现出一些新的特点，信息经济(学)、信息资源管理、知识管理、信息构建、网络计量学等，成为情报学理论研究的突出主题。

4.1 信息经济(学)

20世纪80年代初，我国情报学界开始关注情报经济学，陆续开展了对情报商品与情报市场、情报经济效益、情报经济管理、情报产业和信息化社会发展等方面的研究。后来,情报经济学逐渐融入到信息经济学的框架内。来自情报学的一部分学者逐渐成为信息经济学研究的一支重要力量。他们发表了大量的文章,出版了一批有特色、有影响的教材,如马费成等人的《情报经济学》(武汉大学出版社,1991 年)和《信息经济学》(武汉大学出版社,1997 年),靖继鹏的《信息经济学》(长春出版社,1995 年),赖茂生、王芳的《信息经济学》(北京大学出版社,2006 年),靖继鹏等的《信息经济学》(科学出版社,2007 年)。在信息商品、信息市场、信息资源配置、信息服务业、信息产业、信息政策等方面的研究都达到了一定深度和体系化,并对网络环境下的新兴经济形态,如电子商务中的信息流及电子商务、网络经济等问题进行研究,以适应社会信息化和网络化的要求。

4.2 信息资源管理

20 世纪 90 年代初,我国情报学界开始关注信息资源管理领域。对信息资源管理的研究主要集中在:信息资源管理的基本理论、政府信息资源管理、企业信息资源管理、网络信息资源管理、公益性机构信息资源管理、信息技术管理、信息资源开发利用等方面。90 年代中期,北京大学先后举办了"中国信息资源管理高级培训班"。21 世纪初,武汉大学建立了信息资源管理研究中心,北京大学和南京大学分别建立了信息资源管理研究基地。近十年来,公开出版的代表性论著和教材有:卢太宏、沙勇忠的《信息资源管理》(兰州大学出版社,1998 年),孟广均等编著的《信息资源管理导论》(科学出版社,1998 年),岳剑波编著的《信息管理基础》(清华大学出版社,1999 年),谢阳群的《信息资源管理》(安徽大学出版社,1999 年),马费成、查先进编著的《信息资源管理》(武汉大学出版社,2000 年)和《网络信息资源管理》(山西经济出版社,2002 年),马费成的《信息资源开发与管理》(电子工业出版社,2004 年),赖茂生等编著的《信息资源管理教程》(清华大学出版社,2006年),王芳著的《阳光下的政府:政府信息行为的路径与激励》(南开大学出版社,2006年)等教材和著作,对信息(资源)管理的基本理论和方法进行了比较全面深入的探讨。

4.3　信息政策研究

我国情报学界早在20世纪80年代初就开始关注情报政策问题。1982年10月召开了"全国情报政策研讨会"。1986年,国家科委先后召开了"国际(科技)情报政策讨论会和国内专家讨论会",讨论和论证了中国国家科技情报政策要点,于1991年以"中国科学技术蓝皮书"的形式颁布。80年代末以后,情报政策研究的发展加快了,并逐渐开展到信息政策研究,研究成果逐步增多,研究水平不断提高,为我国信息化建设和信息资源开发利用提供了有价值的政策建议。我国情报学界编写出版的比较重要的著作有:国家科学技术委员会编的《国家科学技术情报发展政策》(科学技术文献出版社,1990年),(英)约翰·格雷著、钟婉懿译的《国家信息政策——问题与进展》(社会科学文献出版社,1992年),卢太宏编著的《国家信息政策》(科学技术文献出版社,1993年),张守文、周庆山编著的《信息法学》(法律出版社,1995年),蒋坡主编的《国际信息政策法律比较》(法律出版社,2001年),梁俊兰编著的《台湾信息政策研究》(北京图书馆出版社,2006年)。

4.3　知识管理

知识管理研究的兴起与知识经济的宣传与企业信息化建设的深入有直接的关系。情报就是一种知识,情报搜集、分析、加工处理、传递的过程,就是知识转换的过程,是知识管理的重要类型。情报学界依托自身的优势,从独有的角度探讨知识管理理论与方法,研究知识在组织中的生产、组织、管理、增值的过程和规律性。据统计,1999年,我国《情报学报》等七种情报学核心期刊发文达91篇,比前十年的总和(78篇)还多,2004年更激增至286篇,是1999年的3倍多。[①]目前,我国情报学界对知识管理的研究比较集中在:知识管理理论、知识审计、知识管理与信息管理的关系、知识管理与知识创新、知识组织、知识管理技术和系统、知识发现、知识管理的实施、知识导航、隐性知识的转化和管理、社会网络、竞争情报与知识管理的关系等方面。这些问题的研究对丰富情报学的理论、增强情报学的学科竞争力,都具有重要意义。

① 高曦. 1989—2005年知识管理在我国情报学中的研究分析[J]. 情报科学,2006(12):1883-1888.

4.5 信息构建(IA)

一迈入21世纪,我国情报学界就开始关注信息构建问题。2001年12月,中国国防科学技术情报学会情报学术专业委员会与中国科学技术情报学会理论方法与教育委员会联合在湖北襄樊召开了"新世纪初情报学学科建设、发展与应用研讨会"。2002年6月,上述两个专业委员会在国防科技信息中心召开了一个小规模的信息构建专题研讨会。2002年9月,中国科学技术情报学会第16届全国计算机信息管理学术研讨会"面向企业知识服务的信息基础结构"也特意将IA作为大会的研讨内容之一。2003年6月,北京大学信息管理系几位博士和硕士通过了有关IA研究的学位论文答辩。2003年10月31日—11月2日,中国国防科学技术情报学会和中国科学技术情报学会理论方法与教育委员会在南京理工大学联合召开了"信息构建(IA)与情报学理论方法的新发展"学术研讨会,来自全国高等院校和情报机构的70多名代表参加了会议。有关IA的学术论文和专著陆续面世。[②]这些研究活动和成果将我国的IA研究逐步推向深入,并丰富了情报学理论。

② 周晓英. 基于信息理解的信息构建[M]. 北京:中国人民大学出版社,2005.

第二章 信息检索

1 发展历程与范式转移

30年来，信息检索的教学和研究内容有着突飞猛进的发展。改革开放早期，国内信息检索主要研究内容包括各种检索工具的使用和分类与编目技术两个领域。但是，在20世纪80年代初、中期，随着自动标引技术的引入，自动标引、自动文摘和机器翻译三个主要领域中涌现出一批卓有成效的研究成果。这一时期，随着联机信息检索服务的推广和自动标引技术的成熟，学者们开始对情报检索语言作第一次反思。信息检索的研究在此期间达到一个高峰。

随着计算机科学技术的发展，自然语言处理、机器学习、人工智能和系统分析与设计等计算机科学的元素更多地体现在信息检索的研究之中。基于专家系统的智能信息检索和针对自然语言查询的自然语言检索开始进入信息检索研究者的视野之中。但是，计算机科学研究成果的引入，在为信息检索提供有力的支撑的同时，也对情报学在信息检索之中的作用提出了挑战。两个学科在信息检索这一领域中既相互帮助借鉴又有挑战的微妙关系一直持续到现在。

互联网的兴起为信息检索带来了新的机遇和更高的挑战。争论最激烈的仍是情报检索语言的存废之争，对情报检索语言的第二次反思也因此开始，而且更为深刻。但是，尽管有争议，将情报检索语言的理论、方法应用于网络环境的尝试没有中断，并且在网络信息组织与检索、网站信息组织与信息架构(IA)乃至Web2.0的信息组织与交流等领域仍然发挥更大的作用。更广泛地,信息检索在信息检索评价、自动分类与聚类、网络搜索基本架构与核心技术和知识化的信息检索服务等领域继续发挥着重大作用。

目前,我国情报学的信息检索研究体系呈现出如下特点:

第一,语言学,尤其是计算语言学引入到信息检索,对语言的理解更为深刻。信息检索使用语言学的方法对文本语言、查询语言和受控语言等语言现象进行有针对性的分析和研究。对信息检索的基础理论和跨语言信息检索研究由于语言学的引入而更为深入。

第二,社会学、教育学和认知科学的研究成果也大范围地引入到信息检索研究之中。由系统的研究转向用户的研究和用户一系统交互(HCI)的研究。在对信息用户的行为、认知、信息素养教育等方面得到更为深入的结果。

第三,研究对象从单纯的文本转向包括数据、事实、文本、音频、视频、多媒体和网络资源等在内的更为丰富的信息资源类型。在基于内容的信息检索、网络信息挖掘和智能信息检索领域既形成有自身特色的研究内容,又与计算机科学等兄弟学科相融合。这一融合在学术交流、人才交流和研究内容方面均有所体现。

随着信息检索研究的深入,信息检索的研究范式由最初的纯粹系统范式演变为用户与系统范式并存并相互影响的局面。各种社会科学的研究方法与工程科学的研究方法对信息检索各有独特的贡献。并且,信息检索积极地吸收前述之语言学、社会学、教育学、认知科学和计算机科学的研究结果;但是一直保持着其促进信息交流的主旨和对各类信息资源加工与服务的核心研究任务。信息检索是一个积极的、富有活力的研究领域,正在不断地发展壮大。

2　主要研究内容与代表性成果

2.1　情报检索语言研究

提及信息检索的研究内容，自然首推情报检索语言的研究。因而，在主要研究内容的第一部分，扼要介绍情报学对情报检索语言的研究情况。可以说，情报检索语言同时是图书馆学和情报学的研究领域，一些情报检索语言研究的专家同时横跨图书馆学和情报学两个学科。早期如老一辈的北京大学刘国钧教授[①]、20世纪世纪80年代武汉大学的张琪玉教授(后调入解放军南京政治学院上海分院)、南京农业大学的侯汉清教授均对情报检索语言有着突出的贡献。尽管很难区分彼此，情报学对情报检索语言的研究形成了区别于图书馆学的研究领域，主要体现在以下三个方面。

第一，对情报检索语言的基础理论，包括哲学基础、语言学基础、数学基础和认知科学基础等研究较为深入。突破了情报检索语言局限于标引理论和方法的层面，在上述基础理论中深入研究并在一些学校的实际教学中落实下来。

第二，在情报检索语言的生成、管理与维护和标引与利用的自动化方面作出了突出的贡献。在词汇控制、词表生成、自动标引和自动丰富等研究中取得突破性的进展。确立了情报学对情报检索语言的研究的基本范围。

第三，大胆地将本体引入情报检索语言的研究，并进一步影响图书馆学对情报检索语言的研究。从本体论、范畴论的哲学高度到描述逻辑、本体开发与利用的技术方法层面，情报学的研究人员在本体的引入、传统情报检索语言的本体改造、本体替代(或补充)其他知识组织系统作为信息检索系统的组成部分等领域取得了突出的成果。

① 刘国钧．现代西方主要图书分类法评述[M]．长春：吉林人民出版社，1980．

随着Web2.0时代的到来,研究人员又将触角延伸到大众分类法和标签上,研究Web2.0中信息组织和交流的机制机理,并且充实和丰富既有的情报检索语言研究。可以认为,情报学对情报检索语言的改造和网络环境下的适应做出了较有成效的研究成果,形成了自己的研究特色,对整个情报检索语言的研究作出了贡献。

2.2 自动标引与信息检索系统研究

从20世纪80年代开始,自动标引与信息检索系统设计的相关研究逐步开展并丰富起来。这一段时间内,以自动标引为核心研究对象,逐渐向自动摘要和机器翻译扩展,形成了一批代表性的研究成果和团队,并且这些研究具有较强的持续性。这些研究体现出的特点是以中文词的切分为基础,以标引为核心研究对象,以信息检索系统的实现为最终目标。其中,具有代表性的研究成果和团队有:

(1)上海交通大学王永成所带领的团队对中文语言切分问题有深入的研究。包括对中文切词中的消歧问题进行讨论,划分歧形的种类并提出五种策略原则。[①]设计联想树分析法,并将其应用在中文自动标引中,在不同阶段分别使用该方法和词典改善检索的效果。[②]

(2)北京大学信息管理系在原国家教育委员会的资助下,以《中国机械工程文摘》和《机械工程主题词表》为基础,研发了汉语科技文献自动标引系统SAICSTL,在检索系统架构、抽词方法和标引方法方面取得了突破性的进展。[③]

(3)中国科技信息研究所在"七五"重点科技攻关项目的支持下,与联合国教科文组织合作开发了CDS/ISIS信息检索系统的中文版[④],并将其移植到未经计算机上[⑤]。这一系统是其时较为完善的大型中西文信息检索系统。

(4)北京文献服务处的陈豫、曾民族等人尝试使用专家系统进行自动标引,并分析了其中推理的不精确问题。[⑥]随后,他们使用汉语

① 王永成,苏海菊,莫燕.论中文词切分中的歧形切分问题[J].情报学报,1991,10(2):122-127.

② 顾立帆,王永成.联想树分析法及其在无词库中文自动标引中的应用[J].情报学报,1992,11(5):354-360.

③ 周文骏,赖茂生,杨学山,等.汉语科技文献自动标引系统[J].情报学报,1987,6(4):277-284.

④ 吴广印.中西文大型情报检索系统CDS/ISIS的开发[J].情报学报,1991,10(5):381-386.

⑤ 吴广印.微机通用信息管理系统Micro CDS/ISIS的开发[J].情报学报,1990,9(1):25-30.

⑥ 陈豫.文献标引专家系统(DIES)雏型的研究和实现[J].情报学报,1988,7(6):415-425.

自动切词标引的研究方法，设计一个汉语自动切词标引系统(CWSAIS)，较为详细地介绍了这一系统的系统结构、切词功能实现和后控技术。在当时，数据库规模达到6万篇科技文献，标引速度16—18篇/分。[①]这一研究后来发展成为网络化的BDSIRS系统，并提供实际的文献检索服务。[②]

(5)中国软件与技术服务股份有限公司的研究团队在汉语自动标引和信息检索系统建立方面也作出过突出贡献。他们主要使用语言学的研究方法进行自动标引和词语切分工作。先后尝试了非用字后缀表法[③]、链接表法[④]和知识框架法[⑤]等，在相关理论研究和系统实现中发挥了带头作用。

中文自动标引的研究从20世纪80年代中期开始，到90年代初、中期暂时告一段落，形成了一批代表性成果。基本上解决了中文词语切分的问题，并且为中文检索系统自动标引的研究奠定了良好的基础。其中的一些系统能够提供切实的信息检索服务。在这一时期的研究中，情报学占据了相对的主导地位，大型情报研究所成为这一领域研究的主导力量。除上述提及的研究内容外，一些相关尝试尽管在今天看来并非十分成功，但是对中文自动标引这一难题的最终攻克起到了积极的作用。

2.3 网络信息检索研究

网络信息检索较之普通的信息检索的最大不同在于海量的信息和高度异质的信息资源。这决定了网络信息检索研究形成其特色的研究内容和技术难题。网络信息检索系统以搜索引擎为代表，它是目前互联网经济中最有力的支撑服务。在中文搜索引擎的研究方面，国内学者近年来不遗余力地为之贡献智慧，其中以北京大学天网搜索为代表。天网搜索是由北京大学网络与分布式系统实验室开发的搜索引擎，早期可以提供实时的在线服务，在20世纪末到21世纪

① 陈豫，曾民族. 汉语自动切词标引系统的研制及其应用[J]. 情报学报，1991，10(5)：352-357.

② 陈豫，杨洪陶. 网络化BDSIRS全文信息检索系统的开发研究[J]. 现代图书情报技术，1998(1)：6-11.

③ 吴蔚天，田鹤卿. 实现汉字科技文献自动标引的字典法[J]. 情报学报，1988，7(2)：97-105.

④ 周依欣，吴蔚天. 一种使用的汉语切分方法——链接表法[J]. 情报学报，1990，9(4)：243-249.

⑤ 吴蔚天. 汉语分析与情报检索[J]. 情报学报，1992，11(2)：103-108.

初的几年中,成为国内主要搜索引擎之一。由于互联网信息的急遽膨胀和商业运作原因,目前的天网搜索仅能满足科学研究之用,无法继续提供实时服务。但是,天网搜索却有着不可磨灭的贡献。第一,天网搜索是学术界对搜索引擎原理进行深入研究和尝试的典型代表,围绕天网搜索产生了一批研究成果,为掌握网络搜索引擎的体系结构和关键技术起到了带头作用。第二,在这款搜索引擎的基础之上,天网搜索为整个信息检索学科贡献了一批显著的成果和基础设施,包括以 TSE 为代表的网络搜索引擎开源代码,它也是目前使用最为方便的中文搜索引擎开源代码①;以 CWIRF 为代表的中文网络搜索评测平台②;以《搜索引擎:原理、技术与系统》③为代表的学术专著;由此衍生的一系列网络服务成果。天网搜索为培养我国互联网搜索服务人才提供了夯实的基础。除天网搜索外,一些院系使用开源代码或自编程序设计了一些小型的、专题性的搜索引擎。这些尝试尽管很难提供实时服务,但是也成为培养专业人才的有力工具。

网络信息检索的核心技术包括五部分:网络爬虫、网页净化、全文索引、权重计算和查询匹配,它们也是网络搜索引擎的主要模块。其中,最为有名的是 Google 在权重计算中采用的 PageRankTM 算法,这一算法甚至已经成为网络搜索的代名词。由于这些核心技术的工程性较强,需要较为深入的算法基础,因此计算机科学的同行在这一领域中作出了突出的贡献。因此,情报学对搜索引擎的技术贡献表现在新技术应用与优化、个性化服务提供、网络信息检索评价的理论与测试研究和元搜索引擎研究等方面。

最后扼要介绍网络信息挖掘,它是随着数据挖掘技术的成熟和网络迅速发展而出现的一个分支。将各种数据挖掘技术和方法应用于互联网,研究内容包括网络信息资源的挖掘和用户查询日志的挖掘两类。随着研究者对复杂网络研究的深入,对网络信息资源挖掘

① 闫宏飞. Tiny search engine: design and implementation [EB/OL]. (2003-10-00) [2008-07-21]. http://net. pku. edu. cn/~ course/cs502/2003/031029/TSE. ppt.
② 中文 Web 信息检索论坛(CWIRF) [EB/OL]. (2008-00-00) [2008-07-21]. http://www. cwirf. org/.
③ 李晓明,闫宏飞,王继民. 搜索引擎——原理、技术与系统[M]. 北京:科学出版社,2004.

结果的解释越发深刻，这一方法成为对互联网进行社会研究的有力工具。而对用户查询日志的研究则有助于信息检索的用户研究，提供客观非介入数据。但是，由于客观因素制约，目前这一领域方法成熟，材料紧缺，使得研究结果受到较大的限制。

2.4　信息检索的用户研究

信息检索系统的用户－系统交互研究正逐渐成为这一领域一个重要的研究方向，它与信息检索的可视化研究一起，成为促进信息检索系统与用户交互，便于用户的认知和信息获取的有效手段。在实践中，搜索引擎简洁的界面便是这一分支研究成果的重要体现。相关的研究包括以下三个方面。第一，将人机交互的研究成果直接应用到信息检索系统设计之中，以数字图书馆的界面设计最为突出。第二，多媒体信息检索系统的交互界面设计，这是所有信息检索系统之中最难的界面设计课题。多媒体本身的高度异质和多样性的特征，使得交互界面成为多媒体信息检索系统设计的成功关键。第三，信息可视化的研究，大体可以分为检索结果可视化、检索过程可视化和知识组织系统的可视化等几个方面。目前，在这一领域的研究中，国内的相关研究刚刚起步，国外的研究也很难应用到实际服务中。信息检索的可视化研究不仅需要研究者的理论与技术积累，还需要敏锐的直觉和灵感，因而信息检索的可视化研究是一项富有挑战性的研究。

随着信息检索用户研究的深入，信息检索对用户的理解已经较为深刻。查询与用户需求模式（user profile）的融合在改善查询结果，提供个性化的结果方面起到了重要的作用。首先，信息检索和信息过滤融合程度增高，尤其是个性化信息检索研究的发展，同时使用查询和用户需求模式提供个性化、高质量的信息获取服务成为关注的重点。其次，研究视角从信息获取这一问题框架转移到更为广阔的信息交流或知识交流这一框架下,用户需求模式的协同构建有助于促进这一交流活动。最后,用户行为研究产生了大量的关于用户需求、认知、行为和利用等方面的成果,但是对这些研究结果形式化并最终纳入到系统之中的工作却很不充足。在这样的背景下,用户和学界对于信息服务,尤其是信息获取服务,在知识化和个性化方面提出的越来越高的要求迫使我们对用户需求模式问题进行关注。目前,情报学和计算机科学的研究人员对这一问题均有所涉及,相对而言,计算机科学的研究人员更为深入一些。但是,情报学的研究人员在个性化服务、元搜索引擎和数字图书馆中的研究中形成了较有特色的研究成果和发展方向。

由于研究传统问题,我国情报学对用户研究开始关注的时间较晚,在 20 世纪 80 年代末期才开始有少数学者的文章讨论用户研究问题。近年来,随着个性化服务研究的深入,对用户研究的关注程度与日俱增,尤其是对网络用户信息行为的研究更为深入。用户研究在信息检索研究中所占的比重越来越大。由于我国用户研究基础较薄,反而更容易形成具有自身特色的研究方向。尽管切入时间较晚,但是在用户-系统交互研究和用户研究结果建模等方面,已有相当数量的学者在大胆尝试。

2.5 信息检索新技术与新应用

数字图书馆的研究起源于 20 世纪 90 年代美国的数字图书馆首创计划(DLI),并很快为我国学者所接受。数字图书馆成为各种信息检索新思想和新技术的练兵场,是除网络搜索以外的又一大信息检索集成应用领域。信息检索对数字图书馆研究的贡献主要体现在以下四个方面。第一,将信息检索技术与数据库和软件工程技术结合,为数字图书馆的体系结构研究提供有力的技术支撑。形成以 OAI 为代表,旨在促进信息资源检索与利用的数字图书馆体系结构。第二，信息检索与信息过滤技术结合，在信息获取服务上提供集成的、个性化和知识化的服务。尽管到目前为止，达到上述要求并能够提供实际服务的数字图书馆尚未出现，但是它所体现的研究方向成为信息检索领域的研究人员的努力方向。第三，基于内容的信息检索技术与多媒体技术结合，建设存储大量多媒体信息资源的数字图书馆。第四，知识组织理论与数据库和网络技术结合，在数字图书馆的知识组织系统的生成、表示和再利用方面提供支持。可以看出，在数字图书馆中，信息检索技术独立发挥作用较小，而与其他技术结合则能产生 1＋ 1＞2 的效果，这也是数字图书馆集成效用的体现。

随着多媒体技术的发展，信息检索的研究对象从单纯的文本转向多媒体，并由此形成了一个广阔的研究领域。情报学、计算机科学、电子科学乃至应用数学等学科纷纷展示其特色的研究结果。图像检索方面，从基于内容的检索发展为基于用户情感特征和语义的检索，从纯粹的物理内容演变成考虑用户的信息需求，使得检索结果更贴近实际用户的需要。视频检索方面，基于内容的检索纳入元数据研究的成果（如 DC、MPEG），将单纯的检索研究纳入到数字图书馆框架之中。音频检索方面，对数字音频的旋律识别、表示、匹配和服务进行深入研究。[①] 在应用领域之中，商标检索、指纹识别[②] 和人脸识别成为图像检索的主要应用；各种视音频信息资源的管理则是基于内容检索和元数据研究的主要应用。美中不足的是，目前的基于内容检索算法较为复杂，较难提供在线的信息检索服务；并且传统的信息服务机构则对基于元数据著录的服务模式过于依赖。基于内容检索的实际效果仅仅限制在若干狭小的领域，难以大规模地应用。

最后，数据挖掘与机器学习等新技术纷纷引入信息检索的研究领域，在以下三个方面为信息检索研究注入活力。第一，自动分类、自动聚类技术引入信息检索，为文本处理提供又一大有力工具。在

① 韩圣龙. 数字音乐信息组织［M］. 北京：北京图书馆出版社，2005.

② 程民德，石青云，沈学宁. 指纹的相似性度量与纹型分类［C］// 第四届模式识别与机器智能学术会议论文集（一），1984.

文本空间表示和处理，查询结果的聚类处理与显示优化等方面作出了突出的贡献。第二，各种数据挖掘技术广泛地应用到内容管理之中，在信息资源加工的基础上进行深层次的开发与利用，促使信息检索与组织机构运行的紧密结合。第三，为传统的定性研究提供定量工具。仍以自动分类和自动聚类为代表，通过定量计算的方式为文本、数据乃至信息用户做分类、标引和标记(tagging)，丰富了信息检索乃至情报学的非介入研究方法。除此之外，这一领域的开源代码和工具较为丰富，为相关研究和教学工作提供了有力的支持。相对而言，这一领域对研究的支持较多，而对实际应用的支持较弱，这主要与算法的复杂度有关。此外，人工智能对信息检索亦有一定影响，主要体现在本体的引入与应用方面；但是与前述新技术一样，其实际效果较难切实检验。

上述三个领域是信息检索新技术和新应用的主要体现，但不仅限于此。信息检索乃至情报学的一大特色便是对新技术非常敏感，新技术的应用能力十分强。这已经成为一种学科传统和特色，并正在发扬光大。

3 信息检索学科体系建设

3.1 评测平台建设

首先介绍信息检索发展的必要条件之一——信息检索评测平台建设。2001年，在第1届中文信息处理发展国际研讨会和第15届全国计算机信息管理学术研讨会上，曾民族着重强调了中文信息检索评测平台的重要性，并提议构筑C－TREC。[①] 尽管迄今为止尚未有全面的C－TREC或类似活动举办，但是在网络搜索和挖掘领域，由北京大学计算机网络与分布式系统实验室承办的中文Web信息

① 曾民族，曾蕾，陈豫. 关于构建C－TREC中文信息检索评测体系的建议[C]// 第十五届全国计算机信息管理学术研讨会论文集，2001：9-17.

检索论坛(CWIRF)已经成为一项在国际上有一定影响力的中文网络搜索评测活动,并由 TREC 网站提供相关链接。[①]目前,这一活动包括中文 Web 检索、中文网页分类和垃圾邮件过滤三个任务,提供 CWT200g 评测集合。

除参加国内举办的信息检索评测活动外,来自清华大学、复旦大学和中国科学院的团队在 TREC 上也曾取得过佳绩。信息检索研究人员,尤其是来自情报学的研究人员对于信息检索评价的理论也进行了深入、细致的研究。

3.2 教材建设

信息检索课程教材的编写有较大难度。其一,信息检索的研究领域过于庞杂,它不仅撑起情报学的半壁江山,同时也是很多学科、专业的融会和交叉所在。一部好的信息检索教材,在内容的取舍方面定有独到之处。其二,信息检索自上世纪中叶创立伊始,一直处于高速发展的状态,而教科书要体现相关学科的稳定内容。这也决定了新旧材料处理上,信息检索课程教材有较大的难度。在这些教材之中,具有代表性的教材包括以下几种。

赖茂生的《科技文献检索》[②]于 1984 年出版第 1 版,1994 年出版第 2 版,是一部出版较早,并且有较大影响力的信息检索课程的教科书。该书由三部分组成:基本原理与基本方法、基本工具和应用与评价。直至今日,国内很多信息管理系(科)的信息检索课程仍沿用或大部分沿用这一课程体系。

赖茂生的另外一部信息检索课程的教科书——《计算机情报检索》[③]于 1993 年出版第 1 版,2006 年出版第 2 版。该书是《科技文献检索》一书论述内容的深入与补充,更为侧重信息检索的深入技术和原理。再版时,针对近 10 年来的信息检索研究和产业发展状况,并结合实际教学情况,着重补充了网络搜索技术和信息检索的新技术

① NIST. Other evaluations [EB/OL]. (2008-04-17) [2008-07-19]. http://trec.nist.gov/evals.html.

② 赖茂生. 科技文献检索 [M]. 北京: 北京大学出版社, 1984; 赖茂生. 科技文献检索 [M]. 2 版. 北京: 北京大学出版社, 1994.

③ 赖茂生. 计算机情报检索 [M]. 北京: 北京大学出版社, 1993; 赖茂生. 计算机情报检索 [M]. 2 版. 北京: 北京大学出版社, 2006.

与新应用。

武汉大学陈光祚主编的《科技文献检索》[①]是另外一部具有影响力的信息检索教材,该书于1987年正式出版,详细地介绍了各类信息检索工具的类型、特点和检索方法。该教材更为侧重实用,对相关信息检索工具介绍得较为深入。

① 陈光祚. 科技文献检索[M]. 武汉:武汉大学出版社,1987.

3.3 主要期刊与会议

学术期刊和学术会议作为学术交流的主要手段,对于学科建设的贡献有目共睹。改革开放30年来,信息检索领域涌现出一批代表性的学术期刊和会议。其中,期刊主要包括由中国科学技术情报学会主办的《情报学报》、由中国科学院国家科学图书馆主办的《现代图书情报技术》。会议主要包括由中国科学技术情报学会主办的全国计算机信息管理学术研讨会、中国计算机协会互联网专业委员会主办的全国搜索引擎和网上信息挖掘学术研讨会。

《情报学报》[②]是中国科学技术情报学会的会刊。自创刊以来,学报以刊载高质量的情报学专业论文见长,成为中国情报学领域最为权威的学术期刊。学报注重定量和实证研究,刊载了大量的信息检索领域的论文,使学报成为信息检索领域的权威刊物。在前文论及的具有影响力的研究成果中,有相当一部分刊载于学报。

② 中国科学技术情报学会,中国科学技术信息研究所. 情报学报[J]. 1982,1(1). 北京:《情报学报》编辑部,1982.

《现代图书情报技术》[③]侧重报道图书馆学、情报学领域中的新技术和新方法,这一定位使其成为信息检索的核心刊物之一。该刊自1980年创刊以来(起初为内部刊物),刊载了大量的信息检索领域的论文。由于该刊专门性强,出版周期较《情报学报》短,因而方便信息检索的研究人员更为及时地获得领域最新进展,并与同行进行交流。

③ 中国科学院文献情报中心. 现代图书情报技术[J]. 1980(1). 北京:《现代图书情报技术》编辑部,1980.

全国计算机信息管理学术研讨会(原全国计算机情报检索学术讨论会)至今已经举办21届,是目前国内较有影响力的信息检索领域的学术研讨会。随着信息检索研究的深入，信息检索研究知识化的转向明显。该会议近年来以知识服务为核心选题，在一定程度上引导了国内信息检索研究的发展方向。

此外，中国科学技术情报学会还举办过多届北京计算机情报检索国际会议，吸引了来自美国、加拿大、德国、法国、瑞典、匈牙利、奥地利、前南斯拉夫和中国香港等国家和地区的学者齐聚北京，讨论信息检索研究中的重要议题。

尽管创办时间不长，全国搜索引擎和网上信息挖掘学术研讨会在国内的信息检索（主要为网络搜索）和数据挖掘领域具有较大的影响力。目前，该会议共举行 6 届，议题涉及与网络搜索相关的理论，技术、界面与用户研究和数据挖掘等相关领域的各个方面。来自计算机科学和情报学的研究人员共同讨论网络搜索的发展前沿。

4 研究成果产业化

改革开放 30 年来，信息检索研究成果产业化的成绩是在图书情报、信息管理乃至计算机科学等领域中最突出、最卓有成效的。信息检索研究成果的产业化主要集中在数据库产业和互联网信息服务业之中。前者以中国知网和万方数据资源系统为代表；后者则以百度搜索引擎为代表。

4.1 数据库产业的发展

数据库产业是信息服务业的重要组成部分，也是信息检索研究成果产业化的重要领域。由于信息检索在处理文本信息资源中具有得天独厚的优势，因而目前其产业化的主要领域为以学术期刊、会议录和其他科技文献为代表的文本数据库。这其中的佼佼者是中国知网和万方数据资源系统。作为国家“十一五”重大出版工程，中国知网目前包括学术期刊、学位论文、会议录、年鉴和专利等各种类型文献,最早回溯至1912年,几乎覆盖了各主要的学科领域。同时,它也成为某些学术期刊评价指标体系的重要参考标准之一。万方数据资源系统覆盖的学科和出版物类型与中国知网基本类似,也是国内具有一定影响力的数据库产品。

目前,数据库产业朝两个方向迅速发展。其一,数据库品种多样化。诚然,目前具有代表性的产品以文本数据库为主,但是,不同品种的数据库正在逐步发展之中。尤其随着电子商务和电子政务的发展,以及针对不同信息资源的信息检索关键技术的解决,数据、事实、多媒体和地理信息资源等各种数据库已经逐渐成型并形成产业。其二,产业链条从处于二次开发的数据库前后扩展,形成数字出版(一次)、数据库集成(二次)和深加工与增值服务(三次)为一体的信息服务业的重要组成部分。信息资源的来源与加工深度与日俱增,相关产业产值正逐年加大。除此之外,我国数据库产业一直面临的重复建设和著作权纠纷等问题近年来尽管仍然存在,但已有好转的趋势。

4.2 互联网搜索服务与百度搜索引擎

百度搜索引擎是目前全球最大的中文搜索引擎。自2000年创立,2005年上市以来,它吸引了众多的互联网用户和企业客户,对信息检索研究成果的产业化和信息检索技术的推广与应用起到了重要的作用。首先,创建了全球最大的中文搜索平台。由于百度所提供的服务更接近中国(中文)用户的日常生活的信息需求,提供了较有针对性的检索结果和服务,因而得到了较高的赞誉。其次,形成了独特的商业运作模式。百度搜索引擎率先从门户网站背后走到前台,通过一系列的商业模式改革,推动了"搜索经济"的发展。最后,在搜索服务的知识化演进中起到重要的推动作用。一系列知识化的专门搜索服务的推出为互联网服务提供了便利的工具,也为理论研究提供了切实的材料。

但是，作为研究成果产业化的代表，百度(也包括其他大型搜索引擎服务商)在反哺科学研究方面所作出的贡献却远远不足。究其原因，主要有以下两个方面。其一，搜索引擎是一种非常规信息系统。这种信息系统的后台是搜索引擎服务商的商业秘密和核心竞争力所在。这也决定了一般的科研人员无法了解搜索引擎的后台运作，造成了科研和产业的脱节。其二，搜索引擎索引的信息资源为公共产品。大型搜索引擎已然成为互联网公共信息的平台，搜索引擎的技术革新和把关机制直接影响到了公民的知情权，对数字鸿沟亦产生较大影响。由于这类信息资源敏感程度较高，搜索引擎服务商纷纷撤下或根本不提供可用于科学研究的资源和应用程序接口，这也造成了科研和产业的脱节。

搜索引擎所提供的网络搜索服务是信息检索研究产业化的典型代表，也是网络社会中信息检索学科价值的主要体现之一。

5　信息检索学科发展展望

30 年来，信息检索的研究经历了由简单到丰富的过程。无论从研究对象、工具方法还是学术团体都有大幅度提高和扩展。尽管某些分支受到现代信息技术的较大冲击，但是总的发展仍势不可挡。在未来的研究中，信息检索会在以下三个方面取得长足突破：

第一，信息检索研究范围继续扩展，在高度异质的信息资源、平台和应用环境中发挥更大的作用。未来的信息检索不仅在计算机网络中，而且在移动搜索中会发挥越来越突出的作用。结合以地理信息系统为基础的导航技术将现实世界的事物和虚拟世界的信息相连接，最终实现泛在网络环境下的搜索。信息检索平台则成为泛在网络环境下的第一门户。

第二,信息检索系统常规化,企业级应用将逐渐成为信息检索服务的大客户,信息检索系统在内容管理中的作用逐渐增强。为实现这一目标,单纯的文本检索技术是远远不够的;而要结合处理数据见长的数据库和数据仓库,以信息管理见长的管理信息系统和网络搜索见长的搜索引擎的核心技术,达到真正意义上的一站式检索和集成服务。

第三,对信息用户的研究更为深入,有效地提供个性化、知识化的服务。信息检索在促进用户信息交流和知识共享中发挥更大的作用。为用户提供深入的、有针对性的信息是信息检索研究的重要发展方向。信息行为、人际交互和知识工程领域的研究成果更为广泛地体现在信息检索研究之中。

第三章 情报研究和竞争情报

1978年,党的十一届三中全会的召开,标志着我国进入全面改革的新时期。党和国家的工作重点转移到社会主义现代化建设。在党和国家的拨乱反正、改革开放、大力发展经济的方针政策的指引下,我国情报研究工作也获得全面恢复和发展。在决策科学化和民主化的背景下,为适应社会、经济和科技的发展,情报研究工作逐步发挥起参谋和决策咨询作用,在领导决策、科技管理、规划制定、科研攻关、技术引进等方面提供了数量可观的咨询服务。1980年召开的全国第五次科技情报工作会议,总结了过去20多年的经验教训,进一步明确了情报研究工作的方向和任务,提出要围绕国民经济建设科学技术发展的需要,广辟情报来源,加强情报和文献工作。1981年4月全国科技情报所长研讨会,强调要积极开展情报分析研究,更好地为经济建设服务,为各级领导决策服务。1983年第2届中国科技情报学会组建了情报研究专业委员会,我国科技情报研究有了自己的学术研究和交流的组织和平台。①1984年在全国科技情报工作会议上再次强调科技情报工作必须有效地为国民经济建设服务。由此,我国情报研究也从50年代以编译报道为主的初创阶段、60—70年代以专业研究为主的提高阶段,进入到了以综合研究为主的成熟阶段。

与此相适应,以情报研究活动为研究对象的情报研究学也进入了大发展时期。

① 包昌火,等.前言[M]//数据仓库和数据挖掘.北京:清华大学出版社,2006:8.

情报研究学是以社会的情报研究活动为对象,以研究和指导人们在各部门、各个领域从事情报研究活动为己任,研究情报研究工作的理论和方法的一门科学。情报研究学通过对情报研究活动进行规律性总结和反映,逐渐由经验上升到理论,由现象深入到本质。它一经产生,又对情报研究活动产生了指导作用。情报研究学和情报研究活动相互作用、相互影响、相互促进,共同获得广度上的拓展和深度上的进步。[①]

① 周军. 论20世纪情报研究学发展阶段的划分[J]. 江苏图书馆学报,2002(3):11-14.

1986年,美国竞争情报从业者协会(SCIP)的成立,使竞争情报实践和理论在西方国家得到了迅速地成长。我国情报界的有识之士,从80年代后期到90年代中期这10年期间,以情报研究的理论和实践为基础,积极引进现代竞争情报的理论和方法,在社会主义市场经济的时代潮流下,逐渐将竞争情报发展成为我国情报研究工作最受关注的发展方向。同时,竞争情报学理论研究也成为我国高等院校情报学研究的热点问题之一。

为此,本章以我国情报研究及其重要发展——竞争情报为中心,围绕基础理论、流程、方法和系统四个主要问题,叙述本学科近30年的重大学术进展。

1　情报研究和竞争情报学科的基础理论

基础理论是指整个学科的核心理论,它反映学科研究对象最基本、最一般的运动规律。情报研究是一个既有情报输入又有情报输出的系统过程[②]:

② 包昌火,主编. 情报研究方法论[M]. 北京:科学技术文献出版社,1990.

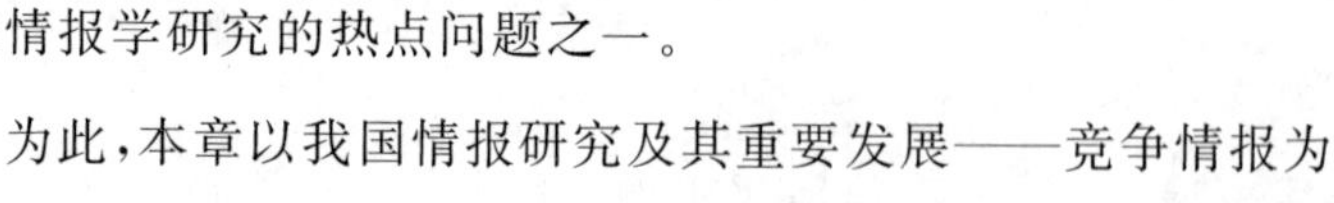

情报研究所学的主要内容和基本问题就是要研究这个过程的基本性质、规律及其在社会发展中的作用，包括情报研究的概念、属性、功能以及学科的研究对象、性质、结构及其与相关学科的关系等。

对情报研究概念的认识经历了一个由浅入深的认识过程。

1989年武汉大学蒋沁和王昌亚编著的《情报研究》中对情报研究的定义是：针对用户需要或接受用户委托，制定研究课题，然后通过文献调查和实情调查，搜集与该课题有关的大量知识和信息，研究其间的相互关系和作用，经过归纳整理、去伪辨新、演绎推理、审议评价，使科技知识得以系统化、综合化、科学化、适用化，以揭示事物或过程的状态和发展（诸如背景、现状、动态、趋势、对策等）。[①]这个定义从情报研究工作的流程出发，揭示了情报研究的基本内涵。

1990年兵器工业情报研究所的包昌火等人编著的《情报研究方法论》中将情报研究定义为：情报研究是根据特定需要对情报信息进行定向选择和科学抽象的研究活动，是情报工作和科技工作相结合的产物，是一类科学劳动的集合。这里采取的是属概念加种差的定义方法，将情报研究界定为科学研究活动中的一种。[②]

1990年南京大学邹志仁编著的《情报研究与预测》对情报研究的定义是：针对某个课题，从大量文献资料和其他各种有关情报中，经过分析、综合、研究，系统地提出有情况、有对比、有分析、有观点、有预测的情报研究成果，以提供用户参考使用。[③]

1991年2月20日国家科委发布的《国家科学技术情报发展政策》（中国科学技术蓝皮书第6号）明确指出："情报研究又称情报分析，是科技情报工作的重要环节。加强情报研究为决策科学化提供可靠依据，推动科学技术的进步和经济发展，是这项工作的基本方针。"蓝皮书认为："情报研究是对情报的深度加工，属思想库范畴。"[④]

① 蒋沁，王昌亚．情报研究[M]．武汉：武汉大学出版社，1989.

② 包昌火，主编．情报研究方法论[M]．北京：科学技术文献出版社，1990.

③ 邹志仁．情报研究与预测[M]．南京：南京大学出版社，1990.

④ 包昌火，等．前言[M]//苏新宁等．数据仓库和数据挖掘．北京：清华大学出版社，2006.

北京大学秦铁辉在1991年编著的《情报研究概论》中将情报研究定义为:情报研究是对情报进行定向浓集和科学抽象的一种科学劳动。在这类劳动中,情报人员根据一定的课题,广泛系统地搜集文献、实物等情报,对情报内容进行去伪存真的鉴定,由表及里、由此及彼的推理,以及对数据进行统计和计算等工作,然后,按照实际需要和工作深度,编写出不同形式的文字材料。[①]

① 秦铁辉. 情报研究概论[M]. 北京:北京大学出版社,1991.

1994年,在《情报研究的国内外比较研究总报告》中,包昌火等人对情报研究又作了如下的描述:情报研究是根据社会用户的特定需求,以现代的信息技术和科学研究方法论为主要手段,以社会信息的采集、选择、评价、分析和综合等系列化加工为基本过程,以形成新的、增值的情报产品,为不同层次的科学决策服务为主要目的的一类社会化的智能活动。[②]这个定义已经能够比较全面地揭示情报研究的内涵。

② 包昌火,等. 情报研究的国内外比较研究. 总报告. 兵工情报研究报告 BQB94—0278,兵器工业情报研究所,1994.

1995年湖北省社会科学院情报所的李学英对情报研究定义进行归纳,整理出了六种观点,即"重新组合"论 、"分析综合"论、"软科学"论、"选择使用"论、"再生情报"论和"竞争情报"论,并对其进行了比较、评价。[③]

③ 李学英. 情报研究概念比较[J]. 图书与情报,1995(3):12-14.

关于情报研究的属性和功能,学界的观点趋向一致。一般认为,情报研究具有系统性、综合性、科学性、创建性和适用性五项基本属性,整理、评价、预测和反馈四项基本功能。

国内学者关于情报研究学的研究对象、性质、结构及其与相关学科的关系所进行的研究不是很深入,所发表的研究成果也为数不多。一般认为,情报研究学是情报学的重要分支,以情报的内容为研究对象。从学科性质上来看,应属于具有综合性、交叉性和应用性特征的横断学科或边缘学科。

在《情报研究方法论》一书中,包昌火等将情报研究学的结构划分为如下七个领域：

①情报研究学的基础理论；

②情报研究方法论；

③情报研究系统问题；

④情报研究管理问题；

⑤情报研究的基本建设；

⑥情报研究的需求调查；

⑦情报研究学的应用研究。[①]

从学科归属来看，情报研究学应属于软科学范畴，与同属软科学的管理科学、系统科学、未来学、技术经济学等相关学科有着密切的关联。

根据科学学奠基人J. D. 贝尔纳提出的科学发展要经过：①对对象的描述、整理阶段；②理解这个对象的机制阶段；③对研究对象未来发展的预测阶段三个阶段的观点，此时，我国的情报研究学已经完成了第一阶段，正在进入第二阶段。但由于国家科委决定将"科技情报"改为"科技信息"，情报研究一词逐渐被信息分析所取代，情报研究学的发展也遭遇了搁浅。

情报研究学发展史上的这一重大变故，起因于1992年9月召开的第八次全国科技情报工作会议。会议上，国家科委科技信息司在所做的"关于进一步加快和深化科技信息体制改革的意见说明"的报告中，做出了"情报"改"信息"的行政决定。相应的，情报研究改为信息分析。至此，随着研究领域的扩大和社会信息化的发展，"信息分析"一词的应用逐渐普及开来。尽管信息分析的涵义已超出了情报研究的范畴，但在图书情报界依然将"信息分析"和"情报研究"视为同义词，两者混用并不鲜见。

关于信息分析的概念，在1992年更名之后出版的以"信息分析"

① 包昌火，主编．情报研究方法论[M]．北京：科学技术文献出版社，1990：18-19.

冠名的教材中也有多种表述。

1998 年中山大学卢泰宏在其编著的《信息分析》一书中，将信息分析抽象归纳为：从混沌的信息中萃取出有用的信息；从表层信息中发现相关的隐蔽信息；从过去和现在的信息中推演出未来的信息；从部分信息中推知总体的信息；揭示相关信息的结构和变化规律。[①]

① 卢泰宏. 信息分析[M]. 广州：中山大学出版社，1998：9-10.

2000 年武汉大学查先进在其编著的《信息分析与预测》一书中，认为信息分析旨在通过已知信息揭示客观事物的运动规律，其任务就是要运用科学的理论、方法和手段，在对大量的（通常是零散、杂乱无章的）信息进行搜集、加工整理与价值评价的基础上，透过由各种关系交织而成的错综复杂的表面现象，把握其内容本质，从而获取对客观事物运动规律的认识。[②]

② 查先进. 信息分析与预测[M]. 武汉：武汉大学出版社，2000：2.

2004 年南京大学朱庆华等在其主编的《信息分析：基础、方法及应用》一书中，认为信息分析是指以社会用户的特定需求为依托，以定性和定量研究方法为手段，通过对文献信息的收集、整理、鉴别、评价、分析、综合等系列化加工过程，形成新的、增值的信息产品，最终为不同层次的科学决策服务的一项具有科研性质的智能活动。[③]

③ 朱庆华，等. 信息分析：基础、方法及应用[M]. 北京：科学出版社，2004：4.

尽管由于改名，一些情报研究机构遭遇了萎缩和撤销，但值得庆幸的是，在此之前的 1991 年，为了搞清我国情报研究与国际上各类情报研究的异同，寻找国际交流与合作的接口，探索情报研究的生长点，由国家科委和国防科工委联合下达、中国兵器工业情报研究所牵头开展了“情报研究的国内外比较研究”。该项研究历时 3 年半，对三种类型（发达国家、新兴工业化国家和发展中国家）八个国家的情报研究机构进行了系统的调查、分析和比较，从中发现了竞争情报这一和情报研究有着诸多相似之处的学科前沿领域，并于 1993 年 7 月 28 日—8 月 1 日在张家界召开了全国情报研究学术研讨会，推介了竞争情报及其专业协会，提出了把竞争情报作为我国情报研究工作的发展方向之一。这不仅使情报研究在新的历史时期找到了新的增长点，而且催生了中国竞争情报专业组织。

1994年1月28日经中国科协批准、在情报研究专业委员会的基础上，成立了情报研究暨竞争情报专业委员会，促进了情报研究和竞争情报的融合。1995年4月28日，经中国科协批准、民政部登记，成立了中国科技情报学会竞争情报分会，兼行情报研究专业委员会的职能，对外亦称中国竞争情报研究会(Society of Competitive Intelligence of China，简称SCIC)，从而推进了竞争情报在中国的崛起和发展。尽管称谓有变迁，但情报研究这项学科建设的研究和发展却延续了下来。

竞争情报的引进，使已经趋于萎缩的情报研究重新恢复了生机和活力。

1994年，中国科技大学信息管理和决策科学系李正中首次开展了题为"竞争情报对企业竞争决策支持机制的研究"的国家自然科学基金项目研究；南京理工大学经济管理学院陈翔宇等于1995年3月编辑出版了我国第一本竞争情报著作《企业竞争情报研究》[①]，同年在信息管理和市场营销专业首次开设了竞争情报课程。

① 陈翔宇，等. 企业竞争情报研究[M]. 北京：兵器工业出版社，1995.

从此之后，国内掀起了竞争情报研究的一个热潮。根据笔者对中国期刊全文数据库的检索，如果以竞争情报为主题进行精确检索，1987年至今可检索出2688篇论文，如果进行模糊检索，则检索结果为4329篇，平均每年近400篇，是情报学诸分支学科里增长最快的领域之一，并且已出现一些研究竞争情报的核心团体(如上海科技情报研究所、北京大学信息管理系、南京大学信息管理系、南京理工大学信息管理系、武汉大学信息管理学院等)、核心作者(如包昌火、缪其浩、沈固朝、彭靖里、陈峰、樊松林等)和核心刊物(如《情报理论与实践》、《情报学报》、《情报杂志》、《现代情报》等)。下面将简述竞争情报理论研究所取得的进展。

有关竞争情报研究的基础理论也包括概念、属性、功能以及学科的研究对象、性质、结构及其与相关学科的关系等。

关于竞争情报的概念,很多学者给出过不同的描述,比较有代表性的有:

上海科技情报所的缪其浩在其编著的《市场竞争和竞争情报》中认为:竞争情报是关于竞争环境、竞争对手和竞争策略的信息和研究。①

南京理工大学的王曰芬等在其编著的《竞争情报与企业竞争力》中认为:竞争情报是指为达到竞争目标收集竞争对手和竞争环境的信息并转变为情报的系统化过程。②

包昌火认为竞争情报是关于竞争环境、竞争对手和竞争策略的信息和研究,它既是一种过程,又是一种产品。过程,是指对竞争信息的搜集和分析;产品,是指由此形成的情报和谋略,即为组织提供竞争决策所需的分析性情报和可行性方案。③

竞争情报的属性则包括针对性、谋略性、对抗性、超前性和增值性。

2001年秦珂等主编的《竞争情报原理》提出了竞争情报的四项功能,即导向功能、决策功能、预警功能和赢利功能。④

2003年南京大学的沈丽容博士在其出版的博士论文中提出了竞争情报的三种功能:即危机预警功能、决策支持功能和标杆学习功能。⑤

1997年南开大学信息资源管理系的王德恒提出了竞争情报学科的研究对象和体系结构,他认为竞争情报学科应是研究竞争情报构成、交流,竞争情报产业及相关因素规律的一门科学。竞争情报学科的研究对象大致可概括为如下几个方面:竞争情报基本理论的研

① 缪其浩. 市场竞争和竞争情报[M]. 北京:军事医学科学出版社,1996:58.

② 郎诵真,王曰芬,朱晓峰. 竞争情报与企业竞争力[M]. 北京:华夏出版社,2001:11.

③ 包昌火,等. 前言[M]// 郎诵真,王曰芬,朱晓峰. 竞争情报与企业竞争力. 北京:华夏出版社,2001:2.

④ 秦珂,等. 竞争情报原理[M]. 北京:气象出版社,2001.

⑤ 沈丽容. 竞争情报:中国企业生存的第四要素[M]. 北京:北京图书馆出版社,2003.

究、竞争情报工作原则及技术方法的研究、竞争情报机构组织的研究、竞争情报经济分析研究、竞争情报产业研究以及竞争情报领域相关因素的研究。竞争情报学科体系结构分为理论竞争情报学、专科竞争情报学、应用竞争情报学、比较竞争情报学。[①]

1998年，包昌火研究员将竞争情报研究的内容归纳为竞争环境、竞争对手、竞争策略三大方面和环境监视、市场预警、技术跟踪、对手分析、策略制定、竞争情报系统建设和反情报技术七大领域，[②]并据此框架主持编著《竞争情报丛书》，提出竞争情报横跨军事学、经济学、管理学和情报学的见解，为竞争情报学科的建设提供理论框架和方法论基础。

1999年，邱晓琳博士认为，企业竞争情报研究的内容是：企业竞争环境情报、企业竞争对象情报、企业竞争对手情报、企业竞争实力情报。[③]2002年，陈峰认为，应将竞争情报研究分为竞争情报理论、竞争情报技能和竞争情报应用三大层面。[④]2005年，包昌火等人提出竞争情报学科体系的基本架构可由下列五个模块构成：竞争情报的基本理论问题；竞争情报的方法论问题；竞争情报的实践问题；竞争情报的教育问题和竞争情报的管理问题。这五个模块及其具体内容如图2-3-1所示。这些见解从不同侧面勾勒了竞争情报学科建设的框架。

① 王德恒. 浅论竞争情报的学科建设与体系结构[M]//刘诗章主编. 竞争情报与企业信息化. 北京：中国计量出版社，1998：21-24.

② 包昌火，赵刚，李艳，黄英. 竞争情报的崛起——为纪念中国竞争情报专业组织成立10周年而作[J]. 情报学报，2005(1)：3-19.

③ 邱晓琳. 提升企业竞争力的情报保障[D]. 武汉：武汉大学，1999.

④ 陈峰. 面向企业战略管理的竞争情报研究[D]. 北京：北京大学，2002.

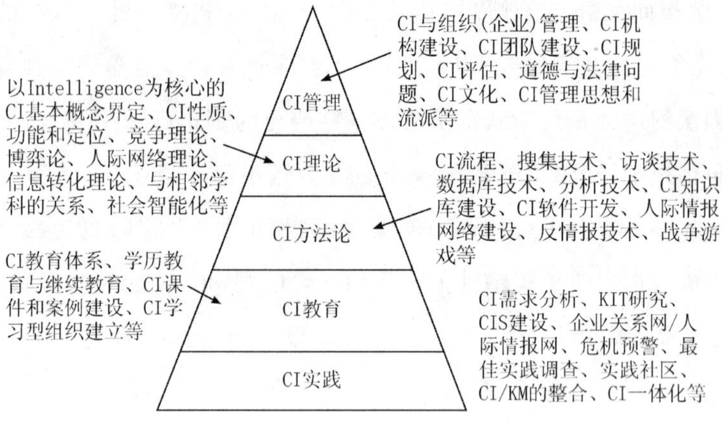

图 2-3-1 竞争情报学科体系模型[①]

① 包昌火,赵刚,李艳,黄英.竞争情报的崛起——为纪念中国竞争情报专业组织成立10周年而作[J].情报学报,2005(1):3-19.

关于竞争情报与相关学科的关系,很多研究认为其与管理学中的战略管理、市场研究、管理信息系统有部分的交叉重叠,也会大量应用社会学、市场学、经济学、法学和心理学等学科的理论知识。

关于情报研究在情报学学科体系中的地位,包昌火等人有过一段比较深入的论述,认为信息的序化和转化应是情报学的两大核心领域。所谓转化,即通过分析将信息转化为情报、知识和谋略的系统化过程。信息转化,又可称为信息分析或情报分析、情报研究。视角不同,称谓各异。视信息为始点和原料,对信息进行分析,称信息分析;视情报为终点和结果,把分析过程视作情报的生产过程,称情报分析或情报研究。信息组织、信息检索、信息构建、信息管理等主要属于信息序化的范畴;情报研究、竞争情报、数据挖掘、知识发现等主要属信息转化的范围。知识管理则应居于两者之间。序化和转化的结合,既反映中国科技的、经济的情报工作的实际,又可使情报学与信息科学和图书馆学相区别。[②]

② 包昌火,赵刚,黄英,李艳.略论竞争情报的发展走向[J].情报学报,2004(3):352-366.

2　情报研究和竞争情报的流程

流程是情报研究和竞争情报学科研究的基本问题之一，因为它揭示了情报研究和竞争情报工作的主要程序和基本规律。

包昌火等在《情报研究方法论》中提出了如下图所示的由六个步骤构成的情报研究程序图。

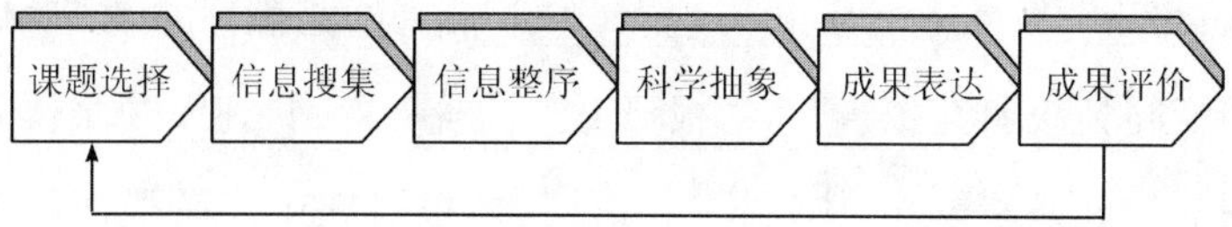

图 2-3-2　情报研究程序图①

课题选择就是选择情报研究的题目，确定情报研究的对象、目的和内容，明确研究什么，为什么研究，主要解决什么问题。《情报研究方法论》，就情报研究课题的选择，分别从选题意义、选题方式、选题步骤、选题原则与课题形成动力学五个方面进行论述。

信息搜集，也称为调查，是获取情报研究所需的文献、数据和事实，是情报研究的依据和基础，以便为研究提供必要的和可靠的素材。在《情报研究方法论》中，根据中国情报研究的实践经验，把本底情报的收集、科技文献的检索和实际情况的调查作为信息搜集的三大主要途径。

信息整序，就是将搜集来的信息进行选择和整理，以便于研究的形式表达和存储，其基本做法是按照信息的内容和形式特征实现微观和宏观上的有序化。《情报研究方法论》分"情报浓缩"、"数据整理"、"图表显示"、"信息存贮"四个部分，论述了如何对大量的信息进行处理和管理，从而为下一步的分析工作打好基础。

科学抽象，也就是我们今天所说的情报分析，历来被认为是情报

① 包昌火. 情报研究方法论[M]. 北京：科学技术文献出版社，1990.

研究工作中最重要的一个工作步骤。《情报研究方法论》指出,"科学抽象是专题情报研究最重要的一个程序,该程序的基本任务是根据调查和整序的结果,针对选题的目的,形成并提出明确的和基本的答案,如情况、结论、建议或方案"。

继信息搜集、信息整序和科学抽象等研究程序以后,作为情报研究工作的结果,最终总是要形成成果。情报研究成果可以以文字、图像、表格、声像、影视等形式出现,其中最常见的是编写成文字材料,亦即撰写情报研究报告。《情报研究方法论》详细讲述了情报研究报告的结构和撰写方法,体现了当时科技情报研究工作者严谨的工作态度和作风。书中总结了当时情报研究成果的表达形式,包括:一是动态、快报和消息;二是综述;三是评述,即带有评论性质的三次文献;四是专题报告;五是手册。

作为专题研究的最终程序,还需要提交管理部门验收和接受社会实践的检验。根据情报研究成果具有客观性、间接性、独立性的特点,以及不同类型(动态类、专题类和基础类),作者详细地论述了成果评价的指标、步骤和方法,以及即时评价与最终评价、成果评价和成果奖励、成果类型与成果等级、经济效益与学术价值、近期效益与远期效益等成果评价中的几个问题,表明我国情报研究成果的评价已经达到了相当完善的程度,并进入了部门、地方和国家的科技管理奖励和程序。

1998年何浩等人根据实践经验绘制了更为详细的情报研究程序框图,如图2-3-3所示。这个程序反映了实际工作中各个阶段常常相互交叉,彼此衔接,并经常需要进行必要的补充和调整的实情,对实践工作具有很好的指导作用。

竞争情报流程则包含两层含义:一是建立科学的竞争情报工作流程;二是将竞争情报工作融入到企业的关键活动和业务流程中去。对于竞争情报流程,我国学者大量地学习和吸收了国外的研究成果,其中美国中央情报局前情报官赫林所提出的五环模型(见图 2-3-4)被普遍接纳,并和前述的情报研究程序有着异曲同工之处。此外,戴侣红(2000)[①]、黄英(2003)[②]、李纲(2005)[③]等人还对关键情报课题这一在竞争情报流程中具有重要意义的主题进行了研究。黄英的论文是国内第一篇介绍关键情报课题的论文,李纲等人的论文则分析了决策者情报需求的构成,构建了由内容、流程、文化三个层次构成的内涵结构图和由确定与接近情报用户、访谈与明确决策需求、挖掘与生成 KIT、推进 KIT 可操作化、评价与修正五步组成的 KITs 工作流程图,论述了包括竞争情报运作机制、用户培养、竞争情报主管、竞争情报文化、竞争情报软件等方面的 KITs 实现策略。

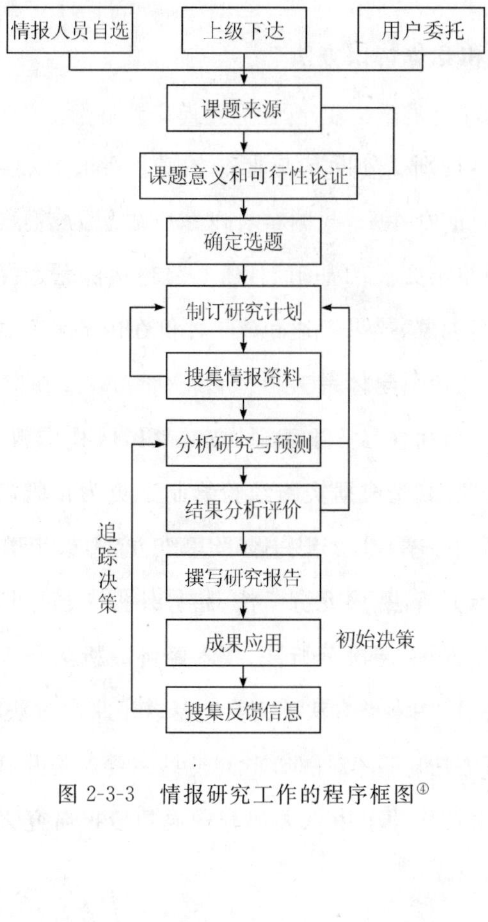

图 2-3-3　情报研究工作的程序框图[④]

① 戴侣红. 关键情报课题[J]. 情报理论与实践,2000(3):200-203.

② 黄英. 决策者需求分析——关键情报课题研究[D]. 北京大学,2003.5.

③ 李纲,李博. 论企业竞争情报的关键情报课题[J]. 情报科学,2005(1):29-33.

④ 何浩,王学东. 情报研究与预测的方法[M]. 武汉:华中师范大学出版社,1998.4:37.

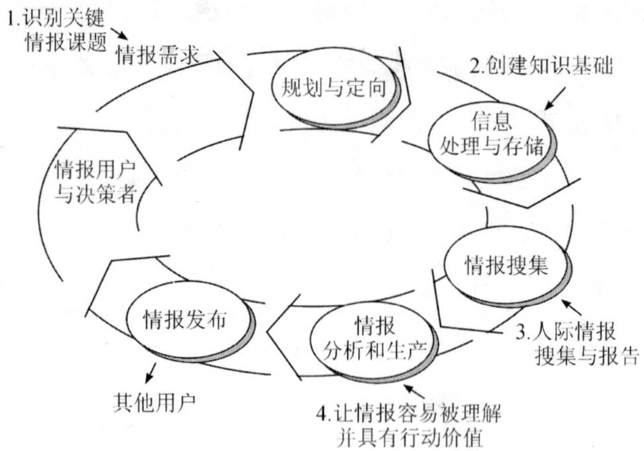

图 2-3-4　竞争情报循环中的赫林模型[①]

① Jan Herring. Key Intelligence Topics: A Process to Identify and Define Intelligence Needs Competitive Intelligence Review, 1999,10(2): 4-14.

3　情报研究和竞争情报方法

方法研究,特别是分析方法研究,始终在情报研究学科中处于最重要的地位。近 30 年来,我国学者以系统思想为指导,在总结已有经验和发展情报学方法的基础上,建立起包括课题选择、情报搜集、信息整序、科学抽象、成果表达和成果评价在内的具有我国情报研究工作特点的方法论科学体系。

其中 1990 年由包昌火主编、科技文献出版社出版、获全国优秀科技图书二等奖的《情报研究方法论》,是迄今为止国内探讨情报研究方法最全面的一本专著。该书涉及思维方法、专家调查法、文献计量学方法、内容分析法、多元分析法、趋势外推法、时间序列法、模型模拟法、最优化方法、层次分析法、技术经济分析法和投入产出法共十二大类方法,每一大类方法下面又包括若干小类方法,全部加起来有几十种分析方法,见图 2-3-5。除对这些主要方法及其使用进行详细介绍外,该书还构建了由六大部分构成的情报研究方法论的体系框架，即研究课题的选择方法、情报信息的获取方法、情报信息的整序方法、情报信息的抽象方法、情报研究成果的表达方法和情报研究成果的评价方法。

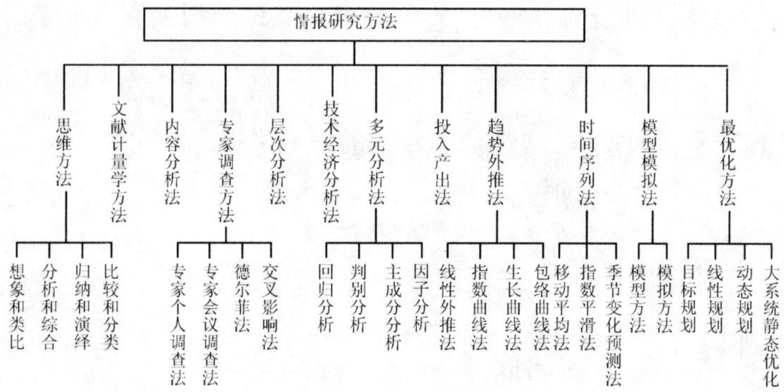

图 2-3-5　《情报研究方法论》的分析方法体系

1992 年邹志仁等人所著的《情报研究定量方法》一书，提出了如图 2-3-6 所示的情报研究方法体系结构，分为一般方法、特殊方法、中介方法和哲学方法四类。

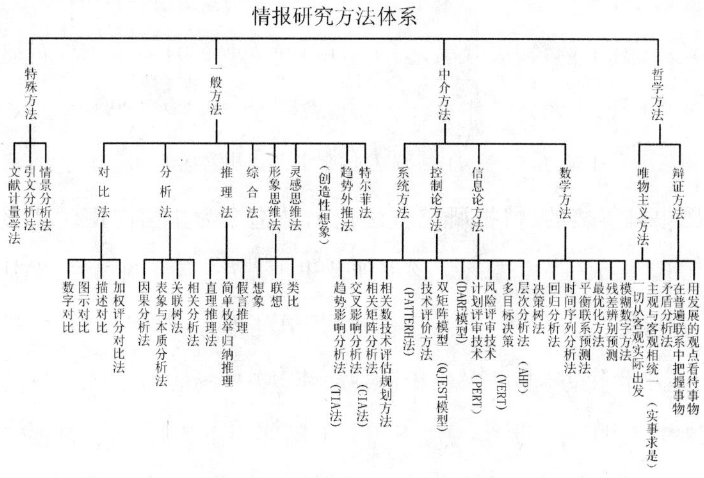

图 2-3-6　邹志仁等提出的情报研究方法体系结构[①]

① 邹志仁，黄奇，孙建军，编著. 情报研究定量方法[M]. 南京：南京大学出版社，1992：13.

1998年卢泰宏所著的《信息分析》一书，从信息分析最普遍、最基本的功能的角度出发，提出了信息分析方法的总框架，将整个方法体系由相关分析技术、预测技术和评估技术三大块组成，由定量方法、定性方法和拟定量方法交叉实现形成总体结构的框架。这个体系按分析、预测和评估这三种功能对方法进行分类的，有利于按情报研究的任务选用方法，这正是该体系的可取之处。

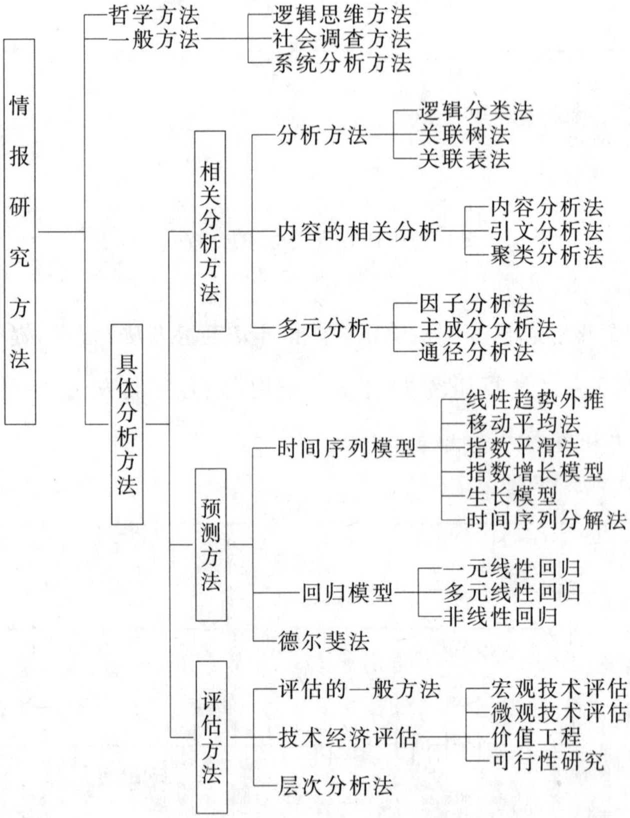

图 2-3-7　卢泰宏的信息分析体系[①]

① 卢泰宏. 信息分析[M]. 广州：中山大学出版社，1998：24.

在竞争情报方法研究方面，起初是通过邀请国外专家讲学的方式将国外的一些行之有效的竞争分析方法引进到国内的。例如，

1999年8月29日—9月2日在黄山召开的"全国竞争情报技能和案例分析"学术研讨会，就曾邀请国际著名竞争情报学家普赖斯科特作了"竞争对手跟踪"、"多点竞争分析"、"企业关键成功因素分析"、"企业核心竞争力分析"的主旨报告。之后，这些方法在国内被广泛推广和使用，并均被收录到《竞争对手分析》一书中。2004年，加拿大的克雷格·弗莱舍和澳大利亚的芭贝特·本苏桑两位竞争情报专家编著的堪称竞争情报分析方法经典著作的《战略与竞争分析：商业竞争分析的方法与技巧》一书也被翻译为中文出版，为国内的竞争情报方法建设又增添了新的活力。

在引进国外的先进方法的同时，国内学者也在探索建立竞争情报分析和研究方法体系。2000年，上海大学的樊松林在《竞争情报研究方法体系的架构与选用》一文中初步构建了竞争情报研究方法体系的框架，并尝试性探索了竞争情报主要研究范畴可使用的分析方法。[①] 他将竞争情报研究方法归纳为直观型、间接型、规范型、数学型、统计型、财务型等六种基本研究类型，每一类型又细分成若干具体研究方法，形成了一个容纳100多种方法的体系，之后又从分析竞争环境、竞争对手、竞争市场、竞争营销、竞争力、竞争战略六大研究范畴出发，阐述了每种研究范畴可以采用的分析方法。

2003年，北京大学的李艳在其博士论文《竞争情报分析方法论》中，将信息分析与竞争分析整合，构筑了既能容纳这两种分析技术，又能反映最新发展的竞争情报分析方法论。[②]

李艳认为，竞争情报分析是在系统思维指导下的模式识别过程；将信息分析与竞争分析相结合，解决了迈克尔·波特认为战略定位和操作有效性需要不同方法的问题和赫林认为以往的情报分析中商业导向有余而情报导向不足的问题。

为此，李艳构建了包含专家、信息、电脑三个方面，物理(W)、事

① 樊松林. 竞争情报研究方法体系的架构与选用[J]. 情报科学，2000(10)：871-876.

② 李艳. 竞争情报分析方法论[D]. 北京：北京大学，2003.5.

理(S)、人理(R)、专家、电脑、模拟六大模块的WSR竞争情报分析方法论。该方法论构建了新的竞争情报分析流程和信息分析流程,并以此组织相应的分析方法;引进了用于人理分析的包括管理人员文档、假设分析、盲点分析和关键分析等在内的心智模式分析;根据竞争情报分析人机结合的特点,引入了专家判断与计算机分析技术;引进了包括战争学院、战争游戏、作战室等在内的模拟分析技术,凸显了竞争情报分析的博弈特色;形成了囊括30多种分析技术的CIA方法库,并给出了示例,因而具有很好的新颖性和实用性。

4 情报研究和竞争情报系统

情报研究作为一种知识或智力劳动,其发展显然不能完全依靠人的手工操作,而应该尽量利用计算机。因此,如何建立一种人机结合的情报研究系统就成为学界关注的一个重点领域。

《情报研究方法论》一书提出了应当研究情报研究系统的设计、运行和评价以及情报研究网络的建设等问题,以寻求最佳的组织形式、运行机制和体系结构,最大限度地发挥情报研究体系的整体功能。这实际上为情报研究系统研究制定了框架。该书还专门设"计算机辅助情报研究"一章,探讨了情报研究专家系统的概念、特点、建模、实施方案以及机助情报研究系统的发展趋势。

1996年,曾建勋提出:情报研究系统是由相互作用、相互依赖的因素如信息人员、资金、工具、课题等组成的具有一定结构和功能的有机整体。[①]情报研究系统呈现拓扑结构,依系统内子系统的行为和功能可把情报研究系统分为三大类,即情报研究协调系统、情报研究执行系统和情报研究成果系统。

① 曾建勋. 情报研究系统及其调控[J]. 冶金信息工作, 1996(3).

卢泰宏探讨了机助信息分析,认为机助信息分析的实现及发展可以分为三个主要的阶段：机助数据处理阶段、系统支持阶段和人工智能阶段。①

受当时计算机技术发展的局限，在情报研究系统的研究方面，我国并未取得可以与流程和方法研究相媲美的成果。但在竞争情报系统研究方面，我国学者的研究位居该领域的前沿。

竞争情报系统是从组织的竞争战略高度出发，通过开发和利用各种信息和智力资源来提高组织竞争优势的信息系统，是竞争情报工作的组织保障和物质基础。我国学者对于竞争情报系统的研究始于1995年，迄今已发表了700多篇期刊论文，百余篇学位论文，取得了丰硕的研究成果。

1995年上海科技情报所的完平发表了"试论企业竞争情报系统的建立"，论述竞争情报的定义、功能及竞争情报的目标，设计出竞争情报流程，提出分阶段建立企业竞争情报系统的方案，并详细介绍其信息的收集、整理及分析方法。②

同年，北京大学的赖茂生和周键发表了"企业竞争情报体系的建立和发展"，提出了一个竞争情报系统主要是由情报收集子系统、加工处理子系统及情报服务子系统三部分组成。③

1997年，南京大学的方懿发表了"建立企业竞争情报系统模型的粗略设想"，提出了建立竞争情报系统(CIS)的指导原则，构建了一个竞争情报系统的粗略模型，并详细分析了构成竞争情报系统的各子系统的结构、功能及相互联系。④

1998—2000年，由国家自然科学基金资助、中国兵器工业情报研究所牵头完成了"企业竞争情报系统模式和运行机制研究"，在总结国内外经验的基础上，系统地构筑了企业竞争情报系统的基本框架、主要模式、基本功能和运行机制，论述了企业竞争情报系统的三大网络、三个系统、一个中心和六大功能，提出了企业竞争情报系统

① 卢泰宏．信息分析[M]．广州：中山大学出版社，1998：384.

② 完平．试论企业竞争情报系统的建立[J]．情报理论与实践，1995(1)：16-22，43.

③ 赖茂生，周键．企业竞争情报体系的建立和发展[C]//北京：全国竞争情报与企业发展研讨会，1995：34-37.

④ 方懿．建立企业竞争情报系统模型的粗略设想[J]．情报学报，1997(5)：388-396.

的未来发展和建设中应注意的若干问题。

该研究所设计的企业竞争情报系统的整体模型如图 2-3-8 所示。基本框架的三大网络是指信息网络、组织网络和人际网络,三个系统是指收集、分析和服务子系统,一个中心是指竞争情报中心,六大功能是环境监视、市场预警、技术跟踪、对手分析、策略制定和信息安全。其主要模式可分为分散式、集中式、重点式、独立式等,并探讨各种模式的运行机制。

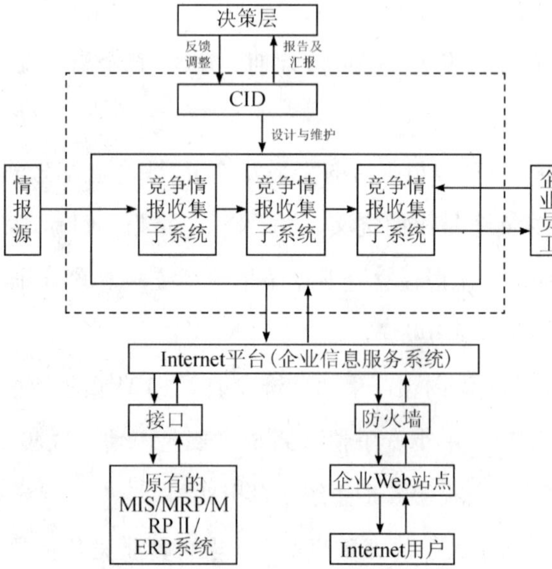

图 2-3-8　竞争情报系统整体模型[①]

① 包昌火,谢新洲,等. 企业竞争情报系统[M]. 北京:华夏出版社,2001:40.

竞争情报系统建设的主要步骤为情报审计、模式设计、组织落实、系统设计和系统实施;以内联网(Intranet)为平台,以竞争情报循环为流程,以信息技术为手段,以信息搜集、情报分析、情报服务为主要模块,实行人脑和电脑相结合、专业团队和虚拟团队相结合,是国内外学者和企业采用的基本技术路线。

“企业竞争情报系统模式和运行机制研究”课题的研究结论被其

后的研究所普遍采纳，成为我国企业竞争情报系统研究的奠基之作。

2001年南京大学的冯维扬在"竞争情报计算机系统模型分析"一文中提出运用数据仓库和联机分析技术构建竞争情报系统计算机模型，详细分析了收集、分析和服务子系统的功能、结构和作用，提出了建立竞争情报系统计算机系统应遵守的基本原则。①2002年，他在"竞争情报系统建设方法研究"一文中提出了独立建设法、外包建设法和联盟建设法，并推荐由高校和企业组成的联盟共同建设竞争情报系统的流程和做法。②

随后，南开大学的刘玉照探讨了集成模式的竞争情报系统③④⑤、上海应用技术学院的吴晓伟则从系统工程的角度探讨了竞争情报系统建设的问题⑥⑦。

以上论述从基础理论、流程、方法和系统四个方面梳理了情报研究学科在改革开放30年里所取得的重大学术进展。在这30年里，情报研究有过蓬勃发展，也曾遭遇意外打击，最终还是以凤凰涅槃的姿态重新走向辉煌。人们不禁要思考这样一个问题，是什么推动力量使之能够长足发展、历久弥新？笔者认为，改革开放后宽松的学术氛围，决策科学化、民主化的要求，信息技术的进步和研究人员的不懈努力共同铸成了情报研究学科发展不竭的驱动力。

① 冯维扬. 竞争情报计算机系统模型分析[J]. 情报学报，2001(1)：39-45.

② 冯维扬. 竞争情报系统建设方法研究[J]. 情报理论与实践，2002(2)：119-122.

③ 刘玉照. 基于C/S与B/S集成模式的企业竞争情报系统构建研究[J]. 情报科学，2005(3)：410-413.

④ 刘玉照. 面向企业信息集成的竞争情报系统[J]. 情报科学，2005(4)：573-576.

⑤ 刘玉照. 集成竞争情报系统中竞争对手识别与分析[J]. 情报科学，2005(5)：722-725.

⑥ 吴晓伟. 基于"综合集成研讨厅"的企业竞争情报系统研究[J]. 情报学报，2004(6)：746-754.

⑦ 吴晓伟. 企业竞争情报系统工程论[J]. 情报学报，2006(4)：407-419.

第四章 信息服务与用户研究

信息服务与用户研究在情报学诞生之前就已经得到较好的开展,在情报学诞生之后更是得到了极大的加强,并一直成为情报学中最活跃、最重要的研究领域之一,而且已经引起了众多学科的关注,体现了多学科属性。回顾和总结改革开放30年来信息服务与用户研究的学术进展,实属难事。我们难以全面了解和研读大量的研究成果,只能谈些粗浅的体会和认识,实有管中窥豹之忧,就算是盲人摸象吧。

1 用户研究:从"信息需要"到"人类信息行为"

用户研究活动何时开始?用户研究领域何时形成?这两个都是难有定论的问题。在国外,研究第一个问题的学者较多,观点也多,较为统一的观点是1948年。对第二个问题,学者们都认为随着研究活动的积累和发展,研究主题越来越多,似乎形成了一个研究领域,但这一领域的名称颇有争议,而且不断演变。我们暂且用"用户研究"来统称由许多相互关联的研究主题构成的领域。在这一领域中,D. O. Case的研究发现,20世纪70年代的用户研究每年有30篇左右的成果,80年代早期每年有40篇左右,80年代后期每年有50篇左右,90年代每年有100篇左右,21世纪初(截至2005年)每年有120篇左右[①]。更令人称道的是,2003年,时任美国情报科学技术学

① Case D. O. Looking for information: a survey of research on information seeking, needs, and behavior [M]. 2nd ed. London: Academic Press, 2007: 242.

会主席 T. B. Hahn 在回答美国科学学会主席团理事会提出的“20 世纪情报学对世界最重大的贡献有哪5到7项?”问题时,经研究,总结了五项,其中的第四大贡献就是情报学的研究人员对用户的信息查询、需要和偏好,以及相关性和效用评定等有关方面历时半个世纪的卓有成效的研究[①]。

我国改革开放以来在用户研究领域的学术研究又是如何继承、借鉴和发展的呢?

1.1　用户研究的起点

T. D. Wilson 认为,“用户研究”(User studies)被用作情报学的术语是从20世纪60年代流传开来的。[②]他发现在标题中最早使用该术语的期刊论文是 R. M. Fishenden 于1965年发表在《文献杂志》(*Journal of Documentation*)的论文。[③]其实,该论文使用的是“信息使用研究”(Information use studies)。我们还能发现1964年和1965年就分别在研究报告的标题中出现了“使用研究”[④](Use studies)和“用户需要研究”[⑤](User needs study)等术语。此外,在情报学的研究主题和文献评论中,还出现了“信息需要”(Information needs)、“信息需要与使用”(Information needs and uses)、“信息查询行为”(Information-seeking behaviour)、“用户行为”(User behaviour)等术语。直到1976年,英国谢菲尔德大学创建了“用户研究中心”(Centre for Research on User Studies,该中心于1989年停止运行),在情报学领域首次直接出现了“用户研究”(User studies)这一名称;次年,该中心的研究人员首次在研究成果[⑥]的标题中直接使用了“用户研究”这一术语。

可见,在国外的情报学研究中,虽然“用户研究”这一术语的名称在1976年才出现,但这一名称对应的概念(所指)从20世纪60年代中期就开始流传。我们可以认为,用户研究从20世纪60年代中期

① Hahn T. B. What has information science contributed to the world [J]. Bulletin of the American Society for Information Science and Technology, 2003, 29 (4): 2-3.

② Wilson T. D. Information needs and uses: fifty years of progress [M]// Vickery, B. C. Fifty years of information progress: a Journal of Documentation review. London: Aslib. 1994: 15-51.

③ Fishenden R. M. Information use studies. Part 1. Past results and future needs [J]. Journal of Documentation, 1965, 21: 163-168.

④ Davis R, Bailey C. Bibliography of use studies (Project No. 195) [R]. Philadelphia, PA: Drexel Institute of Technology, 1964.

⑤ Auerbach. DOD user needs study, Phase I: Final technical report 1151－TR3 [R]. Philadelphia, PA: Auerbach Corporation, 1965.

⑥ Ford G. User studies: an introductory guide and bibliography [R]. Sheffield: Centre for Research on User Studies, 1977.

开始成了情报学中的一个学术研究领域。此前出现的一些相关研究基本上只是关于科技人员使用文献资料情况的调查,到20世纪70年代末80年代初,在用户研究领域出现了"信息需要"、"信息需要与使用"、"信息查询行为"等众多热门的研究主题,以及大量的关于包括科学家、工程师、学者、管理人员、律师等从事各种职业的人员,包括市民、消费者、病人、学生等担任各种社会角色的人员,包括年龄、种族、性别、经济状况等不同人口学特征的人群在上述研究主题范围的调查研究。

更值得注意的是,"用户研究"这一领域名称在国外并没有能够被广泛接受,先知先觉者开始实际探讨这一领域的基础理论问题,不再只是对缺乏基础理论的忧虑,并逐渐创立了既能融贯先前的研究,又有基础理论模型和广泛应用,且富有生机和活力的跨学科的"人类信息行为"研究领域。

国内在改革开放初期,图书馆学中的"读者研究"已经取得较多成果;情报学中的用户研究受到了足够重视,只是缺少相关成果的积累、研究力量的聚集、国外的参考资料和明确的研究方向。

1.2 信息需要与使用的调查研究

改革开放30年来,用户研究领域与情报学及其他学科一样,在我国社会大变革、经济大发展、技术大飞跃、观念大转变等背景中,取得了迅猛的发展和长足的进步。通过回顾分析30年来的研究成果,尤其是期刊论文,我们可以大体上了解用户研究的总体情况,并进一步把握重大的学术进展和领域特征。

在对以往研究成果的统计分析和评论方面,虽然没有像《信息科学与技术年度评论》(*Annual Review of Information Science and Technology*)那样,曾经11次由权威人士连年或阶段性地撰写关于信息需要与使用总体研究的评论文章,但吴荣峰[①]、程刚[②]、邱燕燕[③]、

① 吴荣峰. 国内情报用户研究期刊论文的统计分析[J]. 情报业务研究, 1993, 10(3): 153-157.

② 程刚. 近年来我国信息用户研究综述[J]. 情报理论与实践, 2005, 28(6): 667-670.

③ 邱燕燕. 2000—2005年我国信息用户研究理论综述[J]. 图书情报工作, 2006, 50(7): 58-61(72).

邹艺[1]等人分别对不同时间段的用户研究成果进行了统计分析和评论，做了许多艰辛、细致和有益的工作。吴荣峰统计分析了1980—1992年发表的619篇情报用户研究论文（包括调研报告和译文），发现这13年的情报用户研究具有“明显的阶段性”，1980年总共只有关于“用户教育”的2篇论文，论文数量到1987年达到高峰的110篇，此后逐年减少，到1992年时也就30篇；程刚利用“中国期刊全文数据库”，分别以“情报用户”和“信息用户”为检索词进行了篇名检索，得到了1998—2004年（2004年为部分数据）间的104篇论文，发现论文作者中来自高校的占全部作者的69.23%，其中来自高校图书馆的作者共有45位，占43.27%，名列第一，来自高校院系的作者共有27位，占25.96%，名列第二。这些文章还反映了我国改革开放以来用户研究活动的以下特点：

(1)“信息用户需求”和“信息用户教育”是用户研究活动中最集中的研究主题，分别占论文总数的27.79%—44.13%和24.72%—40.10%（见表2-4-1），其他的研究主题还有“用户心理与行为”、“用户管理与情报服务组织”、“用户研究理论方法”、“用户满意度”、“用户市场”等。

表2-4-1　不同时期“用户需求”和“用户教育”论文数量集中度

研究者及年限	用户需求(%)	用户教育(%)	合计(%)
吴荣峰(1980—1992年)	27.79	24.72	52.51
程刚(1998—2004年)	38.46	33.65	72.11
邱燕燕(2000—2005年)	33.42	40.10	73.52
邹艺(1996—2005年)	44.13	33.20	77.33

(2)由于我国“科技情报”改名为“科技信息”，“情报用户”也跟着多用“信息用户”代替。

(3)“用户研究”领域内的研究主题没有较为统一的划分，显得概

① 邹艺．信息用户的研究热点分析[J]．高校图书馆工作，2006，26(5)：20-23.

念体系不够清晰。这点从各自统计时的主题划分或检索时的主题词选择互不一致较易发现。

(4)20世纪80年代及90年代初期用户研究的开放程度似显不足,就像吴荣峰在文章中指出的"用户研究各主题引用的论文主要限于本主题,用户研究与情报科学以外的学科之间的联系相对而言显得过于薄弱",在总共619篇论文中"情报用户研究论文共引用外文文献147次,其中英文124次,俄文21次,日文只有2次"。

通过进一步查阅文献,可以发现用户研究30年来总体上发展较快,有的方面取得了重大进展。限于篇幅,这里就不对各个研究主题加以分析,只是粗略地总结一下主要进展。

第一,用户研究的成果丰富了情报学的学科内容。情报学从一开始就把用户研究看作是重要的组成部分,在情报学的著作中均有专门章节论述用户问题。随着用户研究的不断深入和人们对用户研究的认识的不断提高,卢泰宏提出的"面向情报用户"作为"情报科学的三个研究规范"之一并成为新的核心的观点[①]被广为接受。

第二,用户研究的学科地位得到肯定和加强。学科是相对独立的知识体系。我国于1992年发布、1993年7月1日开始实施的《中华人民共和国国家标准学科分类与代码表》(GB/T13745－92),明确指出"情报用户研究"包含在三级学科"情报服务学"范围内。这在一定意义上标志着"用户研究"在我国已经于20世纪90年代初成为专门的研究领域。相丽玲和成列秀提出了"信息用户学"这一学科名称,并构想了其学科体系。[②]

第三,在介绍、吸收、借鉴和研究国外的用户研究成果方面取得成效,并对国内的用户研究起了重要作用。胡小菁准确地总结了国外用户研究对象从自然科学用户到社会科学用户、从学术研究用户到应用开发用户、从专业人员用户到社会公众用户的"广泛化趋

① 卢泰宏. 情报科学的三个研究规范[J]. 情报学报, 1987(1): 19-22.

② 相丽玲, 成列秀. 信息用户学学科体系构想[J]. 晋图学刊, 1998(1): 18-19.

势”[①]，对开阔国内同行的视野很有积极意义。韩永青[②]介绍了国外用户研究在“信息用户需求”、“信息用户安全”、“信息用户满意度”、“信息用户行为及心理”、“信息用户能力与学习”、“信息系统设计中的用户因素”、“信息系统、信息技术的使用”等研究主题的最新成果。

第四，用户研究的理论建设，尤其是研究体系的构建和“信息需要”、“信息行为”等专题理论的完善，取得了可喜的成绩。《情报用户研究》[③]、《信息市场经营与信息用户》[④]、《信息服务与用户》[⑤]等著作的出版，标志着我国用户研究领域的重要进展，也为相应的专业教学活动提供了基本教材，为用户研究与实际的信息系统建设、信息市场经营、信息服务工作等相结合提供了必要的理论和方法指导。

第五，用户研究活动的广泛和深入开展，推动了相关的实际工作中人们的理念从“以系统为中心”向“以用户为中心”的转变，并进而对图书馆工作、信息工作、信息系统开发与集成工作、信息服务工作等的改革和进步起到了积极的作用和影响。

上述进展的总结肯定很不全面，但确实不难发现我国在用户研究领域的研究与国外的同类研究之间存在着较大差距。最大的差距恐怕还不在于对细分人群信息需要和使用的调查研究的量和质上，也不在于研究领域名称的区别，而是我们的研究较少往“深入”的方向进行，包括较少深入到经济建设和社会生活的实际，较少深入到用户研究无法回避的基础理论和理论基础层面。

1.3 人类信息行为研究的兴起和发展

在我们所谓的“用户研究”领域中，常常给人同一概念的名称多、同一名称的定义多的印象，其原因确实不少，包括翻译的原因，如“Information needs”就有“信息需要”和“信息需求”（本文取前者），“Information seeking”就有“信息查询”、“信息查寻”、“信息查找”等（本文取第一个），这里不做进一步的分析。本章一开始就笼统地说，

① 胡小菁. 信息用户研究对象的广泛化趋势[J]. 图书馆，1999(1)：29-31(47).

② 韩永青. 国外信息用户研究进展[J]. 情报科学，2008，26(7)：1102-1109.

③ 胡昌平. 情报用户研究[M]. 武汉：湖北科学技术出版社，1987.

④ 陈建龙. 信息市场经营与信息用户[M]. 北京：科学技术文献出版社，1994.

⑤ 胡昌平. 信息服务与用户[M]. 武汉：武汉大学出版社，2008.

较为统一的观点是认为用户研究始于1948年。根本原因是这一年的6月21日至7月2日,在英国伦敦召开了"皇家学会科学信息大会"(Royal Society Scientific Information Conference),该会议是因1946年英国皇家学会帝国科学大会的推荐而由英国皇家学会举办的,会议代表来自负责出版、文摘和信息服务的各图书馆、学会和机构,会议的目的主要是探讨如何改进当时科学文献的收藏、标引、分配的方法和文摘服务,会议专门讨论了从科学用户角度考虑的信息服务[①],会上提交了"科学文献使用的调查分析"[②]等报告。从此,研究者开始结合人们的工作去理解其如何使用信息。也因此,虽然用"信息需要与使用"或"信息查询行为"概括其研究领域的学者们彼此在名称问题上存在争论,但都倾向于以这次会议为起点。

在我国,相对于"信息需要与使用"研究而言,"信息查询行为"及"信息行为"的研究就显得薄弱许多。如果我们以"情报行为"为关键词在"中国期刊全文数据库"进行精确匹配检索,就可发现最早发表的题名中含"情报行为"的期刊论文,即王万宗的"用户的情报需求及其情报行为"[③];如果检索词换成"信息行为",就能发现1996年才出现期刊论文的题名中含有"信息行为"的论文,即林平忠的"论图书馆用户的信息行为及其影响因素"[④]。

21世纪初开始,专门评述有关信息行为研究成果的文章和介绍国外信息行为模型的文章频繁出现,如2002年曹树金和胡岷的"国外网络信息查寻行为研究进展"[⑤]、2005年沙勇忠和任立肖的"网络用户信息查寻行为研究述评"[⑥],以及朱婕、靖继鹏和窦平安的"国外信息行为模型分析与评价"[⑦],2006年曹双喜和邓小昭的"网络用户信息行为研究述略"[⑧],2007年冯花朴的"网络用户信息行为研究进展"[⑨]等。还有一个现象就是,从2006年开始,每年关于信息行为总体研究的论文猛增。

① Mcninch J. H. The Royal Society Scientific Information Conference, London, June21 — July2, 1948 [EB/OL]. [2008-09-06]. http://www.pubmedcentral.nih.gov/articlerender.fcgi/artid=194801
② Bernal J. D. Preliminary analysis of pilot questionnaire on the use of scientific literature [C]// Proceedings of the Royal Society Scientific Information Conference. London: Royal Society, 1948.
③ 王万宗. 用户的情报需求及其情报行为[J]. 情报学刊, 1984, 5(1): 59-62(74).
④ 林平忠. 论图书馆用户的信息行为及其影响因素[J]. 图书馆论坛, 1996 (6): 7-9.
⑤ 曹树金, 胡岷. 国外网络信息查寻行为研究进展[J]. 国家图书馆学刊, 2002(2): 46-53.
⑥ 沙勇忠, 任立肖. 网络用户信息查寻行为研究述评[J]. 图书情报工作, 2005 (1): 134-138.
⑦ 朱婕, 靖继鹏, 窦平安. 国外信息行为模型分析与评价[J]. 图书情报工作, 2005 (4), 48-52.
⑧ 曹双喜, 邓小昭. 网络用户信息行为研究述略[J]. 情报杂志, 2006(2): 79-81.
⑨ 冯花朴. 网络用户信息行为研究进展[J]. 情报杂志, 2007 (9): 25-28.

再通过查阅其他一些研究论文，我们大体上可以发现改革开放以来在信息（情报）行为方面的如下进展：

第一，无论早期的情报行为研究，还是后期的信息行为研究，在与情报需要或信息需要结合起来研究的同时，出现并逐步加强了情报行为或信息行为的专门研究，如张国海和张玉玲的“论用户情报行为”①、孙德华的“关于信息行为社会控制体系的建立”②等。

第二，随着互联网的发展和普及，关于用户的网络信息行为研究成了热点，而且在用户群体和行为类别的细分、研究方法的多样化等方面取得了较大的拓展，如王益明的“北京市高校学生完成学位论文期间的互联网信息查询行为研究”③、任立肖的“网络用户信息行为研究方法与工具的三维框架”④等。

第三，比较及时和充分地介绍和评论了国外信息行为研究的主要理论方法模型和在多个方面的研究进展。

需要说明的是，在情报学研究中，信息行为向来是最重要的研究领域之一。随着信息环境（尤其是互联网的诞生和发展）的变化，众多研究者不仅一直关注信息查询行为，而且适时开展了信息搜索行为（Information Searching Behavior）和信息使用行为（Information Use Behavior）研究。到了20世纪90年代中后期，“信息行为”作为图书馆学情报学的次级学科领域已经成为大家的共识。⑤经过多年的讨论研究，在21世纪初，人们倾向于认为“信息行为”是人类行为的一种，是人类与信息资源和信息渠道有关的各种主动和被动行为的总称⑥，包括人们在不同环境下如何需要、查询、管理、提供和使用信息等行为，并出现了D. O. Case所撰写的专著，在美国各个图书馆学情报学学院开设了作为核心课程的“人类信息行为”。

近些年来，“人类信息行为”已经成为跨学科的专门研究领域。信息行为研究引起了多个学科极大的关注，更多的不同学科领域的

① 张国海，张玉玲. 论用户情报行为[J]. 图书情报工作，1994(1)：14-17.

② 孙德华. 关于信息行为社会控制体系的建立[J]. 武汉理工大学学报，2006，28(8)：68-71.

③ 王益明. 北京市高校学生完成学位论文期间的互联网信息查询行为研究[J]. 数字图书馆论坛，2006(11)：1-11(23).

④ 任立肖. 网络用户信息行为研究方法与工具的三维框架[J]. 中国信息导报，2007(10)：59-61.

⑤ Pettigrew K. E, Fidel R, Bruce H. Conceptual frameworks in Information behavior [J]. Annual Review of Information Science and Technology，2001，35：43-78.

⑥ Wilson T. D. Human information behavior [J]. Information Science，2000，3(2)：49-55.

专家学者开展了相应的研究。2005年出版的由来自10个国家的85名学者共同编写的《信息行为理论》[①]一书，提炼了全球74种信息行为理论和方法模型，其中2种出自计算机科学、3种出自人文科学、26种出自社会科学、43种出自图书馆学情报学。

① Fisher K. E, Erdelfz S, Mckechnie L. Theories of Information Behavior [M]. Medford, NJ: Information Today, 2005.

这些研究已经呈现出了这样的趋势：信息行为研究不仅仅关注各种类型的信息行为，以查询、搜索、使用等行为类型为研究对象，而且已经关注不同人群的信息行为，把人群及其相应的信息行为共同作为研究对象；不仅仅旨在揭示人类信息行为的特点和规律，而且开始注重研究成果在更宽广的实际领域和行业的应用。正是在这种背景下，北京大学于2007年创建了"北京大学信息化与人类信息行为研究所"。

2 信息服务研究：从"图书馆信息服务"到"信息服务业"

"信息服务"是实践性很强的研究领域。我国的改革开放国策带来了各行各业的生机与活力。图书馆的服务功能进一步加强，服务范围进一步扩大；国民经济各行各业、社会管理各部门各系统以及彼此之间的联系更加紧密，包括信息需求在内的各种需求明显增多。1992年的思想解放运动，更促进了改革开放的深入发展，而且激发了人们观念的巨大变化。信息服务实践伴随着改革开放的深入和扩大，从弱到强，快速发展；针对实践中出现的现象和存在的问题，信息服务研究活动同步展开，各显神通，硕果累累。虽然信息服务因具体实践活动的差异而出现多种多样的定义(多为操作性定义)，但"信息服务"(或1992年前的"情报服务")这一领域名称较为公认和统一。梁战平在回顾和总结我国情报学和情报工作时，研究发现了新中国情报学和情报工作的七大历史性贡献[②]，其中的第一项"为重大决

② 梁战平. 情报学和情报工作的历史性贡献[J]. 情报理论与实践, 2004, 27(4): 341-342(399).

策、重要工程项目、重点科研项目发挥'耳目、尖兵、参谋'作用，为四个现代化提供情报服务"、第五项"实现数字化信息资源共建共享"、第六项"跟踪报道发达国家科学技术"、第七项"科技成果推广与应用"等贡献，充分体现了信息服务研究和工作的重大意义。

2.1　信息服务研究的起点

我国改革开放初期开始的信息服务研究活动的蓬勃开展，除了受益于新的政策背景和人们的思想活力，以及图书馆系统、各级科技情报研究所和有关方面较好的研究基础外，至少还要注意到国外的两项研究：一是 M. U. Porat 于 1977 年发表的研究报告《信息经济：定义与测量》[1]，不仅进一步明确了渗透于国民经济各个部门之中的信息活动，即与信息产品和服务在生产、处理、流通中所消耗的一切资源相关的经济活动，而且系统地提出了信息经济的测度方法。这项研究不仅在美国，还在世界范围内引起了极大反响。二是 L. Maranjian 和 R. W. Boss 于 1979 年所进行的关于美国和加拿大收费信息服务机构的调查研究[2]，发现包括图书馆等非营利机构在内的多种机构和自由职业者所从事的，兴起于 20 世纪 60 年代末、在 70 年代中期飞速发展的收费信息服务，其重点已从计算机文献检索和传递服务转向专业化的信息服务。

① Porat M. U. The Information Economy: Definition and Measurement [M]. Washington, D. C.: Government Printing Office, 1977.

② Maranjian L, Boss R. W. Fee・based Information Services [M]. New York: R. R. Bowker Company, 1980.

2.2　图书馆信息服务研究的深化和信息服务概念的演变

当我们把信息服务的存在形式看作是某种社会活动时，就会很自然地关心"谁提供的服务?"、"为谁提供服务?"、"提供什么服务?"、"如何提供服务?"等基本问题。这些基本问题其实就是"信息服务者"、"服务对象"、"服务内容"和"服务策略"等基本要素。像信息服务实践中存在的"图书馆"、"信息中心"、"机构"、"机构的某一部分"，还有可能的"个人"、"团体"、"信息研究所"、"公司企业"、"产业活动单位"等都是属于"信息服务者"；像"用户"、从事各种职业的"社会主体”、“用户的信息需要”，还有可能的“用户当前面临的问题”、“用户的期望”等都是属于“服务对象”；像“信息”、“信息产品”、“劳务”，还有可能的“知识”、“信息服务产品”、“服务劳动”等都是属于“服务内容”；像“方式”、“手段”，还有可能的“程序”、“方法”等都是属于“服务策略”。这些要素可以分别形成信息服务的基本概念及其拓展概念，并在具体的社会关系中按照一定的逻辑关系结合在一起，构成信息服务的完整的形式属性。

基于上述理解，我们分析出50多个概念名称，在“中国期刊全文数据库”分别进行题名精确匹配检索，发现题名中精确含有“图书馆信息服务”的发文量遥遥领先，占30年来题名中精确含有“信息服务”的总发文量过万篇的25%。其余的依次是“信息服务业”(7.94%)、“个性化信息服务”(5.77%)、“信息咨询服务”(4.44%)、“信息服务模式”(2.92%)、“农业信息服务”(2.69%)、“档案信息服务”(1.84%)、“数据库服务”(1.30%)等。这八个概念名称或研究主题的发文量超过半数，达51.9%。

可见，“图书馆信息服务”研究虽然不是信息服务研究领域的全部，但有其独特的和重要的地位。我们无意综述这么大量的论文，也很难逐篇阅读，无法具体分析图书馆信息服务研究的学术进展。但根据有限数量的集中阅读和近30年来一贯的在用户和信息服务领域的学习和科研体会，可以说，图书馆信息服务研究的不断深化是重大进展之一。

图书馆信息服务研究的不断深化是图书馆信息服务实践不断发展、服务创新理念的不断强化、可资利用的技术设施不断改进、研究队伍不断壮大等多方面原因促成的。“图书馆信息服务”明确了“服务者”，即图书馆，其研究的深化主要表现在以下三个方面：

(1)图书馆的服务对象不断细分。在传统的信息服务实践中，图书馆的服务对象主要是以人群划分的，如高校图书馆主要为本校的学生和教职员工服务、公共图书馆主要为本地或本社区的居民服务。在新的实践和研究中，针对互联网对传统图书馆服务在一定程度上的替代性等新情况，勇于创新的图书馆和研究人员进行了许多新的探索，把服务对象进行细分，以提高服务的针对性和吸引力。如按学科类别、按科研项目等划分教学科研人员，按年级、课程、教学进度等划分学生用户。另外就是探索如何充分利用互联网等信息通信先进技术，不断扩大服务对象范围，发挥社会服务功能，如于晓梅的“高校图书馆信息服务市场开发度研究”①、刘莉的“电子商务与高校图书馆信息服务的思考”②等。

(2)图书馆的服务内容不断丰富。图书馆在传统的书刊借阅、复制传递、辅导咨询、定题服务等服务项目和书目、索引、文摘等产品的基础上，不断探索和开发新的产品和服务项目，如毛军的“图书馆信息服务和搜索引擎的跨界合作”③、胡广霞和周秀会的“信息共享空间：高校图书馆信息服务的新趋势”④等。

(3)图书馆的服务策略不断改进。图书馆在传统的馆内现场服务、文献服务、被动服务等服务方式和手段的基础上，不断探索和研究远程服务、数字服务、推送服务等新的服务方式和手段，如张燕萍和谷皓的“Web2.0 模式对图书馆信息服务的挑战与机遇”⑤、黄炜宇的“数字图书馆个性化信息服务浅谈”⑥、王玉林的“数字图书馆信息服务基本法律问题研究”⑦等。

与图书馆信息服务研究取得重大进展同时，信息服务研究另外一个重要进展就是涌现出了大量的研究主题，有些已经成为近些年来的研究热点，丰富和深化了信息服务研究领域。新的主要的研究主题主要有前述的“信息服务业”、“个性化信息服务”、“信息咨询服务”、“信息服务模式”、“农业信息服务”、“档案信息服务”、“数据库服

① 于晓梅. 高校图书馆信息服务市场开发度研究[J]. 图书馆建设，2007(5)：92-93.

② 刘莉. 电子商务与高校图书馆信息服务的思考[J]. 情报科学，2007，25(9)：1317-1320.

③ 毛军. 图书馆信息服务和搜索引擎的跨界合作[J]. 现代图书情报技术，2006(9)：2-7.

④ 胡广霞，周秀会. 信息共享空间：高校图书馆信息服务的新趋势[J]. 情报资料工作，2007(1)：109-111.

⑤ 张燕萍，谷皓. Web2.0 模式对图书馆信息服务的挑战与机遇[J]. 情报理论与实践，2006(6)：719-722.

⑥ 黄炜宇. 数字图书馆个性化信息服务浅谈[J]. 现代情报，2007(10)：81-83.

⑦ 王玉林. 数字图书馆信息服务基本法律问题研究[J]. 中国图书馆学报，2007(3)：98-102.

务”等,这些研究主题已经显示出较好的成长性。另外像“信息增值服务”、“公共信息服务”、“信息服务管理”等研究主题也表现出了强劲的发展势头。限于篇幅,这里就不作具体介绍了。

信息服务研究的第三大重要进展就是信息服务概念的不断演变,变得与实际的结合更加紧密。信息服务概念的发展主要表现为形式、功能和性质等方面的变化,可以分析出如下复加的演变进程:

(1)公益事业导向的文献信息服务。20 世纪 80 年代以前,信息服务主要以“图书馆”和“科技情报研究所”为主体开展。这些服务都因“图书馆”和“科技情报研究所”的公益事业性质而属于公益性、事业型,服务对象局限于所属单位内部,经费由上级拨给。完成上级交办的任务、为领导决策服务是公益事业导向的文献信息服务的基本功能和作用。毫无疑问,这是计划经济体制下的必然选择,虽然服务对象较为单一、服务质量缺少刚性指标,但其所发挥的重要作用是有目共睹的,而且在市场经济中仍然发挥重要作用。

(2)对外经营导向的有偿信息服务。进入 20 世纪 80 年代以后,处于经费严重短缺和我国经济形势的变革等原因,图书馆等机构开始探索“有偿情报服务”,并很快形成了三种主要的创收途径:“一是通过‘硬设备’创收,如利用现代化技术设备开展声像、复制服务等。这类收入比较高,是有些情报所的创收‘主力’。二是通过‘软技术’创收,如开展检索咨询、研究报道及其他文献情报服务。此类收入一般较少,个别报刊依靠广告收入例外。三是利用‘经济实体’创收,如自办、合办公司或承包、租赁企业,开展横向经济联合等。该类创收情况不一,有的经济效益较好,有的却很差。”① 其实,这中间的做法和效果多种多样,有的做得不错,本职工作与创收工作两不误,效果也不错,在较大程度上弥补了经费的不足;也有的既耽误了本职工作,又挣不到钱,甚至有的还造成了国有资产的流失。有偿信息服务

① 岳剑波. 有偿情报服务的理论与实践[J]. 情报理论与实践, 1990(3): 5-8.

本无可非议，而且其对外经营导向和尝试值得肯定。然而在服务者的性质和管理体制没有改变之前，如果把对外经营导向当作全部工作的主导方向，就会出现这样那样的问题。

(3)用户市场导向的企业信息服务。20世纪80年代后期，随着经济体制和科技体制的进一步改革和发展，在1987年"国家信息中心"的成立和1988年《国家科委关于加快和深化科技情报体制改革的意见》的出台等举措的引导和作用下，以企业或公司性质出现的信息服务者不断涌现，"科技信息研究所"正式开始向产业型和经营服务型转变，并按"一业为主、多种经营"的原则兴办了经济实体。尤其是受1992年国务院颁布并实施的《中共中央、国务院关于加快发展第三产业的决定》和同年召开的全国科技情报工作会议的鼓舞和影响，信息服务企业和企业化管理的信息部门大量涌现。最值得关注的是在1995年互联网投入商用并飞速发展的震撼和诱惑下，从事网上、网下信息服务的公司迅猛增加。这类企业或公司(尤其是发展得较好的企业或公司)所坚守的"市场导向"原则和"以用户为中心"的理念及其给人们带来的关于信息服务的观念转变，以及网络信息服务市场的开拓，等等，是值得充分肯定和高度赞赏的。这使得信息服务的结构形式更加完善，使得信息服务的功能充分施展，使得信息服务的性质发生积极的重大的变化。

(4)生产导向的信息服务业。世纪之交，社会主义市场经济体系在我国初步建成，信息化已突破行业和领域范围而成为国家的发展战略。在这种形势下，信息服务的发展空间更大了，信息服务的功能将被充分挖掘，发挥其在各行各业各个领域的重要作用，信息服务的行为性质包含了经济学、管理学等更多学科和领域的特征，信息服务的存在形式也由以"活动"为主转变为以"产业"或"行业"为主。从其他服务产业的发展情况看，信息服务业也要坚持"生产导向"，强调服务和信息服务产品的生产。当然,信息服务的生产有其特殊性,比如必须坚持用户导向性,在服务与产品的关系中以服务为核心等。

2.3 信息服务业研究的拓展与用户导向信息服务理论的形成

随着社会关系的变化以及信息服务基本要素的发展和结构形式的变化,信息服务出现了"产业"和"行业"的存在形式,可统称为"信息服务业"形式。这是信息服务实践和研究不断拓展的结果,也是信息服务研究的又一重要进展。

20世纪90年代初,受到国家产业政策、经济社会形势、人们的思想观念等众多方面的积极影响,信息服务业研究开始迅猛发展,"信息服务学"(原名为"情报服务学")成了国家标准学科分类中二级学科"情报学"下属的三级学科。研究活动向信息服务在国民经济中的发展问题、发展趋势和对策问题等方面拓展。比如,娄策群和程鹏调查分析了我国信息服务业的若干问题[①];符绍宏发现"网络环境下信息服务的变化是多方面的,既体现在服务内容的深化上,又体现在信息服务的提供与经营方式的改变上"[②];马海群结合我国加入世界贸易组织的情况,及时提出并探讨了"如何正视我国信息咨询业发展的不足,借助网络化技术条件以及政府上网良机,构建我国现代化、开放式信息咨询产业格局"[③]等问题;乌家培和周起凤针对21世纪的中国信息服务业,提出了六大信息服务体系建设,并呼吁"在国家领导决策层,把制定国民经济和社会信息化的长期发展规划放在重点战略地位"[④];马费成从信息需求的变化和信息技术的发展角度考察并提出信息服务的"典型趋势"[⑤];赖茂生在详细分析世纪之交的社会信息需求、信息技术和信息资源等信息环境的基础上,构建了由信息服务平台、服务对象、信息内容、信息服务方式和手段、服务机构组成的"21世纪的电子信息服务体系"[⑥];周智佑不仅较为全面地研究和介绍了国外众多国家信息服务业的研究和发展状况,还针对国

① 娄策群,程鹏.发展我国信息服务业若干问题的调查与分析[J].情报学报,1994,13(3):192-200.

② 符绍宏.网络环境下的信息服务[J].情报学报,199918(5):455-462.

③ 马海群.WTO与我国信息咨询服务业的创新发展[J/OL].中国科技产业.http://162.105.138.196/ceinet/hot topic/source/b/bc2001031209.html.

④ 乌家培,周起凤.迈向二十一世纪的中国信息服务业——中国信息服务业的发展及其对策[J].信息经济与技术.1994(10):8-13.

⑤ 马费成.步入21世纪的信息服务[J].武汉大学学报(哲学社会科学版),1996(6):112-117.

⑥ 赖茂生.21世纪的电子信息服务体系(上、下)[J].中国信息导报,2000(1):6-9,(2):10-12.

内的具体情况进行了大量的研究和探讨，形成了专著《现代信息服务产业与市场》[1]；甘利人和张颖提出了数字环境下我国信息服务业创新"以人为本"的思想[2]；王平军探讨了西部地区信息服务业的发展对策[3]。

随着研究活动的不断深入和拓展，信息服务理论建设在专题理论方面取得重大进展的同时，基础理论也取得了成果，我们称之为"用户导向信息服务理论"[4]。用户导向信息服务理论以信息服务基本的、普遍的和发展的问题为研究对象，不仅充分肯定信息用户在信息服务中的重要地位，而且强调信息用户的导向作用。这也是信息服务研究领域新的学术进展。

3 基本结论

通过粗线条地回顾和总结我国改革开放以来信息服务与用户领域的研究状况，我们似乎可以得到如下的一些基本结论：

(1)改革开放为信息服务与用户研究带来了生机和活力。与情报学及其他学科领域一样，信息服务与用户研究活动及时开展与国外同行的学术交流活动，及时了解、学习、吸收、借鉴国外先进的理论和方法成果。当然，处在情报学范围内的信息服务与用户研究似乎可以做得更好，因为我们在许多方面与国外的新发展还存在较大的差距。

(2)信息服务与用户研究的学科地位得到进一步巩固和加强。信息服务与用户领域的研究活动及其所取得的成果，对情报学的学科发展及其重大贡献功不可没，对相应的实际工作产生了积极的重要的影响。

(3)用户研究领域的研究重点已经由信息需要与使用研究转向

① 周智佑. 现代信息服务产业与市场[M]. 北京：北京图书馆出版社，2001.

② 甘利人，张颖. 数字环境下我国信息服务业发展思考[J]. 图书情报工作，2003(5)：98-101.

③ 王平军. 西部地区现代信息服务业发展的对策研究[J]. 情报杂志，2007(10)：120-122.

④ 陈建龙. 信息服务论[D]. 北京：北京大学信息管理系，2002.

人类信息行为研究。用户研究包括众多的研究主题,但这种转变是明显的,顺应国际潮流的。这种转变不仅是观念上从“以系统为中心”到“以用户为中心”的变化,更是拓展了用户研究的理论空间及其应用范围。

(4)信息服务领域的研究重点在深化图书馆信息服务研究的同时,突出了信息服务业研究的紧迫性和艰巨性。除了图书馆外,从事信息服务活动的机构正在迅猛增长,服务对象不断细化,服务内容不断丰富,服务策略不断改进,信息服务的概念也不断演变,信息服务的基本理论初步形成。

(5)信息服务学的学科特征已经显现。如果我们把用户研究的目的看作是改进信息服务工作,那么,把体现偏正关系的“信息服务与用户”当作学科领域名称无可厚非。可实际上经过长期的探索和发展,人类信息行为研究的多学科属性已经很明显,其研究目的不仅仅是改进信息服务工作和信息系统建设,还可以促进以人为研究对象的多个学科的研究活动,可以帮助与人类活动有关的各项实际工作。再者,用户是信息服务的基本要素之一。因此,“信息服务学”这一名称似乎能更好地概括文中讨论到的各个研究主题。相信“信息服务学”不会仅仅是国家标准学科分类中的一个类目,而会成长为一个真正的学科。

第五章 信息计量学

信息计量学(Informetrics)在国内也称为情报计量学，是情报学研究中最为活跃的一个重要分支。信息计量学是在文献计量学(Bibliometrics)的基础上发展起来的。文献计量学起源于20世纪初期的文献统计研究，当时称为统计书目学(Statistical Bibliography)，直到1969年，“文献计量学”这一术语才正式出现并被学术界所广泛接受和使用。随着统计与计量单元从文献整体深入到文献内部的知识单元和相关信息，以及统计对象从传统文献扩展到电子和数字形式的非传统信息资源类型，人们在20世纪80年代又提出了信息计量学，以适应基于更加广泛的信息单元的计量与分析。信息计量学一般被理解为采用定量方法来描述和研究信息的现象、过程和规律的一门学科，是数学、统计学和情报学广泛结合而形成的一个情报学定量性分支学科。[①] 伴随文献计量学和信息计量学成长的，还有一门被称为科学计量学的科学学分支学科。科学计量学利用文献计量学和信息计量学的方法和结论来研究和评价科学的发展规律。

① 邱均平. 信息计量学[M]. 武汉：武汉大学出版社，2007:17.

关于文献计量学、信息计量学和科学计量学三门学科的关系，国内外学者有不同的观点。有学者认为，从三门学科的研究目的来看三者之间有着较大的差异。[②] 南开大学的王崇德和武汉大学的邱均平等许多学者认为，三者之间的区别不大，信息计量学的研究涵盖并继承和发展了文献计量学的研究。因此，在这里笔者以信息计量学

② 刘廷元. 文献计量学、科学计量学和信息计量学的联系和区别[J]. 图书与情报，1994(1):19-24.

来总称这个领域的研究。

信息计量学的研究是从1979年开始引入我国的。[①] 在20世纪80和90年代,国内信息计量学的研究主要集中在理论方法和应用两个方面。20世纪90年代末以来,互联网的发展和网络信息的飞速增长,促成了网络信息计量学(Webometrics)的出现。经过10年的成长,网络信息计量学已成为信息计量学中一个高速发展的生长点。

① 汪冰. 我国文献计量学十年研究与发展(1979—1989)[J]. 情报科学,1992(1):56-64.

1 发展概况

1.1 发展阶段和论文数量

国内信息计量学研究30年的发展历程可以初步分为三个阶段,每个阶段大约为10年。第一阶段为20世纪70年代末至80年代末,其特点为翻译和介绍国外的成果,并结合中文文献的特点对文献计量学的理论和方法进行研究。第二阶段为20世纪的90年代,其特点为对信息计量学的理论进行实证研究,并开展了大量的应用研究。第三阶段为20世纪末至今,其特点是信息计量学走向成熟和网络信息计量学的崛起。

国内信息计量学研究的开展,是从20世纪70年代末开始的。起初几年,主要是翻译、介绍和引进国外的研究成果,发表的论文也比较少,从1979年至1985年,约发表了330篇。80年代中期至末期,学术界开始结合中文文献的特点,研讨文献计量学定律,并提出了一些修正公式。这一时期发表的论文数量增加明显,从1986年至1990年,约发表了论著614篇/部[②]。许多图书馆学情报学期刊每年刊载大量的文献计量学论文,一些期刊还专门开设了文献计量学专栏。值得一提的是,武汉大学、南开大学、中山大学和北京大学等高校在这个时期出版了多部文献计量学教材,这不仅为文献计量学教

② 邱均平,等. 我国文献计量学发展的回顾与展望[J]. 科学学研究,2003(2):143-149.

学的开展提供了条件，同时也为在科学技术界普及文献计量学知识以及应用文献计量学方法分析、预测和评估科技的发展奠定了基础。

1990年以后，国内信息计量学界将重点转移到文献计量学的应用研究上，尤其是引文分析的应用。一些学者利用引文方法对特定的学科进行评价和分析，也有一些学者利用SCI对国内科研机构和科研人员进行评估，分析国内科研机构和科研人员在国际科技界的差距和优势。同时，国内一些文献服务机构开始筹建中文文献的引文数据库，在20世纪90年代末和21世纪初先后推出了几个比较有影响的中文引文数据库和相关产品。这些数据库的建立，为中文文献的引文分析提供了强有力的支持，同时也为中国的科技评估提供了工具。随着计量分析单元的突破，国外学术界提出了信息计量学这一术语，以概括比文献计量分析更为广泛的计量分析领域，这一名称很快就被国内学术界所广泛接受。这个时期，论著的发表数量没有明显的增长，一直比较稳定，1991年至2000年，10年间约发表了1690篇/部，平均每年169篇/部。①

① 邱均平，等. 我国文献计量学发展的回顾与展望[J]. 科学学研究，2003(2)：143-149.

2000年以来，信息计量学的迅速发展和成长，受到了其他学科的关注。对一些学科、科研机构和科研人员的计量学分析成果，受到了各界的重视。在医学、药学、农学、生物、科学学等领域，信息计量学已经成为科学研究的重要方法和工具。同时，随着社会信息化和数字化的不断推进，网络信息的计量分析逐渐成为学界研究的一个重点。2001年至2008年，中国期刊网收录的信息计量学论文达到2006篇，其中大部分是关于应用研究方面的。另外，中国期刊网还收录了204篇网络信息计量学方面的论文。8年间，网络信息计量学论文数量的递增趋势非常明显。

1.2　学术活动

从20世纪80年代中期开始，信息计量学就成为了情报学研究的重要内容,在每年的情报学学术会议与活动中,往往有信息计量学的论文发表和信息计量学专场研讨。90年代以来,学术界召开了多次"全国科学计量学与情报计量学年会",还召开了"中国科学文献计量与评价研究学术研讨会"、"大学科研评价量化国际研讨会"、"科研绩效定量评价国际学术会议"等学术会议,许多会议邀请了国外学者和专家,有的研讨会还出版了会议论文集。[①②]

2003年,"第九届科学计量学与信息计量学国际会议"(ISSI2003)在北京召开,来自20多个国家的60多名代表和国内100多位学者出席了会议。会议的主题为科学计量学、信息计量学与网络计量学的历史、现状与发展。会议出版了会议录。[③] ISSI2003的召开,标志着国际情报界对我国信息计量学研究的重视和肯定。

1.3 教育

文献计量学进入中国后不久,很快就进入了大学的课堂。20世纪80年代后期至90年代初期,武汉大学、北京大学、中山大学、南开大学等高等学校的图书情报院系先后为本科生与研究生开设了不同层次的文献计量学课程,并编辑出版了多部文献计量学教材。有的学校还为全校学生提供文献计量学或信息计量学方面的选修课。1990年后,武汉大学、北京大学、南京大学、南开大学、中山大学等开始招收信息计量学方向的硕士研究生。2000年后,武汉大学等高校将信息计量学列为博士研究生的招生方向。

课程教学和研究生培养,不仅普及了信息计量学的知识和定量分析方法,而且还为信息计量学的研究培养了专门人才,从而推动了信息计量学的发展和应用。信息计量学中的定律和定量分析方法,已经为其他学科所接受,成为其他学科研究和分析的重要工具,产生了很好的效果。从发表的论文看,许多学科的工作者利用引文分析等方法,分析某个学科的发展历史和现状,预测其发展趋向。从目前

① 蒋国华,主编. 科研评价与指标[M]. 北京:红旗出版社,2000.
② 王战军,蒋国华,主编. 科研评价与大学评价[M]. 北京:红旗出版社,2001.
③ Jiang Guohua, Ronald Rousseau and Wu Yishan edited. Proceedings of the 9th International Conference on Scientometrics and Informetrics. Dalian University of Technology Press, 2003.

中国信息计量学论文的作者来看，大多数研究者在大学里接受过信息计量学方面的训练。

2　理论研究

关于信息计量学的理论研究主要集中在三大经典定律、文献增长和老化、引文分析这三个方面。经过20世纪80年代初期对国外文献计量学理论研究的大量介绍后，从80年代中期开始，国内情报学界开始结合中文文献的特点对信息计量学的理论进行深入研究。有的学者通过对中文文献的大量统计来验证三大经典定律和文献增长规律，并提出了一些修正公式，有的学者通过大量统计和引文数据库来求证各个学科的文献老化规律和半衰期，有的学者则专注于分析各个学科的中文文献引文网络，还有的学者对中西文文献的相关规律进行比较。

2.1　信息计量学经典规律的研究

信息计量学的经典规律主要包括三大定律和文献的增长与老化规律等。关于这些经典规律的研究，从20世纪80年代以来一直是信息计量学研究的重点之一。

从1979年至1983年，国内许多论文对国外文献计量学的理论发展，尤其是布拉德福定量、洛特卡定律和齐普夫定律，进行了介绍和引进，如杨学山、王崇德、冯志伟等学者的文章①②③。相对于洛特卡定律和齐夫定律，三大经典定律中的布拉德福文献分布定律，在国内受到更多的关注，发表的文章相对多一些。④⑤不少学者对布拉德福定律的核心区确定、分区方法、格鲁斯下垂等进行研究，并结合中文文献的统计数据进行验证和修正。王崇德教授在这个方面的贡献比较突出。⑥⑦⑧许多研究者比较关心如何利用布拉德福定律来确定核心期刊。⑨⑩⑪对于论文作者分布定律的研究，主要集中在洛特卡定

① 杨学山. 布赖特福定律原理浅析[J]. 情报科学，1981(5)：41-50.

② 王崇德，刘继刚. 布拉德福定律的两种函数分布[J]. 情报杂志，1983(1).

③ 冯志伟. 齐普夫定律的来龙去脉[J]. 情报科学，1983(2)：37-42.

④ 汪冰. 我国文献计量学十年研究与发展(1979—1989)[J]. 情报科学，1992(1)：56-64.

⑤ 屈宝强，王建芳，齐向华. 近十年我国文献计量学研究评述[J]. 情报理论与实践，2003(5)：423-425.

⑥ 王崇德，孙滨. 二维布拉德福定律的发展[J]. 情报科学，1988(5)：1-7.

⑦ 王崇德. 布拉德福定律及其近似计算[J]. 图书情报工作，1995(4)：5-8.

⑧ 王崇德，赵艳. 布拉德福分布解析式的择优评鉴[J]. 情报学报，1998(4)：306-311.

⑨ 陈勤. 布拉德福定律在期刊计量管理中的若干应用[J]. 图书情报工作，1997(12)：12-14，23.

⑩ 赵玉珍. 运用布拉德福定律研究中国沙棘文献的核心期刊[J]. 情报科学，2000(5)：462-464.

⑪ 赵隽. 基于布拉德福定律区域法的学术论文分布研究[J]. 现代情报，2007(5)：26-28.

律和普赖斯定律。研究者们探讨了原始定律的缺陷、定律中的参数以及某些统计数据不满足分布规律等问题,并在此基础上提出了一些可能的修正方法。[①②③④⑤]随着国家和机构以及科研人员之间科研合作的不断加深,论文合著现象越来越显著,合著现象研究已经引起了学者们的高度重视。研究者们对合著者分布是否符合洛特卡定律、合著者网络、国家之间与机构之间的科研合作关系等问题进行了探讨,取得了一定的成果。[⑥⑦⑧⑨⑩⑪⑫]近几年,有的学者还将社会网络分析方法应用到合著现象的研究中。[⑬]在三大定律中,国内对词频分布定律研究得相对少一些。学者们结合中文词频统计探讨了齐夫定律的分形特征、第二齐夫定律等问题。[⑭⑮⑯⑰]除了单独讨论之外,有的学者还对三大定律的统一体系进行了研讨。[⑱⑲⑳]

文献增长和文献老化是信息计量学经典规律研究中一个持续的热点领域。学者们对文献增长与老化模型、曲线的参数取值、半衰期计算等问题进行了研讨,还通过大量的统计数据,对增长和老化的经验模型提出了一些修正公式。[㉑㉒㉓]

2.2 引文分析研究

引文分析一直占据着信息计量学研究的半壁江山。关于引文分析的论文数量一直占信息计量学论文总数的50%以上。[㉔]引文分析可以用来揭示文献之间的引用关系以及分布规律,同时,作为一种方法,引文分析还被广泛应用于包括情报学在内的许多学科中。

1981年,王崇德发表了《我国科技期刊文献的引文分析》一文,对我国科技期刊的引文作了调查统计,得出了一些有价值的数据,开创了中文引文分析的先河。[㉕]随后,他将引文分析方法具体应用于化学基础领域,发表了论文《化学基础研究论文的引文统计与评价》。[㉖]1983年,孟连生在其硕士学位论文为基础上发表了《中文科学引文

① 王正兴.进一步修正Price定律的建议[J].情报科学,1991(4):37-41,47.

② 王崇德.期刊作者的量化研究[J].情报科学,1998(5):369-373,380.

③ 张贤澳.Egghe公式的推广:基于广义洛特卡定律的θ与β关系[J].情报学报,2001(5):625-631.

④ 钟旭.高产作者率和论文率指标统计值误差修正方法研究[J].情报杂志,2002(11):28,27.

⑤ 钟旭.科学家重大科技成果生产率频率分布符合洛特卡分布[J].情报杂志,2005(11):32-33.

⑥党亚茹.合著网络系统及其递阶结构模型[J].情报学报,1996(3):228-236.

⑦ 钟旭,阎永胜.洛特卡定律在合著者及全体著者中的验证研究[J].情报科学,2000(6):564-565.

⑧ 庞景安,赵弘.我国合著论文分析与广义洛特卡分布推导[J].情报理论与实践,2003(5):417-420.

⑨ 刘俊婉,梁立明.师生合作发表科技论文时间分布的研究与思考[J].情报学报,2005(2):169-180.

⑩ 陈悦,刘则渊,庞杰,杨木.中国管理科学合著现象分析[J].科学学研究,2005(6):758-764.

⑪ 金炬,马峥,梁战平.从中美合著论文状况看中美科技合作[J].科学学与科学技术管理,2007(5):41-49.

⑫ 郭永正,梁立明.国际科学合作结构的中印比较[J].科学学与科学技术管理,2007(7):9-13.

⑬ 刘蓓,袁毅,BOUTIN Eric.社会网络分析法在论文合作网中的应用研究[J].情报学报,2008(3):407-417.

⑭ 许文霞.齐普夫定律与中文词频分布机理[J].情报科学,1986(1):29-36.

⑮ 王崇德,来玲.汉语文集的齐夫分布[J].情报科学,1989(2):1-8,42.

⑯ 刘晓敏.齐普夫定律在中文科技文献中的应用[J].郑州航空工业管理学院学报,1991(1).

⑰ 王崇德.关于齐夫第二定律的研究[J].情报学报,1995(1):47-53.

⑱ 马费成.布拉德福特—齐普夫分布系的概率模型[J].情报科学,1982(2):22-33.

⑲ 邱均平,谢新洲.论布拉德福定律、齐普夫定律和洛特卡定律的关系[J].情报学刊,1987(5):27-33.

⑳ 方曙.布—洛—齐分布的分形模型[J].情报科学,1990(5):25-30.

㉑ 丁学东.关于Burton-Kebler文献老化经验公式的及Мотылев修正式[J].北京大学学报,1992(4):105-111.

㉒ 于光,于达仁.文献引用延时效应及文献老化模型的修正[J].情报学报,1998(1):74-78.

㉓ 靖培栋,刘忠厚.科技文献经典老化模型的新修正[J].情报学报,1999(1):85-90.

㉔ 邱均平,等.我国文献计量学发展的回顾与展望[J].科学学研究,2003(2):143-149.

㉕ 王崇德.我国科技期刊文献的引文分析[J].情报科学,1981(5):35-41.

㉖ 王崇德.化学基础研究论文的引文统计与评价[J].图书情报工作,1982(2):6-13.

分析》一文，对1980年我国几种主要的自然科学期刊中的引文现象进行分析，勾画出中文自然科学论文的引文结构图以及各期刊之间的引文关系。[①] 从此，中文引文分析研究进入了快速生长期。

20多年间，国内引文分析理论研究的主题主要有：引用行为与引用习惯、引文的自引与转引、引文的相关性、引文的质量控制、引文与文献老化、引文的共引与引文网络、引文的聚类、引文测度、影响因子与即年指标、引文与论文写作规范、引文与文献分布、引文与核心期刊，等等。对这些问题的探讨，为引文分析的应用研究提供了方法和基础，促进了学科、期刊、机构与人才评价等应用研究的广泛开展。

① 孟连生．中文科学引文分析[J]．情报科学，1983(1)：11-21.

3 应用研究

国内信息计量学的应用研究主要集中在三个领域，即中文引文数据库建设、学科引文分析与评价、人才与机构的评价。尤其是中文引文数据库的建成，为大数据量的引文分析以及学科、期刊、科研人员和科研机构的评价奠定了关键性的基础。

3.1 引文数据库建设

引文数据库是引文分析和科学评价的基础，至2008年，中国已经建成四个比较完善的大型中文引文数据库，即中国科学引文数据库、中国科技论文与引文数据库、中文社会科学引文索引和中国人文社会科学引文数据库。

3.1.1 中国科学引文数据库(Chinese Science Citation Database，简称CSCD)

中国科学引文数据库创建于1989年，由中国科学院和国家自然科学基金委共同资助，中国科学院文献情报中心承建，是一个集多种功能为一体的综合性文献数据库，收录了中国出版的数学、物理、化学、天文学、地学、生物学、农林科学、医药卫生、工程技术、环境科学和管理科学等领域出版的中英文科技核心期刊和优秀期刊千余种，目前已积累自1989年以来的论文记录300万条，引文记录近1700万条。同时，作为CSCD的延伸产品，中国科学院文献情报中心还建立了中国科学计量指标数据库，共设计了100多项统计指标，相继出版了《中国科学计量指标：论文与引文统计》和《中国科学计量指标：期刊引证报告》，运用科学计量学和信息计量学的有关方法，对中国科学技术论文的产出力和影响力及其分布状况从总体上进行客观的描述。2007年，中国科学引文数据库与美国Thomson-Reuters Scientific合作，成为ISI Web of Knowledge平台上第一个非英文语种的数据库。

3.1.2　中国科技论文与引文数据库(Chinese Scientific and Technical Papers and Citations Database，简称CSTPC)

中国科技论文与引文数据库由中国科技信息研究所和万方数据公司合作开发，收录1989年以来的1250种来源期刊。该数据库集文献检索、引文与论文统计分析于一体，2000年版已收录论文586299篇，引文945033条，该数据库只发行光盘版，每年更新一次。

3.1.3　中文社会科学引文索引(Chinese Social Science Citation Index，简称CSSCI)

中文社会科学引文索引由南京大学中国社会科学研究评价中心于1998年开始研发，是国家、教育部重点课题攻关项目。来源期刊从1998年开始收录，目前已经积累来源文献近80万篇，引文文献500余万篇。2008年度，CSSCI收录中国两岸三地出版的社会和人文科学期刊528种，包括管理学、马克思主义、哲学、宗教学、语言学、中国文学、外国文学、艺术学、历史学、考古学、经济学、政治学、法学、社会学、民族学、新闻与传播学、图书情报与档案学、教育学、体育学、统计学、心理学、社会科学总论、高校综合性社会科学学报、人文与经济地理、环境科学等大类。CSSCI的扩展版还另收了152种来源期刊。CSSCI提供网上服务，同时也提供光盘版。通过对积累的大量数据的分析，南京大学中国社会科学研究评价中心还出版了《中国人文社会科学影响力报告(2000－2004)》、[①]《中国哲学社会科学学术期刊布局研究》[②]等研究报告。

3.1.4　中国人文社会科学引文数据库(Chinese Humanities and Social Science Citation Database，简称CHSSCD)

由中国社会科学院文献中心和清华大学中国学术期刊(光盘版)电子杂志社共同研制的中国人文社会科学引文数据库于2003年推出，该数据库已经收录1999年至2001年的来源文献记录34万条，引文记录120万条。该数据库收录来源期刊600多种，学科范围涉及人文社会科学研究的各个领域。

上述四种引文数据库不仅可以作为科研人员的检索工具，还可以作为管理部门和决策部门的科研评价工具。每一种数据库在收录范围、检索途径和引文分析等方面各有特点。一般来说，每一种数据库都提供多种检索途径，往往包括来源文献和引文的篇名、作者、作者机构、关键词、刊名、年份、学科分类号等，同时还提供有关机构、地区、科技基金、合作、科研人员、文献等多种评价与计量指标。[③]

3.2　学科和期刊评价

随着信息计量学的发展以及引文索引的出现，文献计量作为一种定量的分析与研究方法逐渐为学术界所广泛接受。在过去的几年中，哲学、心理学、宗教学、社会学、文学、艺术学、经济学、管理学、体育学、图书馆学、情报学、数学、物理、化学、生物学、天文学、地理学、地质学、工程技术、环境科学、航空航天技术等，几乎每一个学科和专业都利用引文分析的方法对本领域的发展进行过评价和预测。研究

① 苏新宁，主编. 中国人文社会科学学术影响力报告(2000－2004)[M]. 北京：中国社会科学出版社，2007.

② 叶继元，主编. 中国哲学社会科学学术期刊布局研究[M]. 北京：中国社会科学出版社，2008.

③ 曹志梅，王凯. 我国四大引文数据库比较分析[J]. 情报学报，2002(4)：481-485.

人员对文献的各种表面与内容特征指标进行统计,包括文献数量、文种、作者国别、发表时间、引用与被引用、词频、老化速度等,分析某个学科的发展状况,预测其发展趋势,比较各国的发展状况和特点,分析中国在某个领域研究中的优势和劣势,为中国在该领域中的研究和发展提供参考。例如,闫蓓和高洁两位作者对1991至2000年10年间关于锌元素与脑发育研究的文献题录进行统计和分析,探讨该领域的研究进展和发展趋势;[①] 梁立明和谢彩霞两位学者利用关键词的词频分析方法探讨中国纳米科技的研究动向以及和国际的差距[②]。

利用引文网络和引文聚类分析,可以研究一个学科或者一个学科群中的交流群体、学派、核心作者群和核心文献以及学术发展轨迹,这种方法已被国内学者所采用。随着中文引文数据库中数据的不断积累,这种分析将更加方便。

引文分析是确定某学科核心期刊最重要的方法。在大规模的中文引文数据库创建之前,图书馆界往往利用小规模的引文统计,辅之以被摘数量、专家评审等手段,来确定某学科的核心期刊。北京大学图书馆利用这些方法编辑的《中文核心期刊要目总览》[③] 在1992年出版后,受到了普遍好评,几乎成为权威性的期刊评价标准。该书不仅被广泛用来评价中文期刊的质量和声誉,用于指导各级图书馆的期刊采购,还被科研管理机构用作评价科研人员科研生产率和论文质量的一个重要参考标准。该书目前已经出版至第4版。随着中文引文数据库的积累,引文分析在期刊评价方面所起的作用将越来越大。

3.3 机构和人才评价

国内对学术机构和科研工作者的评价始于20世纪80年代后期,但真正比较科学、规范和系统地对科研机构和科研人员开展评价

① 闫蓓,高洁. 锌元素与脑发育研究的文献计量学分析[J]. 医学信息,2002(7):451-453.

② 梁立明,谢彩霞. 词频分析法用于我国纳米科技研究动向分析[J]. 科学学研究,2003(2),138-142.

③ 庄守经,主编. 中文核心期刊要目总览[M]. 北京:北京大学出版社,1992.

则是在90年代中期以后。在开始阶段，对一个科研机构和科研人员评价的一个重要依据是论文被SCI、SSCI、A&HCI等收录的数量与被应用的数量，尤其是理工农医学科。国家也对国内科研机构和个人在国际上的影响特别重视，国家科技部科技信息研究所根据论文在国际上发表的数量和被引用的情况，每年发布一次国内大学和科研机构的权威性的排名次序。

经过信息计量学界和科学计量学界的合作努力，比较科学和系统的科研评价指标体系已初步建立，加上中文引文数据库的建立和数据积累，进一步推动了科研评估的发展，尤其是促进了人文科学和社会科学评估的开展。目前，科研评价的一个趋势是，综合国外和国内的科研量化指标，对科研机构和科研人员进行更加系统和全面的评价。

21世纪以来，越来越多的学者利用信息计量学的方法对科技发展水平进行评价。一些学者比较关注个别学科领域或者个别期刊的论文产出和论文作者评价，有的学者则关注某个领域科研论文的国际比较。[①]有学者利用科技论文的计量指标分析了我国科学研究的学科结构后认为，中国在知识生产的绝对数量上具有优势，但在知识生产的质量上与论文的数量上不相称，在论文质量结构类型上只是和其他发展中国家相似，还不能与发达国家相比。[②]

① 杨志萍，方曙，王春，高利丹. 国际纳米科技文献产出分析研究[J]，现代情报，2006(7)：148-150.

② 岳洪江，刘思峰，梁立明. 我国科学论文结构的国际比较分析[J]，情报学报，2007(1)：148-154.

4 网络信息计量学

20世纪90年代，互联网飞速发展，网络信息资源数量迅猛增长，网络对人类信息交流的影响越来越大，网络信息计量学应运而生。网络信息计量学在国际上是1997年被正式提出的，很快就受到了国内学者的关注，在短短的10年中发展迅速。在北京召开的

ISSI2003会议上,就有多篇关于网络计量学最新研究的论文在大会上报告和交流。国内网络信息计量学的研究主要集中在理论、方法和应用三个方面。

在网络信息计量学的理论研究方面,国内学者重点讨论了网络信息计量学的研究对象和研究内容、网络信息计量学与相关概念之间的关系等。王宏鑫、邱均平等认为,网络计量学的研究对象主要涉及三个层次:网上信息本身的直接计量问题;网上文献、文献信息及其相关特征信息的计量问题;网络结构单元的信息计量问题。[①]网络计量学的研究内容主要有五个方面:从信息组织的角度研究因特网的知识结构;研究网络环境下的科学信息交流;研究网络信息源的评价指标、链接分析;研究网络信息资源的挖掘、分类、过滤与排序等;研究网络终端用户的信息需求和上网习惯。[②]关于网络信息计量学的学科体系,张洋等认为,按照发展的观点,网络信息计量学可分为经典网络信息计量学和现代网络信息计量学。从内容结构上来看,它应包括理论网络信息计量学、技术网络信息计量学和应用网络信息计量学。网络信息计量学具有层次性结构,可以分为微观网络信息计量学和宏观网络信息计量学。[③]

关于网络信息计量学的研究方法,邱均平等认为,网络信息计量学的研究方法可以分为三个层次:哲学方法、一般科学方法和特殊研究方法。数据收集和数据分析是网络信息计量学研究中的两个关键阶段。数据收集是数据分析的前提,其方法主要有专用的计算机辅助工具和通用的计算机辅助工具两种。数据分析方法主要有网络链接分析法、网络内容分析法和网络数据挖掘法。[④]网络链接分析法是将 Web 网页链接和传统文献中的"引用参考"联系起来,并将文献计量学中的引文分析法应用于网络信息计量学中而产生的研究方法。国内在这个方面讨论得比较多,研究主题主要集中在网络链接分布

① 王宏鑫,邱均平. 21世纪文献计量学的发展趋势[J]. 高校图书馆工作,2000(4):11-16.

② 邱均平,陈敬全. 网络信息计量学及其应用研究[J]. 情报理论与实践,2001(3):161-163.

③ 张洋,赵蓉英,邱均平. 网络信息计量学的学科体系研究[J]. 中国图书馆学报,2007(6):11-14,21.

④ 邱均平,张洋,赵蓉英. 网络信息计量学方法论[J]. 中国图书馆学报,2008(2):29-32,41.

规律、同链聚类分析、网络影响因子、网络链接分析工具等，取得了较为丰硕的成果。[①②③④⑤]

应用研究是网络信息计量学近几年发展的重点。邱均平等指出，网络信息计量学的应用研究，既要探讨理论研究成果在不同领域中应用的技术和方法，又要解决社会实践中的具体实际问题，其根本目的都是通过对相关网络信息资源的分布、结构、质量、利用率和影响力等情况进行分析，发现问题，分析原因，做出结论，提出相应的改进建议和管理对策，从而提高网络管理水平。[⑥]有学者将国内网络信息计量学的应用研究分为应用探讨类和实际应用类。应用探讨是指从理论上讨论将网络计量学应用于不同方面的可行性以及相关方法，这类文献主要讨论网络计量学理论与方法在网络信息资源定性评价、数字图书馆馆藏质量评价等方面的应用。实际应用是指用网络计量学的方法和样本统计数据来源进行研究，这类文献主要用于评价大学、企业及学术性网站、不同学科专家的网络测评以及网络用户流量计量等方面。[⑦]

2007年，武汉大学的中国科学评价研究中心首次发布了“中国重点大学网络影响力排行榜”，以大学网站规模、网站显示度、网站链接数量、网站内容丰富度以及网络学术影响力等为指标，比较全面地考察了重点大学的网络影响力。[⑧]

国内信息计量学经过近30年的发展，基本形成了比较完整的理论体系和比较适用的应用方法。在理论研究方面，国内基本跟上了国际研究的步伐。有的学者还结合中文文献的特点，提出了一些新的见解。在应用方面，信息计量学界取得的最大成果是建立了大规模的中文文献引文数据库，为各项应用性研究提供了条件。同时，在实践中形成了一套比较科学的科研评价指标体系。这些成果，受到了社会的关注和学术界的重视与肯定。

① 刘雁书，方平. Web网站站外链接类型与特征调查——链接分析法可行性研究[J]. 大学图书馆学报，2001(5)：65-68.

② 吴华香，钟少丹. 链接分析法——网络计量学方法初探[J]. 情报科学，2002(1)：71-73.

③ 杨涛. 链接分析法存在的问题及改进方法[J]. 图书情报知识，2002(3)：62-63.

④ 邱均平，段宇锋. 网络信息计量学研究(Ⅲ)——大学网站链接特征指标的计量分布规律[J]. 情报学报，2005(4)，407-413.

⑤ 段宇锋，等. 网络信息计量学研究(Ⅳ)——网站链接特征的分层研究[J]. 情报学报，2005(5)：573-584.

⑥ 邱均平，张洋. 网络信息计量学的应用研究[J]. 图书情报工作，2007(9)：16-19，36.

⑦ 丁冰. 近年来我国网络计量学研究综述[J]. 图书馆学刊，2008(4)：26-28.

⑧ 程妮. 中国科学评价研究中心首次发布“中国重点大学网络影响力排行榜”[J]. 评价与管理，2008(1)：78-79.

多年的研究,还形成了一支稳定而富有朝气的学术队伍。这支队伍如同信息计量学中经典的分布定律一样,除了有一小部分成员集中于信息计量学的专门研究之外,大部分成员则分散在各个学科领域。

在今后,信息计量学的进一步应用研究,以及网络信息计量学,将成为国内信息计量学发展的重要方向。

第六章　信息政策、法规和伦理

1　概述

信息政策法规研究主要出现在第二次世界大战以后，20世纪50年代末期是兴起时期，80年代日益成为研究热点，据统计，1953年至1988年，国外有关信息政策（包括信息法规）研究的文献共283篇，其中80年代以前的文献73篇，约占总文献量的25 %，1980年至1988年，共发表210篇，约占74 %[①]。

20世纪70年代以后，国际社会逐步走向以信息技术革命为主导的知识经济时代，信息日益成为土地、资本之后重要战略资源，围绕资源进行竞争已经成为伦理的法律的乃至政治的重要课题，因此，信息政策法规与伦理学日益成为情报学领域国际热点问题。

我国改革开放以后，情报学研究发端于学术界关注国家科技情报体制机制变革，完善信息资源宏观流程管理，在借鉴国际学术资源的基础上，逐步开展情报政策法规和道德领域的探索，随着社会信息化和产业化步伐加快推进，信息管理的矛盾和冲突日益突出。早在1991年3月，乌家培教授就指出，“信息政策与法规问题是在70年代随着信息管理、信息资源共享、信息公开化，以及信息保密及隐私问题而提出来的”。胡昌平也认为，信息政策与法律研究是信息管理科学重要的组成部分，其中政策和法律对社会信息活动不仅有着宏观控制作用，而且具有微观调节和制约作用，因而“政策、法律”是信

① 何瑞云. 国外信息政策研究的兴起与发展[J]. 情报业务研究. 1992(4):193-197.

息管理科学中的又一基本领域。[①]

信息政策法律与伦理学科的出现，一方面是信息科学与社会科学的不断交融和渗透的结果。同时也是情报学研究逐步深化拓展并趋于信息管理导向的自我需求动力的结果，吴慰慈、张久珍也指出，在信息技术影响下，图书馆学情报学的分支及交叉学科不断产生并发展，从而出现了一些重要的分支学科，即信息伦理学、信息法学、信息政策研究、信息经济学，等等，它们来源于传统领域的拓展和交叉学科发展的结果。[②]因此，进入90年代以后，逐步形成了信息政策、信息法学和信息伦理学这些情报学的前沿领域和新兴学科。[③]根据赖茂生等所做的调研表明，信息政策与法律是目前情报学十个前沿研究领域之一[④]。

相比较其他情报学领域研究，信息政策、法律与伦理研究在我国还是比较薄弱的。这与起步较晚，相关实践工作较为迟缓有一定关系。但是进入新世纪后发展迅速，从情报学的领域点逐步扩散成为信息管理学科群中的重要的分支学科，并在原理、架构、研究方法和实践操作方面逐步走向成熟，以下结合相关研究成果和进展情况分述之。

2 信息政策研究

2.1 信息政策研究发展概述

我国信息政策研究是从科技情报的宏观管理和政策实践和研究中演变出来的，科技情报政策从1956年到1978年是以科研为导向的，期间召开的八次全国科技情报会议制定的情报政策，大多是一些笼统的方针、指导思想和原则。“文革”期间则是陷入停顿阶段。

情报政策研究发端于改革开放以后的1978年。自从1978年我

① 胡昌平. 论信息管理研究与信息管理科学[J],情报科学技术,1995(5):1-7.

② 吴蔚慈,张久珍. 信息技术革命影响下图书馆学情报学分支学科的建构[J]. 中国图书馆学报,2001(5):3-8,62.

③ 乌家培. 信息与经济[M]. 北京:清华大学出版社,1993.

④ 赖茂生,王琳,杨文欣,李宇宁. 情报学前沿领域的确定与讨论[J]. 图书情报工作,2008(3):15-18.

国第一篇信息政策论文问世以来，经历了20世纪80年代信息政策研究的初始阶段，90年代发展阶段和新世纪以来的繁荣阶段。根据卢泰宏做的调查统计，从1949年到1977年，有关情报政策方面的相关文献为零，1978年到1989年这12年发表的以情报政策为主题的文献共61篇。[①]这个时期仅仅局限于对科技情报政策的研究，即主要针对科技情报系统的建立和体制的改革，研究分散，层次低。

1978年以后，随着国家科技体制变革，科技情报政策逐步转向面向为经济建设服务的导向，1982年，由中国科技情报学会主持在湖南召开了中国科技情报政策研讨会，并提出《中国科技情报政策》(讨论方案)，1984年，全国科技情报工作会议讨论通过了六项包括《全国科技情报工作条例》在内的科技情报政策文件。

1985年以来，国家科委科技情报司提出了制定国家科技情报政策的任务，组织了一系列的会议和活动，1986年召开了国际科技情报政策讨论会，同年出版了《中国国家科技情报政策专家会议论文集》。80年代中期国家组织专家制定了12个重要领域的技术政策，其中就包括"信息技术发展政策"。1991年2月20日通过了第一份针对科技情报事业各项业务内容的政策大纲《国家科学技术情报发展政策》，并且以中国科学技术第六号蓝皮书的形式由国家科委于同年11月发布。[②]该政策标志着我国科技情报事业政策管理进入了规范化时期。在1986年国家科委科技信息司出版的《中国科技情报法规汇编》中收录了各类情报信息行政法规80多种。[③]遗憾是这个蓝皮书和其他政策由于缺乏必要的实施保障和立法规制而难以在实践中发挥重要作用。

在这个时期的信息政策研究主要以情报界为主探讨科技情报政策，从20世纪80年代开始陆续发表了一些介绍和引进国外的情报政策动态和进展的文章，并对情报政策的概念、范畴、体系框架、制定

① 卢泰宏. 国家信息政策[M]. 北京：科学技术文献出版社，1993.

② 刘昭东·序言//卢泰宏. 国家信息政策[M]. 北京：科学技术文献出版社，1993.

③ 周庆山. 我国信息政策的调整与信息立法的完善[J]. 法律文献信息与研究，1996(1).

原则、分支问题等进行了广泛而广具争论性的研讨。这个时期也开始了情报立法的相关探讨。

进入90年代,随着信息化社会发展,科技情报政策研究逐步深入和拓展到更为广泛的领域。学术界开始关注信息技术和信息市场发展所产生的一些社会问题,诸如信息安全问题、知识与信息资源产权问题、信息公开与保密问题等,从而提出信息政策法规制定和研究的问题。1992年9月,国家科委正式决定将"科技情报"这个名称改为"科技信息"。情报政策也逐步被信息政策所替代。科技情报工作逐步融入到国家信息化发展的大背景之下,信息政策研究也日益凸显出其时代意义。

尽管以信息政策为主题的论文研究报告等不断增多,但是系统研究信息政策的成果尚不多见。1993年6月,卢泰宏教授出版了国内第一本信息政策方面的专著《国家信息政策》[①],该书探讨了信息政策的基本理论问题、信息政策的制定实施和评估问题以及不同国家信息政策的制定情况,强调信息政策、法律与伦理是信息资源的人文管理的重要而核心内容。截至2003年,有6篇论文从不同的角度对该书进行评价[②],足见其影响之深远。

1992年9月,国家科委制定了关于加强发展科技信息服务业的规划纲要和政策要点,一系列有关信息政策活动的频繁开展,导致这一时期的研究论文数量剧增。1996年初成立了国务院经济信息化领导小组,明确提出我国的国家信息化体系由六个要素组成,其中信息化政策法规和标准规范是国家信息化快速、有序、健康、持续发展的根本保障。

美国实施信息高速公路计划引发世界各国关注,信息化与网络化政策掀起了高潮,据统计,1990—2001年包括信息法规研究在内,相关研究论文共277篇,其中有11篇论文是基金资助项目和科研规

① 卢泰宏. 国家信息政策[M]. 北京:科学技术文献出版社,1993.

② 朱烨. 我国信息政策研究(1994－2003)综述[J]. 图书馆建设,2005(4):27-30.

划项目的科研成果。研究内容主要涉及信息政策的综合性研究、国外信息政策、中国信息政策、信息政策的比较研究、领域信息政策研究(包括文献信息政策、经济信息政策、农业信息政策、科技信息政策、社会科学信息政策、信息产业发展政策)等方面,研究范围广泛,并注重实际应用。这个时期的科技信息政策的研究比例有所下降,相对来说,信息产业政策相关的论文显著增多。国外信息政策研究是一个研究热点,尤其是在 1998 年以后共有 27 篇,占这类主题研究论文的 60 %。其中研究最多的是关于美国、日本、俄罗斯、法国和加拿大的信息政策。[①] 相对来说对于发展中国国家信息政策的研究相对薄弱。尽管如此,这些先进国家的经验和理念开阔了国内研究者和实践工作者的视野,也为我国借鉴相关做法提供了重要参考。

从 1994—2003 年发表的论文来看,在介绍美国信息政策研究的 9 篇论文中[②],黄奇、王玲介绍了美国制定信息政策的领域,认为要对信息的生产、传播、政府资助、知识产权保护、公共利益保护、竞争与垄断及信息的国际化问题等七个方面制定出具体的信息政策[③];张智雄介绍了美国在制定信息政策过程中所坚持数字经济原则、税收减免原则、有限管理原则、催化剂原则、保护知识产权原则和普遍服务原则[④];钟海指出,美国情报政策不仅强化了机构建设,还将情报活动的重点开始向经济和科技领域转移[⑤]。

1994 年 6 月,我国颁布了《90 年代国家产业政策纲要》,提出在基础产业中要有重点、分层次地大力推进信息高速公路网络建设。至此,关于网络信息政策领域的重大问题以及对网络信息政策本身的理论研究广泛展开。同时,信息的滥用和广泛传播,公共信息利用的限制,信息安全、个人隐私、越境数据流问题的研究也成为主流。12 年间共有 28 篇关于信息产业发展政策的研究论文,在信息政策研究中占有最大的份额。[⑥]

① 朱莉,朱庆华. 20 世纪 90 年代以来我国信息政策与法规研究论文的定量分析[J]. 情报理论与实践,2003,26(4):371-375.

② 朱烨. 我国信息政策研究(1994—2003)综述[J]. 图书馆建设,2005(4):27-30.

③ 黄奇,王玲. 关于美国政府信息政策的思考[J]. 中国图书馆学报,2000(4):36-40.

④ 张智雄. 美国克林顿政府信息政策的几个原则[J]. 图书情报工作,1999(9):11,54-56.

⑤ 钟海. 世纪之交美国情报政策的调整[J]. 情报杂志,2001(6):6-8.

⑥ 朱莉,朱庆华. 20 世纪 90 年代以来我国信息政策与法规研究论文的定量分析[J]. 情报理论与实践,2003,26(4):371-375.

随着信息政策研究的不断深入,信息政策理论实践的一些瓶颈问题日益凸显出来,为此,一些学者提出了信息政策研究的一些需要拓展和加强的领域的建议,主要包括信息政策结构研究(包括横向结构和纵向结构问题)、信息政策的贯彻实施、反馈和评价问题、信息政策的终止和转化问题研究等。[①]也有学者认为,还需要完善信息政策理论框架和体系的具体内容,确定信息政策研究的核心内容。[②]

进入新世纪后,2004 年 12 月中共中央办公厅、国务院办公厅联合发出《关于加强信息资源开发利用工作的若干意见》是典型的政策标杆,引发了“十一五”信息资源专项规划和国信办发布的《2006 年信息化白皮书》中对信息资源开发利用的专门表述和政策的深入探讨。[③]信息政策研究也逐步进入繁荣期。据不完全统计,2000－2007年,包括信息法律在内的信息政策研究论文有 321 篇,其中学位论文 16 篇。相关研究主题包括信息政策基础理论研究、国外信息政策研究、信息产业政策研究、网络信息政策研究、信息安全保密政策、国家信息政策等方面内容。这些研究主题中,对于基础理论的研究居于首位,对于国外信息政策的研究仍是研究的重点,而信息产业政策研究成为新的热点。从 2001 年开始,信息政策研究呈明显的上升趋势,2004 年达到高潮,之后又进入减缓阶段。总体上看,期刊论文年均发文量 38 篇,约是 20 世纪 90 年代年均发文量的 2 倍,这说明 21 世纪我国对于信息政策的研究热情很高,被广大研究者所注意。[④]

2.2 研究成果总结

近十多年来的信息政策研究,在很多领域都得到了深入拓展和深入。一些专著陆续出版,如付立宏的《网络信息活动调控》[⑤],查先进的《信息政策与法规》[⑥],罗曼的《信息政策》[⑦],杜佳的《国家信息政策法规体系研究:基于“国家信息政策法规数据库”的实证分析》[⑧],

① 邓小昭.信息政策研究的未来走向[J].情报资料工作,1994(3):12-13.
② 郑长军.中国信息政策研究的重点与策略(续)[J].情报杂志,1995(5):9-11.
③ 马费成,裴雷.我国信息资源政策与法律研究进展评析[J].图书馆论坛,2007(6):226-230,288.
④ 刘霞.我国信息政策研究(2000—2007年)综述[J].科技情报开发与经济,2008,18(14):98-99,147.
⑤ 付立宏.网络信息活动调控[M].郑州:郑州大学出版社,2002.
⑥ 查先进.信息政策与法规[M].北京:科学出版社,2004.
⑦ 罗曼.信息政策[M].北京:科学出版社,2005.
⑧ 杜佳.国家信息政策法规体系研究:基于“国家信息政策法规数据库”的实证分析[M].北京:北京图书馆出版社,2005.

颜祥林、朱庆华主编的《网络信息政策法规导论》[①]，燕金武的《网络信息政策研究》[②]等。

在论文方面，朱烨在《我国信息政策研究（1994－2003）综述》中做了总结分析，他指出，在信息政策理论研究方面，论及信息政策理论研究的论文共有21篇，涉及信息政策研究的概念、内容与方法、体系结构及信息政策在信息资源配置中的作用等。廖升立探讨了信息政策概念的多义性和发展性，提出了建设有中国特色的信息政策的内容体系[③]；而黄纯元则认为信息概念的多义性、社会信息化的阶段性以及信息政策发展本身的多样化是造成这种多义性的基本原因。[④]张福学、时咏梅分析了信息政策的内容、特征和研究方法问题。[⑤]黄纯元提出了由信息通讯、信息平台、信息应用三者所构成的宏观信息结构、政策问题、政策目标为基本要素的信息政策的体系结构。[⑥]周毅分析了信息资源配置中政策与法规介入的必要性以及导向作用、管理作用和协调作用。[⑦]

此外，针对制定政策的原则和程序问题，肖勇阐述了制定国家信息政策法规应该遵循的八个原则，还给出了相应的案例。[⑧]欧阳军提出了时代性原则、开放性原则、可持续发展原则和国家控制原则。[⑨]很多学者分析了信息政策的制定过程中存在的问题，并提出一些建议。张卫红从信息政策风险特征、风险类型、风险度量、风险规避方法四个方面研究了信息政策制定过程中的风险。[⑩]

信息政策的最终目标是通过政策的实施来完成的，政策实施是信息政策活动的关键环节。但是，肖希明、吴敏认为，目前信息政策的制定主体比较单一，调控能力较弱，制定者与执行者之间缺少沟通。[⑪]因此，应强化信息政策的贯彻执行措施，不仅要注重政策贯彻支持网络的作用，还要注重研究政策目标实现的制约因素与保障手段[⑫⑬⑭]，姚磊就撰文分析了WTO框架下我国信息政策的效果以及

① 颜祥林，朱庆华．网络信息政策法规导论[M]．南京：南京大学出版社，2005．

② 燕金武．网络信息政策研究[M]．北京：北京图书馆出版社，2006．

③ 廖声立．论信息政策的概念及研究内容[J]．情报探索，2000(2)：10-11．

④ 黄纯元．"信息政策"的多义性及其原因——对英、美、日本、中国的相关文献的初步调查[J]．情报资料工作．1998(1)：19-24．

⑤ 张福学，时永梅．论信息政策研究的内容和方法[J]．情报理论与实践，1999(1)：16-18．

⑥ 黄纯元．信息政策的体系结构[J]．情报资料工作，1998(5)：8-13．

⑦ 周毅．试析信息政策与法规在信息资源配置中的介入和作用[J]．图书情报工作．2002(7)：54-57，81．

⑧ 肖勇．论国家信息政策法规的制定原则[J]．情报科学，2003(12)：1329-1334．

⑨ 欧阳军．论国家信息政策法律体系结构建设[J]．情报科学，2003(8)：799-803．

⑩ 张卫红．信息政策制定过程中的风险研究[J]．情报杂志，2003(10)：19-21．

⑪ 肖希明，吴敏．论科学研究与发展信息保障政策建设[J]．图书与情报，1998(2)：20-21，71．

⑫ 王长发，秦坷．国家信息政策的背景研究范畴和建设策略．洛阳大学学报，1996(9)：90-93．

⑬ 党跃武．论信息政策法规[J]．四川省图书馆学报，1998(4)：19-27．

⑭ 马海群．网络信息资源建设的政策调控与实施机制研究[J]．情报理论与实践，2004(1)：25-29．

强化策略[①]。与此同时,有学者强调信息政策监控的重要性,并且对监控的内容和机制展开讨论。比如傅威对评估信息政策产生的效益、达到或实现预期目标的程度及政策实施的范围等问题进行了研究,建立了信息政策评估的指标体系。[②]杨海平指出,美国的信息立法权属于国会,联邦行政机构负责国家信息政策法规的具体执行工作,国会对信息政策法规的执行和实施具有监督权,这些做法值得借鉴。[③]张福学、时咏梅对信息政策实施的必要资源、实施主体、目标群体、实施策略、协调、实施环境、有效监督以及信息政策评估工作的组织作了论述,并提出了评估信息政策的四项标准。[④]

信息政策的研究方法影响研究的深化和发展。目前对信息政策的研究大多采用定性分析法、比较分析法等思辨方法。龙洁玉提出应该加强信息政策方法论研究,移植一些定量分析方法,借助政策科学的研究方法和成果。[⑤]张福学等认为,目前信息政策研究者采用的方法可分为分类研究方法、简化式研究方法、问题确定与措施选择研究方法、预测式研究方法、面向过程的研究方法和案例研究方法。这些研究方法各有长处和局限性,适用于不同范围和不同层次上的信息政策研究。[⑥]汪传雷、谢阳群也探讨了信息政策研究方法问题,提出了研究方法的具体应用策略。[⑦]

信息政策研究很注重具体应用领域策略分析,涉及企业与产业领域、公益信息服务领域、计算机与信息网络等方面。黄健[⑧]、郭志明[⑨]、范凡等[⑩]研究了信息产业与服务业政策发展策略问题。王芳分析了政府的企业信息化政策与企业内部的信息政策问题,提出相应的时策建议。[⑪]在公益信息政策方面,周毅认为应逐步形成由纯公益主体、制度公益主体和营利组织并存的复合型政府信息资源公益开发服务模式。[⑫]此外,也有针对科技情报政策和图书馆以及档案文献信息政策的相关研究,张爱优[⑬]、王小平[⑭]、肖希明[⑮]、郝建苹[⑯]等均对

① 姚磊. WTO框架下我国信息政策的效果分析. 图书情报工作,2007(4).
② 傅威. 信息政策评估的指标体系[J]. 图书情报工作,1997(7):14-15.
③ 杨海平. 信息政策法规的执法与监督制度保障研究[J]. 图书馆理论与实践,2008(2):36-37.
④ 张福学,时永梅. 论信息政策研究的内容和方法[J]. 情报理论与实践,1999(1):16-18.
⑤ 龙洁玉. 关于我国信息政策发展问题的思考[J]. 华南师范大学学报:社会科学版,2000(6):113-115,119.
⑥ 张福学,时永梅. 论信息政策研究的内容和方法[J]. 情报理论与实践,1999(1):16-18.
⑦ 汪传雷,谢阳群. 信息政策研究探讨[J]. 情报理论与实践,2002(3):179-182.
⑧ 黄健. 浅析信息产业政策及其成分构成[J]. 河南图书馆学刊,2004(1):35-37.
⑨ 郭志明,叶仙娥. 信息政策对信息服务产业化的影响[J]. 情报学报. 2002(4):219-222.
⑩ 范凡,郑智勇. 国外促进咨询业发展的若干政策措施[J]. 中国信息导报,2002(10):27-28.
⑪ 王芳. 企业信息政策研究[J]. 图书情报工作,2003(5):48-54.
⑫ 周毅. 政府信息资源公益性开发服务的政策问题研究[J]. 中国图书馆学报,2007(4):17-21,40.
⑬ 张爱优. 制定图书馆文献信息政策探析[J]. 图书馆理论与实践,2004(2):6-7.
⑭ 王小平. 浅议图书馆信息政策法规建设[J]. 江西图书馆学刊. 2007(4):81-82,90.
⑮ 肖希明. 国家信息政策与文献资源共享[J]. 图书情报工作,1997(6):5-7,61.
⑯ 郝建苹. 中外档案信息政策法规标准及其比较研究[J]. 浙江档案,2003(8):16-18.

文献与档案信息政策问题做了分析阐述。

随着计算机技术的发展,国家数据信息流以及网络信息政策的政策问题成为信息政策的重要议题,周庆山[①]、梁俊兰[②]等就针对由此带来的政策与法律影响做了分析和探讨,燕金武提出网络信息政策的概念、特点、类型、环境和功能与研究方法等[③]。沙勇忠[④]、夏卡莉[⑤]、龚花萍[⑥]、徐立春等[⑦]均从不同角度和方面研究了网络信息政策问题。

30年来我国信息政策研究,在信息政策的基本问题、基本架构以及国际信息政策引进和分析借鉴方面取得了较大成绩,为今后的深入研究奠定了基础。未来将会加强在信息资源保障和信息安全等领域不断拓展。[⑧]

信息政策研究涉及面广,体系庞杂,基本理论内涵与框架还需要进一步完善,如信息政策的含义与范畴以及法律与伦理之间的关系与区别还需要进一步厘清,目前对于信息政策与信息法律的关系主要有三种观点,即包含关系、交叉关系和各自独立关系。如顾微微、袁卫芳通过比较指出了信息政策与信息立法之间有很大区别,但也论述了两者间的联系,指出,既不要把二者简单等同,又不要把二者完全割裂、对立起来。[⑨]

此外,信息政策研究缺乏专门的研究机构和研究目标,一些国外政策模式与方法如何与中国政治经济制度与文化环境相融合还缺乏实证支撑,对于政府决策和立法影响力尚显不足,研究方法的科学性和实用性还比较薄弱,这些都表明信息政策研究任重道远。

3 信息法学研究

3.1 信息法学研究的源起背景

信息法学是在信息政策研究基础上,应用法学原理和方法专门

① 周庆山. 跨国资料流通的社会影响与对策[J]. 当代世界与社会主义,1995(1):61-64.

② 梁俊兰. 越境数据流与信息政策和信息法律[J]. 国外社会科学,1997(1):62-66.

③ 燕金武. 论网络信息政策[J]. 图书情报工作. 2004(3):26-31.

④ 沙勇忠. 网络信息政策的国际发展趋势[J]. 武汉大学学报:社会科学版,2002(2):237-241.

⑤ 夏卡莉. 对网上公共信息建设政策的思考[J]. 情报资料工作,2003(1):29-31.

⑥ 龚花萍. 网络环境下国家社科信息政策与法规的内容研究[J]. 情报杂志 2002(9):2-4.

⑦ 徐立春,黄艳娟. 对我国网络信息政策法规建设的思考[J]. 图书馆学研究,2004(3):2-5.

⑧ 朱烨. 我国信息政策研究(1994—2003)综述[J]. 图书馆建设,2005(4):27-30.

⑨ 顾微微,袁卫芳. 试论信息法与信息政策的关系[J]. 情报科学,2000(8):717-719.

探讨信息政策法制手段的情报学分支学科。在西方发达国家,信息法律实践和研究起步很早。如早在1967年美国就颁布实施了《信息自由法》,相关司法实践为信息法学研究奠定了理论基础;在欧洲,信息法研究也在20世纪70年代以后随着计算机法律、知识产权问题和保护个人数据安全问题等逐步形成了信息法学相关研究机构和研究活动,1995年首届国际信息法学会议由荷兰阿姆斯特丹大学信息法学研究所承办,产生了深远影响。

相对而言,我国的信息法研究则是在20世纪改革开放以后,随着信息政策与信息宏观管理理论研究不断深入后逐步发展起来的一个研究领域,1992年国家科委科技司司长刘昭东就明确提出,科技情报事业的立法和科技情报工作的重要政策应该列为情报学研究导向的四大研究内容之首。[①]与此同时,法学领域的计算机法学以及科技法学和知识产权法学研究殊途同归,共同走进这个更大的学科共同平台。如1987年,知识产权法著名专家郑成思教授就著有《计算机、软件与数据的法律保护》[②]一书,郑教授毕生致力于积极推动信息产权制度和理论的建设。与此同时,更有多位学者出版计算机法学著作,如刘江彬[③]、应明[④]、于志刚[⑤]、唐广良[⑥]、马秋枫[⑦]、于志刚[⑧]等,虽然探讨了计算机法律问题,但是核心问题是信息技术法律问题,信息法学理论呼之欲出。在高校设有专业的科技法领域,赵震江主编有《科技法学》[⑨]一书,还有罗匡所著的《高技术法导论》[⑩],其中就包括了信息技术法部分的内容。

信息法学研究的动力之源还来自信息化浪潮澎湃汹涌之下的政策法律实践需求,工业与信息化部副部长杨学山曾经撰文指出:“我国在十年以前就已提出信息立法问题,但至今少有建树,究其原因,无外三条,一是没有适当的主管部门,二是在中国原来的法律体系中没有信息法这一分支,三是对信息法学和信息立法缺少必要的理论

① 刘昭东.进一步贯彻理论联系实际的方[J]情报学报,1992(1).
② 郑成思.计算机、软件与数据的法律保护[M].北京:法律出版社,1987.
③ 刘江彬.计算机法律概论.北京:北京大学出版社,1992.
④ 应明.计算机软件的版权保护[M].北京:北京大学出版社,1991.
⑤ 于志刚.计算机犯罪研究[M].北京:中国检察出版社,1999.
⑥ 唐广良,董炳和,刘广三.计算机法.北京:中国社会科学出版社,1993.
⑦ 马秋枫,等.计算机信息网络的法律问题.北京:人民邮电出版社,1998.
⑧ 于志刚.计算机犯罪研究[M].北京:中国检察出版社,1999:46.
⑨ 赵震江,主编.科技法学[M].北京:北京大学出版社,1991.
⑩ 罗匡,主编.高技术法导论[M].合肥:中国科技大学出版社,1991.

和实践支持。”[1]

信息法学的独立学科地位来自作为其研究对象的信息法的独特法律地位。陈旭认为，信息法学的研究起源于对信息法律现象的研究，从知识产权法到计算机法、科技法、网络法、高新技术法，等等，此外，信息活动的法律关系有很多已经在法律中得到确认，信息法也即将作为一个部门法走向成熟。[2] 齐爱民则在“土地法、动产法到信息法的社会历史变迁”一文中指出，工业社会的基础经济资源是机器，于是动产法取代了土地法的核心地位，信息是信息社会最重要的经济资源，信息法必将成为一个独立而完善的法律部门。[3]

改革开放30年来，我国法制建设取得了世人瞩目的成就，其中涉及科技与信息方面的法制建设也取得了重要进展，包括刑法修正案将侵犯知识产权罪和计算机信息犯罪写入《中国人民共和国刑法》，成立于1996年5月27日的国务院信息化领导小组（现已并入工业与信息化部），不仅推动相关立法的出台，更为信息法制建设和研究创造了良好的政策和管理环境。

最早以信息法学名称出版的专著为张守文和周庆山在1995年所著的《信息法学》[4]一书。马海群指出，该书的出版，开创了信息法学研究的先河，对信息法学学科的发展奠定了重要基础。[5]

进入21世纪之后，信息法学研究进入快车道，随着一系列信息法律如《互联网信息服务管理条例》、《电子签名法》、《信息网络传播权保护条例》、《政务信息公开条例》等的颁布和实施，以及积极推进《个人信息保护法》和《图书馆法》的立法进程。社会对信息立法的理论和实践的需求日益提高，理论研究也日趋活跃，研究信息法学相关领域的学者逐渐形成了一个相对稳定的研究队伍，一系列信息法研究机构也纷纷成立。2002年9月18日，中国法学会信息法学研究会正式成立，表明信息法学正式确立了学科地位和得到了社会认同，

① 杨学山．信息化法制建设的几个理论和实践问题．lawyergao.home.chinaren.com/netlaw.htm.

② 陈旭．信息法学研究起源及研究内容探讨[J]．现代情报，2006(9)：22-23，30.

③ 齐爱民．土地法、动产法到信息法的社会历史变迁[J]．河北法学，2005(2)：8-1.

④ 张守文，周庆山．信息法学[M]．北京：法律出版社，1995.

⑤ 马海群．信息法学[M]．北京：科学出版社，2002.

并将进一步推进信息法学理论与实践的发展与繁荣。

3.2 研究的重要进展与成果

信息法学作为一门新兴学科，经过30年的发展，从分散的研究逐步统摄到信息法学的大旗之下，进入90年代后期，信息法学研究进入快速发展时期，1997年3月，国务院信息化工作领导小组办公室持召开了国内首届信息化法制建设研讨会，系统研讨了信息法问题。[①]

进入21世纪之后，信息法学的学科地位逐步得到确立，周庆山在《情报学进展》(2002—2003年度评论第五卷)中发表"信息法学研究的回顾与进展"一文，对信息法学研究的重要成果和研究做了系统介绍和综合评述。[②]2002年11月，武汉大学信息资源研究中心以重大项目"国家信息政策与法规体系研究"的成果为主线召开了专题研讨会，并出版了论文集。[③]这个时期，一系列的信息法系统理论研究的专著出版，对于信息法学的研究和教学都起到了重要的作用，主要包括朱庆华、杨坚争主编的《信息法教程》[④]，马海群主编的《信息法学》，周庆山著的《信息法教程》[⑤]，王志荣著的《信息法概论》[⑥]，楼耀雄著的《信息法研究》[⑦]，黄瑞华主编的《信息法》[⑧]，徐澜波著的《信息法的理论与实践》[⑨]等。

在研究论文方面，与信息政策不同，相关研究成果的计量统计分析并不多见。樊丽娜根据已有的信息法学研究成果，进行定量统计，检索出近400篇与信息法有关的研究成果，统计结果显示基础理论、信息安全与犯罪、信息法律体系、信息伦理道德与信息法律关系、学科建设领域、信息法学教育都占有一定的比例，属于重点研究的领域。马海群、周丽霞根据对近10年来有关信息法的研究论文的统计分析，发现我国信息法学的研究层次大致是从以下几个方面展开的，即静态信息和动态信息法律规范、不同法律制度比较、信息法

① 中国法学会. 法学研究动态. http://www.bm.fz.fj.cn/law/fzrd8.htm.

② 周庆山. 信息法学研究的回顾与进展[M]//中国国防科学技术信息学会. 情报学进展：2002—2003年度评论第五卷. 北京：国防工业出版社，2003 .

③ 马费成，胡昌平，主编. 信息化与信息资源管理[C]//2002信息化与信息资源管理学术研讨会论文集. 北京：科学技术文献出版社，2003.

④ 朱庆华，杨坚争. 信息法教程[M]. 北京：高等教育出版社，2001.

⑤ 周庆山. 信息法教程[M]. 北京：科学出版社，2002.

⑥ 王志荣. 信息法概论[M]. 北京：中国法制出版社，2003 .

⑦ 楼耀雄. 信息法研究[M]. 北京：人民法院出版社，2004.

⑧ 黄瑞华，主编. 信息法[M]. 北京：电子工业出版社，2004.

⑨ 徐澜波. 信息法的理论与实践[M]. 上海：上海人民出版社，2006.

的内在和外部机制、信息法律体系结构研究、信息法的价值研究几个方面。[①]

纵观30年来特别是近10年来的丰富的信息法学研究成果，可以发现其涉及范围广泛、主题多元，以下从学科建设、分支领域、信息化法制建设等几个大的方面分述之。

(1)信息法学的学科建设问题。学科建设涉及信息法学的基本范畴、建立的社会条件、学科体系、学科地位以及研究方法等问题。作为一门新兴的跨学科理论，基础原理建设是其首要任务，张守文、周庆山在《信息法学》书中重点概括了信息法学的基本理论问题，确立了学科基本范畴与框架。[②]马海群的《信息法学》以及其他相关专著也系统全面地做了归纳总结和厘清。与此同时，一些研究论文也做了深入分析。如梅宪华的论文对信息法学的学科建设做了系统分析；[③]康聪民也针对信息法学理论构建问题做了阐述，并指出，信息法学的理论逻辑起点是法的双重性，即法既有物质性又有意识性[④]。这些论文强调了信息法学在法律体系中具有的重要属性和地位。

随着信息法学研究的不断深入，研究方法也不断丰富，宗诚和马海群将研究方法总结如下：价值分析方法，实证分析方法，比较分析方法，调查与实验的方法，三论方法，移植方法，以及包括耗散结构理论、协同学、超循环理论等“新三论”方法。[⑤]如武汉大学信息资源研究中心建立的“中国信息法规数据库”就是实证方法的具体应用。[⑥]而比较分析则侧重国内外相关理论与实践的对比研究，如蒋坡主编了《国际信息政策法律比较研究》[⑦]。

(2)分支领域的信息法学研究。信息法是法律渊源广泛的规范集合，随着相关法律法规的日见增多，一些具体应用领域和层面的分支研究日益繁荣，不一而足，其中主要包括公民信息知情权利与政府信息公开义务、大众传播自由权与保护公民消费以及隐私权、知识与

① 马海群，周丽霞. 信息法学的研究视角与重点研究领域分析[J]. 图书情报工作，2004(9)：38-40，85.

② 张守文，周庆山. 信息法学[M]. 北京：法律出版社，1995.

③ 梅宪华. 论信息法学基础理论若干问题[J]. 图书情报工作，2004(5)：38-40，73.

④ 康聪民. 信息法学的理论构建[J]. 学术研究，2003(8)：84-87.

⑤ 宗诚，马海群. 我国信息法学研究方法的创新思维[J]. 情报资料工作，2008(3)：11-13.

⑥ 杜佳. 浅谈“中国信息法规数据库”的数据实现//武汉大学信息资源研究中心，武汉大学首届“信息化与信息资源管理”学术研讨会论文，2002(11).

⑦ 蒋坡，主编. 国际信息政策法律比较[M]. 北京：法律出版社，2001.

信息产权与公共信息资源的合理使用、网络与电子商务法律以及国际信息法律等问题。

公民的信息权利问题是信息法律的核心命题之一,李晓辉博士论文《信息权利研究》,采用推理方法论证了信息权利这一新型法律权利的正当性及其内涵和外延,整合了信息产权、知情权、信息隐私权和信息环境权等信息权利。[①]

围绕信息知情权与政府信息公开义务、传播自由与隐私保护问题已经成为信息法学研究的热点问题,相关论著非常丰富,除涉及基本问题讨论外,还涉及了公共图书馆与政府信息开放的关系问题以及图书情报机构保护个人数据信息问题等,在此不作列举。周汉华编写有《外国政府信息公开制度比较》[②]、《中华人民共和国个人信息保护法(专家建议稿)及立法研究报告》[③]。而雷润琴在《传播法——解决信息不对称及相关问题的法律》[④]一书中,探讨了传播自由与限制问题。洪伟的《大众传媒与人格权保护》[⑤]一书也系统研究了相关问题。梅邵祖研究了网络隐私权保护对策问题。[⑥]齐爱民主编的《个人资料保护法原理及其跨国流通法律问题研究》则区分了隐私与个人资料的界限以及法律保护的原则与相关问题。[⑦]

知识产权法研究随着网络化和数字图书馆发展,信息产权以及虚拟网络财产权等成为研究的热点问题。如马海群、邓小昭指出,知识产权的概念向信息产权概念的发展,或许将成为信息社会中知识产权法律体系的最大变革。[⑧]

数字图书馆建设中的知识产权合理使用问题以及公共借阅权问题一直是图书馆学情报学近年来关注的一个热点问题,随着国家《信息网络传播权保护条例》的出台,成立于2002年的中国图书馆学会图书馆法与知识产权专业委员会也就相关问题表明立场并开展研讨。相关论著也非常丰富,如肖燕的《网络环境下的著作权与数字图

① 李晓辉. 信息权利研究[M]. 北京:知识产权出版社,2006.

② 周汉华. 外国政府信息公开制度比较//信息公开制度研究丛书[M]. 北京:中国法制出版社,2003.

③ 周汉华. 中华人民共和国个人信息保护法(专家建议稿)及立法研究报告[M]. 北京:法律出版社,2006.

④ 雷润琴. 传播法——解决信息不对称及相关问题的法律[M]. 北京:北京大学出版社,2005.

⑤ 洪伟. 大众传媒与人格权保护[M]. 北京:三联书店,2005.

⑥ 梅邵祖. 网络与隐私[M]. 北京:清华大学出版社,2003.

⑦ 齐爱民,主编. 个人资料保护法原理及其跨国流通法律问题研究[M]. 武汉:武汉大学出版社,2004.

⑧ 马海群,邓小昭. 社会信息化与知识产权法制变革[J]. 情报资料工作,1997(6):13-16.

书馆》[1]、陈传夫的《国家信息化与知识产权——后TRIPS时期国际版权制度研究》[2]等。由于相关论文非常丰富，在此不赘述。

信息法学在21世纪的重要特色是在网络信息法与电子商务法领域的研究日益活跃，涉及领域也十分广泛，在这个领域的不仅专著教材丰富，相关论文更是汗牛充栋。网络法学专著代表作者有张楚[3]、胡鸿高与赵丽梅[4]、马秋枫[5]、王云斌[6]等。此外，在电子商务法学领域著作颇丰，其中包括张楚[7]、秦成德[8][9]、蒋志培[10]、周忠海[11]、周庆山[12]等均主编有电子商务法著作或者教材。李德成[13][14]、薛虹[15]等则分别涉及了网络广告、隐私权和知识产权法律问题。

(3)信息化法制建设问题。

信息化法制建设研究是信息法研究的应用研究范畴，相关论文有很多，如杨学山[16]、吴宏亮与颜小云[17]等对于信息立法环境、立法原则、立法建设问题等都作了分析论述。信息法制建设需要从信息法律整体角度对解决目前条块分割、散乱疏失的立法局面，如同张艺指出的，信息法学的应用法学层面的"信息知识范式的转变，对现行分散的信息法律法规进行归类整理、组合和梳理，并试图从信息资源角度来规范信息活动"[18]。为此，很多学者聚焦于信息法律框架体系研究，如张守文、周庆山[19]，壮链等[20]，贾文中、黄瑞华[21]，陈青苗、庄育飞[22]以及周庆山[23]则分别阐述了信息法律体系构建原则以及基本设想。

信息法制建设的目标是以加强信息资源开发利用，推进国家政府信息、公益信息以及商业信息立法和标准化进程。这也符合两办联合发出《关于加强信息资源开发利用工作的若干意见》的基本任务和政策目标。在政府信息立法方面，2002年8月，国家信息化领导小组关于我国电子政务建设指导意见颁布，提出要逐步完善电子政务相关的法规和标准。高纯德等系统研讨了政府信息资源的管理与

① 肖燕. 网络环境下的著作权与数字图书馆[M]. 北京:北京图书馆出版社,2002.

② 陈传夫. 国家信息化与知识产权——后TRIPS时期国际版权制度研究[M]. 武汉:湖北人民出版社,2002.

③ 张楚,主编. 网络法学[M]. 北京:高等教育出版社,2003.

④ 胡鸿高,赵丽梅. 网络法概论[M]. 北京:法律出版社,2003.

⑤ 马秋枫,等. 计算机信息网络的法律问题[M]. 北京:人民邮电出版社,1998.

⑥ 王云斌. 互联法网——中国网络法律问题[M]. 北京:经济管理出版社,2001.

⑦ 张楚,主编. 电子商务法:第二版[M]. 北京:中国人民大学出版社,2005.

⑧ 秦成德,主编;周庆山,副主编. 电子商务法[M]. 重庆:重庆出版社,2004 .

⑨ 秦成德,主编. 电子商务法:普通高等教育十一五国家级规划教材[M]. 北京:科学出版社,2007.

⑩ 蒋志培,主编. 网络与电子商务法[M]. 北京:法律出版社,2001.

⑪ 周忠海,主编. 电子商务法导论[M]. 北京:北京邮电大学出版社,2000.

⑫ 周庆山,主编. 电子商务法概论:全国自学考试教材[M]. 沈阳:辽宁教育出版社,2005.

⑬ 李德成. 网络广告法律制度初论[M]. 北京:中国方正出版社,2000.

⑭ 李德成. 网络隐私权保护制度初论[M]. 北京:中国方正出版社,2001.

⑮ 薛虹. 网络时代的知识产权法[M]. 北京:法律出版社,2000.

⑯ 杨学山. 信息化法制建设的几个理论和实践问题. lawyergao. home. chinaren. com/netlaw. htm.

⑰ 吴宏亮,颜小云. 论我国信息立法的几个基本问题[J]. 中国图书馆学报,1999(2):17-20.

⑱ 张艺. 试论信息法学的学科特性与知识框架[J]. 学术研究,2005(8):74-78.

⑲ 张守文,周庆山. 信息法学[M]. 北京:法律出版社,1995.

⑳ 壮链,等. 信息化进程中立法框架建议[J]. 信息经济与技术,1997(4).

㉑ 贾文中,黄瑞华. 试论信息法的体系[J]. 情报理论与实践,1997(1):12-14.

㉒ 陈青苗,庄育飞. 论信息立法体系[J]. 图书馆学研究,1999(3):51-53.

㉓ Zhou Qingshan. An Analysis to the Model of Information Law Structure [J]. Library and Information Ssrvice. 2001, (4): 10-17,26.

立法问题[①],周庆山系统概括了政府信息立法的法律关系内容和体系[②]。

公益性机构特别是图书馆的立法,以及信息公平保障的信息资源配置法律问题也是研究热点问题,针对图书馆立法问题,由于立法进程缓慢,学术界也开始呼吁重视推进立法工作,并从理论角度阐述立法的必要性和可行性。《图书与情报》杂志在2006年第1期集中发表了一组讨论图书馆立法的文章。周庆山从文献传播流程整体立法角度分析了图书情报档案一体化法制建设问题[③],李后卿也全面分析了文献法规体系的组成及其核心法律的主要内容[④]。与图书馆立法相关联,涉及信息公平、自由、公共性保障问题也是近年热点。如蒋永福、黄丽霞探讨了公益机构保障信息自由权利问题。[⑤]

与上述研究相比,商业信息资源立法研究方面是比较薄弱的部分,特别是信息市场法律规范尤为欠缺。主要侧重信息市场立法问题,如饶伟红分析了信息市场的信息法律关系问题[⑥],张成武探讨了信息服务业的信息法律问题[⑦],郭连声、靖继鹏对完善有关法律保障机制作了相关阐述[⑧]。

3.3 信息法学研究的问题和趋势

尽管信息法学起步较晚,当然,研究成果对于国家信息化立法和司法实践产生了积极和深远影响。当然,信息法学研究还存在很多不足,具体表现为研究队伍分散、力量薄弱,对信息法学基本原理的研究不够,正如周丽霞、马海群所指出的,我国信息法学的研究以1995年张守文、周庆山出版的《信息法学》一书为起点,经过了近10年的发展,学者们对信息法学的研究对象、研究内容及信息法的体系框架等诸多问题已经有了比较深入的探讨,但对信息法学的学科属性问题还没有达成共识。[⑨]

① 高纯德,等. 政府信息资源的管理与立法研究[M]. 中国信息协会课题组. 中国信息协会网站 http://www.ciia.org.cn

② 周庆山. 政府信息立法及权利义务分析[J]. 图书情报知识,2002(1):2-5.

③ 周庆山. 文献传播立法问题研究述略[J]. 图书馆工作与研究,1996(2):10-13.

④ 李后卿. 文献法规体系概略[J]. 图书馆,2000(2):36-39.

⑤ 蒋永福,黄丽霞. 信息自由、信息权利与公共图书馆制度[J]. 图书情报知识,2005(1):20-23.

⑥ 饶伟红. 信息市场的法律调整[D]. 北京:北京大学信息管理系硕士论文,1995.

⑦ 张成武. 我国信息服务业立法浅析[J]. 情报理论与实践,1997(9):270-272.

⑧ 郭连声,靖继鹏. 我国信息市场的管理及政策法律保障[J]. 中国图书馆学报,1994(4).

⑨ 周丽霞,马海群. 信息法学的学科价值及学科归属问题探讨[J]. 情报科学,2004(11):1388-1390.

此外，学术研究表现为具体分析多，基础建设少，缺少系统完整深入的分析和整合。正如马海群、乔立春指出的，目前，我国关于信息立法的研究具有研究主体多样性、研究侧重点不同、研究内容尚缺乏深度和实用、学科交融程度低等问题。[①] 研究成果主题比较分散，没有形成共同的话语空间，虽然宗诚、马海群探讨了这个关系信息法学学科逻辑结构合法性的问题[②]，但是至今一些信息法律领域的问题还是被肢解为不同的学科范畴进行研究。这从一定程度上反映了研究模式上的缺陷。周丽霞，马海群从信息法学研究模式角度介绍了其基本研究方法和存在的不足，并论证基于跨学科研究、影响研究、平行研究和多领域研究的二元对立的信息法学新研究模式。[③] 信息法学研究的模式大致包括传统法学研究、信息管理学研究和部门分支法研究模式，理想的信息法学研究是上述几方面的交流、认同、合作与整合。[④]

未来信息法学研究将进一步加大对于网络信息法律的研究，在信息公平和信息民主的重要理念下，着力建设信息权利为核心的信息法律制度和信息资源建设制度研究，涉及信息属性的研究、信息产权作为知识产权法学转型以及产权主体的利益分配、信息资源的配置体制的改革和服务机制的整合、数字图书馆建设的法律环境等问题。马海群、乔立春认为，信息法学研究的重点领域包括，制度研究、价值分析、运行研究、方法研究等。[⑤] 这些都有待于我们深入加以研究。此外，还要关注信息政策、法律与伦理在信息生态学高度进行整合研究趋势问题。

4　信息伦理学研究

4.1　信息伦理学研究的缘起

信息伦理是人类伦理活动在信息活动领域的实践活动和知识探

① 马海群，乔立春．论我国信息法学的研究基础与学科建设[J]．中国图书馆学报，2001(1)：16-20.

② 宗诚，马海群．信息法学学科体系构建刍议[J]．情报资料工作，2004(4)：9-12，37.

③ 周丽霞，马海群．信息法学的四种研究模式及其研究方法[J]．图书情报工作，2006(3)：49-52.

④ 周庆山．我国信息法律体系构建与完善初论[J]．武汉大学首届"信息化与信息资源管理"学术研讨会论文，2002.

⑤ 马海群，乔立春．论我国信息法学的研究基础与学科建[J]．中国图书馆学报，2001(1)：16-20.

索,反映了社会对于调节人类信息社会关系的现实需要和规律。信息伦理学研究最早源于计算机伦理研究,20世纪70年代,美国教授W.曼纳首先发明并使用了"计算机伦理学"这个术语,从80年代中期开始,大量信息伦理论文和专著的涌现,信息伦理学应运而生。[①]进入新世纪网络伦理学成为信息伦理学的重要内容。美国还定期出版《信息伦理》学刊(*Journal of Information Ethics*)。

我国的信息伦理学研究起源于20世纪80年代初,既有引进西方信息伦理学学术资源的缘起背景,如翻译引进了一些信息伦理专著,如斯皮内洛著的《世纪道德——信息技术的伦理方面》[②]等,同时也是发源于图书情报学研究中情报和图书馆职业道德研究,因此,是这两个方面共同作用的结果。早在1988年谢洪文就发表了"初议情报道德"一文,探讨了相关问题。[③]陈广平则撰文探讨了高校图书情报人员的职业道德问题。[④]此外,一些论著讨论了诸如信息污染问题、信息安全和信息平等问题等,均涉及与信息伦理有关的主题内容。

20世纪90年代以后,相关学者的研究触角已经深入信息伦理学领域的各个方面,一批著述已经问世,如严耕等著有《网络伦理》[⑤]一书。进入新世纪以后,信息伦理学研究成为信息管理与情报学的热点研究领域,并逐步得到了图书馆学情报学界的接受和认可,吴慰慈、张久珍指出信息伦理学是图书馆学情报学的重要分支学科[⑥]。一些专门著作相继问世,如吕耀怀的《信息伦理学》[⑦]、沙勇忠的《信息伦理学》[⑧]、黄志文等著的《信息伦理论纲》[⑨]等。

4.2 研究进展与成果

李萍指出信息伦理学主要探讨的问题包括信息素养、信息公正、信息安全、信息生态、信息产权等问题。[⑩]彭靖里等经过对1999—2005年期间论文检索的结果分析,表明涉及信息伦理学主题的文献

① 梁俊兰.信息伦理学方兴未艾[N].中国社会科学院院报,2005-2-24.
② 理查德·A.斯皮内洛著.世纪道德——信息技术的伦理方面[M].刘刚,译.北京:中央编译出版社,1999.
③ 谢洪文.初议情报道德[J].情报学刊,1988(2):18-20.
④ 陈广平.高校图书情报人员的职业道德和服务育人[J].盐城师专学报:社会科学版,1988(2):148-150.
⑤ 严耕,陆俊,孙伟平.网络伦理[M].北京:北京出版社,1998.
⑥ 吴慰慈,张久珍.信息技术革命影响下图书馆学情报学分支学科的建构[J].中国图书馆学报,2001(5):3-8,62.
⑦ 吕耀怀.信息伦理学[M].长沙:中南大学出版社,2002.
⑧ 沙勇忠.信息伦理学[M].北京:北京图书馆出版社,2004.
⑨ 黄志文,等.信息伦理论纲[M].武汉:湖北人民出版社,2004.
⑩ 李萍.关于信息伦理学建构的思考[J].图书馆论坛,2006(5):26-29.

已达 267 篇。[①] 以下择要分述之。

(1)信息伦理学基本理论问题。集中研究了信息伦理学的研究对象、性质、理论分析工具以及信息伦理的基本涵义、功能、特点、框架、原则等。

在信息伦理的含义和特点方面,沙勇忠认为,信息伦理又称信息道德,它是信息活动中以善恶为标准,依靠人们的内心信念和特殊社会手段维系的,调整人与人之间以及个人与社会之间信息关系的原则规范、心理意识和行为活动的总和。[②] 张福学则指出,信息伦理应该满足四个特点,即稳定性、模块性、严厉性和公正性。[③]

信息伦理学属于"应用伦理学"或"规范伦理学"的范畴,强调信息伦理学的实用性,通过研究构建合理的伦理制度和守则,提供解决实际问题的可操作指南。西方学者如戴博拉·约翰逊和斯平内洛等认为,需要借助传统的伦理学理论和原则,并分别把以边沁和密尔为代表的功利主义,以康德为代表的义务论,以霍布斯、洛克和罗尔斯为代表的权利论,这三大经典道德理论,作为他们构建信息伦理学的理论基础。我国的学者在此基础上,结合不同的国家政治制度和文化制度,补充中国传统文化伦理资源和社会主义伦理道德理念进行了大量的本土化研究。

1986 年美国信息管理学家梅森提出了信息时代涉及信息隐私权、信息准确性、信息产权、信息资源存取权四个伦理命题(缩写为 PAPA)。相丽玲等对网络时代下梅森框架中出现的新问题进行了探讨。[④] 但是,以这四个部分为框架显然缺乏系统性和完整性。沙勇忠在其专著中提出了要素维、领域维、层次维、利害关系人维是信息伦理的四维理论框架和核心知识范畴。[⑤] 张福学从信息圈的角度,提出了信息伦理规范的结构内容。[⑥] 曹劲松则从理论表达、实践运用和人格塑造等不同层面,提出了信息伦理的体系结构。[⑦]

① 彭靖里,邓艺,杨斯迈,李建平. 东西方文化背景下信息伦理科学发展的比较研究[J]. 情报杂志,2007(4):86-88,91.

② 沙勇忠. 信息伦理学[M]. 北京:北京图书馆出版社,2004.

③ 张福学. 信息伦理的几个基础理论问题研究. http://www.lib.ytu.edu.cn/wxyjs/cyycg/zfx/xxll.html.

④ 相丽玲,薛全胜. 梅森 PAPA 信息伦理下的若干问题探索[J]. 情报理论与实践,2007(2):168-171.

⑤ 沙勇忠. 信息伦理学[M]. 北京:北京图书馆出版社,2004.

⑥ 张福学. 信息伦理的几个基础理论问题研究. http://www.lib.ytu.edu.cn/wxyjs/cyycg/zfx/xxll.html.

⑦ 曹劲松. 试论信息伦理体系的结构和功能[J]. 南京林业大学学报:人文社会科学版,2005(3):60-65.

(2)信息伦理的调控原则与守则制定问题。沙勇忠认为,建构完整的、富于操作性能的社会调控机制,是保证信息伦理的实践效能,避免信息伦理流于纯粹的学理分析甚至空洞说教的重要环节。应坚持自律与他律相结合、技术与人文相结合、现代与传统相结合以及民族性与国际性结合共四条基本原则。[①] 曹劲松指出,公益与功利、共享与尊重、公平与发展是信息伦理对社会调节的主要方面。[②] 蒋永福、刘鑫认为保障网络信息公平必须遵循五个原则,即泽被全民、无害、行善、自主、知情原则。[③]

信息伦理研究的目标是把社会认可的一般伦理价值观念,应用到信息与网络伦理分析领域的思考,进而提出信息伦理调控的基本原则问题。美国学者斯皮内洛提出了信息伦理自主、无害和知情同意原则。[④] 黄寰则提出了建构新型网络伦理时应遵循的无害、平等、尊重、公正、参与、允许、创新、可持续发展、自组织与他组织相统一共九大原则。[⑤]

信息伦理守则的制定问题是实践信息伦理价值理念,规范信息伦理行为的基本条件,目前国际上至少有 57 个国家级组织和 210 个美国国内的专门或相关的组织制定了信息伦理类守则。2006 年 1 月,中国竞争情报分会决议通过了《竞争情报分会会员职业行为道德规范(试行)》,成为情报学界首部伦理守则。周庆山讨论了信息专业伦理守则的基本范畴和功能,对国内外现有计算机网络信息专业伦理守则的发展脉络进行了分析并探讨了其中的规范主题和价值取向,提出了完善相关守则需要注意的问题。[⑥] 朱苏讨论了图书馆学情报学伦理和价值观的定义,用实证的方法归纳了信息管理学核心价值与伦理的基本内容,指出受不同信息机构的不同功能的影响,这些核心价值伦理的顺序并不完全相同。[⑦]

(2)信息伦理的具体领域问题。涉及诸如网络伦理问题、档案信

① 沙勇忠. 信息伦理学[M]. 北京:北京图书馆出版社,2004.
② 曹劲松. 试论信息伦理体系的结构和功能[J]. 南京林业大学学报:人文社会科学版, 2005(3):60-65.
③ 蒋永福,刘鑫. 论信息公平[J]. 图书与情报,2005(6):822-825,865.
④ 王正平. 西方计算机伦理学研究概述[J]. 自然辩证法研究,2000(10):39-43.
⑤ 黄寰. 网络伦理危机及对策[M]. 北京:科学出版社,2003.
⑥ 周庆山. 计算机网络信息专业伦理守则制定问题初论[J]. 图书与情报,2006(6):51-58.
⑦ 朱苏. 信息管理学视野中的"职业价值与伦理"[J]. 科技情报开发与经济,2004(10):30-32.

息伦理问题、图书馆伦理、传播媒介伦理问题等。如北京大学张久珍在其博士论文《网络信息传播的自律机制研究》中系统分析了网络伦理理论与实践问题，[①]马仁杰等分析了档案信息伦理失范和对策。[②]沙勇忠对图书馆职业伦理问题进行了探讨[③]，赵娟阐述了图书馆信息伦理建设的对策。[④]信息伦理研究的实证研究比较缺乏，叶燕在“电子商务环境下信息伦理问题的实证研究”一文中，通过对企业在进行电子商务相关活动中对伦理的基本态度和行为特征，找出信息伦理建设的途径和策略。[⑤]

(3)信息伦理教育和信息素养问题。

信息社会伦理缺失的困境凸显信息伦理教育的价值。吴彤分析了当前信息伦理及教育困境，利用西方伦理教育的价值澄清理论，探讨了高校图书馆实施信息伦理教育的途径。[⑥]钟庞和则探讨了对图书馆员进行信息伦理教育的策略。[⑦]

信息伦理教育的目标是培养具有良好信息素养的现代信息人。对于信息素养的研究在21世纪呈现出蓬勃发展的景象，耿小兵等统计发现从2000至2004年，以“信息素养及教育”为主题的论文共计1493篇，研究已覆盖各类“信息素养人”，热点主要集中于高校学生，此方面的论文为782篇，占论文总量的52.4%。[⑧]赵需要等，从信息生态角度分析了影响信息素养人培养的信息基础设施、信息素质教育、政府角色等方面，提出了保障体系架构方略。[⑨]

4.3 信息伦理研究存在的问题和任务

我国信息伦理学研究还刚刚起步，相关基础理论尚不成熟，较多转述国外的研究成果和思想，本土化实践性不够。丛敬军指出，信息伦理学还没有形成一个真正完整的学科体系，尤其是有中国特色的信息伦理学体系。针对重大信息伦理主题和我国国情的实证性研究偏少，与国外信息伦理学研究界的学术交流和合作还有待加强。[⑩]

① 张久珍. 网络信息传播的自律机制研究[M]. 北京：北京图书馆出版社，2005.

② 马仁杰，汪向东，杨晓晴. 关于档案信息伦理建设若干问题的思考[J]. 档案学通讯，2008(1)：26-29.

③ 沙勇忠. 图书馆职业伦理研究[J]. 中国图书馆学报，2004(4)：20-23，28.

④ 赵娟. 论图书馆信息伦理问题及其对策[J]. 图书馆学刊，2007(4)：27-29.

⑤ 叶燕. 电子商务环境下信息伦理问题的实证研究[J]. 中国科技信息，2006(20)：173-175.

⑥ 吴彤. 基于价值澄清理论的信息伦理教育研究[J]. 图书馆学研究，2008(3)：15-17.

⑦ 钟庞和. 论图书馆信息伦理教育[J]. 情报科学，2006(7)：1003-1008.

⑧ 耿小兵，钮文艳，李洪喜. 21世纪国内“信息素养”专题文献分布状况初探[J]. 科技情开发与经济杂志，2006(20)：13-14，114.

⑨ 赵需要，周庆山，刘敏榕，翟金金. 我国信息素养人培养保障体系架构——基于信息生态理论的分析[J]. 数字图书馆论坛，2008(6)：49-53，62.

⑩ 丛敬军. 关于信息伦理学研究的思考[J]. 情报学报，2002(3)：334-338.

我国信息伦理学研究面临的艰巨任务是:深化理论研究,厘清一般社会伦理中的公平、平等、权利、义务、自由、保密等概念与信息伦理之间的共通之处及不同点并赋予新的涵义;逐步深入对于信息法律、政策与伦理之间区别与联系的研究。同时加强信息生态以及信息哲学与信息伦理关系的研究,并改进研究方法,加强实证研究和案例分析,完善伦理实境的决策模式问题,提高信息伦理理论对于伦理实践的指导性和可操作性。在信息伦理制度建设方面,加强信息伦理守则的研究、制定、实施与评价。

近年来,随着网络伦理问题日益成为信息伦理学研究的重点问题,垃圾短信问题、人肉搜索问题、网络色情问题以及网络实名制问题等都在考验着信息伦理理论的指导价值,因此,最迫切的任务是总结、发掘、借鉴我国传统伦理遗产,研究现实伦理与信息以及网络传播理论有关问题,构建具有中国特色的信息伦理学理论体系,制定适合我国国情的信息及网络伦理准则和行为规范。

第七章　情报学教育

中国的情报学教育始于1958年。当时，中国科学技术情报研究所创办了我国第一所科技情报大学。该校只招收了一期学生，200人。1959年并入中国科技大学，改称情报学系。

1　本科教育

1.1　生正逢时

1978年，恢复高考制度后，在全国科学大会的鼓舞下，恢复我国情报学本科教育成为历史的必然。当年武汉大学创办了科技情报专业（本科）。接着，吉林工业大学、山东大学、南京大学、北京大学、中国科技大学、西安电讯工程学院等高校也陆续开办了科技情报专业。中国人民大学分校则开办了社科情报专业。另外，20世纪80年代中期起，还有一批高校陆续开办了图书情报学专业。它一般以图书馆专业为主体，选择图书情报教育一体化的模式，把情报学专业的一部分内容融入其中。到1985年底，已有25个高校开办了情报学（或图书情报学）本科专业。

1.2　及时转向

1992年，当时的国家科委提出将“科技情报”改为“科技信息”，以拓宽各级各类科技情报所的业务范围的生存空间，适应国家经济体制和科技体制改革的要求。同年10月，北京大学将原来的图书馆学情报学系更名为信息管理系。1993年,国家教委在修订本科专业目录时,决定把科技情报专业改名为科技信息专业,隶属于理学大类,与系统科学组合为一个一级学科,即“科技信息与系统科学”,下设科技信息专业和系统科学专业。另外,把原来的图书情报学专业和社科情报专业合并为信息学专业,隶属于历史学大类之下。

1997年,国家教委又开始进行新一轮的本科专业目录调整。当时的指导思想是:淡化专业,拓宽专业面,改变以往专业设置过多过窄的状况,把原来600多个压缩到250个以内。在这一背景下,经过多次专家论证,最后在1998年8月确定的新的本科专业目录中,科技信息专业与管理信息系统专业、经济信息管理专业、信息学专业以及林业信息管理专业合并为一个专业:信息管理与信息系统专业,隶属于管理学大类“管理科学与工程”这个一级学科之下。据当时统计,合并改名之后,设有“信息管理与信息系统”专业的高校有151个。据教育部高教司提供的统计资料,到2007年12月31日,内地高校设有“信息管理与信息系统”专业教学点共500多个。

2 研究生教育

2.1 硕士研究生培养

中国的情报学研究生教育开始较晚。1979年起,武汉大学、中国科技情报研究所、北京大学等高校和研究机构开始招收情报学专业或方向的研究生。到20世纪80年代中期,已有6个情报学硕士学位授予点。

进入21世纪,我国研究生教育飞速发展,情报学硕士点数量快速增加。一些条件好的图书情报机构也陆续获得了情报学硕士学位授予权,开始招收和培养情报学专业硕士研究生。截至2007年底,大陆共设了71个情报学专业硕士学位授权点，每年招收硕士研究生500人左右。

2.2 博士生培养

1990年11月，国务院学位委员会首次批准设立情报学博士学位，武汉大学第一个获得了情报学博士学位授予权并开始招收博士研究生。截至2007年底，内地高校有情报学博士点7个，涵盖单位9个，即武汉大学、南京大学、北京大学、吉林大学、中国人民大学、南开大学、中国科技信息研究所、中国国防科技信息中心、中国科学院文献情报中心，每年招生博士研究生50人左右。至2007年底，武汉大学已有一篇情报学专业博士学位论文获得全国优秀博士学位论文奖。

2001年，北京大学和武汉大学获准设立图书馆学、情报学和档案学一级学科博士后流动站。后来，中国科技信息研究所和国防科技信息中心先后设立了博士后工作站。

值得一提的是，大陆的图书情报学研究生专业原来隶属于理学大类之下，授理学博士或硕士学位。20世纪90年代中期修订研究生专业目录时，把图书馆学、情报学和档案学归并一个一级学科，隶属于管理学大类，授管理学博士或硕士学位，下设三个专业。

3 继续教育

继续教育是我国情报学教育的重要组成部分。我国图书情报学继续教育起步早、发展快。早在20世纪50年代就开展了大专层次的继续教育。

1984年设立的国家科委武汉大学科技情报培训中心，连续10多年招收两年制的情报大专班和半年的短期培训班，为科技情报系统培养了1500多名毕业生,大多数已成为各级情报单位的带头人或骨干。

1993年起,北京大学信息管理系开始举办在职申请硕士学位课程进修班。2000年起,在社会信息化大潮的推动下,北京大学信息管理系开始创办知识管理与咨询策划、信息管理等方向的情报学硕士课程进修班,受到社会的热烈欢迎,报名情况非常火爆。随后,武汉大学和北京师范大学等院校也开办了各种方向的进修班。

4 台湾地区的情报学教育

台湾地区的情报学教育像美英和日韩等国那样,是在原来图书馆学的框架内慢慢地发展起来的,始终未离开其母体。1987年,台湾大学图书馆学系更名为图书馆情报学系,表明其情报学教育已经建制化。后来,其他设有图书馆学系科的高校也陆续更名为图书馆情报学或者图书资讯学。至今,台湾地区有10所高校设有图书资讯系(台湾大学、师范大学、辅仁大学、谈江大学、世新大学、政治大学、中兴大学、玄奘大学、交通大学、空中大学)。前面四家还设有研究所,招收和培养博士或硕士研究生(1970年,台湾大学首先招收研究生)。2000年前后,台湾地区的图书馆学或研究所才开始改名为图书资讯学系或研究所,比祖国大陆同行晚10年以上。

5 培养目标针对社会需要

在情报学专业创办初期,其培养目标主要是培养科技情报人才,毕业生的就业方向主要是科技情报研究所(中心、室)以及理工农医类高校图书馆。到20世纪80年代中期起,我国科技情报研究院所受市场经济大潮的冲击，不得不把主要精力投向市场，以求得生存和发展，致使传统的科技情报加工、报道、检索和服务业务的地位下降，人才需求大大缩小。这就迫使高校的情报学专业教育调整自身的培养目标，开始重视培养与经济建设主战场关系密切的领域所需要的人才。培养信息管理或信息资源管理方面的高级专门人才，成为情报学专业培养目标的必然选择。实践已经证明，这种转向是必要、及时和明智的，是我国高等教育领域的一个重要创新。

6　课程体系和教学内容得到不断革新

社会需要变化的压力，成为情报学专业课程体系和教学内容改革的巨大动力；培养目标的合理转向，指导了专业课程体系和内容的不断变革、重组、建设和完善。一些不适应社会需要和学科发展的课程和教学内容被压缩、改造、更新或者废除。新的、与社会需要特别是信息化建设密切相关的课程或者教学内容日益增多，如信息管理概论、信息资源管理、信息经济学、计算机网络、电子商务、电子政务、竞争情报研究、知识管理、数字图书馆、信息政策、信息法学、数据挖掘、企业信息化、管理咨询、视觉传播等，这些新课程和新内容在情报学专业课程中已经占据了主导地位。

7　若干问题的讨论

7.1　如何评价我国情报学教育史上的几次变革

我国情报学教育经历了两次大变革。第一次是图书情报学系改名为信息管理系。第二次是科技信息专业和信息学专业等合并为信息管理与信息系统专业，即情报学教育退出本科层次。第一次变革

(1992—1997),对学科震动很大,一时间争议较多,率先改名的系承受了一定的压力。但是,近20年的实践已证明这次变革是正确的、及时的。它比美国同行还早几年,比美国2005年开始的"I—School运动"要领先十余年。

第二次变革开始于1997年国家教委部署的本科专业目录调整工作。1998年教育部公布的调整后的本专业目录把原来的科技信息专业和信息学专业等归并到新的"信息管理与信息系统专业"中。这一举措对情报学教育的震动似乎更大,故争议似乎也更多一点。甚至有些人至今仍不理解,认为搞了20年把专业搞丢了,对情报学的生存和发展很不利。

我们认为,情报学专业是一个应用性很强的学科,需要有一定的专业背景知识,才能更好地适应情报研究工作和信息处理与服务职业的需要。所以,许多国家(尤其是美国和加拿大)都把情报学教育放到研究生层次来进行,这样有利于培养出高素质高层次的复合型人才。过去,我国一些高校为了使情报学专业本科生在大学四年中既掌握好本专业的知识,又掌握一定的其他某一学科的背景知识,曾做过许多种改革的试验,结果都不成功而不能持续下去。另一方面,我国情报或信息机构对情报学人才的需求早就提高了,特别需要具有一定学科背景的复合型专业人才,对本科毕业生的需求大大减少了。大部分毕业生不得不去公司企业或图书馆。实践证明,情报学教育发展到今天,必须转变模式,走与国际接轨的道路,退出本科层次,向高层次发展,以培养硕士生为主。

近十年的实践已经表明,这次变革同样是必要的,是时代的要求,是情报学教育的理性回归。目前,它的积极效果已经逐步显示出来。它吸引了相关学科的人才,扩展了自己的专业领域,为解决长期以来困扰情报学专业教育的学科背景知识缺陷问题提供了更有效的途径，有利于培养复合型的情报学专业人才。近年来，在教育部扩大研究生招生规模政策的鼓励下，现在已有71个情报学专业硕士点，远远超过了1998年的情报学本科专业点的数量。情报学专业教育逐步普及和规模扩大，为这一战略转移提供了良好的环境条件。因此，情报学教育退出本科层次，不是情报学教育的危机，而是情报学教育的进步，是一种新的发展机遇。

7.2 欧美日情报学教育的发展路径给我们什么启示

国外同行在情报学教育的经验和教训很多，值得我们深思和借鉴。例如，美国图书情报学教育在1978－1997年为何出现了这么大的动荡？人们事后分析了各种各样的原因，都有一定的道理，但有两点原因是特别值得强调的。一是当时的情报学教育不能适应信息技术革命和社会信息化的需要，死抱着传统的甚至是过时的东西不放，错过了发展机会，落伍了，自然就会失去校方和公众的支持。二是学术水平。在美国，优秀的大学在设置专业和制定教学计划时非常看重学术内容和教学水平。一个专业是否有丰富、深邃的内容来吸引一流的教师？聘用的教授对学校来说是否是一种荣耀？教学内容和方法能否吸引优秀的学生？他们毕业后能否成为领头人？这些都是优秀的大学非常关心的问题。英国的情况又与美国不同，它的经济实力和经济发展状况远不如美国，图书情报专业就业市场更为狭小，教育资源紧张，私有化浪潮对公益部门冲击很大。为了生存和发展，绝大多数图书情报系选择了改名和改变专业方向，基本上都朝信息管理方向发展，有些则与传播学和媒体管理相结合，或者向专业化方向发展，以适应人才需求量较大的行业的需要。日本图书馆情报大学（已经并入筑波大学）在2000年前后的改革力度之大也令人钦佩。它突出情报（信息）与媒体的结合，拓展出一片新天地。

7.3 如何评价我国情报学教育的发展水平

我国的情报学本科教育起步并不晚,但由于“文革”等政治原因停滞了20年。1978年以后,它获得了较快的发展,教育水平也提高较快,至少不低于国外那些设有情报学本科教育的国家(如日本、印度)。北美地区的图书情报学教育一般都放在研究生阶段,属于职业教育,与我国缺乏可比性。在研究生层次,我国起步很晚,特别是博士层次更晚。所以,在博士研究生的指导力量、教学内容和方法、教学条件与设备、研究工作以及国际化等方面都存在不小的差距,在国际上大体处于中上水平。近几年,我国出台了一些鼓励政策,并加强了质量管理和评估环节,这些都将有利于情报学研究教育水平的提高。博士学位论文的匿名评审制,有利于激励和规范博士生的研究工作,提高博士学位论文的质量和博士生的水平。

7.4 存在的问题

目前,情报学专业的硕士生培养点很多,数量增加很快,但是水平参差不齐,缺乏统一的质量评估标准。部分培养点师资比较缺乏,研究方向和课程设置随意性较大,研究课题和经费少,缺乏实验和实践环境,难以保证高质量。在博士生培养方面,上述问题也不同程度上存在,此外,还存在博士生招生数量增长过快,而就业门路却尚未很好拓展,就业形势日益严峻。这反过来又影响专业的生源质量。

总之,改革开放30年来,我国情报学教育已建成了一个拥有本科、硕士研究生、博士研究生、博士后等五个层次全日制教育体系,并辅之以一个由函大、电大、业大、夜大、自考、网大、研修班、培训班等构成的多种类和多层次继续教育体系,形成了一个比较完整的专业教育体系。目前,情报学教育尽管存在不少困难和挑战,但是总体上已经进入快速和全面发展的阶段。

第三编　文献学30年重大学术进展

第一章　文献整理研究

1　研究概述

文献整理是一项由来已久的工作，也是中国传统文献学研究的主要课题。前人的文献整理方法，主要有辨伪、版本、校勘、辑佚、标点、注释、翻译等，这些方法主要是解决文献的“言”和“义”的关系问题，整理者要证实文献中的“言”的确实性，然后再求这“言”所蕴含的确实的“义”。文献整理要达到的一个总体目的，就是确定文献原文的真实可靠性，方便人们理解和利用原文。[①]

①王余光.中国文献史·第一卷[M].武汉:武汉大学出版社,1993:14-15.

1978年以来，文献整理研究有了长足进展，取得了丰富的研究成果。古籍整理方法研究方面，涵盖了古籍的分类、目录、版本、标点、校勘、注释、考据、现代化与数字化等几乎有关古籍整理的全部内容。刘琳、吴洪泽在其专著《古籍整理学》(四川大学出版社2003年版)中，还首次提出了建立古籍整理学，探讨了古籍整理学的学科定义以及它与相关学科的关系，该书是文献整理理论研究的代表作。

校勘学研究方面，不及目录学与版本学那么红火，成果数量也稍逊一筹。其代表性论著不足10部，主要对校勘学理论、校勘学史以及校勘的方法、步骤等进行了探讨；单篇研究论文100余篇，主要集中在校勘学理论研究、校勘方法研究、校勘学家研究、专门著作校勘研究、校勘学理论和方法应用研究等方面。校勘方法的研究囿于陈垣的四校法而少有发挥，校勘现代化相关问题的研究相对缺乏，是目前校勘学研究中存在的主要问题。

目录学研究取得了令人瞩目的成就,相关论著有40余部,单篇研究论文2000余篇,主要集中在目录学基础理论研究、目录学史研究、专科目录学研究、目录学专题研究、目录学应用研究等方面。值得一提的是,2000年以来网络目录学和数字目录学的提出,有力地推动了目录学科学研究和目录工作的快速发展。

版本学研究方面,在版本学理论、古籍版本鉴定、专科版本研究、专类专书版本研究、版本知识普及、版本工具书、书影图录、古籍目录等方面都有论著问世。单篇论文也达到了2000余篇,其中单书的版本考订、古籍版本鉴定研究、历代刻书研究、写本研究、版本学史研究等,论文数量较多,研究较为充分;相比之下,写本以外的其他各种版本研究,以及雕版印刷研究,则显得薄弱一些,还需进一步加强。

1978年以来,我国的古籍整理事业进入全面振兴、快速发展的崭新阶段,古籍整理出版的数量大幅度提升,文中总结了经、史、集部书籍的整理成果,综合性图书、大型丛书、类书、珍本善本书籍的整理出版成果,专题文献的整理出版成果以及古籍数字化的成果,通过分类总结这些古籍整理的大型工程和瞩目成果,以期对近30年来我国古籍整理事业的全貌有一个大致的把握。

需要强调的一点是,由于篇幅所限,在此不能对文献整理的方方面面展开具体而微的论述,而只能选择一些代表性论著,对其代表性观点、方法及成果进行点评,由此勾勒出文献整理研究的大致轮廓。

2 古籍整理方法研究

古籍整理的经验和方法直接影响到古籍整理的实践,这历来是文献学研究的重要方面。

1985 年，黄永年出版了《古籍整理概论》(陕西人民出版社)，此书是关于古籍整理方面一部非常实用的教材类读物。作者根据自己多年从事古籍整理的经验以及古籍整理自身在方法、工序、相关知识上的特点，将全书分为八章阐述，包括底本、影印、校勘、辑佚、标点、注译、索引、其他，涵盖了古籍整理的各个方面。全书在注重实践的基础上，也有一些理论上的总结，系统性强，重点突出，通俗易懂，适合文献学专业的青年入门之用。该书于 2001 年由上海书店出版社再次出版。

1994 年，来新夏的《古籍整理散论》(书目文献出版社)出版，收录了作者关于古籍整理的论文八篇，论及古籍整理的分类、目录、版本、句读、工具书、校勘、考据、传注共八个方面。该书虽未论及古籍整理的全部技能，但论及的都是最基本的技能，有利于青年和初学者掌握使用。

1997 年，时永乐的《古籍整理教程》(河北大学出版社)出版，分为古籍概说、古籍版本、校勘、古书的标点、古籍的注释、辨伪与辑佚、古籍整理的其他工作(撰写序跋、编辑附录、编制索引)共九章。

2003 年，刘琳、吴洪泽的《古籍整理学》出版，首次提出了建立古籍整理学。作者认为，古籍整理学就是研究古籍整理的理论、历史、方式、方法等各个方面、各个环节规律的一门科学。[①] 它与古文献学史、古籍目录学、专科文献学等都是文献学下面的学科。作者还讨论了古籍整理学与古汉语语言文字学、目录学、版本学、文献断代辨伪学的关系。此书与以往同类著作在研究范围上基本一致，但“古籍整理手段的现代化”一章，是以往同类著作所缺少的，体现了传统古籍整理在新时期的变化。

①刘琳，吴洪泽. 古籍整理学[M]. 成都：四川大学出版社，2003.

2004 年，骆伟的《简明古籍整理与版本学》(澳门图书馆暨资讯管理权会)出版，分为绪论、古籍整理内容、古籍著录、古籍版本学、古籍版本的鉴定方法、古籍的典藏与阅览、古籍的现代化与数字化、古籍的一般历史知识共八章。全书层次分明，脉络结构合理，不足之处是内容如其书名，过于简略。附录“清嘉、道以来少见或精刻印本知见书目”和“清以来岭南文献代征录”相对具有较高的参考价值。

2007年，曹林娣的《古籍整理概论》(北京大学出版社)出版，此书与黄永年的著作同名，相比之下内容更加丰富，除却两书所共同涉及的古籍标点、校勘、注释、序跋、附录之外，还有目录版本与古籍整理、版本选择与鉴别、出土资料在古籍整理中的运用、总集别集编纂、辑佚、辨伪内容考证等章节为黄著所无；此外，文后“甲骨文研究著作目录”、“出土简帛书籍分类述略(六艺篇)”两个附录，可为研究者提供便利，省却其查检之劳。

另外，全国古籍整理出版规划领导小组办公室编的几部论文集也值得关注，包括《古籍整理出版十讲》(岳麓书社2002年版)、《古籍整理出版漫谈》(上海古籍出版社2004年版)以及《古籍整理出版丛谈》(广陵书社2005年版)，其中《古籍的标点与校勘》、《古籍的注释与今译》、《古籍整理与版本选择》、《再谈出土简帛文书的整理和出版》等篇目，都涉及古籍整理方法，对古籍的版本、校勘、标点、注释、翻译等做出了有益探讨。

3 校勘学研究

3.1 校勘学著作

1978年以来，专门的校勘学著作不是很多。

1986年，有戴南海的《校勘学概论》，本书是作者为古籍整理研究生授课时的讲义，约取胡朴安、陈垣、蒋元卿、周祖谟、张舜徽、蒋礼鸿等诸学者的成就而成。[①] 全书共七章，前五章论述了校勘的定义、

①戴南海.校勘学概论[M].西安：陕西人民出版社，1986：后记.

功用、方式、内容、依据、条件、方法、态度、应注意问题、校记的写法、校本的序跋等，对于校勘原则和方法的论述较为详尽。作者试图首次专门探讨狭义的校勘学，但由于作者认为辨伪、辑佚和校勘三者必须互相联系、不可分割，故在第六章论述了古书散佚的原因、散佚简史、辑佚方法以及评价佚书优劣的标准，在第七章探讨了辨伪的重要性、作伪的原因、辨伪史略以及辨伪的方法，因此，该书也并非严格意义上的狭义校勘学著作。

1987年，倪其心的《校勘学大纲》(北京大学出版社，2004年再版)问世，这是作者给古典文献专业讲授校勘学所用的一个教学大纲。全书共八章，第一章论述了校勘学的研究对象，区别了校勘与校对、校勘与校雠，论述了校勘与校雠学之间的关系；第二章回顾了校勘和校勘学的历史，系统归纳了古今校勘学的成果；第三章至第五章讨论了古籍校勘的原则，介绍了校勘的方法步骤和考证的科学依据，分析了致误的原因与校勘通例；第六章和第七章结合实践讨论了校勘的具体方法步骤，总结了出校的原则以及校记的要求；第八章介绍辑佚、辨伪与校勘的关系；书后还附有作者相关的论文三篇和本书的日语本前言。本书大致完整地介绍了校勘学的历史、理论以及实践的基本知识和技能，在校勘例证和校勘学理论上都汲取前人和时人的研究成果，能够对不同学派的观点兼采其长、为我所用，但这也意味着作者自己无多创见。

1988年，王云海和裴汝诚合著的《校勘述略》(河南大学出版社)出版。全书共十一章。第十章谈古书的真伪，第十一章搜集阙佚，其余前九章是校勘学的内容。第一章介绍从简帛到刻本的不同书籍载体及其发展，举例说明古书流传中的散佚和讹误问题；第二章举例说明古书在流传中发生的抄刻错误；第三章至第六章论述校勘学发生发展的历史；第七章交待校勘古籍所需要的基本知识和技能；第八章强调校勘应注意的问题;第九章探讨校勘方法。本书对校勘学史的探讨较为详细,能够选择校勘学史上的重要学者及其著作加以介绍评述。此外,本书行文简要,没有繁琐考证,便于阅读学习。

同年,还有钱玄的《校勘学》出版。该书是作者为古文献专业研究生讲授校勘学时写成。全书共六章,分别论述了字句校勘、篇章校勘、句读及标点校勘、补阙、校勘方法、校勘简史及重要著作。本书的最大特点在于作者将校勘学划为应用学科,他在《后记》中强调:"校勘学不是一门理论学科,实是一门综合性应用学科。"[①] 其次,本书较多地引用了古今学者的校勘实例以及前人的经验之谈,选例典型,着重说明校勘的各种对象,以及各种校勘方法的运用,以期对读者进行校勘实践提供帮助。最后,本书行文有前代朴学大师遗风,提纲挈领,要言不烦。

①钱玄.校勘学[M].南京:江苏古籍出版社,1988.

1991年,又有一本《校勘学》同名书问世,管锡华著,安徽教育出版社出版。全书共十一章。第一章考释校勘、校雠、校勘学等术语的含义及其关系与发展演变,讨论校勘对古籍整理的意义、校勘所需知识以及古今不同的校勘条件;第二章按朝代回顾校勘历史,论述校勘学的发展历程;第三章和第四章分别论述了古书讹误的情况以及校勘的先导工作;第五章至第九章详论了校勘的方法和应注意的问题,交待了校勘的整个工作步骤;第十章和第十一章分别介绍了目录知识和版本知识在校勘中的运用。与钱著将校勘学划为应用学科、偏重总结校勘实践不同,本书作者在期冀对校勘实践提供指导作用的同时,也力图在历代校勘实践及其经验教训的基础上建立起一门独立系统的校勘学。但从总体上看,还是偏重于对校勘方法以及工作流程等的论述。2003年,管锡华在《校勘学》的基础上,对正文的内容进行了增删,定为上篇通论,又在通论之后设置了下篇专论,收入《〈三馀札记〉校书义例试探》、《运用典故校勘〈全唐诗〉〈全宋词〉举例》、《〈读杂志书〉指瑕录》、《乾隆四库论文献学思想初探》等七篇文章[①]，并将书名更换为《汉语古籍校勘学》，由成都巴蜀书社出版。

1997年，林艾园的《应用校勘学》出版。全书共六章。第一章罗列古书讹误的十种情况；第二章从校版本、谨识字、知文义、谙故实、审制度、察义例、辨讳名等角度谈如何发现问题；第三章论述校勘方法；第四章介绍校勘记的类型、在书中的位置以及书写要求；第五章谈校勘注意事项；第六章释例总结句读标点错误的原因。"本书不涉及校勘学的历史渊源，一般常见的古书中的例证，亦不多援引，仅据笔者教学及整理古籍并参加点校《二十四史》中一些史书暨李焘《续资治通鉴长编》等的实践，拟以《长编》为主，介绍一些校勘基本知识"[②]，从这段话可知，书中绝大多数例证为作者实践所得，这是本书的最大特点。

3.2　校勘学研究论文

论文方面，据《校勘学论著要目》统计，1979年至2001年发表校勘学论文104篇。笔者再以2002年至2008年为检索年限，以"校勘学"为题名检索字段，在中国期刊网上检索得到校勘学论文25篇。

综观以上校勘学论文，可以发现其研究内容主要集中在以下几个方面：一是探讨校勘学理论，如来新夏的《校勘与校勘学》、程千帆的《校勘略说》、白兆麟的《关于校勘学的性质与对象》；二是探讨校勘方法，如王利器的《校雠方法论》、白兆麟的《陈垣的校勘方法》等；三是对校勘学家的研究，如郭明道的《卢文弨对校勘学的贡献》、孙菊芳的《胡适与校勘学》、张志云的《顾千里的校勘学——思想与方法》等；四是对某类、某种或某一著作的校勘研究，如王世伟的《孙诒让〈札迻〉之校勘学研究》、关长龙的《敦煌韵书的校勘学价值举例》等；五是断代校勘学研究，如何砚华的《校勘学在宋代的发展》、傅杰的《清代校勘学述略》等；六是校勘学理论和方法在专科古籍校勘中的应用研

①管锡华. 汉语古籍校勘学[M]. 成都：巴蜀书社，2003.

②林艾园. 应用校勘学[M]. 上海：华东师范大学出版社，1997.

究,如《校勘在中医古籍中的运用》等。从数量来看,这些论文中最多的是对校勘学家的研究、对校勘学著作的研究以及校勘学的应用研究。

3.3 小结

. 1978年以来,校勘学研究取得了不小的成绩。专著方面,基本建立了校勘学的理论体系;论文方面,丰富了校勘学家、校勘著作等个案研究。但随着校勘工作的深入发展,校勘学研究仍存在着一些不足。首先,校勘学理论体系有待进一步完善。上述校勘学专著及论文,对于体系中究竟应该包含哪些内容,有着很大的差异,这其中有许多问题值得研究。其次,校勘方法的研究囿于陈垣的四校法,少有发挥。再次,缺乏对更广泛的校勘学派、校勘学家以及专门校勘机构的研究。最后,缺乏校勘现代化相关问题的研究。

4 目录学研究

1978年以来,目录学研究也取得了很大成绩,主要体现在以下几个方面:

4.1 目录学通论著作

通论性的著作,有武汉大学与北京大学合编的《目录学概论》(中华书局1982年3月版),该书是新中国出版的第一部目录学教科书。全书分上、下编共十二章,阐述了目录学基本原理、目录学发展史、国内外研究现状,介绍了各类型目录的性质、特点、作用以及编制方法等。有李曰刚的《中国目录学》(台湾照文书局1983年版)。彭斐章等的《目录学》(武汉大学1986年、2003年版),是中央广播电视大学图书馆学专业的教科书。该书打破了传统目录学著作的体例,增加了适应目录工作现代化和及时反映目录学最新研究成果的内容,即在第十至十二章着重探讨了书目情报服务、书目工作现代化技术、书目工作组织管理等问题，丰富了目录学的教学内容。曹慕樊的《目录学纲要》(西南师范大学出版社 1988 年版)，也是一本教材，第一章阐述目录学基本理论与知识，第二、第三章探讨目录学史，第四至第六章分别讨论版本知识、校勘学、辨伪与辑佚，近乎一部文献学大纲。还有彭斐章主编的《目录学教程》(高等教育出版社 2004 年版)，该书是高等学校图书馆学专业核心课程系列教材之一，阐述了目录学基础理论、中国目录学发展史、书目、索引、文摘与综述的编制原理、书目控制、书目情报服务、书目工作组织与管理、西方目录学的发展等，着重于培养学生的书目情报意识，提高实际的分析、解决问题的能力。其中，书目控制、书目工作组织与管理、书目文献资源的利用以及国外目录学的产生与发展、网络信息资源的揭示与报导等内容，都是现代目录学研究的重要内容，这些内容首次在教科书中得到了充分的反映。

4.2　目录学史著作

目录学史研究著作，20 世纪 80 年代最有成就的是王重民的《中国目录学史论丛》(中华书局 1984 年版)。该书是其 1962 年的教学讲义遗稿，原本只写到宋末元初年。为求完备，经其学生朱天俊精心选择其历年发表的目录学史论文六篇作为附录，以《论丛》名之并出版。全书从先秦到元初，分为三章，十分注重将目录学的起源、发展及成就与各历史时期的社会政治、经济、文化等背景联系起来，考论精核翔实，实为当今古典目录学的代表作。此外，比较重要的还有来新夏的《古典目录学浅说》(中华书局 1981 年版)，该书除探讨目录和目录学的起源、书目类型和作用、与相关学科的关系以及发展趋势外，还按照历史发展顺序，有重点地论述了古代著名的古典书目和有成就的古典目录学家。十年后，作者又对该书进行了修订，将目录学与相关学科关系的探讨去除，并将书名改为《古典目录学》，仍由中华书局出版。罗孟祯的《中国古典目录学简编》(重庆出版社 1983 年版)，侧重介绍各个时期目录学的代表书目，并探讨目录学的功用及与版本学、校勘学的关系等。该书对一些重要目录学著作进行重点介绍，不求全面系统，便于初学者了解中国古代目录学之概貌。还有吕绍虞的《中国目录学史稿》(安徽教育出版社 1984 年版)，该书正式出版前曾在《四川图书馆学报》连载，全书分五章，对应目录学发展的五个时期，以时代为序来见证中国目录学的发展进程。

20 世纪 90 年代，目录学史的研究已加强和深化对我国传统目录学的研究，把目录学置于社会这个大系统之中，从社会发展、文化积累和学术变迁等角度考察传统目录学思想的演进过程，把目录学史的研究深入到学术史、学术思想史中去，将它推向一个新的水平。[①] 其中比较重要的是乔好勤的《中国目录学史》(武汉大学出版社 1992 年版)，该书把中国目录学从殷商至当代的发展历史分为九个时期，系统阐述了各时期书目工作和目录学研究的主要成就、存在问题及发展趋势，对重要目录学著作和目录学家都给予了恰如其分的评价。本书注意从文化大背景探讨目录学发生、发展的历史原因，总结各时期目录学思想的重大进展，是 20 世纪下半叶以来的第一部目录学通史。[②] 此外，还有李瑞良的《中国目录学史》(台北文津出版社 1993 年版)、倪士毅的《中国古代目录学史》(杭州大学出版社 1998 年版)、余庆蓉和王晋卿编的《中国目录学思想史》(湖南教育出版社 1998 年版)等，在此不一一赘述。

2000 年以来，目录学史新作未有出现，而主要是姚名达《中国目录学史》的再版重印。该书是近代西学东渐以来第一部以“中国目录学史”命名、全面系统地研究中国目录学发展历史的学术专著。全书分十篇，仿纪传体史书体例，分主题叙述，这种理论架构具有开创之

①彭斐章，付先华. 20 世纪中国目录学研究的回眸与思考[J]. 图书馆论坛，2004(12)：7.

②彭斐章，谢灼华，乔好勤. 目录学研究文献汇编[M]. 武汉：武汉大学出版社，1996：522.

功；此外，于文献资料广采博搜，持论严格理性，对目录学史疑难问题多有考证。该书初版于 1935 年上海商务印书馆，1957 年重印时，附王重民《后记》一篇，1984 年由上海书店重印，2002 年又由上海古籍出版社出严佐之的导读本，并于 2005 年再次重印，可见该书跨越半个多世纪，至今还有着不小的价值和功用。

4.3　专科目录学、目录学应用著作

专科目录学著作有陈秉才、王锦贵合著的《中国历史书籍目录学》（书目文献出版社 1984 年版）、谢灼华的《中国文学目录学》（书目文献 1986 年版）、（苏）加斯特费尔等著、孙东华译的《自然科学文献目录学》（书目文献出版社 1989 年版）、孙钢的《档案目录学》（档案出版社 1991 年版）、高潮的《中国法制古籍目录学》（北京古籍出版社 1993 年版）、王锦贵主编的《中国历史文献目录学》（北京大学出版社 1994 年、2003 年再版）、何新文的《中国文学目录学通论》（江苏教育出版社 2001 年版）等。这些著作将目录学引入其相关学科，拓展了目录学自身研究范围的同时，也促进了其他学科的深入研究。

目录学应用研究著作有彭斐章的《书目情报需求与服务研究》（武汉大学出版社 1990 年版）、胡昌平的《信息服务与用户研究》（武汉大学出版社 1993 年版）、娄策群的《文献信息服务》（华中师范大学出版社 1994 年版）、朱天俊的《应用目录学简明教程》（光明日报出版社 1993 年版）、倪晓健的《书目工作概论》（北京师范大学出版社 1991 年版）、郑建明的《当代目录学》（南京大学出版社 1994 年版）、柯平的《文献目录学》（河南大学出版社 1998 年版）等。这些著作的共同特点就是以目录学的方法为研究中心，显示出目录学的实用性。

4.4　其他

首先，有一些目录学专题研究著作。较有代表性的如陈国庆编著的《汉书艺文志注释汇编》（中华书局 1983 年版）、崔富章的《四库

提要补正》(杭州大学出版社1990年版)、李裕民的《四库提要订误》(书目文献出版社1990年版)、张舜徽的《汉书艺文志通释》(湖北教育出版社1990年版)、严佐之的《近三百年古籍目录举要》(华东师大出版社1994年版)、来新夏主编的《清代目录提要》(齐鲁书社1997年版)、王国强的《明代目录学研究》(中州古籍出版社2000年版)等。

此外,有两部将版本学、校雠学与目录学结合起来加以研究的著作。一是蒋伯潜的《校雠目录学纂要》(北京大学出版社1990年版),该书旨在纂述广义的校雠学,但为便于读者明了所述范围,特并举"校雠"、"目录"二者为名。该书首篇绪论,叙述校雠目录学的意义和书籍的历史,接着分上下两篇,分别阐述校雠目录学的历史和内容。一是袁庆述的《版本目录学研究》(湖南师范大学出版社2003年版),作者认为版本学与目录学的关系十分密切,所以将其合并而称为版本目录学,与校勘学等为并列学科。但从该书内容来看,第一章至第三章讨论版本的相关知识、版本学的形成以及版本鉴定,第四章至第八章讨论目录学起源、目录学史、私修目录、目录学资料使用等问题,而并没有将版本目录学作为一个学科来考察。

最后,还有一些综合性的参考著作。主要有《图书馆学目录学资料汇缉》(书目文献出版社1984年版)、《目录学资料汇编》(武汉大学出版社1986年版)、《中国目录学家辞典》(河南人民出版社1988年版)、《中国著名目录学家传略》(书目文献出版社1993年版)、《目录学研究文献汇编》(武汉大学出版社1996年版)、《中国版本目录学书籍解题》(书目文献出版社1999年版)等。

4.5 目录学研究论文

根据彭斐章、谢灼华、乔好勤编的《目录学研究文献汇编》、中国人民大学编的《全国报刊索引》以及中国期刊网等索引和检索工具,笔者进行了不完全统计,得出1978年至今国内公开发表的目录学研究论文约2100篇。

20世纪80年代，目录学论文的研究领域基本集中在古典目录学范围之内，触及古典目录学研究的各个方面，包括目录学基础理论、目录学史、专科目录学、目录学专题、目录学应用、目录学方法等，其中不乏有新意、有创见的篇目。

20世纪90年代，研究领域于古典目录学之外又有了新的拓展，如书目情报工作理论和实践、目录学分支学科以及国外目录学研究，都取得了可喜的研究成果。不足之处有三：一是目录学理论与实践脱离，理论对实践的指导意义无法充分体现；二是对目录学史的研究过热，导致研究者迟迟不能进入现代目录学的精神境界；三是目录学研究方法匮乏，导致研究主要限于回顾和总结，不能实现目录学理论研究的科学化、系统化、整体化和多样化。①

2000年以来，我国目录学基础理论研究异常活跃，目录学之理越辩越明；目录学史研究继续向广度和深度方向发展，尤其是在断代目录学和目录学家思想研究方面颇有建树。目录学应用分支研究主要集中在网络目录学、数字目录学、索引等几个方面，尤其是网络目录学和数字目录学的提出，有力推动着目录学科学研究和目录工作的快速发展。目录学教育方面值得一提的是，孟昭晋教授以近20年来最具代表性的目录学家及其著述为线索，系统总结了最近20年中国的目录学教育历程，指出最近20年中国目录学教育所取得的多方面进展和成就是20世纪前80年难以企及的。中国目录学教育在最近20年进入了真正面向世界、面向未来、面向现代化的新阶段。对国外目录学的研究，主要集中在俄国和英美目录学的源流与发展历程介绍，以及国外目录学综述和述评等方面。②

①陈铭，郑建明.20世纪90年代的目录学研究综述[J].中国图书馆学报，2001(1)：65.

②郑永田.2000以来我国目录学研究综述[J].图书馆杂志，2008(1)：2-6.

5 版本学研究

1978年以来,版本学在版本学论著、古籍版本鉴定研究、专科版本研究、专类专书版本研究、版本知识普及、版本工具书、书影图录、古籍目录、研究论文等方面都取得了丰硕的成果。限于篇幅,在此只对以下几个方面进行阐述:

5.1 版本学论著

这一时期的版本学论著多以“学”、“论”为名,较具代表性的有昌彼得的《版本目录学论丛》(台北学海出版社1977年版)、洪北江的《古书版本学》(台北洪氏出版社1982年版)、屈万里与昌彼得合著的《图书版本学要略》(台北中国文化大学出版部1986年版)、施廷镛的《中国古籍版本概要》(天津古籍出版社1987年版)、戴南海的《版本学概论》(巴蜀书社1989年版)、严佐之的《古籍版本学概论》(华北师范大学出版社1989年版)、李致忠的《古书版本学概论》(书目文献出版社1990年版)、陈宏天的《古籍版本概要》(辽宁教育出版社1991年版)、曹之的《中国古籍版本学》(武汉大学出版社1992年版)、姚伯岳的《版本学》(北京大学出版社1993年版)、黄永年的《古籍版本学》(江苏教育出版社2005年版)等。

这批论著跟以往任何时代的版本学研究都有所不同,除了对传统的古籍制作方式的演变源流、古籍版本鉴定规律及版本演变源流进行研究外,还开始了对数千年来古籍版本学的发展进行历史总结,虽然这种总结还是片段的,不成系统的,有时甚至是混乱和矛盾的,但毕竟开始了对学科的自我审视;另外,这一时期的学者开始有意识地构建版本学的学科体系,如曹之的《中国古籍版本学》在版本学基础理论方面,对什么是版本和古籍版本学、版本学与其他相关学科的关系、版本学的研究内容、版本学研究方法等作了深入探讨。这些都是版本学独立、成熟的标志。至此可以说，中国古籍版本学已经摆脱了目录学、校勘学的羁绊，完全可以自立于学术之林。①

①中国古籍版本学百年（二）[OL]. http://blog. sina. com. cn/s/blog — 4dc014a001000avi. html,2008-7-19.

5.2　古籍版本鉴定研究

古籍版本鉴定研究方面，有李清志的《图书版本鉴定研究》（台湾文史哲出版社1980年版）、魏隐儒等的《古籍版本鉴定丛谈》（印刷工业出版社1984年版）、李致忠的《古书版本鉴定》（文物出版社1997年版）等。《图书版本鉴定研究》旨在采用较科学的态度探讨古书版本的鉴定方法，全书分为鉴定法总论、历代版刻字体之研究、历代版刻版式之研究、历代古书纸墨之研究、历代写刻书籍之避讳研究以及其他版本类型之鉴定法共六章。《古书版本鉴定》分上、中、下三编，分别为史证编、版本编、鉴定编。其中鉴定编是该书的主题，讨论了中国古书的雕版印制、活字排版印制、抄写复制等不同的生产方式，以及由这些生产方式所赐予书籍的不同特点。

5.3　某一作者、某类著作及专书的版本研究

考订某一作者或某一类著述版本源流的专著，有万曼的《唐集叙录》（中华书局1980年版）、唐弢等的《鲁迅著作版本丛谈》（书目文献出版社1983年版）、刘尚荣的《苏轼著作版本论丛》（巴蜀书社1988年版）、李致忠的《宋版书叙录》（书目文献出版社1994年版）、施金炎的《毛泽东著作版本述录与考订》（海南国际新闻出版中心1995年版）、蒋建农等的《毛泽东著作版本编年纪事》（湖南人民出版社2003年版）、金宏宇的《中国现代长篇小说名著版本校评》（人民文学出版社2004年版）、欧阳健的《古代小说版本简论》（山西人民出版社2005年版）、蔡锦芳的《杜诗版本及作品研究》（上海大学出版社2007年版）等，其中有为数不少的新书版本研究的专著，突破了传统的古

籍版本研究范围。

专书版本研究方面,首先是关于《红楼梦》版本考订的一系列著作,有魏绍昌的《〈红楼梦〉版本小考》(中国社会科学出版社 1982 年版)、郑庆山的《红楼梦的版本及其校勘》(北京图书馆出版社 2002 年版)及《续编》(北京图书馆出版社 2006 年版)、刘世德的《〈红楼梦〉版本探微》(上海华东师范大学出版社 2003 年版)、曹立波的《红楼梦版本与文本》(中华书局 2007 年版)、杨传镛的《红楼梦版本辨源》(北京图书馆出版社 2007 年版)等。此外,还有蒋星煜的《明刊本〈西厢记〉研究》(中国戏剧出版社 1982 年版)、刘辉的《〈金瓶梅〉成书与版本研究》(辽宁人民出版社 1986 年版)、朴现圭等的《〈广韵〉版本考》(台北学海出版社 1986 年版)、高正的《〈荀子〉版本源流考》(中国社会科学出版社 1992 年版)、傅刚的《〈文选〉版本研究》(北京大学出版社 2000 版)、张玉春的《〈史记〉版本研究》(商务印书馆 2001 年版)、金英淑的《〈琵琶记〉版本流变研究》(中华书局 2003 年版)、张国风的《〈太平广记〉版本考述》(中华书局 2004 年版)、范志新的《〈文选〉版本论稿》(江西人民出版社 2003 年版)和《〈文选〉版本撷英》(贵州人民出版社 2004 年版)、俞樟华等的《〈史记〉版本及三家注研究》(华文出版社 2005 年版)等。

5.4 其他著作

其他著作方面,有版本知识普及书,如李致忠的《古籍版本知识 500 问》(北京图书馆出版社 2001 年版)、宋庆森的《书海珠尘:漫话老版本书刊》(新华出版社 2001 年版)等。值得关注的一套版本知识普及丛书是由江苏古籍出版社 2002 年至 2003 年推出的《中国版本文化丛书》。这套丛书讲究图文并茂的篇章格局,提倡深入浅出的随笔文字,通过总和分、纵和横的交织,组成了中国版本文化色彩斑斓的知识平台。以奚椿年的《中国书源流》为开篇,从张丽娟与科有庆的《宋本》、陈红彦的《元本》、赵前的《明本》到黄裳的《清刻本》及姜德明的《新文学版本》，是中国版本大致按时代纵向发展的一条线索，大致勾勒出了中国历代版本的代表性文化风貌；从江庆柏等的《稿本》、韦力的《批校本》、黄镇伟的《坊刻本》、王桂平的《家刻本》、徐忆农的《活字本》、薛冰的《插图本》到李际宁的《佛经版本》、黄润华与失金波的《少数民族古籍版本》，则是一个版本专题的系列，展示了我国版本横断面的文化风采。担任这套丛书学术顾问的黄永年在丛书《总序》中说：这套丛书“把版本这门学问从学者的书斋和图书馆的善本部中解放出来，直接面对广大读者”[①]。中国版本文化知识的大众化，正是这套书的选题创意和策划创新所在。

还有一些专门文献的版本学著作，如王大妹的《中医古籍版本学》（上海科技出版社 2000 年版）。本书在参考古籍版本学和中医文献学的基础上，结合有关研究的最新成果，系统地论述了中医古籍版本学的功用、版本鉴定的各种方法和途径，并简要介绍了中医古籍版本沿革与重要医籍版本系统，具有较高的参考价值。

5.5　研究论文

据不完全统计，自 1978 年至 2005 年，国内各种学术期刊上共发表版本学论文 2230 篇。[②]笔者再对 2006 年至 2008 年 6 月的研究论文进行检索，得到约 170 篇。所以，1978 年至 2008 年 6 月，国内公开发表的版本学研究论文约有 2400 篇。

分析这 2400 篇论文的主题内容，可以发现：自 1978 年至 2008 年 6 月，版本学发表论文最多的领域是对单书版本的考订，1034 篇，研究范围较为宽广，不仅有明、清版本，民国及建国初期的版本也逐渐成为研究者的重要对象。其次是对古籍版本鉴定方法的研究，215 篇，逐渐向以内容鉴定法为主的方向发展。这从一个侧面说明，中国古籍版本学是一门致用之学，研究版本鉴定规律和考订版本源流是

①奚椿年. 中国书源流[M]. 南京：江苏古籍出版社，2002.

②中国古籍版本学百年[OL]. http://blog.sina.com.cn/s/blog_4dc014a001000avx.html，2008-7-19.

其两大核心内容,是它自立于学术之林的基石。其余研究较多的领域由高到低还有:研究历代刻书的212篇,写本的约217篇,版本学史的175篇,版本学基础理论的约170篇,古籍版本作伪与辨伪的约130篇,活字本、插图本、拓本、石印本等版本源流的115篇,古籍版本形制与类别的114篇,雕版印刷起源的66篇。可以看出,对刻本和写本的研究占据了主导地位,而对其他如抄本、活字本、插图本、拓本等的研究则相对要少许多,研究还需加强。古籍版本学史及版本学基础理论已经引起了研究者的较多关注。在雕版印刷起源问题上,虽然已有一些很好的研究工作,但与我国作为印刷术发源地的地位还很不相称,应力求在研究方法上有新的突破。[①]

①中国古籍版本学百年[OL]. http://blog.sina.com.cn/s/blog_4dc014a001000avx.html,2008-7-19.

6 文献整理成果

1978年起,我国的古籍整理事业进入全面振兴、快速发展的崭新阶段。1981年9月,中共中央下发了《关于整理我国古籍的指示》,为古籍整理工作指明了方向和目标。随后,国务院古籍整理出版规划小组重新组建。1982年3月,第二次全国古籍整理出版规划会议在北京召开。同年8月,《古籍整理出版规划(1982－1990)》颁布实施,并拨专款用作古籍出版补贴。1983年2月,教育部召开全国高等院校古籍整理研究规划会议。同年9月,全国高等院校古籍整理研究工作委员会成立。1992年5月,第三次全国古籍整理出版规划会议在北京召开,会议制定了《中国古籍整理出版十年规划和"八五"计划》(1991－1995－2000)。1999年5月,全国古籍整理出版规划领导小组组建。2002年12月,《国家古籍整理出版"十五"(2001－2005)重点规划》颁布实施。上述古籍整理指示的下达、规划的制定、会议的召开以及领导小组的组建,都为古籍整理工作的有序开展和辉煌成就的取得提供了支持和保障。

这一阶段，我国古籍整理出版的数量大幅度提升，并渐趋适度、稳定态势。由于篇幅所限，本文不能对所有成果进行面面俱到的论述，现分类总结古籍整理出版的一些重大工程和所取得的成果，以期起到管中窥豹的作用。

6.1　经、史、集部书籍的整理成果

经部书籍方面，主要是《十三经注疏》，北京大学出版社1999年出版。这是首次对"十三经"历代注疏进行系统全面的整理。此次整理本以清阮元校刻本为基础，校勘全面吸收了阮元的《十三经注疏校勘记》和孙贻让的《十三经注疏校记》的成果，以及近现代学术界有关"十三经"及其注疏的校勘、辩证、考异、正误等成果，价值很大。[①]

史部书籍方面：有"二十四史"及《清史稿》，中华书局出版。整理始于20世纪50年代，中华书局聘请当时国内数十位专家展开了工作；"文革"期间，工作暂停；1971年，再次展开整理，并于1978年全部完成。"二十四史"和《清史稿》以其规模宏大、整理精审以及参加整理的学者之多，被誉为新中国成立以来最大的古籍整理出版工程。[②]有《资治通鉴》，中华书局2007年出版。早在1957年，中华书局就曾出版了点校本《资治通鉴》，有20册简装本和10册精装本两种。点校本以元刊胡三省注本为底本，在收集考订事实、编排年月及剪裁润色文字等方面都下了很大的功夫，向为史学界所推崇。著名学者顾颉刚、金毓黻、邓广铭、聂崇岐、容肇祖等参加了校勘整理。[③]2007年版在内容上和1957年版一样，只不过改成了4册精装。有《清实录》，中华书局1985至1987年出版。清代实录从未刊布，仅缮写若干藏于京师（北京）、盛京（沈阳）两地宫禁，长期不能为研究者所用。此次《清实录》影印本，包括《满洲实录》、太祖至德宗十一朝实录，以及附印的《宣统政纪》，合计4433卷，详尽记录了清朝历代皇帝

①全国古籍整理出版规划领导小组办公室. 功在千秋的事业——新中国古籍整理出版成就[M]. 北京：中华书局，2003：78.

②全国古籍整理出版规划领导小组办公室. 功在千秋的事业——新中国古籍整理出版成就[M]. 北京：中华书局，2003：88.

③全国古籍整理出版规划领导小组办公室. 功在千秋的事业——新中国古籍整理出版成就[M]. 北京：中华书局，2003：88.

统治时期的重大事件,涉及人事行政和朝章国故等方方面面,是研究清代政治、经济、军事、外交、文化不可或缺的原始史料,对清史研究起到了极大的推动作用。[1]有《历代史料笔记丛刊》,中华书局从1979年开始出版,至今已有100余种。《历代史料笔记丛刊》分为《唐宋史料笔记丛刊》、《元明史料笔记丛刊》、《清代史料笔记丛刊》三种,从数千种史料笔记中选择史料价值较高、具有广泛影响的作品,或标点,或注释,使这些内容庞杂的史料笔记得以准确且方便地为学术界所用。[2]还有《中国近代史资料丛刊续编》,中华书局出版。20世纪80年代初,中华书局确定了《续编》的首批选题共6种,目前为止已有《中日战争》、《中法战争》、《清末教案》3种出版。[3]

集部书籍方面,有李灵年、杨忠编撰的《清人别集总目》,安徽教育出版社2000年出版。有《先秦汉魏晋南北朝诗》,中华书局1983年出版。有《全唐诗》增订重印本,在1960年4月整理本的基础上收入了陈尚君修订增辑的《全唐诗补编》,共收诗53500余首,为迄今为止收录唐诗最多最全的唐诗总集。有《全宋诗》,北京大学出版社1991年起出版。该书由傅璇琮、倪其心等担任主编,北京大学古文献研究所承担,历时十二个寒暑完成,是迄今为止断代诗歌总集中分量最大的一部,填补了宋代诗歌总集的空白。其次有中华书局组织整理出版的一套汇集历代词作的通代文学总集,包括《全唐五代词》(1998年精装本)、《全宋词》(1998年)、《全金元词》(1979年)、《全明词》(2004年)、《全清词》(1994—2002年),由江苏古籍出版社1998年起出版,目前已出60册。此外,再者中华书局1987年至1991年组织整理出版的《古本小说丛刊》,上海古籍出版社出版的《古本小说集成》、《古本戏曲丛刊》,以及人民文学出版社出版的《全元戏曲》等。[4]

6.2 综合性图书、大型丛书、类书、珍本善本书籍的整理出版

综合性图书,有上海古籍出版社1994年开始策划至2002年完

①全国古籍整理出版规划领导小组办公室.功在千秋的事业——新中国古籍整理出版成就[M].北京:中华书局,2003:89.

②全国古籍整理出版规划领导小组办公室.功在千秋的事业——新中国古籍整理出版成就[M].北京:中华书局,2003:89.

③全国古籍整理出版规划领导小组办公室.功在千秋的事业——新中国古籍整理出版成就[M].北京:中华书局,2003:91.

④全国古籍整理出版规划领导小组办公室.功在千秋的事业——新中国古籍整理出版成就[M].北京:中华书局,2003:84-87.

成并出版的《续修四库全书》，共收书5213种，经史子集各为260册、670册、370册、500册。有季羡林担任总编纂、齐鲁书社出版的《四库全书存目丛书》及《补编》，《丛书》共收四库存目书4500余种、6万余卷，其中各代善本3000余种，孤本逾千，具有很高的文献价值和版本价值。《补编》收历代典籍219种，多为稀见珍本，其中近三成是海外藏品。[①]

大型丛书方面，首先是上海古籍出版社于1982年至1983年整理出版的《中国丛书综录》，著录全国41家主要图书馆实际收藏的自宋朝至近现代的丛书2797种，中国大量历代古籍特别是一些珍稀书种得以保存。其次，中华书局自1982年开始编选的《古逸丛书三编》，精选宋元旧刻中的珍本及孤本43种，有着较高的学术价值和版本价值。最后，中华书局于1985年将1935年的《丛书集成初编》分批重印出版，并将1935年未出的500余册陆续编辑出版，以成全帙。此外，还有上海书店出版社于1995年出版的《丛书集成续编》。[②]

类书方面，有江苏古籍出版社、成都巴蜀书社出版的《中华大典》，收集资料上起先秦、下至1911年，计划约写7亿字，是新中国成立以来最大的一项文化出版工程。[③]

珍本善本书方面，财政部、文化部于2002年启动实施了“中华再造善本工程”，目前正在编纂的《中华再造善本》丛书就是其主要成果。该丛书凡五编，目前有《唐宋编》正在由北京图书馆出版社陆续出版印制之中。此外，还有北京图书馆出版社出版的《北京图书馆 古籍珍本丛刊》和《北京图书馆藏珍本年谱丛刊》，以及上海古籍出版社的《中国古籍善本书目》，编纂工作1978年启动，历时20年，1998年告终。[④]

6.3 专题文献的整理出版

方志整理出版方面：有江苏古籍出版社、上海书店、巴蜀书社三家出版单位和北京、上海、南京等地图书馆有关专家合作编选出版的

①全国古籍整理出版规划领导小组办公室. 功在千秋的事业——新中国古籍整理出版成就[M]. 北京：中华书局，2003：79.

②全国古籍整理出版规划领导小组办公室. 功在千秋的事业——新中国古籍整理出版成就[M]. 北京：中华书局，2003：80,83.

③全国古籍整理出版规划领导小组办公室. 功在千秋的事业——新中国古籍整理出版成就[M]. 北京：中华书局，2003：80,81.

④全国古籍整理出版规划领导小组办公室. 功在千秋的事业——新中国古籍整理出版成就[M]. 北京：中华书局，2003：81-82,84.

《中国地方志集成》;有中国书店出版社1991年出版的《稀见中国地方志汇刊》;有上海书店出版社1981年出版的《天一阁藏明代方志选刊》,辑录明代方志107种;还有北京图书馆出版社推出的《地方志人物传记资料丛刊》,是迄今为止规模最大、囊括人物最多、资料最宏富的人物资料集成。①

佛教、道教典籍的整理出版方面:有任继愈主编、中华书局1984年至1997年出版的《中华大藏经》,以《赵成金藏》为影印底本,以《高丽藏》等八种佛经版本校勘,集历代刻经之大成,具有极高的历史和文物价值。有文物出版社出版的《乾隆版大藏经》,使木版刷印的原始面貌的佛教典籍得以面向大众。有1987年文物出版社、上海书店出版社和天津古籍出版社协作出版的明正统《道藏》和万历《续道藏》。还有华夏出版社组织全国专家学者编修整理的大型道教文献总集《中华道藏》,共48册,所收典籍均作点校,并作简要说明。②

敦煌文献整理出版方面:有江苏古籍出版社将中国国家图书馆藏敦煌遗书全部重新拍摄后编辑出版的《中国国家图书馆藏敦煌遗书》。有四川人民出版社出版的《英藏敦煌文献》(汉文佛经以外部分),全书所收图版均据英藏敦煌文献原卷重新拍摄制版。有上海古籍出版社1989年开始组织编纂出版的《敦煌吐鲁番文献集成》,主要收集俄罗斯、法国以及国内主要藏家的敦煌西域文献。③

上述专题文献之外,还有诸如出土文献、历代石刻拓本、珍稀法律典籍、农学珍本、珍稀医籍等多种专题文献的整理出版,限于篇幅,在此不一一罗列。

6.4 古籍数字化

古籍数字化就是利用现代信息技术,对古籍进行加工和处理,将其转化为电子媒体形式,并通过光盘、网络等形式进行保存和传播。④

①全国古籍整理出版规划领导小组办公室.功在千秋的事业——新中国古籍整理出版成就[M].北京:中华书局,2003:91-92.

②全国古籍整理出版规划领导小组办公室.功在千秋的事业——新中国古籍整理出版成就[M].北京:中华书局,2003:94-95.

③全国古籍整理出版规划领导小组办公室.功在千秋的事业——新中国古籍整理出版成就[M].北京:中华书局,2003:96-97.

④何贤英,李秀娟.中文古籍数字化浅析[J].科技情报开发与经济,2008(1):13.

我国从20世纪80年代就开始着手古籍数字化的尝试，但收效甚微。进入90年代以后，古籍数字化渐入正轨，取得了显著成效，主要表现在三方面：一是书目数据库的建立，最早的是南京图书馆建成的古籍书目数据库，目前最有代表性的是国家图书馆建成的普通古籍书目数据库、善本古籍书目数据库、新善本书目数据库等多个书目数据库；二是古籍全文数字化，较有代表性的是北京国学时代文化传播有限公司组织研制的《国学宝典》，中国社会科学院的《全唐诗》、《先秦汉魏晋南北朝诗》、《全上古三代秦汉三国六朝文》、《十三经》、《全唐文》、《诸子集成》等数据库，北京大学的《全唐诗》、《全宋诗》数据库，四川大学的《宋会要辑稿》数据库，等等；三是图文检索型数据库，如北京大学开发的《中国基本古籍库》光盘版，它是目前古籍数字化的较高阶段。

对古籍数字化的研究，不限于祖国大陆学者和单位，在我国台湾、香港地区，也有一定的研究。如台湾"中央研究院"历史语言研究所建立的"二十五史"全文检索库，以及经过数年开发和积累的"汉籍全文资料库"，目前已拥有上亿字资料。再如香港迪志文化出版有限公司开发的《文渊阁四库全书》电子版，是迄今为止世界上规模最大的中文电子出版工程。此外，香港中文大学中国文化研究所出版的"汉达古籍资料库"光盘等，能提供约1100万字的古籍网络检索服务。①

①孟忻.古籍数字化的现状与发展方向[J].中国索引，2008(1)：39.

古籍数字化不是简单地将古籍转变成图像或文本等电子文件，它涉及版本处理、数据格式统一、汉字处理技术、共建共享、人才培养等多方面的问题和挑战。但是，随着国家的重视、资金的投入以及各方专家学者的共同努力，相信各种问题会逐渐得到解决，古籍数字化具有光明的前途。

第二章　分科文献学研究

1　研究概述

20世纪80年代以来,分科文献学研究的出现,是文献学理论研究纵深化发展的重要表现,人们运用文献学的一般理论和方法来研究某一学科的专门文献,主张为该学科研究提供资料基础。目前,历史文献学、文学文献学、档案文献学、社会科学文献学、科技文献学、法律文献学、经济文献学、艺术文献学、戏曲文献学、医学文献学等方面均有著作问世。其中以历史文献学和文学文献学的研究较为集中和深入,下文将有专节介绍研究成果,这里便不再赘述。

我国已出版的其他分科文献学著作有:王秀成编著的《科技文献学》(吉林工业大学1984年版),胡昌平、邱均平编著的《科技文献学》(武汉大学出版社1991年版),黄存勋等著的《档案文献学》(四川大学出版社1988年版),郭星寿的《社会科学文献学》(武汉大学出版社1990年版),张伯元著的《法律文献学》(浙江人民出版社1999年版),李振宇著的《法律文献学》(中国检察出版社2004年版),单淑卿、张春玲主编的《中国经济文献学》(青岛海洋大学出版社1991年版),陈池瑜主编的《艺术文献学论纲》(清华大学出版社2006年版)熊第志主编的《医学文献学》(辽宁科学技术出版社1990年版),苗怀明著的《二十世纪戏曲文献学述略》(中华书局2005年版)等,这些著作大体上包括学科知识概论、学科文献源和有关检索技术等内容。

2 历史文献学

在我国，学术界使用“历史文献”这个概念，一般具有两方面的含义：一是指过去的文献或古代的文献，这与“古典文献”的概念相类似。例如曾贻芬、崔文印所著的《中国历史文献学》，他们所说的“历史文献”，即指古代的文献。[①]有些学者称之为广义的历史文献。[②]二是指历史学文献，多处是指狭义的历史学文献，如《史记》、《清实录》，等等，这与“哲学文献”、“文学文献”等概念并列。本文所讨论的历史文献学，是指后一层意思的历史文献学。

1981年和1982年，白寿彝以访谈的形式发表了《谈历史文献学》和《再谈历史文献学》两文[③]，他在后一篇文章中说：“历史文献学这门学科还没有建立起来。”他认为，中国历史文献学的研究范围可包括如下四个部分：(一)理论的部分，主要研究历史和历史文献、历史学和历史文献学、历史文献作为史料的局限性、历史文献的多重性、历史文献和有关的学科等问题；(二)历史的部分，主要是研究历史文献的发展过程；(三)分类学的部分，主要是研究历史文献分类的问题；(四)应用的部分，并认为这可以包含目录学、版本学、校勘学、辑佚学和辨伪学等。以后，白寿彝在其主编的《中国通史》第一卷中，列有“历史文献和历史文献学”一节，明确指出“历史文献学的建立”[④]。这一节内容与以上访谈基本相同。这里需要指出的是，白寿彝所说的第(二)部分，即历史文献学历史的部分，而他讨论的是历史文献发展史，其实，这两者是有明显的区别。后来孙钦善的《中国古文献学史》[⑤]与曾贻芬、崔文印合著的《中国历史文献学史述要》[⑥]，讨论的都不是文献的发展史，而是古代文献整理与研究的历史。[⑦]

1988年，王余光著《中国历史文献学》[⑧]一书，首先比较系统地开展了对中国历史文献学的讨论。作者认为中国历史文献学研究的

①曾贻芬，崔文印．中国历史文献学[M]．上海：学苑出版社，2001.

②谢玉杰，王继光．中国历史文献学[M]．北京：民族出版社，1999.

③ 这两篇文章分别发表在《史学史研究》1981年第2期与1982年第4期上，又收入作者《历史教育和史学遗产》一书，河南人民出版社1983年版。

④ 白寿彝．中国通史·第一卷[M]．上海：上海人民出版社，1989.

⑤ 该书由中华书局1994年出版，2001年高等教育出版社出版了孙钦善的《中国古文献学史简编》。

⑥ 曾贻芬，崔文印．中国历史文献学史述要[M]．北京：商务印书馆，2000.

⑦ 孙著由中华书局1994年出版，曾、崔所著由商务印书馆2000年出版。

⑧ 该书由武汉大学出版社1988年出版，1995年台湾天肯文化出版有限公司出版繁体字版。

两个主要内容是中国历史文献与历史文献整理。前者包括了历史文献的范围、内容、体裁、取材、价值、数量,以及不同载体形式和少数民族的历史文献。后者包括了其发展过程、理论思想与方法及历代整理历史文献的成就。在此基础上,作者对中国历史文献学展开了讨论,认为:中国历史文献学作为一门专科文献学,它是以历史文献、历史文献整理为研究对象的,其范围可包括三个方面:(1)研究历史文献;(2)研究历史文献整理的内容和方法;(3)总结历史文献整理的成果。

1989年,有两本《中国历史文献学》同名书问世。一是张家璠、黄宝权主编,广西师范大学出版社出版;一是杨燕起、高国抗主编,书目文献出版社出版。[①]

①北京图书馆出版社2003年出版了该书的修订本。

广西师大版的作者认为,中国历史文献学的研究内容有四个方面。第一,应研究历史文献产生与发展的历史,考察它与社会的政治、经济等诸方面的相互关系,探明现存历史文献的状况,为人们积累、保存、研究与利用历史文献指明道路,提供科学依据。第二,应研究历史文献的性质与构成,个体文献的内容与形式,并从总体上研究如何分门别类,使人们能辨章学术,考镜源流,更好地对历史文献进行研究和加以利用。第三,研究历史文献的整理与揭示,传播与收藏。前人整理与揭示历史文献的方法,主要有版本、校勘、考证、辨伪、辑佚、标点、注释、翻译、编制书目和索引。历史文献学应逐一加以考察,加以阐明,并在此基础上,探讨新的途径与方法。第四,应总结前人研究、整理与利用历史文献的经验,研究如何批判地加以继承;在此基础上,历史文献学还应研究自身的建设。全书共十章,分别论述了历史文献的产生与聚散、表现形式与类别、目录、版本、校勘、考证、辨伪与辑佚、标点、注释与今译、典藏与阅读、检索等,并对历史文献学的研究进行了回顾与展望。

书目文献版的作者呼吁要建立新的中国历史文献学学科体系。作者认为这个体系应包括三方面的内容：第一，历史文献学理论。主要是对历史文献学的研究对象、时代特色和现实意义，以及它同历史科学、中国传统学术文化等方面的关系进行理论上的探讨，使历史文献学具有自己的理论体系。第二，历史文献学的发展线索。第三，历史文献学的分支学科和相关学科，主要阐述历史文献学各分支学科的内容和实践方法。作者认为，历史文献学包括传统的目录学、版本学、校勘学、辑佚学、辨伪学、传注学、史源学、历史文献编纂学，同时对金石学、方志学、档案学、甲骨学以及民族文献、宗教文化、医药学文献、农学文献等也给予关注。全书分上、中、下三编，上编讨论历史文献学的有关理论问题，如历史文献学的学科体系、与中国传统文化的关系、时代与历史文献学、历史科学与历史文献学等；中编讨论历史文献学的发展，作者将历史文献学的发展分为六个时期，即先秦两汉是中国历史文献学的成立时期，魏晋南北朝隋唐为成长时期，两宋元明为繁荣时期，清为鼎盛时期，近现代为变革时期，最后是中国历史文献学的现状与前景；下编讨论目录学、传注学、校勘学、版本学、辨伪学、辑佚学、史源学、编纂学、藏书史和历史文献学的相关学科与相关文献。

1999年，谢玉杰、王继光主编的《中国历史文献学》出版，这本书是在张大可主编的《中国历史文献学》(陕西教育出版社1991年版)的基础上修订改编的。该书第一至第五章，是介绍不同类型的典籍；第六至第九章，概述历史文献整理的方法与经验；第十章总结前人整理历史文献的成就。[①]

进入21世纪，王子今所著的《20世纪中国历史文献研究》2002年由清华大学出版社出版。作为“20世纪人文学术史研究丛书”的一种，该书全面总结了20世纪历史文献研究的学术特征、具体内容、

①谢玉杰，王继光.中国历史文献学[M].北京：民族出版社，1999.

研究方法和文化意义,尤其是对20世纪经学文献研究、子学文献研究和史学文献研究的分类总结,具有重要的学术价值。作者指出,“中国历史文献研究在20世纪盛衰消长的历史轨迹,可以作为说明中国传统文化、中国传统学术之历史方向与时代命运的最具有典型意义的文化标本”①。全书共十一章,除这三方面外,涉及的主要问题有:清人历史文献研究成就的继承;20世纪的时代风潮与历史文献研究的艰难发展;历史文献研究中的“疑古”运动,考古学新资料的发现与历史文献研究的进步;辑佚工作的新收获;20世纪历史文献研究的学术重镇;20世纪历史文献研究方法的新探索;20世纪历史文献研究对学术进步的推动。2003年,崇文书局出版了周国林、刘韶军主编的《历史文献学论集》。该书是华中师范大学历史文献研究所建立20周年的纪念专集。华中师范大学历史文献研究所由张舜徽于1981年创办,并开始招收历史文献学博士研究生。该所20年来一直致力于历史文献学研究和历史文献学人才的培养。此外,历史文献学研究的论文集还有张其凡主编的《历史文献学论集》(暨南大学出版社2002年版),余敏辉所著的《历史文献学散论》(安徽大学出版社2004年版),刘进宝、施合金合编的《历史文献学丛稿》(吉林人民出版社2005年版)等。

①王子今.20世纪中国历史文献研究[M].北京:清华大学出版社,2002.

3 文学文献学

张君炎所著的《中国文学文献学》(1986年江西人民出版社版)比较系统地讨论了文学文献学的内容、范围和任务。作者认为,中国文学文献学是以中国古代文学文献为对象,以目录学原理为基础,并运用版本、刻印、校勘、辨伪、注释、编纂等知识和检索的理论和方法,研究组织和检索中国文学文献的工作规律和方法的一门专科文献学。它的主要内容和范围有两方面：一是要揭示和报导中国文学文献的内容、源流和类别，评介主要的中国文学文献，研究中国文学文献出版情况和出版物类型，介绍文学文献的注释研究和版本目录资料，提供熟悉中国文学文献的基础和条件；二是要研究中国文学文献的利用，介绍有关的重要书目和工具书，探讨文学文献检索的原理和基本途径，提供检索中国文学文献的工具和方法。1996年，侯晓明主编了同名著作由湖北教育出版社出版。淡江大学中文系周彦文主编了自称为台湾地区第一部以“文献学”为名的《中国文献学》(1993年五南图书出版有限公司版)。作者认为文献学的研究主体是文献本身，并以此确立文献学独立的学科地位。但是因作者专业所致，该书重点叙述了民国以前的中国文学文献的产生、发展及整理情况，所以实际上只能算作一部简明的文学文献史。

文学文献学作为文献学的一个分支，它本身也是一个独立的系统。在这个系统中又有一些小的分支课题独立出来，如古典文学文献学、文学批评文献学等。邢惠玲认为，“古典文学研究直接以来文献学的研究成果。文学文献学作为文学研究和批评的重要方式之一，对现当代文学研究也具有十分重要的意义”[①]，在此基础上进一步分析了文学文献学与文学的关系，即“文学和文学文献学有本质的共同性，是有着血缘关系的互相渗透、互相补充、互相促进的两门学科。她们的母体便是文化”[②]。这一时期有对以上专题的研究，并有著作问世。刘跃进所著的《中古文学文献学》(江苏古籍出版社1997年版)，共分上、中、下三编，分别是：总集编撰与综合研究、中古诗文研究文献、中古小说文论研究文献，具体探讨了我国中古时期主要文学体裁中有代表性的文献。该书对前人和今人关于中古文学史中的不少争论问题作了扼要的论述，对研究者很有启发。关于这一时期文学作品的一些重要选本和总集的论述，则尤见功力。[③] 1999年，刘

① 邢惠玲.论文学文献学与文学研究[J].洛阳师范学院学报，2000,19(3):137.

② 邢惠玲.论文学文献学与文学研究[J].洛阳师范学院学报，2000,19(3):139.

③ 刘跃进.中古文学文献学[M].南京：江苏古籍出版社，1997.

跃进又撰写了《古典文学文献学丛稿》,[①]这是又一部有关古典文学文献学方面的专著,论述了魏晋南北朝文学史中主要的文献学问题。作者在研究魏晋南北朝文学史的同时,致力于文献学研究,可见文献学的学科基础性作用。此外,还有查洪德、李军合著的《元代文学文献学》(中国社会科学出版社 2002 年版)。

2004 年 8 月 16 日至 8 月 19 日,南京大学古典文献研究所和南京大学中文系在南京华东饭店主办了中国古代文学文献学国际学术研讨会。会议的主题是"中国古代文学文献:传统方法与新的开拓"。主要议题包括:面向新世纪的古代文学文献学研究;新史料与新方法、中国古代文学文献学的理论与实践;有关中国古代文学文献的其他专题研究。会后出版了会议论文集《中国古代文学文献学国际学术研讨会论文集》[②],会议共收到论文 80 篇,实际到会参与讨论的论文 68 篇,论文集中收录了 49 篇。论文集总结了这次古代文学文献学研讨会在学术方面的三个特点:第一,重视对断代总集和某一类型文献的评判和研究;第二,版本、目录、校勘、辑佚仍然是古代文学文献研究的重要方法;第三,古代文学文献的多视角综合研究。[③]

孙立所著的《中国文学批评文献学》(广东人民出版社 2000 年版)另辟蹊径,从文献学的角度对文学批评文献、史料进行了爬梳总结。该书分先秦、汉代、魏晋南北朝、隋唐五代、宋金元、明代和清代七章,每章前有概说,叙述各代文献分布与现状,大部分章节后附有"其他参考文献",概说以下按不同文献形式分类叙录,于重要文献作简要题解,对几部重要且影响深远的文献则辟专节叙论,一般文献则列书目,记其作者、常见版本,便于查找。

①刘跃进.古典文学文献学丛稿[M].北京:学苑出版社,1999.

② 程章灿.中国古代文学文献学国际学术研讨会论文集[M].南京:凤凰出版社,2005.

③ 程章灿.中国古代文学文献学国际学术研讨会论文集[M].南京:凤凰出版社,2005:2-5.

第三章　文献学专题研究

1　研究概述

在广阔的文献学研究领域中，有古籍整理与古籍整理方法研究、文献发展研究、文献与社会进步研究、出土文献研究、宗教文献研究、地方文献揭示与研究、科技文献研究、少数民族文献研究、文献学家研究等一系列重要研究领域和研究课题，它们是文献学专题研究的主要内容。

1978年以来，文献学专题研究主要集中在古籍整理研究、方志研究、民族文献研究、典籍导读研究、典籍与历史文明进程研究、文献学家研究等几个方面。其中，古籍整理研究和文献学家研究都另辟专章论述。方志研究在方志学基础理论、方志学史、方志编纂、方志评论、方志文化等研究领域，都取得了长足的进步。民族文献研究主要涉及民族文献学学科体系建立研究、民族古籍整理与开发利用研究、民族古籍管理研究、民族文献数字化研究、某一少数民族文献专门研究等方面，何丽的《中国少数民族古籍管理研究》（辽宁民族出版社2005年版）、张铁山的《突厥语族文献学》（中央民族大学出版社2005年版）、刘建丽的《宋代西北民族文献与研究》（甘肃人民出版社2004年版）等几部论著，是研究的亮点所在。典籍导读研究方面，论著以王余光主编的《中国读者理想藏书》（光明日报出版社1998年版）最为公允、准确、客观，单篇研究论文则主要集中在推荐书目的性质、意义、作用、编制方法研究,推荐书目的历史、现状及发展前景研究,开展推荐书目的工作研究,以及推荐书目与教育的关系研究等方面。此外,反映书籍与文明进程的影响书目,作为推荐书目的一种类型,20 世纪 80 年代以来也受到人们的广泛关注,继王余光主编的《影响中国历史的三十本书》出版后,仿作或相关书籍颇有层出不穷之势,关于影响书目的书籍达到 20 余种之多。典籍导读研究和典籍与文明进程研究两个专题,近三十年间的研究成果层出不穷,在读者中产生了广泛影响,向来被认为是"书斋"式的文献学,有了一次面向社会的尝试,应当说是相当成功的。

20 世纪是出土文献频频有重大发现的一个世纪,许多学者对新发现文献,如甲骨文、简帛、档案、敦煌文献等也进行了积极的整理,取得了很多研究成果。随着整理和研究工作的不断深入,甲骨文、简帛等研究逐渐独立出文献学学科,形成和发展为中国特有的独立学科,故在此不再进行讨论。另外,对于宗教文献研究和科技文献研究,本文也未展开论述,但从目前来看,这两方面的研究都还需要加强。

2 方志研究

方志是我国宝贵的文化遗产中的重要组成部分,纂修方志是我国的优良文化传统,源远流长,绵延不绝。1980 年党中央第十六号文件号召全国编史修志,1981 年 8 月中国地方史志协会正式成立,1983 年 4 月中国地方志指导小组恢复,全国上下掀起了修志热潮,各地逐渐组建起了人数众多的修志队伍。伴随着修志工作的蓬勃发展,方志学研究也取得了累累硕果,在方志学基础理论、方志学史、方志编纂、方志评论、方志文化等研究领域,都有了长足的进步。

2.1　方志学通论

20世纪80年代，随着修志工作的广泛深入开展，各地修志人员对方志知识和理论学习的要求日益迫切，虽有旧时论著可供参考，但不能满足编修新方志的需要。在这种形势下，出现了来新夏主编的《方志学概论》(福建人民出版社1983年版)、王复兴的《方志学基础》(山东大学出版社1987年版)、林衍经的《方志学综论》(华东师范大学出版社1988年版)等几部论著。《方志学概论》分五章，分别讨论方志与方志学、历代的方志编纂与研究、中华人民共和国成立以来的方志编纂和研究、方志编纂的原则与体例以及方法与步骤。《方志学基础》第一章至第三章介绍方志的基本知识，考察方志的起源和发展，梳理历代方志理论研究和方志学的发展脉络；第四章至第十四章着重探讨方志的编纂，专论大事记、人物志、专业分志、乡镇志以及厂矿志的编写，涵盖了方志编纂的主要步骤，有点有面，较为详尽；第十五章探讨旧志整理和研究，注重对传统的继承。《方志学综论》分十章，第一章至第三章探讨方志基本知识及方志和方志学的起源和发展，第四章探讨新中国的方志编纂和方志学发展，第五章探讨旧志的收藏整理和利用，第六章至第九章阐述新志的编纂工作，最后一章是方志和方志学的前瞻。这三部著作在篇目结构上无大异，为了满足当时的修志工作需求而都侧重于方志编纂研究。

20世纪90年代，较具代表性的有仓修良的《方志学通论》(1990年齐鲁书社初版)和黄苇等著的《方志学》(复旦大学出版社1993年版)。《方志学通论》第一章探讨方志的起源、性质与特点，作者认为方志起源于两汉地记，是史学发展的一个旁支；第二章梳理了方志自魏晋南北朝至清代的三个发展阶段和四次高潮；由于作者对章学诚的研究持续了近40年之久，故在第三章较为详细地论述了章学诚其人及其方志学理论，认为从章氏开始，方志始成为一门学问；第四章讨论了旧方志的价值以及全国旧志整理的基本情况;第五章是新方志的编纂,作者详细论述了资料的搜集整理和鉴别,并就拟定篇目、编写大纲、批判继承旧方志、据事直书、撰写人物传、撰写专业志、编修山志等方面提出了自己独到的意见。张舜徽在《题辞》中道:"余观其纲举目张,有条不紊,自来论方志者,皆不及此书之全备而精密。"[①] 2003年,方志出版社出版了本书的修订本。此次修订,作者认为初版第二章方志发展四次高潮的提法不科学故而删去,在第二节增加了"图经是一种什么样的著作"、"敦煌图经残卷的价值与启示"等内容,还增加"新中国修志事业概述"作为本章第七节。另外,修订本还增加了第六章"新一轮志书的编纂",肯定了首轮修志的巨大成就,同时指出了存在的一些问题。作者赞同王忍之提出的"既修又续,不可偏废"的广义续修观点,认为它符合我国传统方志的编修形式。从用志的角度来看,得此一本,新旧内容都在其间,便于利用。[②]《方志学》是黄苇领衔,联合复旦大学同道,在其讲授多年的《方志学讲义》基础上共同撰写而成。该书全面论述了方志学的发展历史,阐发了方志学的基本理论及其应用,探讨了新方志编纂的原则和方法,构建了方志学的学科体系。首为绪论,讨论方志学的研究对象、任务和内容;以下正文依次为方志概况,方志源流,方志内容、特点和性质,方志体例、体裁和流派,方志价值、功用和通病,名志述评,诸家方志理论研究,方志继承与创新,诸志编纂研究,诸篇编撰探讨,而以地方志的汇总成书殿其后,内容贯通古今,论述自成体系,并联系修志实践提出了较多新证和创见,极富学术价值和实用价值。上述两部之外,还有来新夏的《中国地方志》(台湾商务印书馆1995年版)、梅森的《方志学简论》(黄山书社1997年版)、杨军昌的《中国方志学概论》(贵州人民出版社1999年版)、韩章训的《普通方志学》(方志出版社1999年版)等,这几部结构上与以往著作没有大异,但来著在适当

① 仓修良.方志学通论[M].济南:齐鲁书社,1990.

② 中国地方志指导小组办公室编.新方志理论著述提要[M].北京:方志出版社,2006:38.

章节写入香港、台湾修志状况与主要流派观点，为当前方志学著述所少及，[①] 梅著、杨著和韩著则都涉及方志评论，是方志实践和理论向前发展的反映。

2000 年以来，比较重要的有曹子西、朱明德主编的《中国现代方志学》和巴兆祥的《方志学新论》。《中国现代方志学》运用"方志三个理论"——方志政治学、方志基础理论和方志应用理论，架构出中国现代方志学的学科体系，这对于传统方志理论的一般结构来说是一种突破。本书总结和借鉴了我国修志历史特别是近年来国内优秀方志研究成果及国外有关信息，从方志学的基础理论到应用理论，从研究对象与任务的理论体系到学科体系，从历代方志编纂到当前志书的质量要求，从方志人员的培训到方志信息化建设，等等，凡是涉及方志学学科建设和方志事业可持续发展的方方面面，本书都尽可能吸收进来，力求做到全书内容涵盖古今，又重点总结新时期修志工作的成就与经验。[②]《方志学新论》，书中所论不求体系完整，面面俱到，而将重点放在方志学基本理论、方志史、方志目录学、续志编写四大方面。所研究的问题不落俗套，较为新颖，如《一统志》与方志的关系、乡土志体式与创新、伪满方志、台湾地区方志演变、方志目录学的构建、流散日本的方志研究等，都是本书首次提出探究的论题。每个章节不是平面叙述，而是当作学术论文来写，都有深度和品位。[③] 此外，还有黄道立的《中国方志学》和《方志学原理》，由巴蜀书社分别于 2005 年和 2007 年出版。

2.2　方志编纂研究

20 世纪 80 年代开始的方志编纂热潮，也促进了一批专门研究方志编纂著作的产生。其中，不乏以"方志编纂学"命名的，如王亚洲、晁文璧、梅森等著的《实用方志编纂学》（黄山书社 1988 年版），王复兴的《方志编纂学》（济南出版社 1989 年版）、《省志编纂学》（齐鲁

① 中国地方志指导小组办公室编. 新方志理论著述提要[M]. 北京：方志出版社，2006：84.

② 曹子西，朱明德主编. 中国现代方志学[M]. 北京：方志出版社，2005.

③ 巴兆祥. 方志学新论[M]. 上海：学林出版社，2004.

书社1992年版),吴奈夫的《新方志编纂学》(江苏科技出版社1999年版),姚金祥、何惠明著的《简明方志编纂学》(南海出版公司1994年版),毛东武的《方志编纂学》(黄山书社1996年版),张文桂、荣竹林编的《方志编纂学概论》(内蒙古人民出版社1998年版),黄勋拔的《方志编纂学论纲》(广东人民出版社2000年版),李在营的《方志编纂学概论》(德宏民族出版社2001年版)等。这些著作中,毛著首次明确提出方志编纂学是专门研究方志编纂活动的一门学科,它应有自己独立的学科体系。张文桂、荣竹林编的《方志编纂学概论》,则提出应批判地继承中国历代的方志编纂理论,并以近几十年中国修志的现实为根据和出发点,总结修志实践的经验和教训,求得理论上的突破和创新,以确立方志编纂学科的理论体系。李在营的《方志编纂学概论》则阐述了方志编纂学的研究对象、编纂范围、内容及方法,认为其学科体系应由基础理论、编纂实务及方志续修构成。至此,方志编纂学的学科体系虽尚未形成,但这种探讨是有益的。其他几部虽以"方志编纂学"命名,但仍仅限于在方法论层面上论述方志编纂的一般问题,尚未上升到学科高度,篇章结构也与上文的方志学通论没有大异,只不过更加偏重编纂实践的论述。

方志编纂研究除以上成就之外,还有李明的《新方志编纂实践》(上海人民出版社1988年版),李明、徐瑞清主编的《实用方志编纂研究》(沈阳出版社1989年版),王景玉主编的《新方志编纂探论》(学苑出版社1990年版),欧阳发的《方志编纂概要》(黄山书社1993年版),张桂江的《地方志编纂与续修》(香港天马图书有限公司2000年版),许还平等著《省志编纂概论》(中州古籍出版社2001年版),林衍经的《方志编纂系论》(安徽大学出版社2001年版)等。

2.3 方志学史研究、专题研究

方志学史研究方面也有专著。其中,以"方志学史"冠名的有两部：一部是吕志毅的《方志学史》(河北大学出版社1993年版)，作者提出方志学史是研究探讨中国地方志及其理论的产生、发展和演变规律的一门历史科学。上至春秋，下终民国，凡重要志书，不论存佚，皆在该书论列之内。于每个历史时期，首叙全国总志，次叙地方志、图，其次为方志理论主要成就，再次为域外边疆地志，最后为小结。全书列举代表性志、图著作480余部，方志学家120余人。于每部志书，述及纂修年代、版本、存佚情况、优劣得失、社会价值以及历代学者对其评价；于每位方志学家，均摘其理论要点予以载述，并注明出处。另一部是陈光贻的《中国方志学史》(福建人民出版社1998年版)。全书分四部分，第一部分为方志学议论，第二部分是方志渊源与发展，第三部分论列历代主要方志72部，述及作者情况、纂修时间、版本、存佚、优劣等，简明扼要，第四部分论列著名方志学家52人，论述其生平及主要成就。此外，还有林衍经的《方志史话》(中州书画社1983年版)、许卫平的《中国近代方志学》(江苏古籍出版2002年版)等。

专题研究方面：有林天蔚的《方志学与地方史研究》(南天书局有限公司1995年版)，全书分三编，第一编探讨方志源流与发展，作者提出了史地两元论；第二编主要介绍章学诚及戴震、顾炎武、顾祖禹、洪亮吉的方志学理论；第三编是广东方志研究，介绍了明清人所修的六部《广东通志》，并有人物、史事、民族史、方志族谱联合研究共四个地方史专题研究，为其他专著所无。该书的出版，弥补了当时港台方志学研究专著寥寥无几的缺憾。有林衍经的《地方志与旅游》(方志出版社2005年版)，全书设十章三十三节，对地方志与旅游产生和发展的历史进行了考察和比较研究，指出地方志与旅游文化的密切相关，论述了地方志在旅游资源开发方面的作用以及旅游方志学建设等方面的问题。张英聘的《明代南直隶方志研究》(社会科学文献出版社2005年版),结合时期和区域来研究方志,全书分十章,系统论述了与明代南直隶方志有关许多方面,包括明代南直隶修志兴盛的原因、编修源流、编纂队伍、经费来源、种类、结构、内容、理论创新、史料价值、影响、历史地位等。此外,还有陈捷先的《清代台湾方志研究》(台湾学生书局1996年版)也值得关注。

2.4 论文

有关方志研究的论文包括论文集和单篇论文两种。

论文集方面,据笔者不完全统计,1978年至2007年,关于方志研究的个人论文集有50余部,集体论文集有70余部,涉及众多修志工作者和专家学者,内容包罗万象,方志发展史、方志学基础理论、方志学编纂理论、方志文化、方志评论、方志管理、志书大事记、专志编纂等都包含其中,尤其是方志学基础理论和编纂理论方面,各种观点异彩纷呈,有关方志起源、方志性质的辩论更是百家争鸣,反映出方志理论研究的繁荣景象。[①]

单篇论文方面,借助人大报刊复印资料、中国期刊网等检索工具,笔者对1978年以来国内刊物上公开发表的方志研究相关论文进行了粗略分析,发现研究的热点主要集中在以下几个方面:

第一,方志学学科体系研究。研究者们提出了建设方志学学科体系的10种构想以及学科体系的构成依据和特征。其基本思路可以归结为两种:一种是按基础理论、应用理论和学科史的思路进行构想;另一种则是沿基础科学、技术科学、应用科学和学科史的思路展开构想。[②]

第二,方志编纂方法和技巧研究。这方面的论文数量最多,涉及面也很广,包括编纂人员、组织动员、总体设计、文体、资料收集、编纂加工、审稿修改、出版印制等各个环节以及专志的撰写、方志术语的使用、方志标题、方志常用字词剖析、新方志插图等多个细节。然而,

① 中国地方志指导小组办公室编.新方志理论著述提要[M].北京:方志出版社,2006.

② 刘伯修.方志学科建设研究综述[J].中国地方志,2004(10):6.

论文数量巨大的另一方面，是研究水平的参差不齐，其中不乏拾人牙慧和重复研究之作。

第三，方志史和方志学史的研究也取得了较大的进步。方志史研究方面，既注重历代方志总体情况的研究，也注重某一地区历代方志数量、种类、特征、分布情况、编修、价值等的研究，还有少量文章对某一时代某一地区方志中的某类文献（如方志地图）进行了研究，可谓纵横结合、有点有面。方志学史的研究，则从开始时一般的常识性介绍日益转入专门化的研究，如方志目录史、通志篇目发展史等，研究日益深入。

第四，一些学者的方志思想、理论和实践研究。如《张謇的方志思想与实践》[①]、《简论章学诚方志编纂理论》[②]、《略论黎锦熙方志理论》[③]、《钱大昕方志理论与乾嘉以来方志理论研究的走向》[④]、《毛一波方志学术成就综述》[⑤]、《试析戴震方志思想》[⑥]等。研究者对这些有名学者的方志思想、理论乃至方志收集、编纂实践进行了总结与梳理，是一种很好的个案研究。

第五，方志数字化研究。这是2000年以来伴随计算机技术和网络技术的日益发达而出现的新的研究热点，涉及方志数据库建设、方志网络化建设、方志数字图书馆建设、方志信息网络安全运行、方志数字化建设的版权保护等议题，也有少量文章直接以数字方志为名，对其内涵、特征等进行理论层面上的探讨。较具代表性的论文如《方志信息资源网络化建设的现状与思考》[⑦]、《国家新方志资源数据库的建设方略》[⑧]、《中国方志数字图书馆建设的构想》[⑨]、《数字方志的内涵、特征及其困惑》[⑩]等。

第六，引进相关学科的方法或技术对方志进行研究。这些年，有一些文章将系统科学、社会学、统计学、文化学、现代语言学等相关学科的方法和技术引入方志研究。这不仅使氛围较为沉闷的方志领域

① 王艳君．张謇的方志思想与实践[J]．沧桑，2004(5).

② 张立新．简论章学诚方志编纂理论[J]．沧桑，2006(6).

③ 杨军益．略论黎锦熙方志理论[J]．中国地方志，2006(8).

④ 梅森．钱大昕方志理论与乾嘉以来方志理论研究的走向[J]．中国地方志，2005(4).

⑤ 李昌志．毛一波方志学术成就综述[J]．中国地方志，2004(8).

⑥ 陈旭．试析戴震方志思想[J]．中国地方志，2003(5).

⑦ 李卫东．方志信息资源网络化建设的现状与思考[J]．新疆方志研究，2003(4).

⑧ 曾建勋．国家新方志资源数据库的建设方略[J]．图书情报工作，2007(6).

⑨ 钱茂伟．中国方志数字图书馆建设的构想[J]．中国地方志，2005(2).

⑩ 蓝凌云．数字方志的内涵、特征及其困惑[J]．中国地方志，2006(3).

增加了几分活跃,也给方志理论研究突破传统模式带来了可能。如《试论方志文化的社会功用》、《论方志文化的先进性》等文章,用泛文化学的方法来考察中国的方志文化,把方志置于中国文化乃至整个社会的大背景下去审视,极大地开阔了研究视野。

第七,方志批评与方志评论研究。方志批评方面,涉及方志批评的概念、对象、形态、特性、任务、标准、原则、方法,方志批评的历史、现状,乃至方志批评学学科建设等的研究。方志评论,则主要是围绕方志评论的历史传统以及方志评论的现状和出路展开的探讨。

以上七个方面之外,还有方志应用研究、方志与社会及时代的关系研究、方志质量问题研究、古旧方志的收藏整理利用研究、我国方志在国外的流传情况研究、方志出版研究、方志目录学研究、方志伦理学研究等,也值得我们关注。

3 民族文献研究

3.1 著作

我国少数民族历史悠久,并留下了丰富的文献。据统计,1949年前蒙文文献就有1500余种;藏文档案文书有300万件,古籍约60万函;[①] 此外,彝文、傣文、纳西文、女真文、满文、阿拉伯文等文献,也都十分丰富。

①王余光.再论文献学[J].图书情报知识,1997(3):6.

1978年以来,对于少数民族文献的研究曾经一度较为薄弱,80年代值得关注的仅有云南人民出版社1986年起出版的100卷《纳西东巴古籍译注全集》。这套书收录纳西东巴古籍1500多种,内容包括祈福类、消灾类、丧葬类、占卜类及东巴舞谱、药书、杂言、字典等,被称为纳西族的百科全书。

20世纪90年代末,才出现了一些整理和研究成果。其中,较具代表性的有巴蜀书社1997年起出版的《中国少数民族古籍论》和同年民族出版社出版的《民族古文献概览》。前者是一套丛书论文集，计划每年出版一辑，目前已出版五辑（分别于1997年、1998年、1999年、2001年和2004年出版）。该丛书以通论、专论和作品评介为主要内容，旨在对我国少数民族的一些重要古籍进行深入的探讨，以反映我国少数民族古籍整理、研究的概况。后者是一部教材，比较全面地介绍了我国少数民族文献的流传状况，对非研究者来说，是一本较好的参考书。[①]

① 王余光. 文献学研究的新进展[J]. 江西图书馆学刊，2004(4)：2.

2000年以来，少数民族文献的研究著作有所增加。

俄罗斯学者捷连耶夫—卡坦斯基所著的《西夏书籍业》，由王克孝、景泉时译成汉文，2000年由宁夏人民出版社出版。圣彼得堡是世界上收集西夏图书规模最大的地方，作者据此写成《西夏书籍业》，讨论了西夏书籍的制作技术、装帧艺术、写本、印本等一系列问题。尤为受到学者重视的是，现存西夏文活字版文献，是世界上最早的活字印本实物，它对世界印刷史的研究是具有重要价值的。[②]

② 王余光. 文献学研究的新进展[J]. 江西图书馆学刊，2004(4)：2.

李杰所撰的《中国少数民族文献探研》一书，2002年由民族出版社出版。全书共五章，分别选择了史书13种、文书3种、金石铭刻5种、宗教典籍4种、文学典籍9种，包括蒙古、藏、彝、傣、高山、畲、黎、维吾尔、纳西、侗、柯尔克孜、壮、白共13个民族的共计34种重要典籍，一一进行了介绍。该书可以在较大程度上弥补汉族典籍资料的不足，还可以通过典籍了解各少数民族的社会经济发展状况、阶级及阶级关系、重大历史事件和关键人物、宗教信仰、民族关系等情况，具有一定的综合参考价值。

包和平等人的《中国少数民族文献学概论》（民族出版社2004年版），是第一部系统研究少数民族文献学的专著。作者提出，中国少数民族文献学是以少数民族文献和少数民族文献事业发展规律为对象进行系统研究的学问;它的学科体系由理论中国少数民族文献学、应用中国少数民族文献学、专门中国少数民族文献学以及交叉中国少数民族文献学四个部分构成。全书共六编二十八章,对中国少数民族文献的产生发展、载体形制、记录形式、类型、特征、价值与社会功能、收集整理、鉴定统计、技术保护、信息资源的开发利用,以及少数民族文献工作的内容、任务、特点、作用等诸多理论与实践问题进行了探讨,尤其是末章,探讨了我国少数民族文献数字化的原则和方法等问题,具有重要的现实意义。该书既填补了我国文献学理论研究的空白,又发展和补充了民族学的研究领域。

2005年,民族出版社出版了由朱崇先主编的《中国少数民族古典文献学》。该书是首部以"民族古典文献学"为题的论著和教材,旨在全面展示我国少数民族古籍的整理研究与开发利用情况。全书分十一章,探讨了我国少数民族古典文献学的性质、任务、理论、方法、与其他学科的关系,以及少数民族古文字与古文献的源流与特点、积聚与散失、载体种类与特点、文献分类与编目著录、版本与装帧、校勘、翻译和注释、保护与开发利用等问题。该书尽可能使近三十个文种的少数民族古文字文献都得到不同程度的列举和介绍,从而全面展示民族古典文献的基本面貌。[①]

① 朱崇先主编. 中国少数民族古典文献学[M]. 北京:民族出版社,2005.

同年,有何丽的《中国少数民族古籍管理研究》,由辽宁民族出版社出版。全书分十章,探讨了少数民族古籍的概况、科学管理、分类与编目、鉴定、保护、注译与出版、研究状况等问题。该书是第一部以"少数民族古籍管理"命名的论著,但从内容上看,主要还是围绕少数民族古籍的搜集、分类、编目、鉴定、保护等进行的探讨,这些基本还是属于以往古籍整理的范畴,而并未如其书名所示对少数民族古籍管理的涵义、内容、方法等方面做出研究。

同年,还有张铁山的《突厥语族文献学》一书,由中央民族大学出版社出版。突厥语族作为阿尔泰语系的语族之一，在我国包括了七个民族的八种语言。该书是阿尔泰学研究丛书之一，是在普通文献学的一般理论和方法基础上研究突厥语族各民族文献的专著，属于专业文献学的范围。全书共十一章，绪论探讨了突厥及其相关概念和突厥语族文献学的研究对象和任务，以后各章分别探讨突厥语族各民族的历史文化、各民族使用过的各种文字的起源与类型，以及突厥语族文献的载体形态、分期和分类、转写翻译和注释、收藏整理和研究、开发利用与现代化等问题。该书在篇章架构上虽无创新之处，但研究不局限于某个特定民族的某种特定语言，而是着眼于我国操突厥语族语言的七个民族所使用的八种语言，并且注重与这些民族的历史、文化相关联进行研究，是该书的特色所在。

2006 年，赵令志编著的《中国民族历史文献学》，作为民族历史文化研究书系之一，由中央民族大学出版社出版。该书是中央民族大学“211 工程”国家“十五”规划重点建设项目，为突出民族学科特点，名为《中国民族历史文献学》。[①] 全书分三编十五章，从内容上看，仅有目录学一编中第六章对数种历代民族文字文献进行了专门探讨，此外几乎不涉及民族文献。所以，全书总体上与以往的历史文献学论著无明显差异，并未对民族文献进行突出研究。

① 赵令志. 中国民族历史文献学[M]. 北京：中央民族大学出版社，2006.

此外，还有刘建丽的《宋代西北民族文献与研究》(甘肃人民出版社 2004 年版)。本书分两编，上编五章，主要探讨西北各民族的生存环境与历史演变；下编四章，分别探讨西北民族文献资料、文物考古资料、西夏学研究状况以及西北土蕃、回鹘、西辽的研究动态，属于民族文献的专题研究。

3.2　论文

笔者利用人大报刊资料索引、中国期刊网等检索工具，对 1978 年以来国内刊物上公开发表的民族文献研究论文进行了粗略统计和

分析,发现近30年来的民族文献研究主要集中在以下几个方面:

第一,民族文献的概念、特点、价值研究。对民族文献进行科学界定,明确其内涵和外延,是进行民族文献研究需首要解决的问题。李杰、蔡璟的《民族文献界定管见》[①]、刘光宏的《民族文献界定探讨》[②]等文围绕这一问题,各抒己见,进行了有益的探讨。对于民族文献特点,研究者的认识基本一致,即认为其历史悠久、内容丰富、文种众多、形式多样、数量庞大、分布广泛、价值珍贵、作用巨大,具有鲜明的民族性、区域性和广泛性等特征。对于民族文献的价值,包和平的《论民族文献的性质和价值》一文进行了较为全面的总结:民族文献对于少数民族社会形态研究、民族族源问题研究、古代疆域史研究、我国历史研究、世界历史研究、各民族的宗教信仰和自然崇拜研究、畜牧业和农业技术研究、文学艺术研究、少数民族科技史研究、民族文字研究、医药卫生事业研究、自然资源勘察利用等方面都有着重要价值。[③]

第二,民族文献学学科建立探讨。这方面较具代表性的有《民族文献学刍议》[④]、《民族文献学研究浅议》[⑤]、《中国少数民族文献学的学科建设》[⑥]等文。这些文章对民族文献学的概念、意义、目的、研究内容、建立的主客观条件、根本任务以及学科体系构成等方面进行了探讨。

第三,民族文献资源建设与开发利用研究。这方面的研究论文从20世纪90年代中期开始迅速增多,是目前所有论文中数量最多的一个类型。进一步分析,可发现主要集中在民族文献资源建设的意义、具体的建设方法、共建共享、所取得的成就、存在的问题、未来发展趋势等几个方面。

第四,民族文献数字化研究。这方面的研究从2000年后出现,并受到越来越多的研究者的关注。包和平的《中国少数民族文献数

① 李杰,蔡璟.民族文献界定管见[J].民族研究,1993(1).
② 刘光宏.民族文献界定探讨[J].图书馆理论与实践,1992(1).
③ 包和平.论民族文献的性质和价值[J].津图学刊,2003(4):10-13.
④ 罗德运.民族文献学刍议[J].中南民族学院学报(哲学社会科学版),1997(4).
⑤ 包和平.民族文献学研究浅议[J].古籍整理研究学刊,2002(1).
⑥ 罗曲.中国少数民族文献学的学科建设[J].西南民族大学学报·人文社科版,2004(11).

字化建设研究》[①]、《关于我国少数民族古籍资源数字化建设探讨》[②]、《关于少数民族文字文献的数字化思考》[③]三篇文章，对民族文献数字化的重要意义、原则、内容、形式、方法、策略、规范控制等问题进行了探讨，并对网络环境下的少数民族数字化建设提出了一些建议。此外，还有学者对某一区域内的少数民族文献数字化问题进行了较有针对性的探讨，如《关于海南少数民族文献数字化建设的思考》[④]、《关于西部民族地方文献数字化的几点思考》[⑤]、《贵州少数民族文献数字化建设探讨》[⑥]等。

第五，某一少数民族的文献研究。涉及的民族有白族、藏族、纳西族、傣族、土家族、赫哲族、苗族、畲族、维吾尔族、满族、彝族等，研究者大多围绕某一少数民族文献的价值、收集、整理、开发、利用、数字化建设、传播、出版、研究成果等方面进行探讨。

第六，民族古籍研究。这方面的研究涉及民族古籍的概念界定、特征、价值、作用、范围、保护、开发、整理、数字化等内容。其中，对民族古籍进行科学界定是研究者涉及较多的内容，并对此进行了争鸣。此外，民族古籍整理方法也是研究的热点之一，吴肃民的《再谈民族古籍及其整理》[⑦]、于萍梅的《略论民族古籍的整理方法》[⑧]等文，都对整理方法进行了较为具体的论述。

第七，民族文献目录研究。涉及民族文献的编目、目录检索、书目控制、目录标准化等问题。更有以包和平为代表的研究者提出民族文献目录学是从属于目录学范畴的一门专科目录学，同时对民族各学科来说又是一门辅助学科，是研究民族文献目录工作形成与发展规律的科学。[⑨]在《关于民族文献目录学研究的几个问题》[⑩]、《中国少数民族文献目录学的研究对象和任务》[⑪]、《中国少数民族文献目录学的研究现状及发展趋势》[⑫]等一系列相关文章中，包和平对我国少数民族文献目录学的意义、研究对象、研究内容、研究任务、研究方

① 包和平.中国少数民族文献数字化建设研究[J].情报杂志，2002(2).

② 包和平.关于我国少数民族古籍资源数字化建设探讨[J].图书馆建设，2003(4).

③ 包和平.关于少数民族文字文献的数字化思考[J].图书馆论坛，2004(12).

④ 许文娟.关于海南少数民族文献数字化建设的思考[J].琼州大学学报，2006(2).

⑤ 刘泳洁，王月娥.关于西部民族地方文献数字化的几点思考[J].大学图书馆学报，2002(4).

⑥ 王幼红.贵州少数民族文献数字化建设探讨[J].贵州民族研究，2006(2).

⑦ 吴肃民.再谈民族古籍及其整理[J].中央民族大学学报(哲学社会科学版)，1986(1):44-45.

⑧ 于萍梅.略论民族古籍的整理方法[J].中央民族大学学报(哲学社会科学版)，2000(2):66-69.

⑨ 吕桂珍.民族文献研究述评[J].西藏民族学院学报(哲学社会科学版)，2000(3):32.

⑩ 包和平.关于民族文献目录学研究的几个问题[J].图书馆学研究，1997(4).

⑪ 包和平.中国少数民族文献目录学的研究对象和任务[J].图书馆学研究，2004(9).

⑫ 包和平.中国少数民族文献目录学的研究现状及发展趋势[J].情报资料工作，2004(4).

法、学科特点、发展历史、研究现状、研究方向、发展趋势等问题进行了较为深入的探讨,有利于少数民族文献目录学学科体系的构建。

上述七方面之外,还有国外对我国少数民族文献的收藏出版、图书馆与民族文献的收藏整理开发利用、民族文献管理、民族文献的传播与民族文化的传承等研究,也值得我们关注。但限于篇幅,在此不再展开论述。

4 典籍导读研究

不少读书人都认为:图书典籍浩如烟海,在阅读时会遇到图书的选择与鉴别等问题。为解决这些问题,人们往往通过书目,来了解图书典籍的状况,明晓读书的门径。清代学者王鸣盛就说过:"目录明,方可读书;不明,终是乱读。"(《十七史商榷》卷七)

书目,特别是那些指导阅读性的推荐书目,在我们购书、藏书和读书时可提供重要帮助。

然而,由于多方面因素的影响,推荐书目的推荐性往往并不十分公允、准确与客观。

首先,是时间方面的因素。读书是时代需求的一种反映,不同时代的读者对读物的选择是不同的。120 年前,张之洞编的《书目答问》面世,很受当时学子的欢迎,100 多年过去了,今天的一般读者,不会再依据《书目答问》去读书了。而在 1924 年,章太炎开列的《中学国文书目》,今天也不适合中学生了。书目中开列的《二程遗书》、《十架斋养心录》、《申鉴》等书,恐怕学文科的大学生也没有读过。因而,一部好的推荐书目,要能满足时代读者的需要。

其次,推荐书目受推荐者的知识与兴趣的影响。1923 年,清华要出国留学的一批学生,为了短期内学得国学常识,请胡适拟定了一个有关国学的书目。胡适开列了《一个最低限度的国学书目》,选书较多,偏重哲学史、文学史方面,史部书一概摒绝,有如《资治通鉴》这样的书亦未入选,当时梁启超就认为胡适这个书目“文不对题”。30年后的1953年,北京图书馆开列了一个《中国古代重要著作选目》,选书20种。这个书目是经过郭沫若、俞平伯、何其芳等人审定的。虽然称为“古代重要著作”,但如《周易》、《论语》等哲学、思想方面的著作却一本未选,这是很令人困惑不解的。

再次,推荐书目的推荐者受偏见或意识形态方面的影响。1945年,英国作家奚普(Harace Shipp),不加时间地域与主题的限制,只就“最重要的书”,选出10本“震撼世界的书”,这里没有中国人的书。1985年,美国《生活》杂志在数以百万计的读者中,开展评选《人类有史以来的二十本最佳书》,这里也没有中国人的书。美国图书馆学家唐斯(Robert B. Downs)曾写过一本《改变世界的书》,书中选择了从文艺复兴到20世纪中叶出版的16本自然科学和社会科学书籍,其后他又写了一本《自1492年以来塑造现代文明的111种杰出名著提要》。这两本书都没有收录中国人的著作。在后一本书的导言里,作者虽然承认东方的经典,“其中有许多书同样对西方产生了深远的影响”,但这些书还是被“略去了”。另一位美国专栏作家费迪曼(C. Fadiman)曾出版《一生的读书计划》,向18岁到80岁的读书人推荐了100部名著,这100部名著也都是欧美人的著作。作者在该书的《前言》里坦陈:“我所读过的东方典籍,并不能在我心中燃起火焰。这也许是因为世界观的限制所致。我曾试读紫式部(日本《源氏物语》的作者)、《可兰经》、《一千零一夜》、《圣薄伽梵歌》、《奥义书》以及其他十余种东方古典,都不能获得乐趣。因此,老实说,我无法论述这些典籍。”就我们所知,汉籍很早就在东南亚流传并发生广泛影响。17世纪以来汉籍被译介到欧美逐渐增多,在文学、哲学、思想等多方面都受到人们的重视。然而这些中国典籍仍然被上述推荐者所忽略,这确实是"世界观的限制所致"。也就是说,这些推荐者是深受"欧美中心论"的影响的。

也许,任何一部推荐书目都不可避免地带有推荐者的主观性和偶然性。然而,对于读者来说,准确、客观地去了解、选择、阅读真正的世界名著,往往是十分必要的。

有鉴于此,王余光等人于20世纪末收集了80种中外经典推荐书目(中国的推荐书目54种,外国的推荐书目26种),运用了计量的方法,对这80种书目所推荐的书进行统计,以各书被推荐次数的多少为序,列出四份目录:《中国名著排行榜》、《外国名著排行榜》、《中国推荐者眼中的外国名著》、《外国推荐者眼中的外国名著》。这些书目不带有编者的主观性和偶然性。因而,它在推荐名著方面,应该说更加公允、准确与客观。在此基础上,王余光主编的《中国读者理想藏书》一书,1998年由光明日报出版社出版。

除选目公允、客观之外,《中国读者理想藏书》还有三个特点:其一是分类详尽、合理、重点突出、详略分明。该书是一部社会通用书目,并不是某一专业的研究书目,因此在社会科学与自然科学并存中,以社会科学为主,在文史哲经诸学科并存中,以文学为主,文学下面再详分。与文学相比,心理学、逻辑学、社会学三个学科被归入一个单元,十分简略。而与这三个学科相比,整个自然科学只分了中国科学技术和外国科学技术两个单元,更显简略。从书目的去取详略看,其适用性和适用价值是非常广泛的,不仅当为一切文化人所具备,亦可为社会的一般成员读书时参考。其二是可为不同层次、不同专业的读者服务,做到雅俗共赏。这体现在全书对所有图书的分类上,也体现在对每一类图书又分三批推荐上。每一类图书的首批推荐书目均在10种左右,二次推荐书目在20种左右,三次推荐书目由

20多种到70多种不等。这就为不同读者挑选自己所要读的书留下了很大的余地。其三是每本书的内容提要精审得当，使这部书兼具资料书和工具书的特性。每类书的首批和二次推荐书均有内容提要，每篇提要虽只有三五百字，但对每本书的出版单位、时间、作者以及全书的基本内容都有简要的介绍，使读者在没找到这部书看的时候，就能了解这部书的基本情况，为进一步阅读全书提供了方便。[①]

《中国读者理想藏书》之外，近年来还未有其他类似的研究专著出现。

论文方面，据笔者不完全统计和粗略分析，1978年以来推荐书目单篇论文的研究热点主要集中在以下几个方面：

首先，是对推荐书目性质、意义、作用、编制方法等的探讨。王余光《论推荐书目》[②]一文，回顾了推荐书目的发展历史，论述了推荐书目的教育性，总结了推荐书目的三大功能，是这一时期最早探讨推荐书目的一篇文章。王崇良《试论推荐书目》[③]一文，探讨了推荐书目的定义、发展历史、作用，提出了编制各种推荐书目要注意的几个问题，强调了发展推荐书目应当抓好的几件事。梁曦的《推荐书目浅谈》[④]一文，指出推荐书目是书目类型中最活跃、最有生气的一个类型，讨论了推荐书目的特性、编制原则，介绍了推荐书目所具有的三大文化功能。吴永贵的《关心老百姓的家庭藏书建设——对编制家庭藏书推荐书目的思考》一文，从建设家庭藏书的意义入手，探讨了家庭藏书推荐书目的类目设置和选目依据等方面的问题。[⑤]此外，还有朱亚丽《推荐书目浅论》(晋图学刊，1985年第1期)、王锦贵《推荐书目的特点与编制》(山东图书馆季刊，1989年第2期)、高柳萍《推荐书目在少儿阅读中的作用》(河南图书馆学刊，1993年第3期)等。

其次，对推荐书目历史、现状及发展前景的研究。推荐书目历史研究包括对历史上单个推荐书目的研究和断代研究两部分。其中，

① 李兴武．学海航灯照眼明——读《中国读者理想藏书》[M]．中国图书评论，1999(2)：46．

② 王余光．论推荐书目[J]．图书馆学研究，1983(1)．

③ 王崇良．试论推荐书目[J]．咸宁学院学报，1990(3)．

④ 梁曦．推荐书目浅淡[J]．遵义师范学院学报，2007(4)．

⑤ 吴永贵．关心老百姓的家庭藏书建设——对编制家庭藏书推荐书目的思考[J]．图书馆论坛，2001(3)：47．

对单个有名推荐书目进行研究的论文占较大比重,涉及的书目有《书目答问》、《西学书目表》、《读书分年日程》、《经籍举要》等,这些研究对于开展推荐书目工作具有一定的现实意义。断代研究方面,朱晓民的《我国近现代推荐书目述略》(安庆师院社会科学学报,1996年第3期)一文,对我国近现代史上较有代表性的《书目答问》、《西学书目表》的撰著背景、收书范围、编制体例、分类、著录、作用等进行了探讨,总结了这一时期推荐书目在继承我国传统文化的同时积极吸收西方文化以推动社会发展以及在图书分类、著录创新方面所取得的成就。徐雁平《20世纪20年代的国学推荐书目及其文化解读》(学术研究,2000年第10期)一文,围绕20世纪20年代频频出现的国学推荐书目这一独特的"文化事件",主要通过对胡适、梁启超、章太炎等开列的国学书目,以及《京报副刊》刊发的多种"青年必读书"书目的文化解读,在它们与国故整理、新式教育和启蒙救亡等问题的关联中,阐述了国学推荐书目所具有的多义性和复杂性。[①]推荐书目现状及前景研究方面,有钟智锦的《推荐书目的发展概况及前景分析》,该文简单梳理了我国推荐书目的发展历史,总结了推荐书目发展到现在所呈现的三个特征,即推荐书目有较大的社会需求、名家名校推荐与科学选目相结合、综合类和文史类推荐书目是主流,最后指出推荐书目在知识经济社会将朝着专题化、个性化、多媒体等方向发展,将具有更强的针对性和更大的可行性。[②]

最后,对开展推荐书目工作的研究。如彭斐章、谢灼华在《发展我国书目工作的几个问题》(图书馆学刊,1983年4期)一文中发出"大力发展推荐书目"的呼吁,并确定了当时的选题和应该注意的问题。孟昭晋的《建立我国导读书目体系的设想与建议》(图书馆学研究,1984年4期)一文对开展我国推荐书目工作、组织管理以及分工协作等问题 提出了设想和建议。之后在《〈新书目答问〉编制工作构

① 徐雁平.20世纪20年代的国学推荐书目及其文化解读[J].学术研究,2000(10):100.

② 钟智锦.推荐书目的发展概况及前景分析[J].图书情报工作,2003(3):89-92,108.

想》(图书情报研究,1986年2期)一文中对其设想作了落实。初昌雄《我国推荐书目工作的现状、问题和对策》(中国图书馆学报,1994年第2期)一文,简单回顾了1955年至1994年间我国推荐书目工作所取得的成就和推荐书目研究的主要成果,总结了推荐书目工作中突出存在的四个问题,并在此基础上提出了几点相应的对策。此外,还有彭飞的《新中国推荐书目工作的分析与研究》(新世纪图书馆,1992年第6期),回顾了新中国的推荐书目工作,梳理了推荐书目的研究状况。

以上三个方面之外,推荐书目与教育关系的研究也值得关注。如朱宗霞的《推荐书目与素质教育》(图书馆工作与研究,2002年增刊),探讨了推荐书目发生发展的过程及与时代密切的关系,论述了推荐书目因教育而产生和发展。蒋亚华《要重视推荐书目在高校教育中的作用》(驻马店师专学报(社会科学版),1991年第3期),则探讨了推荐书目的特点及其在高校教育中的作用,并提出了建立健全推荐书目编制网络应注意的几个问题。叶鹰《面向学生的推荐书目》一文指出:面向学生的推荐书目应遵循优质、适量、平衡三原则,针对学生的推荐书目应更多地从提高学生综合素质和扩大知识面上考虑。[①]叶鹰的另一篇《推荐书目的逻辑扩展及其与现代学术文献系统的衔接》,在适合作为中学生和大学生阅读书目的30种核心经典和50种推荐经典的基础上,扩展成了100种经典作为适合研究生阅读的书目并形成与学术文献系统交接的界面。作者还指出,现代学术文献系统存在学科差异,人文学科中最重要的文献类型是学术专著和学位论文,社会科学中最重要的文献类型是学术撰著和期刊论文,科学技术中最重要的文献类型则是期刊论文和特种文献。[②]

① 叶鹰.面向学生的推荐书目[J].图书馆杂志,2003(4):19.

② 叶鹰.推荐书目的逻辑扩展及其与现代学术文献系统的衔接[J].图书馆杂志,2004(12):59.

5 典籍与文明进程研究

书籍对人类的影响是广泛而深远的。书籍作为人们对自然和人类自身认识的记录,作为人们表达思想、传播知识、交流经验、保存文化的有效工具,对满足人们的精神需要,促进社会发展都起着重大作用。随着教育的普及,人们文化水平的提高,这种作用将愈益明显。

反映书籍与文明进程的影响书目,作为推荐书目的一种类型,20世纪80年代以来也受到人们的广泛关注。

王余光主编的《影响中国历史的三十本书》,作为中国影响书目的开山之作,1990年由武汉大学出版社出版。该书精选了中国历史上对中华民族各方面产生过深远影响的30本书(另附三本),依据中国文化的发展特点将其分为根源篇、创变篇和维新篇,侧重从书籍对历史进程的影响,深入而系统地剖析了它们对读者在思想深处的巨大作用,同时体现了中国文化思想发生、发展和演进的过程。该书1993年由(韩国)韩仁熙、李东哲译为韩文,由汉城知永出版社出版,1994年台湾洪叶文化有限公司出版了繁体字本。

该书的写成,正值五四运动70周年,而此时也正是文化问题讨论极为激烈之际。正如若谷的评说:"中国文化,当它经历了两千多年的风风雨雨,历经辉煌显赫或萧条冷寂的里程后,到本世纪80年代,又迎来了一个新的繁荣活跃期。一时间,中国文化、民族传统成为学术界的中心课题,形成了一股社会思潮性的文化热。《影响中国历史的30本书》在某种意义上也可以说是作者参与文化讨论的一份献辞。值得提出的是,当文化热的主旋律,随着开放时代西方文化学说的大量引进,而对本土文化表现出责难多于公允评判、唾弃先于深入认识的倾向时,本书的这些年轻作者们,则努力从历史的理性和民族的良知出发，来分析、思考、评述问题，因而在书中表现出了比较成熟、理智和公允的态度。”

《影响中国历史的30本书》出版后，仿作或相关书籍颇有层出不穷之势，据统计，1990年至2007年间，国内出版关于影响书目的书籍有20多种，如苏浙生编的《影响历史进程的一百本书》（文汇出版社1992年版），邹振环的《影响中国近代社会的一百种译作》（中国对外翻译出版公司1996年版），吴江雄编撰《中华通鉴：影响历史的一百篇名作》（广西民族出版社1996年版），王余光等主编的《塑造中华文明的200本书》（武汉大学出版社1997年版），伍贻业和李昌宪的《影响中国历史进程的文献》（岳麓书社1997年版），李小兵主编的《文化的力量——影响人类的一百本书》（团结出版社1999年版），刘会军和杜君主编的《影响二十世纪中国的十种书》（陕西人民出版社1999年版），余志森和张海英主编的《影响历史的百部经典》（文汇出版社2000年版），张秀平主编的《影响中国的100本书》（广西人民出版社2004年版），邓蜀生等主编的《影响世界的100本书》（广西人民出版社2004年版）等。限于篇幅，在此仅对以下几部稍做论述：

1996年，中国对外翻译出版公司出版了邹振环的《影响中国近代社会的一百种译作》，这是首部对历时300多年的西书中译历程进行系统探讨的专著。该书以明清之际至新中国诞生前的300多年西学翻译为考察对象，采用翻译作品为主线，以这300多年影响较大的100种译作的出版先后为经，以这一时期的文化人与文化运动为纬，来展示一部西书中译的历史以及西书中译与社会文化之间的关系。该书译作入选的标准是译本的社会影响：首先在于它是产生共时性和历时性重大影响的名著；其次是译作虽非名著，但在当时流传甚广并深刻地影响过国人的思想，在社会政治生活中产生过强烈的反响；最后是影响深度也许有限，但在当时却是轰动一时或风靡文坛的译作。该书各篇的着眼点在译本与原本的关系，译品之高下，译人译事，译述过程的追根寻源，移植传播的正本清源，特别注重译本的流传和时人及后人对译作的评论和感悟，当然也有笔者自己对译本、译事及文化界影响的浅见。[①]

1997 年，王余光主持撰写的一部 120 万字的《塑造中华文明的 200 本书》由武汉大学出版社出版。主持者在选目过程中以中国历史上著名的推荐书目，特别是 20 世纪的国学书目为主要依据，并考虑到以下两个问题：第一，按中华文明进程的不同阶段来遴选各个时期的重要著作，以体现书在文明进程中的重要意义。全书根据中华文明发展阶段性的特点分为八篇：文明的初始与华夏文明的形成时期（前 26 世纪至一前 771 年）；华夏文明的变异与中部地域文明的成长时期（前 770 年一前 221 年）；中华文明的形成时期（前 221 年－220 年）；中华文明的变异与周边地域文明的成长时期（220－581 年）；中华文明的兴盛时期（581－907 年）；中华文明的融会与大中华文明圈的形成时期（907－1368 年）；中华文明的成熟与停滞时期（1368－1840 年）；中华文明的再变异时期（1840－1949 年）。第二，注重中华文明与民族思想的多样性。不仅重视对民族思想的主流儒家学说著作的遴选，也不忽略历来被传统视为异端学说的著作。同时，对历史上诸子百家、各思想流派及佛教、道教著作也都酌量选入；不仅重视对精英文化层著作的入选，也不忽略民俗文化层著作的入选；不仅重视中华文明的主体汉民族著作的选入，也不忽略对其他民族著作的入选。从现代学科意义上看，不仅选入哲学、思想、宗教著作，同时也选入政治、经济、历史、文学、艺术、民俗、科学技术、军事、体育等著作。

2000 年，余志森、张海英主编的《阅读世界　影响历史的百部经典》，由文汇出版社出版。该书所介绍的都是人类自有文字以来至今

① 邹振环. 影响中国近代社会的一百种译作[M]. 北京：中国对外翻译出版公司，1996.

产生过巨大影响的百余部经典著作。每篇介绍两部分内容：一是介绍这些经典巨著的作者、产生的背景和影响；二是从原著中摘录一些精彩的片段，让读者对这些经典巨著有一个感性的认识。入选百部著作中仅有15部是中国人的著作。全书大致按照著作问世的时间先后排列，涉及哲学、思想、宗教、政治、经济、管理、历史、地理、文学、艺术、科学技术等多学科的著作。同年，孙维新和吴文智主编的《20世纪影响中国的百部中外文学名著提要》，由漓江出版社出版。编者赞同20世纪的中国文学是对西方文学的模仿和借鉴的观点，所以选目以西方的文学著作为主，中国的著作仅有18部。每篇介绍也分两部分：先是简要介绍百位作者的生平、主要作品及其特点，以及入选著作的主要内容、获奖情况、影响等。全书也大致以著作出版的先后为序，中外著作排列在一起，没有细致的分类。这本书并不是学术性特别强的研究著作，虽然只是一种“提要”，却有着丰富的信息量，具有文化史的价值。王干评价：这样一种“快餐式”的“提要”，是很适合现代社会人们的阅读心理和阅读习惯的。编选本身带有一定的总结性和概括性，史料的价值会大于文学的价值。①

2005年，贾晋京等著的《塑造现代文明的100本书》由山东画报出版社出版。该书从人类文明史的视野，以轻松优美的文笔，简明扼要地介绍了100部对塑造人类现代文明至关重要的著作，明晰而概括地阐述了它们的主要内容，并讲述了它们的背景故事。把这100本书串联起来，就是一部简明的现代文明史，它记录了人类在科学、文化、思想、文学、哲学等诸领域所走过的历史足迹，在人类历史的长河中，这每一个脚印都是无法抹去的。遗憾的是，入选本书的全是西方人的著作，而没有一部是中国人的。

另外值得一提的是，陕西人民出版社策划的一套历史上最具影响力的学科名著丛书，从2007年1月起陆续与读者见面。丛书共

① 孙维新，吴文智主编．20世纪影响中国的百部中外文学名著提要[M]．桂林：漓江出版社，2000.

11种,包括管理学、社会学、教育学、哲学、伦理学、军事学、心理学、历史学、法学、政治学、经济学11个学科,目前已有3种出版,它们是《历史上最具影响力的社会学名著20种》、《历史上最具影响力的哲学名著26种》、《历史上最具影响力的法学名著30种》。它们收录了各自学科领域内历史上最具影响力的名著20种到30种不等,每一种都代表着一个时代的学科大家和这一时期的学科思想,成为历代研究那一学科领域的人士必读的重点文献。篇幅的限制使得该丛书只能是一种管窥,而远非对经典的穷尽。编者们寄希望于同道,在包括该丛书在内的已有评介的基础上,对这些学科经典的发掘再向前推进。对于丛书的另外8种,我们也拭目以待。

第四章 文献学专书研究

1 研究概述

在浩如烟海的中国古代典籍中，大道名儒，各树一帜；诗词曲调，连峰叠起。以《诗经》、《尚书》、《论语》、《史记》、《汉书》、《资治通鉴》、《四库全书》、《永乐大典》等为代表的一批鸿篇巨制，构成了中华民族古老文化的精神实体，垒起了这一厚重国体的思想基础，塑造着民族的灵魂与性格，也感召着每一代人投入其中，对其进行孜孜不倦的研究。

综观1978年以来对于这些古代经典书籍的研究，以《诗经》研究、《史记》研究、《资治通鉴》研究以及《四库全书》研究最为引人注目。其中，《诗经》研究集中在语言学研究、文化研究、出土文献研究、《诗经》学史研究、《诗经》注译与鉴赏、《诗经》整理等几个方面，而尤以研究《诗经》所表现的文化精神，或综合运用文化学各学科的理论和方法来研究《诗经》的内容和形式为亮点。《史记》研究集中在《史记》通论、司马迁生平及思想研究、史学研究、文学研究、美学研究、文化学研究、文献学研究等方面，多学科、多角度、综合化、世界化的研究特点十分突出。《资治通鉴》研究主要是《资治通鉴》的背景、内容、体裁、艺术特色、影响研究，司马光生平及思想研究，《资治通鉴》注释、今译与赏析，以及对《资治通鉴》续写、改编著作的研究等几个方面，其中以《资治通鉴》注释、今译著作的数量最多，真正的学术研究还有待进一步加强。《四库全书》研究则集中在《四库全书》编纂研究、四库禁毁书研究、《四库全书总目》研究等方面,其中以《总目》相关研究数量最多,涉及《总目》考订与补正、《总目》文化研究、《总目》编纂研究、《总目》文献学研究等方面。周积明的《文化视野下的〈四库全书总目〉》(广西人民出版社1991年版)一书,开辟了《总目》文化研究的新领域,问世以来日益受到学术界重视,影响持续至今。

《诗经》、《史记》、《资治通鉴》、《四库全书》之外,还有一些巨著如《论语》、《尚书》、《汉书》等,也受到了研究者的重视,并取得了不小的研究成绩。但限于篇幅,本文仅选取上述四部专书,择其代表性研究论著,对其有代表性的研究观点和研究成果进行论述,对其研究现状和研究趋势进行简要总结,以期对近30年来的重要专书研究情况起到管中窥豹的作用。需要说明的是,论述以专著为主,对单篇研究论文仅作概貌描述;另一方面,以大陆研究论著为主,视具体研究状况将港台乃至海外研究纳入视线之内,但也限于简要介绍。

2 《诗经》研究

《诗经》是我国最早的一部诗歌总集,自春秋中叶编辑成书后长期被奉为经典,历代的研究成果,可谓汗牛充栋。20世纪的《诗经》研究,经历着由传统诗经学到现代诗经学的重大变革和划时代的进步发展。有研究者初步统计,在20世纪的百年《诗》学中,共有相关论著约380余部,论文5300余篇;仅在1978年至2000年的23年间,就有专著约180部,论文约4300余篇,占到了总数的79%,"繁荣"二字可谓当之无愧。[①]

限于篇幅,在此仅选取若干影响较大、流传较广的代表性研究者、研究专著和论文,分类进行论述,借以反映1978年以来《诗经》研

① 郭万金,刘毓庆.传统《诗》学的现代转型——新时期《诗经》研究综述[J].山西大学学报(哲学社会科学版),2004(3):75.

究的进展情况。短短两千余字，基本上只能对这30年的《诗经》研究做一总括性的描述，而绝对不可能面面俱到；尤其是对于研究论文，在此论及的更是九牛一毛。

2.1 《诗经》语言学研究

1978年以来，《诗经》语言学研究专著有10余部，其中较有代表性的有以下几种：

王力的《诗经韵读》，1980年由上海古籍出版社出版。全书分为《诗经》总论、《诗经》韵例、入韵字音表、韵读四个部分，是对《诗经》声韵理论进行的总结性论述，集中了20世纪初至1980年声韵的研究成果。书中所拟古音不可能百分之百准确。

于省吾的《泽螺居诗经新证》，1982年由中华书局出版。该书凝注作者几乎一生的心血、历时近半个世纪而写成，是精研《诗经》词语以求作出确诂的专著。全书分三卷，上卷和中卷都是《诗经》语词考释，下卷是论文《诗经中止字的辨释》，考释在《诗经》中出现122次的"止"字。作者除了广泛利用古籍文献外，还注重利用出土文献以及民族学、民俗学、宗教学等综合研究方法，来考释词句。本书被誉为现代《诗经》"新证"派的代表作。[②]

② 夏传才.二十世纪诗经学[M].北京：学苑出版社，2005：268.

黄焯的《毛诗郑笺平议》、《诗疏平议》两部著作1985年由上海古籍出版社出版。这两部著作是作者积30年之力而著成。前者内容是评议《郑笺》的误解而纠正其失，后者内容是订正《毛诗正义》孔颖达注疏的失误。书中考辨比较中肯，许多见解被后来的注释本、词语词典所引用。

向熹的《诗经语言研究》、《诗经词典》，由四川人民出版社分别于1987年和1986年初版。《诗经语言研究》分六章，对《诗经》的研究状况、文字、用韵、词汇、句法、修辞和章法进行了分析论证，条理分明，持论公允，代表了《诗经》语言研究的时代水平。《诗经词典》是我国第一部音义兼备的专书词典,对《诗经》中每一个字词都进行了释义和注音。初版后引起了热烈反响,被认为荟萃《诗经》古今训诂的精粹,是读《诗经》必不可少的工具书。该书于1987年修订再版,后又再次修订,于1998年重版。

此外,还有冯浩菲的《毛传训诂研究》(华中师范大学出版社1988年版)、杨合鸣的《诗经句法研究》(武汉大学出版社1993年版)、藤志贤的《诗经引论》(江苏教育出版社1996年版)、向熹的《诗经古今音手册》(南开大学出版社1988年版)等著作也各有成绩,也是《诗经》语言研究用力较勤的佳作。

2.2 《诗经》文化研究

《诗经》文化研究,指的是民俗、宗教、思维方式、审美情趣、价值观念、道德情操、民族性格以及人类学等方面的研究;研究的方式,或是研究《诗经》所表现的文化精神,或是综合运用文化学各学科的理论和方法来研究《诗经》的内容和形式,或是二者兼之。[①]

《诗经》文化研究较有代表性的著作有:

叶舒宪的《诗经的文化阐释》,湖北人民出版社1994年出版。作者把《诗经》放在人类思维、原始宗教与艺术的系统发生过程中进行研究,试图以人类学新材料为第三重证据重新解读《诗经》。全书分九章:第一章导论,区分《诗经》"圣"与"俗"的二重起源,第二章论述咒祝、祈祷与诗的发生,第三章探讨诗经文化与中国诗的起源,第四章透视瞽颂诗,第五章探讨汉语的诗歌功能及其对诗体的形成作用,第六章论兴,第七章论颂,第八章论风,第九章以个例论《风》诗的误读与还原。全书视野开阔,颇多独到见解。但一些见解多出自人类学推衍,故一些结论引起了学术界异议,仅是值得重视的一家之言。

廖群的《〈诗经〉与中国文化》,香港东方红书社1997年出版。该书通过对《诗经》之文化影响的阐释来展示其文化魅力,分上下两编。

① 夏传才.二十世纪诗经学[M].北京:学苑出版社,2005:284.

上编“上古文化与诗经”，论述了孕育诗三百的文化土壤，还探讨了三百篇的“宋史诗”、《诗经》文化品性的主要特征，描述了从《诗》到经“三部曲”的发展过程。下编“诗经与中国文化”，论析了《诗经》作品所反映的文化精神，探讨了《诗经》的艺术表现传统，还深入论述了中国古代理想人格和文化品性在《诗经》中的表现及对后世中国诗歌乃至整个中国文学的影响。

李山《诗经的文化精神》，三联书店 1997 年出版。该书通过对《诗经》文本的历史考察来把握其文化精神。全书分七章，第一章论西周统一文明的生成，第二章探讨农事诗以明确天人关系，第三章探讨宴饮诗以明确周代社会结构的根本精神原则，第四章从战争诗看文明与野蛮冲突中的西周社会，第五章从婚恋诗分析一些诗篇中的生命精神、礼俗的对峙及其历史动向，第六章考察《雅》《颂》各篇的创作年代，第七章论述《大武》乐章的精神和祭祖诗的宗教观念。全书纵横结合，重点突出，论述深入。

此外，还有王洲明的《先秦两汉文化与文学》（山东大学出版社 1996 年版）、姚小鸥的《诗经三颂与先秦礼乐文化》（北京广播学院出版社 2000 年版）、周蒙的《诗经民俗文化论》（黑龙江教育出版社 1994 年版）、樊树云的《诗经宗教文化探微》（南开大学出版社 2001 年版）等也是《诗经》多学科综合文化研究方面值得关注的著作。

2.3 《诗经》出土文献研究

20 世纪是出土文献发现与研究兴盛的时代，尤其是 1977 年安徽阜阳双古堆一号汉墓出土的《诗经》残简和 1994 年上海博物馆从香港购回的战国竹简，对《诗经》研究的意义都很大。

阜阳《诗经》汉简共 170 余支残简，有今本《诗经》中近 60 篇《国风》和《小雅》的《鹿鸣》、《伐木》等篇，但都不完整。经过几年整理，已将全部原简照片和释文编录成册，附整理者胡平生、韩自强的研究论文，合为《阜阳汉简诗经研究》一书，1988年由上海古籍出版社出版。

上博购进的大批战国时期楚国竹简中，有31枚《诗论》约980字，内容都是孔子论《诗》的记录，整理者马承源将其定名为《孔子诗论》，认为它将对中国文学史的研究产生深远的影响。经过许多专家的研释，《诗论》的竹简已全部整理和释读，并公开发表，连同初期的研究论文，并见《上海馆藏战国楚竹书研究》，2002年由上海书店出版社出版。

此外，1993年湖北荆门郭店一号楚墓出土了804枚竹简，其中与《诗经》直接有关的有《缁衣》、《五行》、《性自命》、《六德》、《语丛一》、《语丛二》六篇，其内容或引《诗》证说，或论述诗义及其功用。廖名春《郭店楚简与〈诗经〉》一文，对六篇引《诗》论《诗》进行研讨，得出了以下结论：从郭店楚简与《诗经》有关的记载，我们不但可以看到战国时期人们引《诗》用《诗》的真实情况，更可以考察到先秦儒家对《诗》义及其社会功能的认识，因此还会获得对《诗经》一些篇章本旨的新解。①

① 廖名春.郭店楚简与诗经[M]//文学前沿 第二辑.北京：首都师范大学出版社，2000.

2.4 《诗经》学史研究

《诗经》学史著作方面，有夏传才的《诗经研究史概要》，中州书画社1982年出版。该书将《诗经》学史分为先秦、汉学、宋学、清代新汉学、五四及以后等五个时期，重点评介各个时期的各家名著。全书由14篇内容基本连贯又可以各自独立的论文组成，旨在运用新的观点和方法，对诗经学的基本问题作出简明的评介，并为两千年的《诗经》诠释学清理出一个发展的脉络。与以前的一些概说性著述相比，它呈现出一种新的概貌，有新的内容和观点，所以曾经在国内外产生一定的影响。

《诗经研究史概要》出版后，还有几部《诗经》学全史研究著作出版，它们是：林叶连的《中国历代诗经学》(台北学生书局1994年版)、戴维的《诗经研究史》(湖南教育出版社2001年版)、洪湛侯的《诗经学史》(中华书局2002年版)、韩明安的《诗经研究概观》(黑龙江教育出版社1988年版)等。其中,林著和戴著都是传统诗经学的诠释史,不涉及现代诗经学。林著条缕清晰,重点突出,并作适当评论。戴著详于资料而疏于史论,详于上古而略于宋后,然其搜辑爬梳颇费功夫,有其参考价值。洪著通论古代和现代,力求反映诗经学各个研究领域,并评介现代名家名著,有所臧否,有不少见地;但为求面面俱到,难掌握重心,故不易渗入。该书构思宏大,不失为21世纪开端之佳作。[①]

除了对两千年来的《诗经》研究史进行整体回顾外,断代研究也全面展开。董治安的《先秦文献与先秦文学》(齐鲁书社1994年版),第一辑中有六篇诗经学论文,主要论证《诗经》在春秋、战国时期的流传和应用,厘清了先秦《诗》学的一些重要问题。汉代诗经学研究方面有谭德兴《汉代诗学研究》(贵州人民出版社2003年版),归纳了2000多年来汉代诗经学研究的许多成果,进行了条理分明的归纳和进一步的思考,较全面地研究了两汉诗经学。明代诗经学研究是新时期《诗经》学断代研究中成绩最为突出的领域,如傅丽英的《明代诗经学》(语文出版社1996年版)、刘毓庆的《从经学到文学——明代〈诗经〉学史论》(商务印书馆2001年版)等。尤其是刘作,分上下两编、七章三十节,用现代文艺理论的观点和方法,对百余种明代《诗经》著作进行了全面考察,比较全面地论述了明代诗经学的发展,细致而具体地评介了代表性著作,彻底推翻了明代学术空疏的传统观点,为《诗经》学史的深入研究作出了贡献。另外,天中和夫的《汉唐诗经学研究》(天马图书公司1999年版)、张祝平的《朱熹诗经学论稿》等,也是《诗经》断代研究方面值得关注的著作。

① 夏传才.二十世纪诗经学[M].北京:学苑出版社,2005:274-275.

2.5 《诗经》注释、今译与鉴赏

《诗经》译注是20世纪人们用力最勤的领域,1978年以来相关著作出了近百种,各有成绩。有研究者指出,1979年至1995年,普及的主要是《诗经》各种选本,而之后出版的则以全本为主,为305篇逐篇作注释或今译,是十分明显的进展。[①]

① 夏传才.二十世纪诗经学[M].北京:学苑出版社,2005:192.

在众多单行本全注译本中,比较有代表性的是高亨的《诗经今注》(上海古籍出版社1980年版)、袁梅的《诗经译注》(齐鲁书社1985年版)、程俊英和蒋见元合著的《诗经注析》(中华书局1991年版)、费振刚主编的《诗经类传》(吉林人民出版社2000年版)、王宗石的《诗经分类诠释》(湖南教育出版社2001年版)、周振甫的《〈诗经〉译注》(江苏教育出版社2006年版)、杨之水的《诗经别裁》(中华书局2007年版)等,它们各具特色,代表了这一时期《诗经》注译的水平。另外,各种大型丛书如《十三经全译注》、《五经四书全译》之类,也收有《诗经》全注译,其中也有分册出版的单行本。

此外,《诗经》赏析在这一时期也十分红火,据寇淑慧编的《二十世纪诗经研究文献目录》统计,1979年至2000年《诗经》分类分篇研究文章约有1200篇,其中大部分是赏析文章,《诗经》赏析的繁荣由此可见一斑。

《诗经》鉴赏的兴盛,是《诗经》大量普及和文学研究逐步深入的产物。这方面汇编成集、较具代表性的著作有《诗经鉴赏集》(人民文学出版社1986年版)、程俊英主编的《诗经赏析集》(巴蜀书社1989年版)。这两部鉴赏集的作者,大多是当时学术界的名家;里面的文章不但说明诗篇的主题,还重视分析作品的艺术特点和文学价值,其中不乏新观点、新见解,基本上代表了20世纪80年代《诗经》鉴赏评析文章的最高水平。

90年代,先后出版了7部《诗经》鉴赏辞典,它们是:任自斌等编的《诗经鉴赏辞典》(河海大学出版社1989年版)、金启华和朱一清编的《诗经鉴赏辞典》(安徽文艺出版社1990年版)、周啸天编的《诗经楚辞鉴赏辞典》(四川辞书出版社1990年版)、三秦出版社编的《先秦汉魏六朝诗鉴赏辞典》(1990年版)、张若晞编的《先秦诗歌鉴赏辞典》(山西人民教育出版社1994年版)、上海辞书出版社编的《先秦诗鉴赏辞典》(1998年版)、李家秀编的《诗经鉴赏辞典》(内蒙古人民出版社2001年版)。这7部辞典,有的单列《诗经》,有的以《诗经》为主要部分,它们都为305篇逐篇作了注释和赏析。与上述全译注本的不同之处在于,它们的注释十分简略,而以"鉴赏"为重点;此外,一些以往不被重视或因难解而回避的诗,也有了少数的研解文章,在一定程度上填补了研究的空白。这7部辞典为《诗经》的进一步普及以及诗经学的繁荣,都作出了贡献。

此外,《诗经》鉴赏方面值得一提的还有钱钟书的《管锥编·毛诗正义60则》[①]。此文是作者读《毛诗正义》所写的学术札记,作者运用中国传统诗学和西方的诗学理论,探讨了《诗谱序》和55篇诗,总结了《诗经》创作诗学和鉴赏诗学的若干规律。60则札记还以较多的内容研究了《诗经》的修辞,肯定了《诗经》的修辞艺术已达到自然天成又传神的境界。此外,作者不赞同《诗经》的艺术尽善尽美的观点,而是以客观的文学批评的态度,指出了《诗经》中许多修辞毛病,通过他的新颖见解,加深了读者对《诗经》的理解。

2.6　其他

随着《诗经》文学研究的全面展开,对305篇进行的分类研究逐渐发展起来。这方面的专著,比较重要的有王宗石的《诗经分类诠释》,分《国风》10部、《雅诗》部9类、《颂诗》部5类24小类。费振刚的《诗经类传》,分为爱情诗、家庭生活诗、社会生活诗、政治诗、祭祀诗与史诗共5大类15小类。赵沛霖的《诗经研究反思》,则分为祭祀

① 钱钟书.管锥编(第一册)[M].北京:中华书局,1979

诗、宴饮诗、史诗、农事诗、战争诗、怨刺诗、情诗 7 类,概括地评述了 20 世纪 80 年代中期以前分类研究的进展。专著之外,进行分类研究更多的是单篇论文,据寇淑慧的《二十世纪诗经研究文献目录》统计,1979 年至 2000 年,《诗经》分类分篇研究的论文多达近 1200 篇。这些论文对《诗经》中的祭祀诗、颂诗、宴饮诗、史诗、农事诗、战争诗、怨刺诗、爱情婚姻诗、赞颂诗、民俗诗、道德教化诗等主要类别,进行不同程度的研究,涵盖了各类的概念、再分类、范围、产生背景、内容、艺术、价值等,尤其对于每类中最最重要的篇章,进行了集中、透彻、多角度的深入研究。许多研究者不囿于文学研究视角,而是从多学科的角度出发,或透视周代的社会形态,或解释考证名物,或考察古代的军事观念和战略思想,或探讨古代的民俗文化和美学,内容丰富多彩、不一而足,分类专题研究的深入和百家争鸣的学术风气在这一时期得到了充分体现。

20 世纪 80 年代后,我国的古籍整理工作全面恢复,《诗经》的整理也取得了很大的成就。出版的《诗经》点校本,有黄焯校、唐陆德明著的《经典释文:毛诗释文》(上海古籍出版社 1980 年版),黄侃句读的《毛诗正义》(上海古籍出版社 1990 年《十三经注疏》本),李先耕点校、清方玉润著的《诗经原始》(中华书局 1986 年版),王夫之的《诗经稗疏》(岳麓书社 1992 年版),戴震的《戴氏诗经学》(清华大学出版社 1995 年版),郭全芝校点、清胡承珙著的《毛诗后笺》(黄山书社 1999 年版),王承略点校、日本冈元凤的《毛诗品物图考》(山东画报出版社 2002 年版)等。《诗经》辑佚成果有邱汉生辑校、宋王安石著的《诗义钩沉》(中华书局 1982 年版),张树波的《国风集说》(河北人民出版社 1993 年版),蔡守湘、江风的《历代诗话论诗经楚辞》(武汉出版社 1991 年版),此外还有一些清人辑佚著述重新影印出版,以及新发现的古籍被整理出版。《诗经》目录或索引方面编录成书的有《诗经索引》(书目文献出版社1987年版)、叶绍钧的《十三经索引》诗经部分(中华书局1983年版)、寇淑惠的《二十世纪诗经研究文献目录》(学苑出版社2000年版)等。

1993年8月,中国诗经学会在石家庄成立,成为联系海内外《诗经》研究者的桥梁,《诗经》研究从此变得有组织起来。到目前为止,诗经国际学术研讨会已经召开了八届,大大激发了海内外学者的研究热情,掀起了《诗经》研究的世界性热潮。这方面的研究成果,除历届诗经国际学术研讨会论文集外,值得一提的是诗经学会1993年起组织专家学者编纂的大型《诗经》文献集成《诗经要籍集成》,收录现存《诗经》文献要籍141种,撰写提要133则,包括各代、各家、各派的著述,全面反映了诗经学的发展过程和基本面貌。该丛书仿《四库全书》体例,所收录各本之前分别由中、日、韩三国学者撰写其原著者介绍、内容评介及版本源流递嬗,以提纲挈领,考镜源流。除录入的141种要籍外,还附《诗经》著作存目及存目提要260种,清代及民国著作辑目229种,于2003年由学苑出版社出版精装本42册。该书不仅为自《诗经》问世以来研究著述的总汇,也是现代诗经学研究成果的结晶。为求完备,《诗经要籍集成续编》正在编辑之中,现存诗经学的著作将大观于此。

最后要强调的一点是,上述研究并不是1978年以来《诗经》研究的全部,如诗经基本问题研究、赋比兴研究、孔子删诗问题研究、《毛诗序》研究、《商颂》时代研究、《国风》作者与民歌问题研究、港台乃至海外的《诗经》研究等,都限于篇幅而无法在此展开论述。可以肯定的一点是,一个全方位、多层面、多角度的《诗经》研究局面已经形成,今后研究者将从更宽泛的角度去考察《诗经》,在以前鲜有论及的领域去挖掘其意义,表现出更关注底层、关注边缘的特点。[①]

① 毛研君,王博.20世纪《诗经》研究述略[J].陕西师范大学继续教育学报,2005(9):68.

3 《史记》研究

《史记》是一部百科全书式的纪传体通史巨著,也是一部杰出的传记文学开创之作。自它问世以来,历代都有名流学者涉足这一领域,研究成果之多照样可谓汗牛充栋,形成了专门的"史记学"。20世纪80年代以来,"史记学"成为学术界的一个热门课题,《史记》研究步入了黄金时代。据统计,从1980年到1996年的17年中,作者达1200余人,发表论文1800余篇,出版论著131部,总字数6000万字。

对于近30年来《史记》研究的辉煌成就,短短数千字是不可能做到面面俱到、详尽周全的,在此仅梳理1978年以来《史记》研究方面的重要论著,分类进行论述,以对这一时期的研究状况描绘出一个粗略的轮廓。

3.1 《史记》通论

刘乃和的《司马迁和史记》(北京出版社1987年版)一书,除论述了司马迁和《史记》之外,还阐述了司马迁的历史思想、史论、战争观、文学观、审美观、医学和天文学思想,司马迁与先秦诸子思想,以及前人对《史记》的研究成果等,是1978年以来首部较为系统的《史记》研究著作。

白寿彝的《史记新论》(求实出版社1981年版),是新中国成立以后研究《史记》的第一部综合性著述,对司马迁编著《史记》的宗旨、历史背景、写作方法以及《史记》在我国史学史上的重要地位与贡献,作了较系统的论述,并提出了一些有启发性的见解。[①]

① 白寿彝.史记新论[M].北京:求实出版社,1981.

张大可的《史记研究》一书,1985年由甘肃人民出版社出版,收文23篇;2002年又由华文出版社再版,扩大至32篇。该书分为五个部分,分别是综合性论述、《史记》疑案探讨、《史记》编纂学研究、司马迁思想探究、建国以来《史记》研究方法理论和成果评述，从不同角度对《史记》进行了全面系统的探索，考证性的评议常给人提出启发性见解。

吴汝煜的《史记论稿》(江苏教育出版社1986年版)一书，是近年来出版的兼具文史两方面且较为深刻的撰著。作者较准确地把握了司马迁的作史真谛，对于《史记》的文学史学价值能做出精深的评断，能够很好地帮助人们认识《史记》对于我国文化发展的深远影响。

韩兆琪的《史记通论》，1990年由北京师范大学出版社出版，分六个专题：司马迁的时代与生平、《史记》的编修与规模体例、司马迁思想管窥、《史记》的文学成就、《史记》对先秦文化的总结与继承、《史记》对后世文学的影响，是论述《史记》及司马迁较为全面、系统的著作。

俞樟华的《史记新探》，民族出版社1994年出版。全书分上下篇，上篇侧重研究《史记》的思想与艺术，下篇主要探讨《史记》的继承和影响。张大可在《序》中称该书的学术价值有四：一是关合天人古今的结构，自成一家言；二是求新求实的立言内容，填补了某些学术空白；三是宏观理论基础上的索隐发微，开拓了《史记》研究新领域；四是简洁流畅的语言，鲜明地反映了时代特色。

杨燕起《史记的学术成就》一书，1996年由北京师范大学出版社出版。全书七章，第一章论述司马谈的历史贡献和司马迁的时代，第二章探讨《史记》的地位，第三章论述《史记》体例，第四章至第七章分别论述司马迁的哲学、政治、历史及经济思想，最后还概述了历代研究《史记》的基本成果和发展历史。

3.2　司马迁生平事迹及思想研究

对于司马迁生平事迹的研究，比较引人注目的是几部司马迁评传的出版。有肖黎的《司马迁评传》(吉林文史出版社1986年版)、徐凌云的《司马迁评传　史家绝唱　无韵离骚》(广西教育出版社1994年版)、张大可的《司马迁评传》(南京大学出版社1994年版,后被收入《史记研究集成》第一卷)、黄新亚的《司马迁评传》(光明日报出版社1991年版),这几部评传各具特色,并不重复。1998年,上海人民出版社又出版了陈雪良的《司马迁人格论》一书,对司马迁的人格特点作了研究和评价。此外,陆永品的《司马迁研究》(江苏人民出版社1983年版)收录论文10篇,对司马迁的行年、文艺观、历史观、社会观、司马迁与李陵事件等进行了探讨。徐谦夫的《司马迁的传说》(文化艺术出版社1987年版)将民间有关司马迁的种种传说故事搜集起来编为一书。吉春的《司马迁年谱新编》(三秦出版社1989年版),是吸收了近几十年有关司马迁生卒年代的研究成果的新作,对于深入研究司马迁行年多有启发。吉春、知秋的《千秋太史公》(未来出版社1994年版),是司马迁纪传体小说,全书以《史记太史公自序》和《报任安书》所记载内容为基本故事框架,细节方面颇多虚构。此外,还有吉春、徐兴海的《司马迁与太史祠》(陕西人民出版社1990年版)、李国维、张胜发的《司马迁祠碑石录》(陕西师范大学出版社1993年版)等著作,都从某一个侧面研究了司马迁生平的有关问题。[①]

研究者对司马迁哲学、政治、史学、文学、经济、美学、教育等思想的研究,体现在许多论著中,光是对其某方面思想进行研究的专门著作就有以下数种:韦苇的《司马迁经济思想研究》,中肯地论述了司马迁本人经济思想的基本内容与理论体系,揭示了其经济思想对后世的影响以及对于当代市场经济的借鉴意义。杨生枝的《司马迁教育思想述略》,是研究司马迁教育思想的第一部论著,对司马迁的教育思想家地位及其教育思想和主张进行了论证和肯定。池万兴的《司马迁民族思想阐释》,全面论述了司马迁之前的民族、民族关系与民族观、司马迁民族大一统思想形成的内外原因和基本内容、司马迁首

① 俞樟华,张新科.《建国以来〈史记〉研究书目总略》补[J].东南文化,1999(6):110-111.

创民族史传的贡献、司马迁民族思想的主要意义和深远影响。这三部著作都作为《司马迁与华夏文化丛书》第一辑的书目，1995年由陕西人民教育出版社出版。此外，朱枝富的《司马迁政治思想通论》和《司马迁经济思想通论》，均由延边大学出版社1999年出版。作者在综合分析司马迁与《史记》的基础上，对司马迁的政治思想和经济思想作了多视角、全方位的系统性研究，肯定了司马迁在中国古代史、政治史、政治思想史、经济史、经济思想史上的重要历史地位，弥补了以往司马迁政治和经济思想研究零散而不系统的缺憾。

此外，还有施丁和陈可青编著的《司马迁研究新论》（河南人民出版社1982年版）、安平秋译著的《司马迁》（中华书局1985年版）、冯庄等主编的《司马迁研究》（三秦出版社1990年版）、赵生群的《太史公书研究》（陕西人民出版社1994年版）、程生田的《司马迁的人才观》（西北大学出版社1998年版）、东方芥子的《司马迁》（海天出版社2000年版）、柯文辉的《司马迁》（人民文学出版社2006年版）等著作，也都从不同视角和侧面对司马迁进行了研究。

3.3　《史记》多角度研究

《史记》的内容包罗万象、无所不有，为学术界从多个角度进行研究提供了可能。随着研究的日益深入，除了史学角度外，研究人员还从美学、民族学、伦理学、法学、心理学、天文学、医学、地理学、军事学、人才学、档案学、宗教学、政治学、教育学、农学、音乐学、礼学、经学等多个角度研究《史记》，揭示出《史记》作为中华民族文化百科全书的特殊价值。

《史记》的多角度研究，首先有两套大型丛书值得我们关注。

一是陕西省司马迁研究会组织众研究学者编撰的《司马迁与华夏文化丛书》。该丛书是对《史记》进行的全方位研究，第一批11种书目已于1995年8月“纪念司马迁诞辰2140周年学术讨论会”前出版,它们是:张大可、俞樟华等的《司马迁一家言》、张新科的《史记与中国文学》、程世和的《史记——伟大人格的凝聚》、霍有光的《司马迁与地学文化》、徐兴海的《司马迁的创造思维》、施丁的《司马迁行年新考》、韦苇的《司马迁经济思想研究》、陈桐生的《史记与今古文经学》、池万兴的《司马迁民族思想阐释》、张强的《司马迁与宗教神话》、杨生枝的《司马迁教育思想述略》。在此基础上,第二批书目从2000年起陆续出版,这批书目的研究领域扩展到司马迁与中国天文学、地理、农业、中医药文化、古代汉语语言、史记编纂学、古代建筑文化等。目前已出版的有惠富平的《史记与中国农业》、赵安启和王宏涛的《史记与中国古代建筑文化》、赵生群的《史记编纂学导论》、吴守贤的《司马迁与中国天学》、吕培成的《司马迁与屈原和楚辞学》、韩兆琪的《史记提评》、徐日辉的《史记八书与中国文化研究》。这些著作,不少是具有开创性的。

二是张大可、安平秋、俞樟华主编的《史记研究集成》丛书。《史记研究集成》工程于1994年启动,2003年基本完成,历时近10年,2005年由华文出版社推出。丛书的编写大纲可用两句话概括:"融古今中外成果于一编,聚当今时贤于一堂。"研究内容融贯古今、囊括中外,一编在手,既可了解司马迁其人其书,又可了解2000多年来"史记学"发展的历程以及概况,融学术性、工具性、资料性于一编,具有实用和收藏价值。参编作者,大多为当代《史记》的研究专家,主创作者15人,其中12位教授,3位副教授,有博士生和硕士生导师各5位,阵容整齐,保证了丛书的高精质量。[①] 丛书498万字,共14卷,它们分别是:第一卷《司马迁评传》,张大可著;第二卷《史记通论》,安平秋等著;第三卷《史记题评与咏史记人物诗》,韩兆琪、张大可、宋嗣廉著;第四卷《史记论赞与世情研究》,张大可、梁建邦著;第五卷《史记精言妙语》,张大可辑释;第六卷《史记集评》,杨燕起、陈可青、赖长扬

① 张大可.史记研究集成第一卷司马迁评传[M].北京:华文出版社,2005:中华人格的凝聚——组织《史记研究集成》缘起序.

汇辑；第七卷《史记人物与事件》，王明信、可永雪著；第八卷《史记史学研究》，阎崇东著；第九卷《史记文学研究》，可永雪著；第十卷《司马迁思想研究》，王明信、俞樟华著；第十一卷《史记文献与编纂学》，张大可、赵生群著；第十二卷《史记版本及三家注研究》，张玉春、应三玉著；第十三卷《史记研究史及史记研究家》，张新科、俞樟华著；第十四卷《史记论著提要与论文索引》，俞樟华、邓瑞全编。

除上述两套大型丛书外，还有一些单行本著作，也从某一角度或方面对《史记》进行了研究，同样值得我们关注。

史学研究方面，有周一平的《司马迁史学批评及其理论》（华东师范大学出版社 1989 年版）、刘操南的《史记春秋十二诸侯史事缉证》（天津古籍出版社 1992 年版）、毛曦等的《司马迁与历史学》（陕西人民教育出版社 1996 年版）、郑之洪的《史记文献研究》（巴蜀书社 1997 年版）等。

文学研究方面，较重要的有郭双成的《史记人物传记论稿》（中州古籍出版社 1985 年版），该书是建国以来第一部专门从文学角度评价《史记》人物传记的论著。李少雍的《司马迁传记文学论稿》（重庆出版社 1987 年版），全书由六篇专论组成，对《史记》纪传体的创立、产生原因、列传题名、纪传文学的意义和艺术特征，以及在小说发展史上的地位和影响，作了全面深入的研究，颇多创见。杨树增的《史记艺术研究》（学苑出版社 2004 年版），全书分绪论一章、正文十章、附录四篇，对《史记》的时代背景、作者、人物形象、创作原则和方法、创作的艺术构思、塑造人物形象的艺术手法、语言、艺术风格等进行了深入探讨，旨在进一步认识中国文学艺术的发展过程和发展规律，更清楚地认识《史记》艺术千百年来在文学艺术上的巨大影响作用。此外，还有张天恩的《历代咏司马迁诗选》（三秦出版社 1990 年版）、可永雪的《史记文学成就论说》（内蒙古教育出版社 1991 年版，已收入《史记研究集成》第九卷)、范明的《新编史圣司马迁剧选》(陕西省艺术研究所1991年印行)、李志慧的《史记文学论稿》(三秦出版社1995年版)等。

美学研究方面,有宋嗣廉的《史记艺术美研究》(东北师范大学出版社1985年版),该书是从美学角度研究《史记》文采的专论,开辟了"史记学"的新领域。作者探讨了《史记》美学风格雄奇、悲壮、流动、匀称的特点,阐述了司马迁"发愤著书"的非"中和"思想,讨论了《史记》的艺术辩证法,比较了《史记》与《汉书》的艺术风格,书后还择举《史记》具体篇章进行示例分析,有助于读者对《史记》艺术美有亲切而真实的了解。此外,还有何世华的《史记美学论》(陕西师范大学出版社1989年版),全书十章,分别论述了司马迁的审美意识、美学思想的哲学基础、写《史记》的基本美学原则、《史记》的结构和体制、《史记》评价人物的特色和描写人物的艺术,以及《史记》的悲剧色彩和对史传散文的继承、影响等问题 。

《史记》文化研究方面,有陈桐生的《中国史官文化与史记》(汕头大学出版社1993年版)、刘永康的《史记与现代文明》(四川人民出版社1996年版)、王子今的《史记的文化发掘——中国早期史学的人类学探索》(湖北人民出版社1997年版)、齐效斌的《史记文化符号论》、邓鸿光的《史家绝唱——〈史记〉与中国文化》(河南大学出版社1998年版)等。

《史记》文献学研究方面,首先,有几部校勘、考订、辑佚专著。如陈直的《史记新证》(天津人民出版社1979年版),作者充分利用考古资料,同时征引多种典籍文献,用力于考证先秦古史,证史公记载为信史。考订共计734条,条条有依据,论说大多精当可靠,提出了许多新见解,为《史记》研究带来了新面貌。有钱钟书的《管锥编·史记会注考证》(中华书局1979年版),该书选取《史记》之57篇及裴骃

《集解序》，摘出其中有可商榷之文句，就《史记会注考证》之注文，或是或否，或证或议。举凡字义之确考，文笔之辨析，史事之议论，史观之阐释，均在其探讨之列。诸多内容熔于一炉，可以启迪当世，润泽后人。张衍田辑校的《史记正义佚文辑校》（北京大学出版社1985年版），是从日本人泷川资言的《史记会注考证》以及水泽利忠的《史记会注考证校补》中辑出的《史记正义》佚文，计1645条。辑校者还对佚文做了校勘与辨释。音义、诠释都很精当，对于阅读、理解《史记》有所裨益。张家英的《史记十二本纪疑诂》（黑龙江教育出版社1997年版），作者以《史记》“三家注”与日本人泷川资言《史记会注考证》为基础，对《史记》十二本记中的疑难语词进行了具体训释。凡是两书中所无者诂之，误者正之，不足者补释之。所诂者重在语词，间及语句，共释疑难语词200多个。李人鉴的《太史公书校读记》（甘肃人民出版社1999年版），力求从汉代语言现象及司马迁撰述体例等多方面探索《史记》的本来面目，并校正文字上的衍脱讹误。作者不仅指出了《史记》正文被后人篡改的事实，还纠正了《史记集解》、《史记索隐》、《史记正义》中存在的谬误以及中华书局点校本存在的问题，用力很勤，新见颇多。[①] 其次，赵生群的《太史公书研究》（陕西人民出版社1994年版）一书，收文15篇，从文献学角度探讨了《史记》文本的材料来源、起讫断限、编纂体例、亡缺续补以及司马迁生年、司马迁谈作史等问题。2000年，作者在该书基础上又增加了几篇文章，并改名《史记文献学丛稿》，由江苏古籍出版社出版。最后，《史记》版本研究方面，有张玉春的《史记版本研究》（商务印书馆2001年版）。该书已作为《史记研究集成》的一部分，收进第十二卷中，上文已有论述。

上述诸多论著还并非《史记》多角度研究的全部，如周经的《司马迁、〈史记〉与档案》（档案出版社1986年版）、党丕经的《司马迁与韩城民俗》（三秦出版社1993年版）、孙家洲的《命运与性格的对话——

① 俞樟华，邓瑞全．史记研究集成第十四卷　史记论著提要及论文索引[M]．北京：华文出版社，2005：84-85，91，117，133，135.

再品史记的人物故实和思想》(中国人民大学出版社 1998 年版)等书,也分别从档案学、民俗等角度对《史记》进行了较为新颖的发掘与研究。

3.4 《史记》注释、今译与鉴赏

《史记》距今已有 2000 多年的时间,现代广大读者若要顺畅地阅读这部巨著,对其进行注释、今译及通俗性评介是十分必要的。20 世纪 80 年代以来,遵循普及与提高相结合的原则,许多出版社出版了各种各样的《史记》普及读物。

《史记》全注全译方面,以 1988 年三秦出版社出版的由王利器主编的《史记注译》最具代表性,此书由周谷城题字作序,集数位大家学者之注译考评和校勘译定,注解得体,论断公允。全书 130 万字,四册精装,是迄今为止装帧质量最高、内容最为详尽的一部《史记》普及读物。此外,这方面的读物还有中华活页文选合订本《史记》专集(1982 年版),曾凡礼的《史记故事》(内蒙古人民出版社 1979 年版),胡佩韦的《司马迁和史记》,姚芒天的《史记菁华录》(上海古籍出版社 1988 年版),韩兆琦的《史记 评注本》(岳麓书社 2004 年版),张大可的《史记全本新注》(大象出版社 1990 年版),杨忠贤和郝志达主编的《文白对照全译史记》(国际文化出版公司 1992 年版),吴东顺等的《史记全译》(贵州人民出版社 1994 年版),韩兆琦的《史记通论》(广西示范大学出版社 1996 年版),周啸天和尤其主编的《史记全本导读辞典》(四川辞书出版社 1997 年版),张大可的《史记新注》(华文出版社 2000 年版),阙勋吾和阙宁南的《史记新注》(湖北教育出版社 2001 年版),王冉冉的《史记讲读》(华东师范大学出版社 2006 年版)等,都是《史记》全注全译方面的佳作,比较受读者欢迎。

《史记》选注本方面,比较大型的有张大可主编的《史记选注讲》(山东教育出版社 1989 年版),全书上、下两册,选文 42 篇;有韩兆琦

主编的《史记文白评精选》(吉林人民出版社 1992 年版),选文 75 篇,包括本纪、表、书、世家、列传五种体例中的代表性作品,每篇作品后面还附有古今学者的评论。此外,韩兆琪的《史记选注集说》(江西人民出版社 1982 年版)、《史记选注汇评》(中州古籍出版社 1990 年版)和《史记选注集评》(广西师范大学出版社 1995 年版),杨燕起、阎崇东的《史记菁华导读》(中国旅游出版社 1993 年版),张光勤和张盛如的《史记精华注译》(北京广播学院出版社 1993 年版),来新夏和王连升主编的《〈史记〉选注》(齐鲁书社 1998 年版),张大可的《〈史记〉选评》(上海古籍出版社 2003 年版)等选注选译本也值得重视。

《史记》赏析方面,有韩兆琪的《史记评议赏析》(内蒙古人民出版社 1985 年版),全书分为两大部分,第一部分是总的分析论述司马迁其人与《史记》其书,第二部分是对《史记》单篇作品进行的分析论述,书后还附有《关于史记的一些常识》和《司马迁生平年表》。作者关于司马迁受宫刑是因为与汉武帝的"宿怨新愆总爆发"的结果和《史记》是一道悲剧英雄人物画廊等观点,曾在学术界引起很大反响。[①]

3.5 其他

《史记》考古方面:1993 年湖北荆门郭店楚墓出土了一批儒家和道家竹简,李沂等学者运用竹简本《老子》澄清了《史记·老子韩非列传》所载三个老子与《老子》一书的关系问题,而庞朴等人则运用出土的思孟学派著作证实了《史记·孔子世家》关于"子思作《中庸》"的记载,理出了一条从孔子到思孟心性学说的发展线索。1999 年上海博物馆收购的一批战国竹简也具有高度价值,这些竹简尚未完全整理完毕,从发布的消息来看,竹简中有孔子《诗论》,其中未提孔子删《诗》之事,这对人们重新审视《史记·孔子世家》所载孔子删《诗》之事提供了新材料。除《史记》考古之外,袁传璋在《史记》版本考据方面也做出了突出的成绩。[②]

① 俞樟华,邓瑞全.史记研究集成第十四卷 史记论著提要及论文索引[M].北京:华文出版社:2005:95.

② 陈桐生.百年《史记》研究的回顾与前瞻[J].文学遗产,2001(1):125.

有关《史记》的目录和索引，有杨燕起、俞樟华编的《史记研究资料索引和论文专著提要》(兰州大学出版社1989年版)，该书以中国科学院历史研究所1957年编印的《史记研究的资料和论文索引》为基础，又参考了各种文史论文索引编制而成，主要增补了1957年以后至1986年间发表的大量论文和专著，其中有不少海外资料；该书还对建国后发表的120多篇重要论文作了近千字提要，曾被学术界誉为是最完备的一部《史记》研究资料索引的专著。[①]之后，徐兴海主编的《司马迁与史记研究论著专题索引》一书，由陕西人民教育出版社于1995年出版。该书把古今中外研究司马迁和《史记》的论文专著按专题作了编排，增加了1988年以来《史记》研究的成果，特别是介绍了日本、韩国以及港台学者的研究成果。其他比较重要的《史记》索引还有嵇超、郑宝恒等编的《史记地名索引》(中华书局1991年版)，张克等编的《史记人物辞典》(广西人民出版社1991年版)等。

① 俞樟华，张新科.《建国以来〈史记〉研究书目总略》补[J].东南文化，1999(6)：111.

台湾地区的《史记》研究，自1950年以来经历了半个多世纪持续不断的发展，几乎每年都有论文或专著出现。据不完全统计，大约发表论文400多篇，出版专著40余部，这一成绩是很可观的。[②]首先，台湾学者对《史记》做了许多普及和提高的工作。台湾学者通过今注今释，或白话翻译，或编成故事，或在大学里开《史记》课等多种形式来介绍《史记》，出版了不少有分量的专著，如马持盈的《史记今注》(台湾商务印书馆1979年版)，杨家骆的《史记今释》(台北正中书局1988年版)，60位教授合译的《白话史记》(岳麓书社1987年版；新世界出版社2007年版)，周虎林的《司马迁与其史学》(台北文史哲出版社1978年版)等，是其中影响较大的著作。这些著作的编撰，有一个共同的目的，就是为了向广大读者群众普及《史记》。除了这些选本、注本、译本之外，还有不少介绍司马迁及《史记》的著作和论文，数量很多，难以一一列举。其次，台湾学者在《史记》校勘考订方面也取得

② 安平秋等.史记研究集成第二卷史记通论[M].北京：华文出版社，2005：511.

了十分显著的成绩。如钱穆的《史记地名考》(台北三民书局1984年版)、张森楷的《史记新校注稿》(台北中国学典馆筹备处),是各自在某一专题上用功取得建树的论著。而对《史记》全书进行校勘考订最有成就的是王叔岷的《史记斠证》(中华书局2007年版)和施之勉的《史记会注考证订补》(文化大学华冈出版部1976年版)。最后,台湾学者在《史记》宏观思想研究方面也卓有成就,最具代表性的是赖明德的《司马迁之学术思想》(台北洪氏出版社1983年版)。以上研究成果之外,台湾的《史记》研究还涉及其他很多方面,如史记编纂学、司马迁思想研究、《史记》和《汉书》关系研究、司马迁在自然科学领域的贡献等,有关司马迁和《史记》的所有问题,几乎都有涉及。

国外的《史记》研究,由于历史的原因,呈现出不平衡状态。相对来说,欧美国家起步较晚,成果不如东亚国家丰富。东亚国家中,日本、韩国的研究比较突出,其中尤以日本成就最大。[①]日本的《史记》研究,在数量上不及中国,但在汉文学、日本文学、中国文学、哲学、语言学、历史学等各领域,都有众多的有关司马迁、《史记》的内容及考证的研究成果。[②]与台湾相似,日本研究者也十分重视《史记》的普及工作,《史记》版本和注释研究方面的成果很多,较具代表性的有池田四郎次郎的《史记补注》(1975年版)、尾崎康的《宋元版正史研究》(汲古书院1989年版)、水泽利忠等题解的《史记(一)－(十二)》(汲古书院1996－1998年刊行)等。《史记》的目录和解题方面,池田四郎次郎著、池田英堆校订增补的《史记研究书目解题稿本》最早作了尝试,其后,有池田英雄的《史记学50年——日、中史记研究的动态》(1995年版)。此外,日本的《史记》研究还涉及司马迁的经历、司马迁的思想与历史观、《史记》总论、《史记》各篇研究、《史记》体裁研究、《史记》语言研究、《史记》与日本文学关系研究、《史记》研究史总结、《史记》与《汉书》比较研究、《史记》计量分析、利用出土书籍文献研究

① 张新科,俞樟华.史记研究集成第十三卷 史记研究史及史记研究家[M].北京:华文出版社,2005:313-321.

② (日)藤田胜久著,孙文阁译.近年来日本的《史记》研究[J].古籍整理研究学刊,1995(5):45.

《史记》等诸多方面，研究思路较为开阔，有些问题也很深入，对国内的《史记》研究能够起到一定的借鉴和促进作用。

最后，仍然要说明的是，上述研究并非1978年以来《史记》研究的全部，如《史记》文化研究、《史记》研究史、《史记》辞典、《史记》与诸子文献及后世文学的比较研究等，都限于篇幅而未进行展开论述。21世纪的"史记学"仍是研究的热点领域，一个综合化、多样化、立体化、世界化的《史记》研究局面，将呈现在世人面前。

4 《资治通鉴》研究

《资治通鉴》是我国第一部编年体通史。《资治通鉴》所记历史上起周威烈王二十三年(前403)，下迄后周显德六年(959)，前后共1362年。《资治通鉴》的内容以政治、军事和民族关系为主，兼及经济、文化和历史人物评价，目的是通过对事关国家盛衰、民族兴亡的统治阶级政策的描述，以警示后人。《资治通鉴》自成书以来，历代帝王将相、文人骚客、各界要人都争读不止，对《资治通鉴》的研究也代不乏人、论述如林。1978年以来，《资治通鉴》的研究成果主要体现在以下几个方面：

4.1 代表性研究论著

首先值得关注的是两部姊妹论文集，它们是刘乃和、宋衍申主编的《〈资治通鉴〉丛论》(河南人民出版社1985年版)和《司马光与资治通鉴》(吉林文史出版社1986年版)。两部文集分别收文17篇、23篇，从不同侧面和角度对《资治通鉴》的编纂背景、编纂宗旨，编纂者的政治、学术观点及编纂的基本方法，司马光的史学思想、哲学思想、政治实践、才德观、民族观，《资治通鉴》的主要内容、体裁、史学价值、刊刻出版、艺术特色及其对后代史学的影响等，在总结前人研究成果的基础上，作了简明扼要的介绍和有创见的分析评述。

陶懋炳的《司马光史论探微》（湖南师范大学出版社 1989 年版）一书汇集《资治通鉴》中“臣光曰”190 条，《历年图》中之《论》、《史赞评议》、《史剡》四十篇（条），分为三编，《资治通鉴》史论为第一编，《历年图》史论为第二编，《文集》所载者为第三编。为明示司马光史论的独到之处及失误之处，又将其史论与前人、后人作纵向比较，从而看出司马光对前人的继承与发展、吸收与扬弃，又可看清不同时代的不同思想；与同时人作横向比较，以突出司马光在当时的地位；与司马光自己的政论、哲理作综合比较，以弄清司马光政治观点、哲学观点和史学观点的统一。为了探求司马光史论的深意，给司马光史学思想以恰当的评价，该书力求不蹈成说，不为偏颇奇怪之论，而是注重辨诬、评议，发其精华、论其谬误，基本做到了实事求是。[①]

① 陶懋炳. 司马光史论探微[M]. 长沙：湖南师范大学出版社，1989.

吴玉贵的《资治通鉴疑年录》，中国社会科学出版社 1994 年出版。该书出版之前，《资治通鉴》纪事方面存在着不少问题，长期未曾引起人们的足够重视，更谈不上专门研究，后出校点本的校勘也仍有缺憾。该书作者穷尽《资治通鉴》所有纪事时间，经过系统研究考证，以疑年录的形式，揭示出《资治通鉴》纪事时间上的近 900 条错误，填补了“通鉴学”研究上的一大空白，实可谓一大创举。书首的长篇前言归纳《资治通鉴》正文纪事时间错误的六类情况、八项原因，最后涉及前人对《资治通鉴》纪事时间校勘失误的七种问题，其深刻见解对古籍校勘有普遍意义。[②]

② 吴玉贵. 资治通鉴疑年录[M]. 北京：中国社会科学出版社，1994.

宋衍申的《司马光传》，北京出版社 1990 年出版，为作者历时七年而写成。正文七章，作者广泛收集各种资料，并且注重以往被忽视的“非重点”问题和研究的薄弱部分，力求对司马光的一生进行不遗巨细的全面描述。附录《资治通鉴》的修纂及影响，探讨了编修的经过、分工和程序，史料考证，《资治通鉴》的史法、史论、历史文学、姊妹篇,以及《资治通鉴》研究与“通鉴学”。[①]之后,还有两部同名著作出版,分别是杨洪杰、吴麦黄著的《司马光传》(陕西人民出版社1997年版)和张恩忠、张武虹著的《司马光传》(陕西古籍出版社1998年版)。

(明)马峦、(清)顾栋高编著,冯惠民整理的《司马光年谱》,1990年由中华书局出版。该书收入顾栋高和马峦分别编撰的两种《司马温公年谱》。顾谱采用上海古籍书店重印的求恕斋本,放在前面。考虑到马谱今天已属难得,根据北京大学图书馆提供的胶片加以整理,放在顾谱之后。为了保存原书的面貌,原书的体例和格式一般都不予变动;在点校过程中,也一般不改原文,只有遇到个别明显错误而又确凿有据时,才予以改正。附录《东都事略》、《宋史司马光传》、《苏轼司马文正公行状》、《司马温争功神道碑》等,也可为读者提供参考。[②]

王德保的《司马光与〈资治通鉴〉》,中国社会科学出版社2002年出版。全书分六章,分别是:司马光所处时代与《资治通鉴》、司马光的史学观与《资治通鉴》、司马光的从政经验与《资治通鉴》、司马光的文献学成就与《资治通鉴》、司马光的文学成就与《资治通鉴》、《资治通鉴》中的史源问题。该书系统讨论了司马迁的史学思想、政治实践、文献学思想及其与《资治通鉴》编纂的关系。

孙茂莲编著的《通鉴漫话》(湖北教育出版社2005年版),以《资治通鉴》叙事顺序为线索,选取具有典型意义的历史事件和历史人物某些有代表性的个人行为以及他们有典型意义的处事方法,给予探察和评点,一事一议,短篇联缀,凡三百篇,各自独立。每篇之首引用百字左右原文,没有作注释,也没有译成白话文,而是在之后的正文评述中有所阐释。[③]该书虽不是全面研究《资治通鉴》,却也能起到管中窥豹之效。

此外,还有冯惠民的《司马光和资治通鉴》(中华书局1981年

① 宋衍申.司马光传[M].北京:北京出版社,1990.

② (明)马峦、(清)顾栋高编著,冯惠民整理.司马光年谱[M].北京:中华书局,1990.

③ 孙茂莲编著.通鉴漫话[M].武汉:湖北教育出版社,2005.

版),全书62页,是一本粗略介绍《资治通鉴》的小册子。柴德赓的《资治通鉴介绍》(求实出版社1981年版),对《资治通鉴》的写作集体、编纂方法、采用史料、胡三省注、版本、评论、阅读方法等,作了较为全面的介绍和阐述。赵从德的《〈资治通鉴〉与中国政治文化》(中国广播电视出版社1993年版),从政治史的角度对《资治通鉴》及中国传统政治文化进行了实证研究。类似著作还有邹永贤的《〈资治通鉴〉治国思想研究》(厦门大学出版社1998年版),以包含着丰富治国思想的《资治通鉴》为研究对象,试图从史书中探讨治国的理论问题。王锦贵的《司马光及其〈资治通鉴〉》(大象出版社1997年版),对司马光的生平、《资治通鉴》的历史背景、著述始末、成就、特点、"通鉴学"等进行了探讨。陈光崇的《通鉴新论》(辽宁教育出版社1999年版),收集有关《资治通鉴》的文章15篇,书中不乏推陈出新之见解。张瑞元《资治通鉴的现场解说》(中国人民大学出版社2007年版),将《资治通鉴》中的重要部分摘录出来,变文为白,举重若轻,将经典案例与现实生活相结合,对《资治通鉴》进行了诙谐幽默的现场解说。

4.2 《资治通鉴》注释、今译

由于《资治通鉴》记载了长达1362年的中国中古时代历史,属于文言体记事,典故经文引用较多,加之胡三省注文长达600万字,而且晦涩难懂。[①] 所以,对《资治通鉴》进行注释、今译,就是十分必要的。1978年以来,研究者在这方面用力颇勤,点校、今注今释、白话翻译方面的成果不断出现。

《资治通鉴》全注全译方面较具代表性的有:

张宏儒、沈志华主编的《文白对照全译资治通鉴》,1991年由改革出版社出版。该本分上、中、下三册,以中华书局点校本为底本,改正了底本的标点舛错、误字约200余处。全书分为译文、原文两部分,按周、秦、西汉、东汉、魏、晋、南北朝、隋、唐、五代十国共十个朝代

① 历代以来研究《资治通鉴》者甚多,各类释文中以南宋史学家胡三省《通鉴音注》、《通鉴释文辨误》为著。它们将注释以及司马光《通鉴考异》融入《通鉴》原文之下,成为广为流传的版本。

文白对照排列,译文以楷体字排印在前,原文以宋体字排印在后,译文、原文均用简体字排印。该本译文以忠实于原著为要,含英咀华,于直译之中,求准确、精练;其文字取通俗流畅之势,灵感觉异,于求雅之间,留原作用语个性。又附原文以利对照,提供细品古文韵味之便。[①]继1991年初版后,改革出版社又分别于1993年、1995年推出第2版和第3版,与初版的不同之处在于改为了五册本。

由沈志华、张宏儒主编,包括白话《资治通鉴》、白话《续资治通鉴》、白话《通鉴纪事本末》、白话《明通鉴》四种共52册的《资治通鉴》今译系列由中华书局于1993年起陆续推出。白话《资治通鉴》以中华书局1987年4月第7次印刷的标点本为底本,译文按照中华原本的卷册,对应分为20册,各卷内分段、段前序号一仍其旧。使用现代汉语书面语言,力求准确、流利、生动。白话《资治通鉴》汇集了中国社会科学院、中华书局、北京大学等几十家学术单位的60余名专家学者,前后历经两年多时间将《资治通鉴》译成600余万字,质量较有保证,出版后对于《资治通鉴》的普及起了很好的作用。[②]

此外,还有何建章等校注的《资治通鉴新注》(陕西人民出版社1998年版)。该书为《中国六大史学名著丛书》之一,以中华书局点校本(1956年,20册)为底本,分10册出版(中华本第1、2册合为该书第1册,后以次类推)。第10册后附录《资治通鉴大事编年》。正文、注文均采用标准简化字。注释在行文上使用通常的白话文,力求通俗简明;内容上能够吸收当今史学、考古学、语言学、文字学等领域中具有价值的新成果,同时也提出校注者的研究心得,力求出新。[③]对特殊短语、难句、繁难字、通假字、异体字、古体字、纪年等都进行了细致处理,文稿经反复校对,质量较好。

在台湾,著名作家、人文大师柏杨译的现代语文版《资治通鉴》,1984年起由中国友谊出版公司陆续推出,到1993年全部完成,共72

① 张宏儒、沈志华主编.文白对照全译资治通鉴[M].北京:改革出版社,1991.

② 张宏儒、沈志华主编.白话资治通鉴[M].北京:中华书局,1993.

③ 何建章等校注.资治通鉴新注[M].西安:陕西人民出版社,1998.

册。作者耗时十年将《资治通鉴》译解成现代语言，亲手增绘了历史地图，并注入了自己的历史观点，谈论历史成败的因果。柏杨精深的中文造诣使这个译本成为最通俗易懂且最受好评的译本。这个版本的最大特色是将古代生涩的专业名词、官职、地名、天文学名词等进行了“现代语言”翻译。此书不但保留原书史评，而且采纳了后人的研究成果。更重要的是，作者常以如“太史公言”一样的“柏杨曰”形式，对重要的事件加入了自己独到的观点和见解，并以生动诙谐的语言进行了入情入理的总结和评价，有较强的可读性。1992 年至 1993 年，这套《资治通鉴》由台北远流出版公司再次推出。

《资治通鉴》选注、选译、选评方面，较具代表性的有以下几种：

王仲荦等编著的《资治通鉴选》(中华书局 1985 年版)，选篇着眼于典章制度、重大历史事件、杰出人物的互动和民族关系等内容，共选 8 篇。其注释原则是：对“胡注”除反切取掉以外，全录，又加进了通俗的新注，可以作为初读《资治通鉴》的启蒙书。该书于 1998 年由济南齐鲁书社再次出版。

陈光崇、顾奎相选注的《资治通鉴选读》，山西人民出版社 1986 年出版。该书选择《资治通鉴》中具有较强文学艺术性、记载一些重要历史事件和历史人物的 25 个篇章进行解读。这些篇章，从时间上看，涉及战国、秦、汉、三国、两晋、南北朝、隋、唐、五代几个历史时期，而以汉唐两代入选的较多。从内容上看，不仅有政治、军事上的各种问题，而且涉及经济、文化、民族等方面，其中还选录了《论宦官》一文，以见《资治通鉴》史论一体的特点。该书以中华书局出版的点校本为依据进行标点和分段，在少数地方略有改动；每篇文章之前，都简单介绍了它的时代背景、主要内容和意义；文中较难的字词，概用语体文进行简要注释；注文都放在每段的后面，省去了读者的翻检之劳。[①]

① 司马光，主编．陈光崇，顾奎相选注．资治通鉴选读[M]．太原：山西人民出版社，1986．

李天平、侯华容译注的《资治通鉴精华》,中州古籍出版社1992年出版。该书将原著划分为君王与国家、人才与用人、军队与用兵、立法与执勤、重农与理财、作为与得失六方面的内容,分别按年代先后顺序选译。选译的重点是:大臣进谏奏议,君王诏令制文,历代政策法规,典型所作所为,儒家治国论述,学者历史评论。摘录原文之后,在说明中简要介绍了当时的历史背景,然后对难解字词进行了注释,最后用现代汉语翻译原文。这样就大大节省了读者的阅读时间,使之获得事半功倍的效果。[①]

① 李天平,侯华容.资治通鉴精华[M].郑州:中州古籍出版社,1992.

施丁撰的《〈资治通鉴〉选评》,上海古籍出版社2003年出版。该书是一本通俗性读物。选本根据《资治通鉴》的政治史特点选目19篇,内容主要是政治事件、为政之道、从政修养、战争四个方面。所选各篇以历史顺序排列,先立标题,次为题解,再引原文,加以注释,末是讲评。题解,对所选原文内容作历史背景介绍;原文,采用中华书局点校本《资治通鉴》,并将繁字体改为简体字;注释,力求简明扼要,以篇为单位,按段分别加注,个别短篇在篇后加注;讲评,就一些有价值的问题谈个人看法,要言不烦。[②]

② 施丁撰.《资治通鉴》选评[M].上海:上海古籍出版社,2003.

吴光兴选注、译评的《资治通鉴选评》,长沙岳麓书社2006年出版。该选本据古籍出版社标点、中华书局重印本《资治通鉴》,偶有改正。所选篇目分为战国秦两汉、魏晋南北朝隋、唐五代共三个部分;每一篇目下,又分注释、串讲、评析三个要素,注释力求简明,串讲略述大意,评析则补充背景,或略作评论。[③]该选本排版疏朗,装帧素美,值得大众读者阅读收藏。

③吴光兴选注·译评.资治通鉴选评[M].长沙:岳麓书社,2006.

此外,还有李庆译著的《资治通鉴选译》(巴蜀书社1990年版),周奕才、崔新民选注的《治国史鉴〈资治通鉴〉选编》(中共中央党校出版社1991年版),陈高华、王连生主编的《白话〈资治通鉴〉精华》(国际文化出版公司1992年版),华夏文化史研究所通鉴今译系列编委会编、北京师范大学出版社1992年出版的《文白对照全译〈资治通鉴〉精选》和《珠玉集〈资治通鉴〉名言警句》，叶桂刚、王贵元主编的《资治通鉴精华白话本》(北京广播学院出版社1992年版)，冯静荪、李君主编的《资治通鉴谋略大典》(中州古籍出版社1993年版)等。

4.3　《资治通鉴》的续作、改编著作研究

《资治通鉴》出现以后，就成为我国编年体历史著作的典范。续作有二三十种之多，其中较具代表性的是南宋史学家李焘所著的《续资治通鉴长编》和清毕阮主持修撰的《续资治通鉴》。有研究者认为，在所有续书中，以毕阮的《续资治通鉴》最为成功，影响也最大。[①] 改编方面，有两部代表作。一是朱熹的《通鉴纲目》，朱熹认为《资治通鉴》的义理尚有未安之处，作为历史教科书也过于详细，于是作《通鉴纲目》五十九卷。二是袁枢的《资治通鉴纪事本末》，作者将《资治通鉴》内容细绎出二百九十三事，以事分类，详叙其发生始末，文字则照录《资治通鉴》原文，一字不易。袁氏著作开创了纪事本末体。

① 王德保. 司马光与《资治通鉴》[M]. 北京:中国社会科学出版社,2002:6-9.

1978年以来，研究者对《资治通鉴》的续编、改编著作也进行了考据、点校、注释、今译等工作：

裴汝诚、许沛藻著的《续资治通鉴长编考略》(以下简称“长编”)，中华书局1985年出版。该书包括前言、正文、附录三个部分。前言对《长编》作者李焘的著作思想、治史精神、治学方法、撰著态度等进行了简要论述；正文部分包括《长编》的版本著录考略、撰修始末考略、《修换事目》考略、取材考略、注文考略；附录《巽岩先生墓刻》等38篇，其中包括尤袤《遂初堂书目》等诸家书目中的《长编》著录，以及张金吾等学者为《长编》作的序跋，具有较高的参考价值。

[清]黄以周等辑注、顾吉辰点校的《续资治通鉴长编拾补》，由中华书局2004年出版。《续资治通鉴长编拾补》是清代光绪年间著名经学家、史学家黄以周等人对李焘《续资治通鉴长编》残缺部分拾遗

补缺而编纂的一部编年体史书,是研究北宋历史的最基本的史料之一。这次点校,以浙江书局本为底本,主要校以广雅书局本《续资治通鉴长编纪事本末》、南京图书馆收藏的元刻本《续宋编年资治通鉴》十八卷本,还参校了是书所征引的史集、文集、笔记等,并对正文进行了分段,同时仿《续资治通鉴长编》体例,于每事之前增加了序号。[①]

(明)毕沅原著、史仲文等主编的《文白对照全译续资治通鉴》,由中国国际广播出版社 1993 年出版。该书以清同治八年江苏书局刊本为底本,对底本繁体字做了简化修改,并标点成段。为了保持版本原貌,对讹误衍漏之处,未加修正,但在译成白话的过程中参照了多种别本,进行了删补校正。该书译文晓畅明达,并有意保留了一些文言色彩,以适合具有中等文化水平和具备一定古汉语知识的读者阅读参考。[②]

[清]王夫之著、伊力主编的《资治通鉴之通鉴　文白对照全译〈读通鉴论〉》,中州古籍出版社 1994 年出版。《读通鉴论》是王夫之阅读《资治通鉴》有感而发的著作,顺序、排列均依据《资治通鉴》,将《资治通鉴》所记述的中国封建社会史概括为 900 个专题,每一个专题分别拟以生动传神的题目,分析历代成败兴亡,盛衰得失,褒贬人物,总结经验,引古鉴今,探求历史发展进化规律,堪称"资治通鉴之通鉴",是阅读《资治通鉴》必不可少的配套、导读之书。[③]编者将此书加以文白对照全译,旨在促进方兴未艾的"通鉴热"的进一步升温,具有重要的文献学价值。

张居正讲评、陈生玺等译解的《资治通鉴皇家读本》,上海古籍出版社 1998 年出版。资治通鉴皇家读本,指的是《通鉴直解》,该书是明代大学士张居正等人为了给万历皇帝讲述和阅读而编写的,以《资治通鉴》为蓝本,撮取简要段落,予以通俗的讲解,是改编《资治通鉴》的一部代表作。《通鉴直解》共 28 卷,上起三皇下至宋元,编成之后

① (明)毕沅原著,史仲文等主编. 文白对照全译续资治通鉴[M]. 北京:中国国际广播出版社,1993.

② 史仲文,胡晓林,方鸣,王书良. 文白对照全译续资治通鉴[M]. 北京:中国国际广播出版社,1993.

③ [清]王夫之著,伊力主编. 资治通鉴之通鉴　文白对照全译《读通鉴论》[M]. 郑州:中州古籍出版社,1994.

传至宫外，被广泛翻刻，成为当时社会上比较流行的一本历史读物。此次整理，依据明崇祯四年(1631)刻本，除了对该书全文进行新式标点外，另有注释、译文和评议三部分，并根据具体情况进行了有简有繁的处理。此次整理，可以帮助读者了解当时皇家的教育情况，同时也很有文献价值，有助于普及《资治通鉴》及一般的历史知识。[1]

此外，还有(宋)李焘撰、徐光烈译注的《续资治通鉴长编选译》(巴蜀书社1990年版)、沈志华主编的《白话续资治通鉴》(中华书局1993年版)、苏双碧主编的《资治通鉴》(湖北人民出版社1996年版)等。

① 张居正讲评．陈生玺，等译解．资治通鉴皇家读本[M]．上海：上海古籍出版社，1998.

5　《四库全书》研究

《四库全书》是我国古代最大的一部官修丛书。全书分经、史、子、集四部，共收录古籍3503种，79337卷，存目书籍6793种，93551卷，分装36000余册，从1772年开始，历时十年编成。《四库全书》的编纂，是对我国古代学术的一次全面总结，整理、保存了一大批重要古籍，为弘扬和传播民族文化作出了重要贡献，在校勘、辑佚、目录学等方面也给予后世学术界极大影响，有着无与伦比的文献价值、史料价值、文物价值和版本价值。

伴随着1986年台湾商务印书馆《影印文渊阁四库全书》的出版，卷帙浩繁、过去深藏秘阁的皇家典籍成为学人易于查检的案头书籍，《四库全书》的研究热潮随即被推动起来，取得了可喜的研究成绩，主要体现在以下几方面：

5.1　《四库全书》编纂研究

《四库全书》纂修研究是历来"四库学"的重要组成部分。1978年以来的相关论著，以黄爱平的《四库全书纂修研究》(中国人民大学出版社1989年版)最具代表。该书充分利用了当时尚未公开发表的

《纂修四库全书档案》,从纂修的时代背景、具体缘起、机构组成、书籍征采、编纂校勘、禁毁删改、刊刻补遗、缮写皮藏、分类编目、纂写提要等方面,对《四库全书》的纂修进行全面、具体、深入的论述考证,引用资料丰富翔实,立论公允辩证,考证精细,论断准确,突破性地解决了《四库全书》纂修研究中的一些问题,是一部意义重大的开创之作。[①]

① 黄爱平. 四库全书纂修研究[M]. 北京:中国人民大学出版社,1989.

5.2 四库禁毁书研究

清统治者为了控制人们的思想,加强统治,通过纂修《四库全书》发动了大规模的查办禁书运动。这一运动历经19年,牵涉面极广,所禁之书远不止《四库禁毁书目》所记。

关于这次禁书的具体情况,以往有记载,但比较分散,且有传讹之处。近30年来,关于四库禁毁书的研究著作主要有三部,分别是雷梦辰的《清代各省禁书汇考》(书目文献出版社1989年版)、何龄修等编的《四库禁毁书研究》(北京出版社1999年版)和王钟翰主编的《四库禁毁书丛刊》(北京出版社2000年版),它们从另一角度反映或论述了《四库全书》编纂时"寓禁于征"的目的以及对我国古代文献的破坏。

《清代各省禁书汇考》的作者雷梦辰,根据多年搜集的资料,包括乾隆年间各省汇刻的《禁毁书目》所列各省咨禁书目单,故宫博物院文献馆编印的《文献丛编》、《掌故丛编》所载的六省奏缴原档,李棪《鄧刻奏缴咨禁书目补》以及书徵《补鄧刻奏缴咨禁书目补》所列的各省咨禁书目单,将各单校录剪裁,按行省分界,以奏准年月分立排比,并对其时督抚之任开和迁免略加考证,厘为成篇,辑成了清代各省查办禁毁书目单。[②]该书详细记载了历次各省查禁书的情况和禁毁书目,也为人们了解清代社会的政治思想及学术文化提供了方便。

② 雷梦辰. 清代各省禁书汇考[M]. 北京:书目文献出版社,1989.

王钟翰主编的《四库禁毁书丛刊》(以下简称《丛刊》),是20世纪最后十年紧接《续修四库全书》、《四库全书存目丛书》之后开始编纂的又一大文化建设工程,它们与《四库全书》构成一个完整体系,相互补充，以期比较清晰地反映清末之前我国古典文献的概貌。《丛刊》共310册，依《四库全书》体例，分经、史、子、集四部，采择范围大体参照姚覲元《清代禁毁书目》、孙殿起《清代禁书知见录》、雷梦辰《清代各省禁书汇考》和陈乃乾《索引式的禁书总录》等书，严格收录排斥在《四库全书》之外的禁毁书。《丛刊》共收禁毁书600余种，各种体裁兼备，是迄今规模最大、收罗最完备的禁毁书专辑，拯救保存了许多濒临灭绝的珍稀古籍，为人们研究明清两代政治、经济、军事、文化教育、民族宗教、风土人情等提供了大量稀见资料。[①]何龄修等《四库禁毁书研究》，是伴随《丛刊》工程结束而编辑的一本论文集。全书共收文21篇，大部分作者是《丛刊》编委或工委会工作人员，有的文章对四库禁毁书及其作者进行介绍、分析，对读者阅读、利用有关各书具有重要的参考作用；有的文章是有较高质量的清代文化史论文，具有相当的学术价值。

① 朱述新.兴灭继绝的盛举——写在《四库禁毁书丛刊》出版之际[M]//何龄修等编.四库禁毁书研究.北京：北京出版社，1999：1-3.

5.3 《四库全书总目》研究

《四库全书总目》(以下简称《总目》)，是《四库全书》伴随的解题目录，共200卷。在《四库全书》纂修过程当中，于每种古籍前置一篇该书的提要，是具有独创性的体例，其内容包括：版本源流、作者概况、内容泛论、考据甄别、总体评价，等等。把全部提要汇集在一起，遂成为《总目》。《总目》所著录之书，除《四库全书》所收录的3461种之外，尚有存目书籍6793种，合计著录书籍10254种，172860卷，基本反映了18世纪前我国古籍的总体状况，对后世学人搜罗资料、研讨古籍，有着极其重要的参考价值。《总目》是我国古代书目编纂的里程碑，而且阐明学术、考镜源流，被学术界公认为《四库全书》中价值最高的部分。

鉴于《总目》巨大的学术价值，历代对其进行研究者也可谓不胜枚举。初期的研究，零星地散布于各种文集、读书笔记等著作中。直到余嘉锡的《四库提要辨证》、胡玉缙的《四库全书总目提要补正》(王欣夫辑)出版,这种情形才有所改变。1978年以来,《总目》的研究成果主要体现在《总目》考订与补正、《总目》文化研究、《总目》文献学研究、《总目》编纂研究四个方面。

《总目》考订与补正方面,以崔富章的《四库提要补正》(杭州大学出版社1990年版)、李裕民的《四库提要订误》(书目文献出版社1990年版)、杨武泉的《四库全书总目辨误》(上海古籍出版社2001年版)为代表。崔著着力于四点:第一,追寻《四库》底本,明著版本;第二,详辨《提要》所据本与《四库》本之差异;第三,实录相关善本,以明《四库》本之优劣;四,揭示文澜阁库书现状,查考清末至民国间补抄本之来源。[①]该书最大特色是追踪版本来源,此外,采录了近人对四库诸书的评价,使得内容更加丰满。李著集中了作者长期研读《总目》的心得,对《总目》著录之书的书名、卷数、版本、作者及其生平以及内容评价等方面的错误进行了订正,共得274条,分经、史、子、集四卷。该书的特色在于:对《总目》中考之未详之处进行了深入考证,并纠正了余嘉锡《四库提要辨证》之疏误十余处。[②]在该书基础上,作者将订正《总目》增至450条,加订正《四库未收书目提要》8条,共得458条,2005年由中华书局出版了增订本。杨著辨订邵懿辰、邵章的《增订四库简明目录标注》、李慈铭的《越缦堂读书记》(由云龙辑)、胡玉缙的《四库全书总目提要补正》(王欣夫辑)、余嘉锡的《四库提要辨证》、崔富章的《四库提要补正》、李裕民的《四库提要订误》已纠之外的疏误680余则,虽限于"识小",但对《总目》不无补苴之益。[③]

《总目》文化研究方面的力作,当属周积明《文化视野下的〈四库全书总目〉》(广西人民出版社1991年版)。作者一反以往对《总目》进行纠缪补遗的朴学研究路数,将《总目》置于一个生动的文化整体中加以还原和分析,从中探寻中国文化的"种族心理"、18世纪的"时

① 崔富章.四库提要补正[M].杭州:杭州大学出版社,1990.

② 李裕民.四库提要订误[M].北京:书目文献出版社,1990.

③ 杨武泉.四库全书总目辨误[M].上海:上海古籍出版社,2001.

代心理”以及《总目》制作者的“群体心理”，从而以令人耳目一新的思路与新鲜见解突破了传统“四库学”的研究架构，开辟了《总目》文化研究的新领域。[1]这部从文化史角度研究《总目》的著作，出版后日益引起学术界的重视。鉴于广西人民出版社初版售罄，中国青年出版社于2001年出版了该书的修订本，除对全部引文进行校核、对错字漏字进行了修正外，选择作者十年中关于《总目》的两篇新作，随附于后，进一步扩展了该书的视野和内容。

[1] 周积明.“四库学”：历史与思考[J].清史研究,2000(8):58-59.

从文献学角度研究《总目》的著作，是司马朝军的《〈四库全书总目〉研究》（社会科学文献出版社2004年版）。该书首先从编纂背景入手，探讨《总目》的作者问题与版本问题，然后从分类学、目录学、版本学、辨伪学、辑佚学、考据学等文献学角度对《总目》的学术方法与学术贡献进行了总体性发掘。该书是海内外第一部从文献整理角度系统研究《四库全书总目》的著作，内容丰富，创见甚多，为构建详赡的古文献学史作出了富有开拓意义的贡献，对于开展当代的文献整理工作，也具有重要的借鉴意义。

《总目》编纂研究方面，代表作是司马朝军的《〈四库全书总目〉编纂考》（武汉大学出版社2005年版）。该书主要探讨《总目》的编纂过程，分析现存四家（翁方纲、姚鼐、邵晋涵、余集）所纂四库提要稿与《总目》的异同，弄清其他馆臣（包括分纂官、总纂官、总裁官等）在《总目》编纂过程中发挥的作用，讨论清高宗对《总目》的主控作用。对《总目》研究中的许多疑难问题给予了解析，提出了不少新见。

5.4 其他

上述三个研究方面之外，《四库全书》的影印、选编，《四库全书存目》的出版与研究，以及台港地区的“四库学”研究等方面，也值得我们关注。

《四库全书》的影印方面，继1986年台湾商务印书馆出版《影印文渊阁四库全书》后,大陆地区立即购进230套影印本和100多套缩微品。1987年,上海古籍出版社以此为蓝本,缩至32开重新出版。2003年,上海古籍出版社又重印了《文渊阁四库全书》。2004年,鹭江出版社出版了《文渊阁四库全书》线装影印本,同年商务印书馆影印了《文津阁四库全书》。2006年,杭州出版社又开始影印《文澜阁四库全书》。《四库全书》选编方面,有栾贵明辑的《四库辑本别集拾遗》(中华书局1983年版)、陶秉福主编的《四库释家集成》(同心出版社1994年版)、彭林等主编的《四库全书精萃》(大连出版社1996年版)、张福江编的《四库全书图鉴》(东方出版社2004年版)等问世。①

《四库全书存目》(以下简称《存目》)的出版。90年代初,出版界开始对《存目》加以注意。在国务院古籍整理出版规划小组的支持下,由中国东方文化研究会理事文化分会牵头,组织了《存目丛书》的编纂与出版工作。至1997年10月,《存目丛书》出齐,共收书4508种,计1200册,分别由齐鲁书社出中国大陆版,台湾庄严文化事业有限公司出大陆外版。此外,季羡林曾主编的《四库全书存目丛书——子部儒家类》,收书178种,由北京大学出版社1994年出版。这两部书对于古籍的保存与研究都有所贡献。②

台湾的"四库学",较具代表性的有:昌彼得研究武英殿本《总目》,发现其与浙江刻本《总目》有很多出入;刘兆祐的《四库著录元人别集提要补正》,主要是补胡玉缙、余嘉锡二人著作之不足;吴哲夫所著的《四库全书纂修之研究》、《清代禁毁书目研究》等一系列论著,侧重于文化的研究路数;杨晋龙的《"四库学"研究的反思》,对"四库学"的历史和以往研究过程中存在的问题进行了比较全面的检讨。此外,一部分硕士、博士学位论文在台湾的"四库学"中也占有一席之地,如昌彼得指导的许文渊的《清修四库全书之目录学》,吴哲夫指导的计文德的《从四库全书探究明清间输入之西学》,乔衍琯指导的庄

① 高远,汪受宽.近三十年来《四库全书》研究现状与思考[J].图书与情报,2008(3):119-120.

② 周积明."四库学":历史与思考[J].清史研究,2000(8):59.

清辉的《四库全书总目经部研究》，严耕望指导的李孟晋的《四库著录唐人别集二十种提要考》等。此外，台湾在《四库全书》全印选印、相关工具书编纂方面，也有不少成果问世。与台湾相比，香港地区的"四库学"则薄弱很多，值得一提的是周康燮主编的《四库全书之纂修研究》(香港大东图书公司1990年版)。该书将陈垣、黄云眉等著名学者研究《四库全书》的论文集结，为研究者提供了便利。[①]

最后，有必要关注一下1978年以来大陆有关《四库全书》研究的单篇论文发表情况。高远和汪受宽在《近三十年来〈四库全书〉研究现状与思考》一文中指出：1978年和1979年共发表论文13篇，说明改革开放之初，《四库全书》的研究还相当薄弱。20世纪80年代后，《四库全书》研究的论文发表数以较快的速度增长，由80年代平均每年发表论文19篇到90年代平均每年37篇，增长了将近一倍。进入21世纪，研究成果逐年上升，7年内发表论文数量达534篇，平均每年发表76篇。1978年至2007年共有论文1113篇。观诸论文选题，多分布于以下几个方面：①《四库全书》纂修与流传；②《总目》的考订与补正；③《四库全书》及《总目》的文化价值；④《四库全书荟要》研究；⑤ 四库禁毁书研究；⑥《四库全书简明目录》研究；⑦ 七阁与《四库全书》关系研究；⑧ 纂修官与《总目》关系研究；⑨ 档案辑录与整理、影印与电子版的开发等。此外，该文作者认为，目前《四库全书》研究还未真正形成一门专学；立足于文本本身进行辩证考据者甚多，且论题重复现象严重，论点往往缺乏新意；对于《四库全书》编纂的文化现象研究，研究者大抵从经济、社会、政治等方面出发揭示其外核问题，而往往忽视其在乾嘉两朝学术中的内核理路；《四库全书》与中国古代史学关系的探讨也有必要深化，《四库全书》与明代史学关系研究尤应重视，对《总目》史部提要的史学批评也应加以综合概括，归纳出四库馆臣史学批评的理论和方法。

① 周积明."四库学"：历史与思考[J].清史研究2000(8):55-57.

第五章 文献史研究

1 研究概述

文献史研究是文献学研究的一个重要组成部分。1993年,王余光所著的《中国文献史》(第一卷)由武汉大学出版,该书首开以多卷本形式全面总结我国古典文献演变历史的先河。[①]这部文献史共分十编,分别是:绪论、先秦文献、秦汉文献、魏晋南北朝文献、隋唐五代文献、宋代文献、西夏辽金元文献、明代文献、清代文献、民国文献。《中国文献史》(第一卷)写的是上述十编中的前两编。作者在序言中说:"中国文献延续数千年不断,内容丰富,数量繁多,但至今尚未作过系统的总结和全面的揭示,对中国文献的发展历史也缺少完整的研究。这正是我立志撰写一部多卷本《中国文献史》的初衷所在。"[②]对中国文献的发展历史做一个完整的梳理,总结出其中的规律,这项工作的难度很大,在随后的十多年间并没有出现全面系统的文献史著作。但文献史的某些专题研究,在这30年间有了很大的发展,有很多研究成果问世,这些成果从一个侧面反映出文献发展过程中的特点。从研究成果的类型上看,学者们投注心力较多的是图书史、出版史、藏书史的研究。尤其是出版史研究,这一时期有大量的著作出现,有学者认为"从1978年以来,特别是80年代以来,出版史研究取得空前的发展","出版史研究进入了发达时期"。[③]不但出版史研究本身有了很大的发展,包括出版史理论、断代出版史、区域出版史、出

① 王余光,汪涛,陈幼华.中国文献学理论研究百年概述[J].图书与情报,1999(3):17.

② 王余光.中国文献史(第一卷)[M].武汉:武汉大学出版社,1993.

③ 魏玉山.出版史研究百年沿革(一)[J].出版发行研究,2002(3):80.

版史料的编纂等方面成果颇丰，与出版史关系密切的印刷史、文献编纂、编辑史，发行史等也取得了进一步的成果。阅读史在这一时期逐渐成为研究的新关注点，有一批学者在这个领域正进行着有益的探索，有一些成果已经问世。值得一提的是，出版史、藏书史和阅读史在这一时期都有通史著作问世或亟待出版。[①]通史著作的出现，标志着该领域研究的日趋成熟和完善，也为今后的研究工作奠定了坚实的基础。除此之外，这一时期中国档案史、方志史、报刊史研究也取得了一定的成果，中国档案史方面的主要著作有：邹家炜等编著的《中国档案事业简史》，杨小红编著的《中国档案史》，丁海滨、陈凡所作的《中国科技档案史》等；主要的方志史著作有彭静中编著的《中国方志简史》等。中国报刊史相关著作有戈公振著的《中国报学史》、方汉奇著的《中国近代报刊史》等。

①《中国藏书通史》由宁波出版社2001年出版。《中国出版通史》是国家社会科学基金重点资助项目和新闻出版总署国家“十一五”重点图书出版规划项目，由中国出版科学研究所组织编写。该通史八卷九册，350万字已完成，即将出版。多卷本《中国阅读通史》即将由安徽教育出版社出版发行。

2　图书史

综观近30年图书史的研究状况，主要包括两个方面的内容：以往著作的再版和新成果的出现。20世纪初，叶德辉的《书林清话》开启了图书史研究的先河，被人们称为“我国第一部有系统的书史”。该书最早由长沙观古堂于1920年刊刻行世，叶氏死后，1928年其侄将其未完成的稿本铅印出版，成《书林余话》二卷。1957年，古籍出版社将两者合并出版，其后附录李洣的《书林清话校补》。近30年来，这部图书史的开山之作被多次重印，仅笔者所见就有7种之多，是研究中国图书史、版本目录学史和文献史的基础性著作。

陈登原著的《古今典籍聚散考》，原书由商务印书馆于1936年出版，1983年上海书店据此版本复印后出版。该书分为政治、兵燹、藏弆、人事四卷，史实的编排，以事为经，以时为纬，叙述了古今典籍聚散的缘由,其所重者,一曰贵因,二曰贵果,三曰贵近,四曰辨证。[①]该书史论结合,观点鲜明,是20世纪早期重要的图书史专著。

刘国钧的《中国书史简编》,初版于1958年,并于1964年和1980年两度翻译成日文。1981年出版了订补版,在基本保留原书体系的基础上,修改了书中的错误,补充了20多年间的新材料的发现和图书事业发展等内容。该书作为大学图书馆学系第一部公开出版的书史教材,对后来书史教材的编撰、图书史的研究产生了很大的影响。如1987年出版的郑如斯、肖东发的《中国书史》,[②]结构上基本沿袭了《中国书史简编》中的书史分期。

美国学者钱存训的《书于竹帛》,依据大量的考古资料和传世文献相印证,结合不同历史时期的社会背景和经济发展水平,探讨了印刷术发明前的中国文字及其载体,包括甲骨、青铜、陶器、玉石、简牍、缣帛和纸卷的起源、性质、制作方法和特点,并讨论了各种书写工具的形制和发展。考古新材料的陆续发现,使得该书内容不断更新。该书原以英文写作,于1962年由美国芝加哥大学出版社出版,并先后被翻译成中文、日文和韩文。该书中文初版由香港中文大学出版社于1975年出版,定名为《中国古代书史》。之后将近30年间,该书的中文版经历了三次不同程度的修订,中文第二次增订本由北京大学郑如斯教授增补,由北京印刷工业出版社于1987年出版,改名为《印刷发明前的中国书和文字记录》;中文第三次增订本采用原书名《书于竹帛》,由台北汉美图书公司于1996年出版了繁体字版;中文第四次增订本仍用原书名《书于竹帛:中国古代的文字记录》,由上海书店出版社2002年出版。

在以上所述的基础上,图书史研究在内容体系和研究角度上有了新的探索。刘国进的《中国上古图书源流》[③]将图书史研究的时间范围提前到造纸术发明以前。作者追溯了中国古代文字的起源,对

① 陈登原.古今典籍聚散考[M].上海:上海书店,1983.

② 郑如斯,肖东发.中国书史[M].北京:书目文献出版社,1987.

③ 刘国进.中国上古图书源流[M].北京:新华出版社,2003.

图书的源流和雏形——甲骨文献、青铜文献、石刻文书、简牍书、缣帛文书进行了详细的溯源和考证，在此基础上，结合上古社会的政治、经济、文化、技术等因素，总结了秦、汉两代图书事业发展的特点。

中国古代图书史研究还有李致忠的《中国古代书籍史》。该书从书籍的产生、生产制作、装帧艺术、管理、方式等方面讲述了中国古代书籍的发展，作者称之为“纪事本末体的《中国古代书籍史》”，但内容略显简略。继此之后，李致忠等撰写的《中国典籍史》对前书中典籍源流演变、收藏流传等内容加以补充和扩展，并加入了学术文化发展所产生的各门类典籍的起源、分类、兴衰和各自特点。

谢灼华主编的《中国图书和图书馆史》，[①]将图书和藏书结合起来研究，是这个时期图书史研究的一个创新。作者指出，“我们以图书和图书馆结合成一个整体来研究，一方面是看到它们的发展是社会的一种重要条件，同时也是基于图书和图书馆相互联系、相互促进的方面考虑的，研究方法的切入点就是书籍的产生与流传和书籍的保存和利用”[②]。书中根据图书形式的变化将中国图书和图书馆史划分为四个阶段，分别是：(1)简帛书时期的图书和藏书(商—两汉)；(2)写本书时期的图书馆和藏书(魏晋—隋唐五代)；(3)印本书时期的图书和藏书(宋—清中叶)；(4)机械印刷时期的图书和藏书(1840—1949年)。2005年的修订本对书中内容进行调整和补充，细化了中国图书和图书馆史的分期，将一些特殊的专题单列出来介绍，如“佛道典籍的传播与收藏”，“书院刻书与藏书”等。

来新夏等著的《中国古代图书事业史》、《中国近代图书事业史》[③]扩大了传统书史的研究范围，作者认为“中国图书事业史”的基本内容是“以图书为中心而涉及与图书有关的各种事业，包括搜求、典藏、管理、整理和编纂等”[④]。《中国古代图书事业史》介绍了从周秦到明清五个历史阶段中图书形态的变化和发展，考察了社会环境、

①《中国图书和图书馆史》初版于1987年，2005年修订。

② 谢灼华．中国图书和图书馆史[M]．武汉：武汉大学出版社，2005.

③ 来新夏等．中国近代图书事业史[M]．上海：上海人民出版社，2000.

④来新夏等．中国古代图书事业史[M]．上海：上海人民出版社，1990.

政治制度、学术因素对图书事业兴衰的影响;《中国近代图书事业史》是前者内容的延续,详细介绍了两次鸦片战争、太平天国运动、洋务运动、戊戌变法、辛亥革命、北洋军阀统治时期、十年内战、抗日战争、解放战争等重大历史事件和活动中图书事业的情况。

肖东发、杨虎所著的《插图本中国图书史》,[①] 以专题的形式考察了中国古代的图书文化,除"绪论"和"结语"外,全书共分十章,分别论述了书籍的起源、载体、印刷、装帧、图书类型、制作与出版、流传与收藏等内容,对目录、版本、校勘等治书之学进行了概要的介绍,是"一部简明的中国古代文化史"。此外,书中插入了大量出土文物、古籍书影、书史人物等图片,这些实物都是图书史研究的重要基础和依据。

① 肖东发,杨虎.插图本中国图书史[M].桂林:广西师范大学出版社,2005.

徐雁的《中国旧书业百年》(科学出版社 2005 年版),是我国第一部系统探讨近现代中国古旧书业发展历史和经营业态的原创型学术专著。[②] 全书共九篇,分别是"燕京旧书业风景"、"江南旧书业风情"、"近现代书厄痛史"、"抢救和保护古旧书刊(上、下)"、"全国旧书业的'社会主义改造'"、"'史无前例'的当代书厄"、"'拨乱反正之后'"、"振兴当代古旧书业"。作者以旧书业为研究视角,展现了中国 100 多年来旧书业的发展变革。作者在写作中参考了大量书籍资料,并进行实地调查,加上多年来致力于中国藏书史的研究,使得该书具有很高的学术性和参考价值。

② 徐雁.中国旧书业百年[M].北京:科学出版社,2005.

3 出版史

3.1 出版史研究著作

20 世纪八九十年代,出版史从图书史和印刷史研究中独立出来,成为专门的学科,其标志是出版通史研究著作的出现。1985 年,山西人民出版社出版了张召奎的《中国出版史概要》。作为"第一部较为系统地研究我国出版发行史的著作",[1]该书概论部分提出并讨论了出版史研究的基本问题,包括研究范围、研究对象、出版史分期、研究的现实意义等。关于出版史的分期,作者主张从出版物的内容和版本形式,出版印刷技术水平以及出版发行机构的状况等三方面来确定,划分为四个时期:(1)萌芽时期:从公元前17世纪至公元前16世纪的殷商奴隶社会有了最早的原始书籍开始,到西汉时我国发明了纸(以及后来发明了雕版印刷术)以前为止,约1400—1500年。(2)古代发展时期:从公元前2世纪西汉发明纸张至鸦片战争,约2100年。(3)近代形成时期:从1840年到1919年,约七八十年。(4)现代兴起时期:从1919年到1949年,约30年。[2]进入20世纪90年代,一批出版史研究著作开始集中问世。其中通史性著作有宋原放、李白坚的《中国出版史》(中国书籍出版社1991年版),吉少甫的《中国出版简史》(学林出版社1991年版),曹治雄、王子野的《当代中国的出版事业》(当代中国出版社1993年版),张煜明的《中国出版史》(武汉出版社1994年版),方厚枢的《中国出版史话》(东方出版社1996年版)。《中国出版史》的作者试图"以文化发展为背景,对现有的出版史料作了新的编排与考察,力图对中国出版史作宏观的描述,竭力勾勒出中国出版史的发展线索、出版事业的大致轮廓和出版事业兴衰的历史动因"[3]。该书以社会文化变迁和技术手段的变革为标准,将中国出版史划分为五个时期,分别是雕版印刷术发明前的文字传播,雕版印刷术的发明,书籍出版的黄金时代,古典文化总结时期的书籍出版,中西文化冲突中的近代出版事业。《中国出版简史》的作者较为全面地讨论了从上古到解放战争时期中国出版事业的情况,分为"中国古代出版事业"、"中国近代前期出版事业"、"中国近代后期出版事业"三编,作者指出,"中国出版史是中国文化史的组成部

① 张召奎.中国出版史概要[M].太原:山西人民出版社,1985.

② 张召奎.中国出版史概要[M].太原:山西人民出版社,1985:15-17.

③ 宋原放,李白坚.中国出版史[M].北京:中国书籍出版社,1991.

分，是中国文化史中的专业史，它专门研究中国出版工作和出版事业(包括出版家)的发生、发展和变化的历史”，[①]在绪论中具体探讨了出版史与相关学科的关系，出版物分类，汉文化的南迁和出版，中外文化交流与出版等问题。

① 吉少甫.中国出版简史[M].上海：学林出版社，1991：1.

进入21世纪，叶再生所著的《中国近代现代出版通史》(华文出版社2002年版)，共四卷，近400万字，论述了自清末至新中国成立前的出版历史，资料详尽，信息量大，有一定参考价值。尤其值得强调的是，由新闻出版总署批准，中国出版科学研究所主持，近50位专家参与编写的《中国出版通史》编撰工程，从2001年1月正式启动，历时6年已编撰完成，即将出版问世。《中国出版通史》是国家社会科学基金重点资助项目和国家“十一五”重点图书出版规划项目，共分为8卷9册，分别是：《先秦两汉卷》、《魏晋南北朝卷》、《隋唐卷》、《宋辽西夏金元卷》、《明代卷》、《清代卷(上)》、《清代卷(下)》、《中华民国卷》、《中华人民共和国卷》，共350万字。《中国出版通史》的问世，是我国出版史研究的一项重要成果，有利于促进我国出版史理论建设和出版学科体系的完善，对出版业的发展和社会文化的提升具有一定的历史借鉴意义，具有重要的学术价值和社会价值。此外，李瑞良编著的《中国出版编年史(上、下册)》(福建人民出版社2004年版，2006年增订)，采用编年史的体例编写出版史，创新了出版通史的写作形式，对出版史的脉络进行追源溯流，条分缕析地梳理，是一种很好的尝试。章宏伟的《出版文化史论》(华文出版社2002年版)是作者关于出版史研究的论文集。刘光裕在该书序言中说：“单就出版事业而言，不论古代还是现代，完整地说，都应该包括出版技术、出版经济、出版文化三部分。其中，以出版文化为最重要。因此，研究出版史大都重视出版文化。章宏伟著作名之曰《出版文化史论》，颇能代表重视文化的观点。”该书分上、下两篇，共21篇文章，内容包括出版业综述、出版与学术、出版与教育、出版与藏书、出版人物等。

区域出版史、断代出版史研究在这个时期也得到了长足的发展，出版著作有《徽州出版史叙论》(1995年)、《浙江出版史研究》(1991年)、《台湾出版史》(2000年)、《山西古籍印刷出版史志》(2000年)、《宋代出版史研究》(2003年)、《元代出版史》(2003年)、《明代出版史稿》(2000年)、《明清江南私人刻书史略》(2000年)、《江苏民国时期出版史》(1993年)等。从1991年开始到20世纪末，根据地解放区出版事业的研究呈现繁荣的趋势，许多研究著作在这10年间问世，主要有《中国共产党晋察冀边区出版史资料选编》(1991年)、《西北大区出版史1949—1954》(1997年)、《中央革命根据地新闻出版史》(1991年)、《中国共产党晋察冀边区出版史》(1991年)、《晋绥边区出版史》(1997年)、《湖南革命出版史》(1997年)、《中国共产党江西出版史》(1994年)、《中国抗日战争时期大后方出版史》(1999年)、《延安时代新文化出版史》(2001年)等。

3.2 出版史料的汇纂

对出版史料的收集和整理，成为这个时期出版史研究工作的一个重要方面。据统计，30年间，共整理出版的史料集约有330种，[①]这还不包括散见于专业期刊、社科杂志中的史话文章，以及旁落于日记、书信集、回忆录中的文坛故事。作为史学研究的基础性工作，史料的收集和整理一直为学者所重视，但以往的成果不多。新中国成立以后，大型的出版史料集，除了张静庐于20世纪50年代辑注的《中国近代出版史料》和《中国现代出版史料》[②]之外，史料的收集汇编工作在之后将近半个世纪中始终沉寂着。直到20世纪90年代中后期和新世纪之初，几部大型史料集的出版，才打破了这种沉寂，也为出版史的研究带来福音。

其一是《中华人民共和国出版史料》。这套史料由中国出版科学

① 根据范军的统计，从1985年1月至2006年12月共22年间，中国内地出版的有关出版文化史方面的著作、译作2100余种。其中涉及少数1985年以前和2007年出版的相关著作。其中“出版史料类”著作共计330种。

② 这部史料集1953年出版，1959年出齐，共7编，约250万字。它们分别是：a.《中国近代出版史料初编》，张静庐辑注，上海：上杂出版社，1953；b.《中国近代出版史料二编》，张静庐辑注，上海：群联出版社，1954；c.《中国现代出版史料甲编》，张静庐辑注，北京：中华书局，1954；d.《中国现代出版史料乙编》，张静庐辑注，北京：中华书局，1955；e.《中国现代出版史料丙编》，张静庐辑注，北京：中华书局，1956；f.《中国出版史料补编》，张静庐辑注，北京：中华书局，1957；g.《中国现代出版史料丁编》，张静庐辑注，北京：中华书局，1959。该史料集于2003年12月由上海书店出版社影印重版，加入了全书的分类总目和作者及篇目的综合索引，便于查找和使用。

研究所、中央档案馆合作编辑,从1995年第一集刊印,到目前为止已陆续整理出版了11集。[1]该史料集选收史料的时间段是从中华人民共和国成立后的1949年至1991年,收录了年度中各级领导机关颁发的有关出版工作的重要文件、法令、法规以及重要的会议文件、领导讲话和题词等。史料中包括中国档案馆首次披露的珍贵原件,是研究当时出版工作的第一手资料。

①其中第1集至第8集,第11集按单年汇集,分别是1949年至1956年,1961年;第9集,第10集按两年汇集,分别是1957年和1958年,1959年和1960年。

其二是《中国当代出版史料1949－1999》。这套诞生于新中国成立50周年之际的史料集,是国家社科规划基金"八五"项目的成果。全套史料共8卷,320余万字,按不同性质分若干专题,相近的专题归入一卷,内容包括党和国家领导人与出版工作,图书、期刊和多媒体出版物,印刷、发行和图书宣传,著名出版社,著名出版家、编辑家,编辑理论研究和队伍建设,出版管理,出版业总结和展望,用文献汇编的形式展现了半个世纪间出版工作的发展道路。

其三是《中国出版史料》。这部大型史料集共10巨册,约400万字,包括"古代部分"2卷2册、"近代部分"3卷3册,2004年出版,"现代部分"3卷5册,2001年出版。宋原放任主编,吴道弘、王建辉、张立升任副主编,所收史料的时间跨度从简帛出现的春秋时期,到上个世纪末为止,"实际成为一部可阅读的信史"。[2]本书由本时期的出版史研究专家辑注史料,如古代部分请王有朋、宋原放,近代部分请汪家熔,现代部分请陈江、吴道弘、方厚枢,均采用文后注的形式,交代史料的题解、作者、出处、引文、说明等情况,具有较高的可信度。史料收集广泛全面,尤其注意避免与张氏史料集在内容上的重复,有些则是从未公诸于世的原始材料,对于出版史研究具有很高的参考价值。2006年,山东教育出版社出版了该史料集"现代部分"的补卷,分为上、中、下册,收录"现代部分"出版后所收集的史料。

② 宋原放.中国出版史料(现代部分)[M].济南:山东教育出版社,武汉:湖北教育出版社,2001.

其四是《中国近代古籍出版发行史料丛刊》。这套由北京图书馆出版社出版的大型史料丛刊，发挥了中国国家图书馆的馆藏优势，收集了百余种清末至民国时期的图书销售目录、宣传册页及征订样本，编辑成28巨册，“对研究中国古籍的发展与流通、中国近代出版业的发展，中国近代印刷史、出版经营管理的经验与案例，以及现存古籍价值的评定，都有十分重要的参考价值”①。此后，线装书局于2006年出版了《中国近代古籍出版发行史料丛刊补编》，收录清末民初民办书局书目和私人刻书目，有铅印本、石印本和油印本共计99种，可作为前者的补充。

除此之外，这个时期出版的大型史料集还包括：宋应离的《20世纪中国著名编辑出版家研究资料汇辑》(全10辑)，《生活·读书·新知三联书店文献史料集》(上、下)，《宋元明清书目题跋丛刊》(全4卷19册)。

20世纪八九十年代，各地开始了地方出版志和出版史料的编纂工作，相继刊行的有《北京出版史志》、《天津出版史料》、《河北出版史志资料选辑》、《江苏出版史志》、《浙江出版史料》等，其次如山东、江西、安徽、湖北、湖南、广东、广西、重庆、云南、贵州、陕西等省、区、市也都编印了出版史志资料。②

3.3 出版专门史研究

这个时期，除了出版通史性专著的大量出现，出版史料结集工作的开展之外，与出版史关系密切的印刷史，文献编纂、编辑史，发行史等也取得了进一步的成果。

这个阶段印刷史的研究成果主要体现在论文集，研究著作和若干史料的结集。20世纪80年代印刷史研究重点在于对以前成果的总结，乔衍、张锦郎的《图书印刷发展史论文集》(台北文史哲出版社1977年版)及其《续编》(台北文史哲出版社1977年版)，分别收录了关于造纸、印刷、图书形制等方面的论文30篇和16篇。张秀民的

① 肖东发.《中国近代古籍出版发行史料丛刊》序[J].出版史料，2004(3):64.

② 中国出版史研究书刊题录[M].中国出版史料(现代部分)》第三卷，下册.济南:山东教育出版社，武汉:湖北教育出版社，2001.

《张秀民印刷史论文集》(印刷工业出版社 1988 年版)则收录了作者从 1931 年至 1987 年发表的印刷史论文 34 篇。

魏隐儒的《中国古籍印刷史》(印刷工业出版社 1984 年版),是作者研究古籍印刷史的经验总结,分雕版印刷发明前的古籍图书,古籍雕版印刷发展史和活字印书的发展 3 篇。张秀民的《中国印刷史》(上海人民出版社 1989 年版),是继其 1958 年出版的《中国印刷术的发明及其影响》之后,又一部关于中国印刷术发展史的著作,内容上自唐初贞观雕版印刷术的发明,下迄清末宣统 1300 余年,全面、系统地探讨了雕版印刷术、活字印刷术的发明和发展,介绍了历代从事印刷工作的人物,论述了中国印刷术在亚洲以及世界范围内的影响。钱存训的《中国纸和印刷文化史》(广西师范大学出版社 2004 年版)是为李约瑟所编著的《中国科技史》中《纸和印刷》分册的中译本。全书共分十章,除绪论外,纸、印刷以及两者的传播和影响各占三章。关于纸和印刷的章节,先述其源流发展,再以专题的形式讨论两者的技术、方法、用途。关于传播和影响的章节,则介绍纸与印刷的西传、东渐和南传,阐明两者对世界文明演进的贡献。

此外还有曹之的《中国印刷术的起源》(武汉大学出版社 1994 年版),作者系统分析了和印刷术产生有关的社会现象和基本条件,客观、科学、全面地论证了“唐代发明说”。肖东发的《中国图书出版印刷史论》(北京大学出版社 2001 年版)从出版的角度研究印刷史,论述了印刷术的起源和发展脉络,反驳了“韩国发明说”。

20 世纪 90 年代以前,文献编纂、编辑史方面的著作比较少。到了 90 年代,有韩仲民的《中国书籍编纂史稿》(中国书籍出版社 1988 年版),全书按图书形式的发展分为简册篇、写本篇和刊本篇,结合出土文物和文献资料,叙述了从传说时代到清代纂修《四库全书》间各个朝代重要典籍的编纂者和成书经过,按书成篇,系统性不强,但不失为对中国古籍编纂史研究的一种尝试。此后，姚福申撰写的《中国编辑史》(复旦大学出版社1990年版)，探讨了从文献起源到民国时期的中国编辑出版的历史，是我国第一部系统研究编辑史的著作。十几年间，作者又对该书进行了修订，加入了新中国成立之后到改革开放时期的编辑出版工作的情况。修订本2004年由复旦大学出版社出版。1992年，靳青万的《中国古代编辑史论稿》(河南大学出版社1992年版)，则进一步对中国古代编辑史作了较为系统的论述。

20世纪90年代，编辑学教育受到了重视，这个时期出现了一批编辑学课程的教材，如肖东发的《中国编辑出版史》(辽宁教育出版社1996年版，2002年再版)，曹之的《中国古籍编撰史》(武汉大学出版社1999年版，2006年再版)，黄镇伟的《中国编辑出版史》(苏州大学出版社2004年版)等。此外，还有申非的《编辑史概要》(中国农业出版社1994年版)，倪波、穆纬铭的《江苏报刊编辑史》(江苏人民出版社1993年版)，许尔兵的《中国古代书籍编纂与出版》(江苏古籍出版社1998年版)。

20世纪90年代起，发行史研究进入了成熟时期，首先是两部个人论文集的问世，分别是吴柏龄的《中国图书发行简史与发行刍议》(黄山书社1991年版)和汪轶千的《中国发行的昨天与今天》(中国大百科全书出版社1994年版)，两部书的作者都有长期从事图书发行工作的经历，研究发行史多出于现实工作的需要。2000年，李瑞良的《中国古代图书流通史》(上海人民出版社2000年版)和郑士德的《中国图书发行史》(高等教育出版社2000年版)相继问世，两书都是系统研究中国图书流通、发行史的著作，具有开创意义。前者重点探讨了周秦到明清时期图书生产、流通的历史，既包括图书作为商品的贸易活动，也包括非商业性质的传递和交流。后者则采取详今略古的原则，重点阐述近现代书业，尤其是新中国建立后50年间图书发行事业的发展。2005年,高信成的《中国图书发行史》(复旦大学出版社2005年版),由复旦大学出版社出版。该书分为古代、近代、现代三编,叙述了自西汉初年到新中国成立前图书发行事业的历史,着重介绍了各个时期书肆、书房、书店产生、发展的情况,以及相关出版物在发行方法上的特点,总结出当时图书发行工作的规律和发展趋势。此外还有彭斐章的《中外图书交流史》,由湖南教育出版社1998年出版。

3.4 出版史专题研究

这一时期,对近现代出版史上有重要影响的出版机构,如商务印书馆、中华书局、生活·读书·新知三联书店等研究层出不穷。尤其是对商务印书馆的研究种类繁多,重要的有馆庆时编纂的社史回忆资料:《商务印书馆九十年》(1987年)、《商务印书馆九十五年》(1992年)、《商务印书馆一百年》(1998年);大事记有《商务印书馆大事记》(1987年)、《商务印书馆百年大事记1897—1997》(1997年)、《商务印书馆110年大事记(1897—2007)》(2007年)等。馆史研究方面的著作有《商务印书馆史及其他》(中国书籍出版社1998年版)、《文化的商务》(商务印书馆2000年版)、《商务印书馆:民间出版业的兴衰》(上海教育出版社2000年版)、《从印刷作坊到出版重镇》(广西教育出版社1999年版)、《上海商务印书馆(1897—1949)》(商务印书馆2000年版)、《商务印书馆与近代知识文化的传播》(商务印书馆2005年版)、《商务印书馆与近代文化》(北京大学出版社2005年版)等。关于中华书局历史的著作有:《回忆中华书局》(中华书局1987年版)、《中华书局大事纪要》(中华书局2002年版)、《我与中华书局:中华书局成立九十周年纪念文集》(中华书局2002年版)、《中华书局与近代文化》(中华书局2007年版)等。关于三联书店历史的著作有:生活·读书·新知革命出版工作五十年编创组编的《生活·读书·

新知革命出版五十年》、生活书店史稿编辑委员会编的《生活书店史稿》等。关于其他出版机构的著作有:《开明书店纪事》(山西人民出版社1991年版)、《回忆亚东图书馆》(学林出版社1983年版)、《创造社与泰东书局》(广西教育出版社1999年版)、《巴金与文化生活出版社》(上海文化出版社2003年版)等。对新华书店的研究也有一批著作问世,如郑士德主编的《新华书店五十春秋》(新华书店1987年印刷),周保昌著的《东北解放区出版发行工作回顾》(辽宁人民出版社1988年出版),王益等著的《战争年代的山东新华书店》(山东人民出版社1990年出版)等。

对近现代出版业发展作出重要贡献的出版人的研究,在这一时期也很受重视。关于张元济的评传和研究著作数量最多,其中比较著名的有《仁智的山水:张元济传》(上海文艺出版社1994年版)、《大变动时代的建设者》(四川人民出版社1985年版)、《近代出版家张元济》(商务印书馆1984年版,1995年增订)等。对于其他重要出版机构的执事者也有不少研究成果,如《陆费逵与中华书局》(中华书局2002年版)、《韬奋我的出版主张》(广西教育出版社1999年版)等。

4　藏书史

这个时期藏书史的研究主要集中在藏书史著作的编撰、皇室藏书研究、私家藏书研究、地方藏书研究、藏书史资料的整理汇编。

对于中国藏书史的研究,最早可以追溯到叶昌炽的《藏书纪事诗》。1988年,徐雁、谭华军译注了谭卓垣的《清代藏书楼发展史》,并集补了《续补藏书纪事诗传》,内容包括《续补藏书纪事诗》、《辛亥以来藏书纪事诗》、《广东藏书纪事诗》,合成《清代藏书楼发展史 续补藏书纪事诗传》一书,为近300年来藏书事业的发展留存了大量珍贵的史料，成为较早研究藏书史的著作。此后，1993年又有周退密、宋路霞合著的《上海近代藏书纪事诗》问世。20世纪90年代，出现了四部系统的藏书通史著作。1997年，商务印书馆出版了焦树安著的《中国藏书史话》，是20世纪90年代以来第一部中国藏书通史。该书从先秦藏书机构的起源讲到近代图书馆的出现，介绍了历代图书的形态、分类编目和收藏情况，分析了社会政治、经济环境的变化对藏书活动的影响，最后说明了近代图书馆的出现促使图书典藏方式的改变，是一部系统、全面的中国古代藏书史。进入新世纪，2001年，有两部重要的藏书史著作问世，一部是傅璇琮、谢灼华主编的《中国藏书通史》，另一部是范凤书著的《中国私家藏书史》。前者是我国目前为止内容最为完备的藏书通史著作。该书历时5年编撰，共计100余万字，分为先秦藏书、秦汉藏书、魏晋南北朝藏书、隋唐五代藏书、宋辽夏金藏书、明代藏书、清代藏书、20世纪中国藏书8编，以通史体例叙述了我国四大藏书系统官府藏书、私家藏书、寺观藏书、书院藏书发生和发展的趋势，该书作者认为“中国藏书史是一门总结中国历代藏书事业发生、兴起、发展、繁荣、鼎盛及其转型的过程及其规律的学问”①。范凤书著的《中国私家藏书史》是第一部私家藏书通史，全书按手抄、雕版印刷与手抄并举、机械排印的书籍制作方式与私家藏书的兴起、兴盛、鼎盛及转型相对应分为三编，叙述了各时期中各个朝代私家藏书的发展状况。书末另辟“总论与专论”部分，以专题形式分析探讨了私家藏书研究中的一些重要问题，如私家藏书与国家图书馆事业发展，藏书家的区域分布，藏书家群体剖析等。此外，藏书史著作还有许碚生著的《古代藏书史话》、徐凌志主编的《中国历代藏书史》、李雪梅著的《中国近代藏书文化》等。

① 傅璇琮，谢灼华. 中国藏书通史[M]. 宁波：宁波出版社，2001.

私家藏书研究主要是对藏书家、藏书楼的研究。这个时期研究藏书家的著作，最早的是1980年台湾学海出版社出版的潘美月著的

《宋代藏书家考》，介绍了五代末宋初到南宋末期五个时期中的128个藏书家或藏书世家的生平及藏书事迹。之后的八九十年代出现了藏书家著作出版的高潮，内容包括地区藏书家研究，著作有吴晗撰的《江浙藏书家史略》(1981年)，钱亚新著的《浙东三祁藏书和学术研究》(1981年)，顾志兴著的《浙江藏书家藏书楼》(1987年)，王绍曾、沙嘉孙合著的《山东藏书家史略》(1992年)，薛愈编著的《山西藏书家传略》(1996年)。历代藏书家研究著作有苏精著的《近代藏书三十家》(1983年)，林申清编的《明清藏书家印鉴》(1989年)。藏书家群体研究著作有郑伟章、李万健合著的《中国著名藏书家传略》(1986年)，杨立诚、金步瀛编的《中国藏书家考略》(1987年)。藏书家工具书也有几部问世，如李玉安、陈传艺编的《中国藏书家辞典》(1989年)，王河主编的《中国历代藏书家辞典》(1991年)，梁战、郭群一编著的《历代藏书家辞典》(1991年)。这时期的著作以藏书家传略的形式为主，尚未对中国古代私家藏书活动进行系统深入的研究。

1999年，黄建国、高跃新主编的《中国古代藏书楼研究》由中华书局出版。该书是关于中国古代私家藏书研究文章的结集，共收论文34篇，研究内容集中在江浙藏书家和藏书楼、藏书现象、藏书文化等方面，是私家藏书史研究的初步成果，为下一步的研究指明了方向。任继愈主编的《中国藏书楼》(辽宁人民出版社2000年版)是一部系统探讨中国藏书楼发展历史的著作，全书分为三编，上编“藏书论”概论了官府、私家、寺观、书院四大系统藏书楼的产生、发展、特点和历史贡献，另辟专论章节讨论了藏书来源、私家藏书观、藏书与借书、藏书与刻书、藏书与目录学、藏书与书厄、藏书与书籍保护、藏书家与版本学、藏书家与书商、藏书与藏书印等专题。中篇“中国藏书楼发展史”，探讨了各个历史朝代公私藏书的情况以及旧式藏书楼向图书馆的演变。下编是“中国藏书大事年表”。书后附有“中国藏书楼索引"、"中国藏书家索引",便于读者检索。该书资料丰富,论述面广,是研究中国藏书史的重要著作。

古代的藏书事业发展到近代,逐渐被西方传入的图书馆事业所取代,这一时期出现了几部重要的图书馆史的研究著作。1983年,严文郁作《中国图书馆发展史》(台湾中国图书馆学会1983年版),探讨了图书馆事业产生的背景和从清末至抗战胜利之间的发展历程,分别叙述了中国图书馆立法、图书馆教育及图书馆学研究、图书馆团体和国际关系等问题。作者认为,旧式图书馆(藏书楼)是图书馆事业发展的历史基础和实际支柱,图书馆事业的发展是渐进的,藏书楼是必经的阶段。[①] 此后,王酉梅著的《中国图书馆发展史》(吉林教育出版社1991年版),从商周到解放战争时期,介绍了我国古代图书馆的起源、兴盛和衰落以及近代图书馆的兴起和发展,探讨了图书馆的发展与社会政治、经济、文化的关系,内容丰富,具有一定的参考价值。卢荷生的《中国图书馆事业史》(台湾文史哲出版社1986年版),首章中作者发表了对于研究图书馆史的旨趣见解。他认为,研究图书馆史,至少可以得到几方面的成就:了解过去图书馆发展的经过,分析过去图书馆成功的原因,比较图书馆发展的差异,研究图书馆发展的途径,等等。[②] 随后八章介绍了历代图书馆事业的情况,最后总结了我国图书馆事业的特点。此外,1993年,刘少泉编著的《中国图书馆事业史》由四川大学出版社出版。

① 严文郁.中国图书馆发展史:自清末至抗战胜利[M].台北:中国图书馆学会,1983:1.

② 卢荷生.中国图书馆事业史[M].台北:文史哲出版社,1986:6.

进入21世纪,地方藏书研究逐步发展起来,以浙江和江苏两地的藏书研究为代表。出版的著作有:江庆柏著的《近代江苏藏书研究》(2000年),叶瑞宝等著的《苏州藏书史》(2001年),骆兆平编纂的《天一阁藏书史志》(2005年),顾志兴主编的《浙江藏书史》(2006年),薛贞芳著的《徽州藏书文化》(2007年)。同时,以往研究比较薄弱的皇室藏书也有著作问世,如齐秀梅、杨玉良等著的《清宫藏书》

（紫禁城出版社2005年版），张升著的《明清宫廷藏书研究》（商务印书馆2006年版）等。

这一时期，藏书史资料的搜集和整理也受到了重视。最早的是1982年李希泌、张椒华编的《中国古代藏书与近代图书馆史料（春秋至五四前后）》。随后，徐雁、王燕均主编了《中国历史藏书论著读本》（1990年），作者徐雁在书前撰写《中国历史藏书常识录》，书中所收原始材料都有专人校点，各材料之首有"导读"，之末配有"参读"文献，便于读者阅读、理解和使用。1997年，袁咏秋、曾季光主编的《中国历代图书著录文选》，是一部关于我国古代图书创作、收藏、流传情况的资料集，包括官录史志及书志、历代图书著录名著论评、私家撰述各类书目举要三个部分。同时出版的《中国历代国家藏书机构及名家藏读叙传选》（1997年），包括中国历代国家藏书机构、中国古经籍与教化、中华文化古籍之源流故实、历代名家藏读叙录选四个部分，细数了中国历代文化典籍的形制成书和内容体例，以及在当时社会的政治、文化等背景因素中，图书典籍藏读刊布的情况。与前者互为补充，对研究中国文献史、藏书史和传统文化有重要的参考价值。

5 阅读史

出版、收藏和阅读是图书流传的三个重要环节。相比图书史、出版史和藏书史研究的相对成熟和完善，这个时期的阅读史研究只能说刚刚起步，主要的研究活动集中在进入21世纪之后。西方学术界对阅读史研究的开展比较早，已有相当一部分的研究著作问世。我国阅读史研究开始于对西方阅读史研究成果的总结和借鉴。

国内对阅读史研究的广泛关注源于一部著作的引入。2002年，加拿大作家曼戈尔（Alberto Manguel）的《阅读史》在商务印书馆出版。1996年,该书英文版率先在英国出版,1998年推出了法文版,同年即获得了在欧洲享誉极高的法国美地思斯随笔奖(Prix Medicis)。该书不是一部纯粹的学术著作,而是国内引进的第一部关于西方阅读史的理论著作。该书影响很大,提出了书本狭义阅读之外的周边世界"广义阅读"的概念,文字浅易,结构明晰。有研究者认为,该书的意义在于"作者以满含激情和生动的笔调对大众进行了西方阅读文化和知识以及西方阅读史历程的普及"[①]。

王余光、许欢的《西方阅读史研究述评与中国阅读史研究的新进展》回顾了20世纪中后期以来的西方阅读史从理论上到实践中的探索,介绍和分析了西方阅读史的一些基本概念、基础理论、主要研究对象、研究范围和研究方法,由此提出了中国阅读史研究的任务和内容。

这个时期出现了一些关于阅读史研究的理论著作,但数量不多,且多数是以往研究的结集,内容集中在研究对象和研究体系探讨上。2003年,王龙的《阅读研究引论》[②]出版。作者多年来致力于阅读的研究,在本书中得以体现。《阅读研究引论》从宏观、中观、微观三个层次提出了十个阅读研究的课题。作者认为这是国内阅读研究需要加强的内容,并不代表阅读研究的全部领域。这十个领域包括:阅读研究总论、阅读社会学、阅读政治学、阅读史、阅读的文化研究、阅读活动研究、阅读的卫生学、阅读的语言学、阅读活动信息论、儿童阅读学。该书名为"引论",意在为阅读研究提出这一系列的问题,引发学术界的思考,并在此基础上进行深入系统的研究。

2004年11月,多卷本《中国阅读通史》编撰会议在北京大学召开。这次会议汇集了北京大学、南京大学、武汉大学、苏州大学等五所院校的相关研究者。会议就《中国阅读通史》撰写的意义、内容、分卷大纲以及编撰过程中的学术规范和研究进程等方面的内容进行了

① 王余光,许欢.西方阅读史研究述评与中国阅读史研究的新进展[J].高校图书馆工作,2005,25(2):5.

② 王龙.阅读研究引论[M].香港:天马图书有限公司,2003.

讨论，最后各位研究者在对中国阅读通史内容体系的架构问题上达成了共识，明确了撰写的主旨。[①]目前，这部国内阅读史研究的第一部通史即将由安徽教育出版社出版发行，填补了阅读通史著作的空白，具有重要的意义和学术价值。该书与《中国出版通史》、《中国藏书通史》两书一同构成了我国书文化史（出版文化、藏书文化、阅读文化）的一个较为完备的体系。

① 许欢.《中国阅读通史》编撰工程启动[J].图书馆杂志,2005(3).

2007年，王余光等著的《中国阅读文化史论》[②]一书由北京图书馆出版社出版。本书主要从阅读文化、阅读史、书的选择与阅读、网络阅读等四个方面对古今中外的阅读文化和阅读史进行了研究，反映了当前国内外阅读研究的热点和最新成果。多位研究者从不同角度考察了阅读这种文化现象及其历史，总结了中国阅读史的优良传统，构建了中国阅读史的研究内容。这本阅读文化史学研究专著的问世，填补了中国阅读史、阅读文化研究的空白，有助于形成良好的社会阅读风气，促进社会文化水平的提升。更值得一提的是，2007年，北京大学信息管理系博士研究生汪琴的博士学位论文《中国阅读文化的理论研究》，顺利通过答辩，是近年来该领域研究的重要成果。该论文在目前对"阅读文化"的深度研究几乎是空白的情况下，对中国阅读传统进行系统总结，构建了中国阅读文化的理论研究框架，为阅读文化学和相关学科的理论研究提供了新的思路。

② 王余光，等.中国阅读文化史论[M].北京：北京图书馆出版社,2007.

这个时期的阅读史研究，还包括学术期刊上阅读专栏的出现。这个时期比较有影响的阅读研究专栏共有四个：2004年，《图书情报知识》第4期开辟了"阅读文化研究"专题，是由北京大学王余光教授主持的阅读文化研究，共刊发了五篇文章，讨论了阅读文化研究、出版与大众阅读关系、图书馆与大众阅读关系、家庭阅读的重建、20世纪90年代以来中国大学生时尚阅读等问题。2005年，在"阅读文化研究"的基础之上，王余光等又对"网络阅读"展开了思考和讨论，其研究成果刊发在第5期的《图书情报知识》上,内容包括:世纪之交读者阅读习惯的变化、博客阅读、高校BBS阅读版面、网络阅读指导和文本尊重情结。2007年,《高校图书馆工作》第2期开辟了"阅读理论与实践"专栏,刊发了6篇文章,分别讨论阅读史、中国文人生活与阅读、儿童读物出版与阅读、社会意识对阅读的影响、芝加哥学派的阅读研究、网络阅读等问题。刊出的这组文章,是"阅读文化研究"与"网络阅读研究"的延续。

2007年4月23日,是第12个"世界读书日",中国图书馆学会科普与阅读指导委员会、中国写作学会阅读学专业委员会、福建省阅读学会共同主办的"世界读书日在厦门:多元媒体时代的阅读问题"研讨会,在厦门召开。《新世纪图书馆》编辑部派代表参加了会议,并于同年第3期开辟"世界读书日专栏",组织编发了一组6篇文章,包括社会阅读的几个问题、阅读与人生、世界各国的阅读运动、推进我国全民阅读的策略、南京图书馆读书活动报道、世界读书日活动综述,介绍了阅读学的研究现状及世界读书日活动的开展情况。

这些学术期刊中"阅读研究"专栏的出现,表明阅读现象及其理论和实践的研究,已经引起学术界的关注,形成了一定的研究规模,为以后的研究指引了方向。

第六章　文献学家研究

1　研究概述

在中国，文献学研究历史悠久，源远流长，涌现了一大批文献学学者，张家璠、阎崇东曾主编《中国古代文献学家研究》（广西师范大学出版社1996年版）一书，对这些学者的生平与成就作了初步的总结，但此书收录仅限于古代。进入20世纪，文献学蓬勃发展，文献学者更是人才辈出，这两者是相辅而相成。

20世纪中国文献学者群体出现，他们延续着传统文献学研究的路径，做着目录、版本、校勘、辨伪、注释等工作，但在新时代又体现出新的特征，我想这与20世纪的社会、思潮及文献变迁有着密切的关系。

根据已有的了解与认识，现将20世纪文献学者群体中重要的文献学家（限已故者），约40位，分析其学术背景，大致有以下几类：

（1）传统的藏书家或图书馆专家。藏书家如李盛铎、叶德辉、张元济、董康、傅增湘、伦明、朱希祖、郑振铎、王欣夫、杨家骆等；在图书馆工作或曾在图书馆工作过的文献学家如胡朴安、柳诒徵、蒋伯潜、王献唐、杜定友、孙楷第、范希曾、向达、陈登原、谢国桢、王重民、顾廷龙、赵万里、冀淑英等。李盛铎的《木樨轩藏书题记及书录》、傅增湘的《藏园群书题记》、朱希祖的《明季史籍题跋》、王献唐的《国史金石志》、孙楷第的《中国通俗小说书目》、范希曾的《书目答问补证》、谢国桢的《晚明史籍考》、王重民的《中国善本书提要》及《补编》等，都是相当重要的书目及提要。张元济的《校史随笔》、柳诒徵的《中国版本概论》、赵万里的《中国版刻图录》等，都是很重要的校勘、版本学著作。他们有条件接触大量文献典籍，其成就偏重于目录、提要、版本及文献收集、编纂诸端，实践性强，具有很高的实用价值，体现了传统文献学的延续性。

(2)以教学、研究为主的文献学家，如孙德谦、梁启超、张国淦、王国维、陈垣、余嘉锡、钱基博、汪辟疆、张心澂、郑鹤声、姚名达、郭伯恭、张舜徽、程千帆、吴枫等。张国淦的《中国古方志考》、王国维的《观堂集林》中的一些文献学论著、余嘉锡的《四库提要辨证》、张心澂的《伪书通考》、郭伯恭的《四库全书纂修考》等，偏重文献考证；梁启超的《古书真伪及其年代》、王欣夫的《文献学讲义》、张舜徽的《中国文献学》、吴枫的《中国故典文献学》等，均是应教学之需所作的讲义或教材，偏重理论与方法的概括。

我们考察近30年中去世的文献学家，主要有以下12位(见下表3-6-1)：

表3-6-1 1978年以来重要文献学家简表(按生年排)

序号	姓名	生年	卒年	籍贯	文献学代表作
1	张心澂	1896	1988	广西永福	《伪书通考》
2	孙楷第	1898	1986	河北沧县	《中国通俗小说书目》
3	郑鹤声	1901	1989	浙江诸暨	《中国文献学概要》
4	谢国桢	1901	1982	河南安阳	《晚明史籍考》
5	顾廷龙	1904	1998	江苏苏州	《顾廷龙文集》
6	赵万里	1905	1980	浙江海宁	《中国版刻图录》
8	王绍曾	1910	2007	江苏江阴	《清史稿艺文志拾遗》
7	张舜徽	1911	1992	湖南沅江	《中国文献学》

续表

序号	姓名	生年	卒年	籍贯	文献学代表作
8	杨家骆	1912	1991	江苏南京	《四库大辞典》
9	程千帆	1913	2000	湖南宁乡	《校雠广义》
10	冀淑英	1920	2001	北京	《冀淑英文集》
11	吴 枫	1926	2001	辽宁兴城	《中国古典文献学》

下面就其中几位的生平和文献学成就略作介绍，分别是张舜徽、杨家骆、程千帆、吴枫和王绍曾。

2　张舜徽

在张舜徽的学术生涯中，贯穿始终的一个研究领域，即是文献学研究。在近50年间，出版了一系列文献学著作，比较重要的有《广校雠略》(1943)、《中国历史要籍介绍》(1955)、《中国古代史籍校读法》(1962)、《清人文集别录》(1963)、《中国文献学》(1982)、《清人文集条辨》(1986)、《汉书艺文志通释》(1990)等。这些著作对20世纪后半期中国文献学的发展产生了深远的影响。特别是在古典文献学领域，他的著作构建了学科思想、方法与研究规模，成为古典文献学研究的基本范式。

2.1　校雠学的总结

张舜徽早年治学，推崇郑玄、郑樵，并将书房命名为“仪二郑斋”。关于郑玄，张舜徽曾写有《郑学丛著》一书，以彰其学说，认为郑氏遍注群经，是个了不起的人。关于郑樵，张舜徽晚年在回忆与余嘉锡交往时说：

舜徽治学蹊径，与先生(指余嘉锡)不能尽同。小子狂简，好弄柔翰。年甫三十，即属草为《广校雠略》一百篇，评骘古今，畅抒己见。

与先生平日论学之旨,时有不合。先生论及校雠,不甚喜郑樵、章学诚,谓其考证粗疏,殊不足取。舜徽服膺两家,独推其识见之卓。

可见对郑樵的喜爱。1943年,张舜徽仿效郑樵《通志·校雠略》之体例,写成《广校雠略》。《广校雠略》一书,是张舜徽执教于湖南宁乡之民国大学中文系时所写,为"读书指导"课的教本,1945年有壮议轩自刊本。自刊本流布甚稀,1962年,作者将其交中华书局出版,新版于原书之后增加了三种附录:《汉书艺文志释例》、《毛诗故训传释例》、《世说新语注释例》。

《广校雠略》共五卷一百篇,主要讨论了以下几个问题:

(1)讨论校雠学及相关名称。虽然"文献学"的名称在20世纪初期就已被使用,但不普遍。比较普遍被人们接受的名称是"校雠学"。张舜徽在《广校雠略》一书中,主张的也是广义的校雠学。他说:

近世学者于审定书籍,约分三途:奉正史艺文、经籍志及私家簿录数部,号为目录之学;强记宋、元行格,断断于刻印早晚,号为板本之学;罗致副本,汲汲于考订文字异同,号为校勘之学。然揆之古初,实不然也。盖三者俱校雠之事,必相辅为用,其效始著。[①]

张舜徽本郑樵、章学诚的观点,强调目录、版本、校勘皆校雠之事,校雠学之外,不应另有目录学的存在。

然而,自清以来,学术研究日益专门与深入,至20世纪三四十年代,目录、版本、校勘及相关联的辨伪、辑佚等研究,逐步形成专门之学,正如蒋伯潜所说:"目录学已与狭义的校雠学分道扬镳,以附庸蔚成大国了。"[②]目录学之外的其他专门研究情形也大致如此,版本学、校勘学、辨伪学、辑佚学逐步形成。相反,到了20世纪后期,"校雠学"的名称也不常用了,被"文献学"所取代。

(2)讨论古代书籍著述的相关问题,主要包括:①著述体例,强调著作、编述、抄纂三者之区别;②著述标题;③关于作者;④称引体例;

① 张舜徽.广校雠略[M].北京:中华书局,1963:1.

② 蒋伯潜.校雠目录学纂要[M].台北:正中书局,1944.

⑤序书体例;⑥注书流别。

(3)讨论古代书籍流传问题,先阐发简纸与书籍的篇卷,再谈书籍之散亡。

(4)讨论校雠学的各种方法,如目录、分类、校勘、辨伪、辑佚等。

(5)讨论汉唐宋清学术成就,重点放在校雠学方面,如辨章学术始于太史公、郑玄注群经、宋代私门校书、群经新疏未必尽善等。

《广校雠略》之后,1946年,张舜徽将历年所写的文献学论作5种合刊,在兰州出版排印本《积石丛稿》,这5种中的前三种都是关於古籍释例方面的:《汉书艺文志释例》、《毛诗故训传释例》、《世纪新语释例》,旨在讨论刘歆、班固著录图书的原则,以及注经、注史的变化,可以与《广校雠略》互为表里。

2.2　典籍的叙录与考辨

20世纪50年代,张舜徽出版《中国历史要籍介绍》与《中国史论文集》二书。前者是作者在历史系讲授"中国历史要籍介绍及选读"一课的讲稿,注重对基本史料与重要史籍的介绍;后者重点讨论史料运用与处理的方法。"文革"结束之后,随着中国教育事业的恢复与发展,大学生与社会读者对"历史书籍介绍"这一类书籍的需求大为增加,此时,张舜徽将《中国历史要籍介绍》进行修订,更名《中国古代史籍举要》出版。修订本在原书的基础上,增加了五章:实录、学术史、史辨书籍、史论书籍、史考书籍,比原来介绍史籍的范围扩大了。几年之后,张舜徽又主编《中国史学名著题解》出版,这本书有两个特点:一是从"辨章学术、考镜源流"的角度,辩证地处理史籍归类问题,对传统类目有所突破;二是又一次扩大了史籍范围,除传统各类外,又收有金石甲骨考证类、笔记类、类书丛书类、文编类等。

提要、别录这一体裁是历代文献学家、藏书家研究文献的重要方式。张舜徽在阅读了1100余家清人文集的基础上撰成《清人文集别录》一书,于1963年出版。该书录存600家,正如作者自己所说:"虽未足以概有清一代文集之全,然而三百年间儒林文苑之选,多在其中矣。"每篇叙录"辄好考作者行事、记书中要旨,究其论证之得失,核其学识之浅深"。"其有家学、师承或友朋讲习之益者,务令比叙,以见授受濡渐之迹"[①]。

首先是考作者行事。《清人文集别录》每篇之前均有作者生平的内容。考辨作者行事是传统叙录或提要的常规,从刘向的《别录》到《四库全书总目提要》,一脉相承。但张舜徽在所撰作者行事中,注重其家学、师承或交友,注重反映作者学术成长发展的脉络。如《解春集》作者冯景,张舜徽写道:

> 景一生好读书,所与游多当世名士,若万斯同、朱彝尊、阎若璩、毛奇龄之流,咸与往还。交阎、毛为尤密,集中与两家论学之文,质疑难、析奇义,不失为诤友。始若璩力攻伪古文《尚书》,景与桴鼓相应,集中卷八、卷九所题为《淮南子洪保》者,皆与若璩讨论伪古文《尚书》之作也。[②]

知人论事,对了解作者与认识作品皆大有裨益。

其次是记书中要旨,摘引了文集中的重要观点。举一二例:

李集《愿学斋文钞》:"尝言以经证经,汉儒家法,无不如是。自宋以后,都以臆说解经,而经亡矣。""又尝教学者力行师张履祥,经学师顾炎武,吏治师陆陇其。"[③]

又方苞《望溪先生文集》:"言及《古文尚书》,则疑其文明畅晓,必秦汉间儒者得古文原本,若其奥涩,而稍以显易之辞更之,其大体则固经之本文。"[④]

张舜徽在每篇别录中,几乎都有相关摘要,以见文集作者的重要观点。

第三是评论文集得失,这里既有对文集作者学风、学术水平高下

① 张舜徽.清人文集别录[M].北京:中华书局,1963:自序.

② 张舜徽.清人文集别录[M].北京:中华书局,1963:93.

③ 张舜徽.清人文集别录[M].北京:中华书局,1963:182.

④ 张舜徽.清人文集别录[M].北京:中华书局,1963:105.

的评论，也有对文集自身的考辨。如惠栋《松崖文钞》之别录，在谈到惠栋学术的成就时，张舜徽说：

自其以一门为天地，以汉儒为宗师，笃信谨守，不知其他。耳目局隘已甚。不复广采兼收，以会通经说之全。则其学之流于胶固，亦势所必然耳。惠氏学术，所以不及戴氏沾溉之广，亦即如此。[①]

清代吴、皖两派是朴学的代表，吴派代表人物惠栋与皖派代表人物戴震相较，自有其局限。

《清人文集别录》出版后曾多次重印，流传颇广，其学术价值也得到学者的高度赞誉。文学史家刘永济曾说："不意吾家中垒（指刘向）遗风，复见今日，为之狂喜。"又说："非有渊博之学，弘通之识，不足以成此书。观其评骘学术，论而能断，即足见其有学有识也。况其文笔雅健，又非常人所能逮；今人具此根柢者甚罕，能读此书者已不多矣。"[②]史学家顾颉刚在给作者的信中也称赞说："先生所作诸书，示学者以途径。启牖之功，实在张香涛《𬨎轩语》、《书目答问》之上。然彼二书，对我辈之效用已极巨。先生别白是非，指明优劣，上绍向、歆之业，下则藐视纪昀之书，其发生影响之大，固不待言也。"[③]

文集别录出版之后，张舜徽就清人笔记计划写三本书，以综论之。他说：

清人笔记中，复多经术湛深、考证邃密者，若李惇《群经识小》、邵晋涵《南江札记》、陈鳣《简庄疏记》、严元照《娱亲雅言》、郑献甫《愚一录》、邹汉勋《读书偶识》之类，其书甚广，余将为《群经汇解》以总会之。亦有博涉子史、校勘精审者，若卢文弨《群书拾补》、王念孙《读书杂志》、姚范《援鹑堂笔记》、何焯《义门读书记》、张文虎《舒艺室随笔》、孙诒让《札迻》之类，述造亦繁，余将为《群书集校》以综录之。[④]

以上所说的《群经汇解》与《群书集校》二书未见施行，张舜徽就所寓目的三百余种清人笔记，别择去取，选定一百种，加以考辨与综

① 张舜徽．清人文集别录[M]．北京：中华书局，1963：143.

② 张舜徽．旧学辑存[M]．济南：齐鲁书社，1988：1946.

③ 张舜徽．讱庵学术讲论集[M]．济南：岳麓书社，1992：406.

④ 张舜徽．清人笔记条辨[M]．北京：中华书局，1986：自序.

述,成《清人笔记条辨》一书。这本书以考辨笔记内容得失为主,间评作者学术水平的高下。

《清人文集别录》与《清人笔记条辨》二书是清代文献研究的重要著作,同时也是清代学术史研究的基础性成果。张舜徽另一个重要领域是清代学术史研究,[①]20世纪40年代,他在兰州执教时曾开设这方面的课程,并写有《中国近三百年学术史》初稿,其中《扬州学记》的叙论部分刊入《积石丛稿》(1946年)一书。五六十年代先后出版《顾亭林学记》与《清代扬州学记》二书,此后《清人文集别录》与《清人笔记条辨》相继问世。在此基础上,张舜徽于晚年对清代学术史作了一次系统的梳理与总结,出版《清儒学记》(1991)。因此可以说,清人文集与笔记的研究,是张舜徽清代学术史研究的重要一环。

① 华中师范大学博士生刘筱红以《张舜徽与清代学术史研究》为题,所作的博士学位论文,系统讨论了张舜徽在清代学术史上的研究成就。该书2001年由华中师范大学出版社出版。

2.3 注释的实践与方法

文献学理论研究往往离不开文献实践,即文献整理。文献版本、校勘、注释等整理工作,为文献学研究提供了重要的基础。张舜徽在文献整理方面的主要贡献是《说文解字约注》与《汉书艺文志通释》。

1948年,张舜徽在王筠《文字蒙求》的基础上,写成《广文字蒙求》一书。这部书后来收在张舜徽晚年出版的《旧学辑存》之中。在《广文字蒙求》的基础上,张舜徽从1961年起开始为《说文解字》作注。张舜徽吸取前人的研究成果,结合近世出土的甲骨文、金文等新材料,写成《说文解字约注》一书。全书200余万字,作者前后花了十年时间写成。这部书主要特点有三:一是广泛吸取前人研究成果。前人注文、各种典籍相关者、新出土的文献等,均广收博采,存其精义;二是阐明字义,遵循双声相衍之理。作者认为:"声在文之先,意在声之先,有是意而后有是声,有是声而后为文以象之。故凡发音部位相同之字,其义多相同或相近。"[②]三是每字之下都有注者的按语,

② 张舜徽.说文解字约注[M].郑州:中州书画社,1983:自序.

以抒发注者的见解，或补申《说文》中的疑义、阙义，或订正前人的附会和错误。

张舜徽晚年，在文献整理上的又一重要工作，是为《汉书·艺文志》所作的通释。《说文解字》是读书的基础，《汉书·艺文志》则为治学的纲领。故张舜徽自少好读是书，常置案头，时加笺记。直到晚年，重温是书，复有笺记，以成《汉书艺文志通释》（以下简称《通释》）一书。

在《通释》之前，张舜徽早年曾作有《汉书艺文志释例》，从甄审、著录、叙次、标题、注记五个方面，分析《七略》与《汉书·艺文志》的异同，总结出了《汉书·艺文志》的某些义例。今《通释》则是全面疏证《汉书·艺文志》，旁征博引而建树颇多，可谓是张舜徽晚年的又一力作。

《通释》一书，张舜徽在《自序》中就其内容作了说明，他说："凡前人之说有可取者，悉甄采之，句读之有误者正之，史证之偶疏者补之，亦间附论说以评断之。"

首先，《通释》对前人的研究成果加以甄采。如《汉书·艺文志》诸子略儒家类著录的《周史六弢》一书之下，就采录了颜师古、沈涛、姚振宗三家之说；《王孙子》书下采录了严可均、马国翰二家之说。这一方法即传统的"集注"，广采前人之说，保存并集中了丰富的材料，颇便读者。

其次，《通释》对句读有误者加以订正。句读和标点是对原文理解的第一步，不同的句读和标点往往会形成对原文不同的理解，不正确的句读和标点就会造成对原文理解的错误。《通释》对《汉书·艺文志》的句读和标点极为审慎，有些地方纠正了目前一些通行本的错误。如《汉书·艺文志》六艺略春秋类"春秋古经十二篇"。有书标点为"《春秋古经》十二篇"。《通释》标点为"《春秋》古经十二篇"。后者标点比较符合实际情况。

再次,史证之偶疏者补之。如《国语》与《左传》二书,司马迁、班固都认为是左丘明所作。张舜徽认为:“两书断限不齐,详略又异;所载史实,多有不合;甚至同记一事,而互有牴牾。从文体看,复不相类,其非出自一手,昭然易辨。”又,《孙子兵法》十三篇传世,后人多认为此书为曹操所重编。张舜徽以新出土的材料证明,曹操重编之说是没有根据的。

最后,间附论说以评断之。《通释》一书评断的内容非常广泛,多出作者己见。有对一书作者的确定,如《世本》,张舜徽认为此书是战国史官所辑,经秦汉时人整理成编。有对前说的评论,如《汉书·艺文志》孝经类有《尔雅》、《古今字》二书,章学诚认为此二书不当入孝经类。张舜徽认为:“汉人恒以《孝经》为五经之总会,故凡涉及诸经通训、经字异同之书,悉附列于此。章说失之。”图书的归类,不能不受时人学术的制约,后人不当以己见论之。张舜徽从汉人的立场看《尔雅》等书的归类,这正是一种解释古书的重要原则,即客观地历史地看问题。评断还涉及一书的注本或版本,如《尔雅》,前人注疏有郭璞、邢昺、邵晋涵、郝懿行四家,张舜徽认为后两家注本较好。这些评断对后学有裨益。

采、正、补、评断,构成了《通释》一书的基本内容,张舜徽以此四步骤向我们展示了解释古书的重要方法:首先要占有丰富的材料,广泛吸收前人的研究成果,以广见闻,为立论提供基础。也只有这样,后学才能超前人,才能有新建树。这是第一步。解释古书必须要有正确的断句与标点,这样才能有正确的理解。这是第二步。对前人的疏漏与错误加以订正,以正视听。这是第三步。在以上三步的基础上,再作自己的评断,而这种评断不应武断和臆测,而应持一客观的历史的原则,只有这样才能公允评断而不曲古人之义。这是第四步。这一方法不仅对解释古书适用,对研究古代文化的其他领域,也给我们多有启发。

2.4　文献学的建立

作为一个传统学者，张舜徽有关文献学的见解与观点主要散见于他的文献学著作中。文革结束后，文献学教育与研究逐步受到重视，文献整理工作开展得也较普遍，在这种时代需求之下，张舜徽将他的文献学理论进行了一次系统总结，并写成《中国文献学》一书。这部书构建了文献学研究的基本框架，包括：(1)文献学理论探讨；(2)文献研究；(3)文献整理研究；(4)文献学史的总结。

(1)文献学理论的探讨，张舜徽主要集中在文献学要承担如何的时代使命。20世纪初，梁启超提出文献学，即广义的史学，也就是说，文献学是史学研究的基础。张舜徽禀承这一学术观点，进而讨论文献学的任务，在张舜徽看来，文献学的主要任务是在文献整理的基础上，“去粗取精，删繁就简，创立新的体例，运用新的观点，编述为有系统有剪裁的总结性的、较全面的、完整的《中华通史》”[①]，以使人们了解中国悠久的文化，油然而生爱国之心。现在来看，这个任务已超越了文献学家的职责，应该由历史学家来承担。但是在过去，文献学与史学密不可分，因此可以说，这一观点正是“文献学是广义的史学”的一个重要解说。

① 张舜徽．中国文献学[M]．郑州：中州书画社，1982：5.

(2)文献研究。《中国文献学》详细讨论了古代文献的材料(甲骨、金石、缣帛和纸)，古代文献的散亡，古代文献的著述方式与体例，写作的模仿、伪托、类辑等。在《广校雠略》中，作者也涉及这些问题，但《中国文献学》在这方面更加系统而全面。

(3)文献整理。《中国文献学》首先讨论了版本、校勘、目录，这三者是过去校雠学的核心内容。在版本、校勘、目录三者之外，张舜徽又提出文献整理的六种方法：抄写、注解、翻译、考证、辨伪、辑佚。方法之外，张舜徽提出今后整理文献的主要任务：一是甄录古代遗文；

二是改造二十四史;三是整理地方志书;四是融贯诸子百家。

(4)文献学史的总结。在《中国文献学》中,作者以较大的篇幅总结了前人整理文献的成果和历代文献学家在整理文献方面的成就。

《中国文献学》出版后,对文献学教育、研究和文献整理工作都具有相当重要的意义。首先,在文献学教育方面,这部书作为教材,在很多大专院校被广泛采用。在这部书出版的同时,张舜徽还选编了一本《文献学论著辑要》,先作内部印本,后增补出版,选择中国历代学者关于文献学的论著120篇,以供教学参考之用。其次,20世纪80年代,文献整理工作有较快的发展,大批古籍被整理出版。然而,古籍整理的人才比较缺乏,特别是一批中青年古籍工作者,没有经过系统训练,他们一边干一边学,这部书成为他们工作中的重要参考读物。最后,在文献学研究上,这部书的出版起到了标志性的作用,它标志了中国文献学的最后确立,其文献学理论,文献本体,文献整理方法及文献学史四个方面的构成,对今后文献学的发展起到了规范性的作用。在此后的时间里,文献学著作、教材不断出版,这些书或多或少地都受到《中国文献学》的影响。

3 其他文献学家

3.1 杨家骆

杨家骆是我国民国时期以来重要的文献学家,他的成就主要集中在目录学、图书分类学研究和从事编辑出版工作。

杨家骆生于1912年,祖上是金陵世族。启蒙甚早,未满十岁已遍读五经、先秦诸子与四史。并随祖父杨星桥编纂《国史通纂》,帮助辑录资料卡片。16岁毕业于东南大学附中高中部后,入国学专修馆深造。1928年,杨家骆进教育部图书馆工作,开始投身图书分类与目录学的研究，并着手中国古代典籍的整编与出版。1930年春，杨家骆与其兄弟及友人一起，在南京仓巷街87号创办了中国辞典馆和中国学术百科全书馆并任馆长，后又在上海、北平两地设立中国辞典馆分馆。1931年，杨家骆以弱冠之年出版了其主编的首部著作，200余万字的《四库大辞典》，引起了社会的广泛关注。其后7年间，杨家骆又陆续编辑出版了25种著作，共计150余册。[①]

① 徐苏. 杨家骆及其学术成就(上)[J]. 中国典籍与文化，1995(3):36.

1937年抗日战争爆发后，杨家骆将中国辞典馆向大后方转移，最后选定四川北碚为新馆址，继续进行典籍的整理与编辑出版工作。1939年初，杨家骆在友人的支持下，起草了编纂《教育百科全书的计划》，教育部于该年4月批准设立了以中国辞典馆为基础的"中国教育全书编纂处"。教育部长陈立夫任总纂，嘱杨家骆任主编，承担具体成书的任务。后因官方色彩浓厚，杨家骆辞去主编之职，迁辞典馆于北碚温泉公园新址。1940年，杨家骆把中国辞典馆和中国百科全书编辑馆已经出版的25种著作、48种定稿本及有关目录学的57种稿本先改编为《世界学典》中文版的各个分典，并于1943年在北碚设立"人文印刷厂"，以协助辞典馆排印诸学典。到1941年冬，杨家骆主持下的中国辞典馆和中国学术百科全书编辑馆除1937年前编辑出版的书籍约4000万字外，战前编成未出版和战后继续编成的书籍，积稿已达8000万字。[②]由于经费困难，遂与世界社和世界书局合作出版书籍。在全力编辑出版书籍的工作之余，杨家骆还为北碚地方志的修订以及大足石刻的考察研究作出了贡献。

②徐苏. 杨家骆及其学术成就(上)[J]. 中国典籍与文化，1995(3):37.

1945年秋，中国辞典馆易名为世界学院中国学典馆，迁往上海，由杨家骆亲自主持。同时保留四川北碚的馆舍，取名北泉分馆。次年杨家骆主编了《四库全书学典》和《清代著述志资料丛书》两部巨著影印出版。

1949年，杨家骆从大陆辗转去往台湾，先后任职于世界书局和鼎文书局,主编并出版了《中国学术名著》精装800册,《中国学术类编》750册。在台期间,杨家骆受聘于各高校教授目录学、史学和中国文学,授课之余继续典籍整理和编辑出版工作,主编影印了《永乐大典》803卷,与张其昀(晓峰)合编《四明丛书》精装本30册,以及各种辞典、文选、资料汇编、史学著作等。杨家骆晚年致力于《中华全书》的编纂和出版。1990年,以近80高龄亲自赴美,访问国会图书馆和燕京图书馆,研商扩编旧稿《中国图书大辞典》,以之为书源索引,为编刊《中华全书》做准备。回台后又上书建议编刊《中华全书》为海峡两岸文化合作课题。但这一切都未及实施。1991年9月11日,杨家骆病逝于台北,终年80岁。

综观杨家骆的生平,他治学从目录学、图书分类学入手,以四库为经、目录为纬,为日后的治学奠定了广博深厚的基础。有学者对杨家骆的目录学研究做过系统的评述,指出其目录学成就主要分为三个方面:首先是对《四库全书总目》的系统研究;其次是对《四库全书总目》编目理论的研究;最后是在丛书目录学上的研究;此外是他注意运用目录学的方法治学,尤其是在古籍整理和工具书编纂上的使用。[①]杨家骆一生以典籍整理和编辑出版为职志,长年累月,笔耕不辍,编辑出版了大量的丛书和工具书。据统计,从开始编著《四库大辞典》到抗战胜利前夕,17年中经他编写成稿的著作总字数达2亿之多,为四库全书总字数的1/5。[②]他在整理编纂大量典籍的同时,实际上也做着辑佚和校勘的工作。如他在20世纪60年代对《永乐大典》的整理研究,从1929年开始搜集资料,遍访中、美、日、德、俄、韩、越等国公藏和私藏的原书影印本和胶印本,并从西柏林民族学博物馆获得珍品参书7册,30年中搜集到《永乐大典》残本共计803卷。杨家骆在这套书中详述了编制原委,进行了书体的考证,编制了多重索引,这些工作正是古籍整理的基础性工作。在杨

① 徐苏.杨家骆目录学成就评述[J].江苏图书馆学报,1997(4).

② 徐苏.杨家骆及其学术成就(下)[J].中国典籍与文化,1995(4):91.

家骆60余年的编辑生涯中，始终贯彻着网罗群籍、追本溯源并详加考证的工作原则，这些都成为保存我国古代文献和从事文献整理工作的巨大财富。

3.2　程千帆

程千帆是我国著名的文史学家、教育家、诗人。他的学术视野十分宏阔，研究领域相当广泛，举凡校雠学、史学、古代文学、文学批评史，他都有很深透的研究，并取得了卓著成就。他的文献学成就主要体现在著作《校雠广义》和文献整理工作上。

程千帆（1913－2000），原名逢会，改名会昌，字伯昊，四十以后，别号闲堂。千帆是他曾用过的诸多笔名之一，后通用此名。湖南宁乡人。程千帆出生于富有文学传统的家庭，幼承庭训，曾系统学习经、史，广泛阅读古代典籍。1932年进入金陵大学中文系，受业于黄继刚（侃）、胡小石（光炜）、刘衡如（国钧）、刘确杲（继宣）、胡翔冬（俊）、吴瞿安（梅）、汪辟疆（国垣）、商锡永（承祚）诸先生，为其日后的研究工作打下了坚实基础。1936年毕业后，工作单位屡经变迁。20世纪40年代初，曾先后任教于中央技艺专科学校、当时在乐山的武汉大学、在成都的金陵大学、四川大学。1945年抗战胜利后，又回到武汉大学，并任中文系系主任。1957年被错划为右派分子，被迫中断学术研究20年。之后于1978年受聘南京大学，带着满腔热情重新开始研究和教学工作，著述、整理、编辑著作10余部，并培养了一批博士、硕士研究生。

程千帆在校雠学方面的造诣主要体现在《校雠广义》一书上，在其诸多著述中，正是本书奠定了其文献学家的地位。《校雠广义》对校雠学研究的贡献主要体现在以下几个方面：第一，《校雠广义》全面总结前人的治书理论与实践，将校雠学重建为一门具有现代科学意义的完整学科。《校雠广义》首先对“校雠”和“校雠学”概念进行了一番正本清源的清理工作。作者首次将版本、校勘、目录、典藏四个部分隶属于校雠学这门学科之下,并根据校雠学发展的顺序来安排各编次序,使它们既成为相互联系的有机整体,同时又相对独立,各自成编,从而使得校雠学的内涵和外延都变得十分清晰,为这门歧义颇多的传统治书之学,重建了一个清晰而完整的学科体系。作为校雠学的基础工程,《校雠广义》还对所涉及的许多基本概念,如"版本"、"校勘"、"目录"、"目录学"[①]作出了准确而概括的表达。即使有的名词术语难加定义,作者也力求对其内涵作出概括与阐述。第二,作者将论述重点由历史源流转向实际应用,即有意避开"史"的一般描述,而将重点放在"学"的理论阐述。各编首章分别论述了版本、校勘、目录、典藏的功用,还单列许多章节专门介绍图书收集、鉴别、整理、保存的实际操作方法。此外,《版本编》在介绍古籍版本知识时,尽可能采用直观的形式,或用图解,或用表格,详尽具体,一目了然。这种做法,大大提高了本书的参考价值和实用性。第三,概观整部著作,可以说《校雠广义》继承并发扬了校雠学"辨章学术,考镜源流"这一优良学术传统。

① 程千帆,徐有富.校雠广义·版本编[M].济南:齐鲁书社,1991:7.

文献学理论研究往往离不开文献整理。文献注释、版本、校勘等整理工作,为文献学研究提供了重要的基础。程千帆非常重视文献整理,在这方面的主要贡献是撰写《史通笺记》,主编《全清词》、《中华大典》,以及晚年对沈祖棻、黄继刚、汪辟疆诸先生遗著的整理。

《史通》是中国古代最著名的史学理论著作,很受史学界重视。此书虽经卢文弨、浦起龙等学者整理、注释,而难解、误解之处仍然很多。1945年,程千帆开始为其作注。他以浦起龙的《史通通释》作底本,增补其不完整之处,改正其错误之处,提出许多独到的见解,写成《史通笺记》一书,此书1980年由中华书局出版。《史通笺记》较《史通通释》更为完备，特别是收入了近代学人的研究资料，为近代《史通》研究中最重要的著作之一。80年代以来，古籍整理成为学界的当务之急。程千帆对此项工作的重大意义有深刻的理解，他曾担任国家古籍整理出版规划小组顾问，为筹划全国的古籍整理工作献计献策，并亲自承担了《全清词》的主编，至2000年时，其中的"顺治、康熙"卷已出版了一、二两卷，其余八卷也已付排。直到80高龄时，他还以老当益壮的精神参加了《中华大典》的编纂工作，并担任其中《文学典》的主编，经过精心策划，至2000年时，《宋辽金元文学分典》已经出版。

在程千帆晚年的著述活动中，整理出版别人的著作是一个引人注目的情况。沈祖棻是程千帆同甘共苦的伴侣，她1977年不幸车祸去世后，程千帆开始精心整理其遗稿，推动了《涉江词》、《涉江诗》、《沈祖棻创作选集》、《宋词赏析》、《唐人七绝词》、《沈祖棻诗词集》等书的陆续出版。此外，黄继刚的《量守庐学记》、《黄继刚日记》和汪辟疆的《汪辟疆文集》、《三百年来诗坛人物评点小传汇录》也是经程千帆之手而得以整理出版的，程千帆以此作为对老师最好的纪念。

3.3　吴枫

吴枫(1926—2001)，辽宁兴城人，原名吴春成，是当代著名的历史学家、文献学家和教育家。1948年，吴枫入东北师范大学历史系学习，因成绩优异于1951年毕业后留校任教。从教后两年时间里，在教学外侧重史部文献的研究，担任了东北师大历史系的《中国历代食货志汇编》中《明史·食货志》的点校工作以及《明史大事年表》的编纂工作，在搜集钻研大量文献资料的基础上，"具备了初步整理研究古籍的能力"[①]。1953年起，吴枫开始致力于隋唐五代史的教学和研究。1955年完成了《隋唐五代史》的写作，1958年由中华书局正式出版。该书作为东北师大历史系"中国古代史"的课程教材，是20世纪五六

① 吴枫.吴枫学术文存[M].北京：中华书局，2002：360.

十年代出版较早的历史系教科书，在当时高校历史学专业产生了广泛的影响，吴枫也由此成为隋唐史研究领域的专家。20世纪80年代以后，文献学理论研究和体系建设进入了新时期，吴枫在继续隋唐五代史研究的同时，将更多的精力投注到古典文献学领域。1980年，吴枫先后为东北师大图书馆学系、历史系开设古典文献学课程。1982年，东北师范大学古籍整理研究所成立，吴枫任所长。同年，吴枫在整理旧稿的基础上，加入课堂讲授和研究搜集的新内容，撰写了《中国古典文献学》一书，由齐鲁书社出版。该书和同年出版的张舜徽的《中国文献学》，是我国最早的两部古典文献学专著，至今仍具有很大的影响。吴枫在教书育人的同时，从事学术研究工作，成果卓著，共发表有关隋唐五代史、古典文献学以及史学方法等论文50余篇，出版自著、合著和主编著作20部，总计3500多万字。[①]中华书局2002年出版了《吴枫学术文存》一书，收录了吴枫的45篇论文，是他一生学术见解的集中反映。

① 吴枫.中国古典文献学[M].济南：齐鲁书社，2005：再版后记.

吴枫在文献学上的成就主要体现在古典文献研究和理论总结以及古籍整理上。在古典文献研究上，吴枫是隋唐历史文献研究的专家，在这方面成果卓著。如他在《关于唐代历史文献的再认识》一文中，综述了唐代文献的集聚整理情况，对经学、史学、佛道著作以及诗文集、笔记小说、综合性类书等著述进行了分析，总结出唐代文献著述繁盛的社会原因在于唐人文化素质的提高，推知了唐人著述数量约有2600种左右。吴枫系统整理研究隋唐历史文献的重要成果体现在《隋唐历史文献集释》中。该书选择了200多种隋唐历史文献进行分类解题，每类书前有概述，说明文献的起源、发展演变、价值和特点、版本和利用等；此外还对各书分别撰写解题，考订重要文献，书后附有《现存唐人著述简目》，是一部资料丰富、内容全面的目录提要著作。在古典文献学理论研究上，《中国古典文献学》是其代表作。该书共分八章，系统探讨了古典文献的积聚和散失，源流和分类，类别与体式，构成及演变，介绍了四部书的构成及其演变，类书、丛书和辑佚书的情况，文献目录与解题，版本、校勘与辨伪，古典文献的收藏与阅读，内容广泛。此外，该书首次对民族文献进行了探讨，值得肯定。该书在80年代初出版，填补了文献学理论研究的空白，被称为“古典文献学研究的又一力作”。[①]在古籍整理上，吴枫的主要成就体现在主持编纂文献学工具书上，主要有《简明中国古籍辞典》、《中华古文献大辞典》、《中华儒学通典》、《中华道学通典》、《中华佛学通典》、《十三经大辞典》、《中华思想宝库》等。吴枫作为老一代文献学家的代表，他的学术成果和治学精神为后世树立了典范。

① 王余光，等．中国文献学理论研究百年概述[J]．图书与情报，1999(3)：13.

3.4　王绍曾

王绍曾（1910－2007），字介人，江苏江阴人，我国著名的古典文献学家。王绍曾少时接受严格的私塾教育，打下了良好的国学根底。1927年考入无锡国学专修学校，师从唐文治、钱基博等先生研修国学。1930年毕业后进入上海商务印书馆，协助张元济校勘《百衲本二十四史》，深受后者的影响和器重。“一·二八”事变中商务印书馆被毁，王绍曾回母校无锡国专任图书馆主任，在此期间发表了《二十四史版本严格考》、《史通引书考初稿绪论》等数篇论文。后任江阴尚仁中学校长，西昌《宁远报》经理、《新宁远》月刊主编、上海金山县县长等职。新中国成立后，到山东济南工作，长期任职于诸高校图书馆。1960年，以50高龄考取山东大学中文系高亨教授的函授研究生。1963年，经高亨推荐到山东大学图书馆工作，在此期间完成了《商君书集释》的撰写，却无奈在“文革”中文稿尽失。1978年，王纪曾负责《中国古籍善本书目》编纂工作中山大图书馆馆藏善本的鉴定和上报，编成《山东大学古籍善本书目》初稿,开始了系统的古籍整理和研究工作。1983 年,王纪曾调任山东大学古籍研究所教授,开始指导研究生。在年逾古稀之时,全身心地投入学术研究。此后 20 年,王纪曾在古典文献学的诸多领域投注了巨大的精力,成果显著。先后撰写和主持编写的著作有《近代出版家张元济》、《中国文化史知识丛书》、《渔洋读书记》、《山东藏书家史略》、《山东文献书目》、《山东藏书家史略》、《清史稿艺文志拾遗》、《百衲本二十四史校勘记》、《订补海源阁书目五种》、《目录版本校勘学论集》、《山左戏曲集成》等。

总结王绍曾的学术成果,他的文献学成就主要集中在目录版本校勘学研究、张元济研究、清代文献研究、山东地方文献研究四个方面。王纪曾的目录版本校勘学成就由他的三部代表著作集中体现出来。《山东文献书目》和《清史稿艺文志拾遗》两部著作是王纪曾在目录学、版本学研究上的重要成果。《山东文献书目》共著录了先秦至民国时期山东先贤著作有版本可考者 5208 部,以及与山东文献相关的非山东人著作 1336 部。该书出版后为山东地方文献的整理和保存起了指导性作用,并于 2004 年出版了《补编》。《清史稿艺文志拾遗》是王绍曾目录版本学研究的集大成之作,也是其清代文献研究的代表性著作。该书收录了《清史稿艺文志》及武作成《清史稿艺文志补编》之外的、有版本可考的清人著作 54888 部,375710 卷,"是一次名副其实的清人著述的大清理"[①],为研究清代学术文化奠定了坚实的资料基础。王纪曾校勘学上的成就则体现在其年轻时协助张元济校勘《百衲本二十四史》,并于晚年主持整理了张元济的《百衲本二十四史校勘记》。在这样的背景经历下,王纪曾撰写了一系列研究张元济的论文,并于 1984 年出版了《近代出版家张元济》一书,介绍了张元济的生平和事业,总结了张元济整理出版古籍的经历和成果,是国内外研究张元济的

① 王承略.恩师王绍曾——王绍曾先生的生平与学术[J].山东图书馆季刊,2007(3):3.

第一部专著。王纪曾寓居山东50余年，对齐鲁文化感情颇深，是继王献唐之后山东文献研究的第一人，为保存和发扬山东文化遗产作出了贡献。继主编出版了《山东文献书目》之后，陆续整理出版了《山东藏书家史略》、《订补海源阁书目五种》、《山左戏曲集成》三部著作。

结束语

本卷全面、系统、简洁地总结改革开放30年来图书馆学情报学文献学学术发展的总体进程和基本脉络，突出以“问题”为中心，以学术发展为主线，力求通过对本学科框架内学术发展的重要事件，标志性成果及理论、技术、方法创新等内容的回顾与总结，充分展示改革开放30年来我国高校图书馆学情报学文献学研究的进展和学术贡献。

1978—2008年是我国图书馆学情报学文献学学科发展较为迅速的年代。2000年，北京大学、武汉大学被国务院学位委员会批准为一级学科博士学位授权点。2006年南京大学、中国人民大学获得“图书馆、情报与档案管理”一级学科博士学位授予权。2006年与2000年相比，图书馆学、情报学、档案学二级学科授予硕士学位的学科专业点由57个增加到127个，其中图书馆学硕士学位授权点增加了20个，情报学硕士学位授权点增加了40个，档案学硕士学位授权点增加了10个。截至2006年，我国高校设有图书馆学博士点8个，情报学博士点8个，档案学博士点4个。此外经人事部批准，中国科技信息研究所于2002年、中国国防科技信息中心于2003年设立了博士后科研工作站。2003年《人事部、全国博士后管委会关于新设434个博士后科研流动站的通知》中，图书馆、情报与档案管理领域分别在北京大学、武汉大学和中国人民大学设立了博士后科研流动站。2007年南京大学经人事部批准设立了图书馆、情报与档案管理博士后科研流动站。这样，我国图书馆学情报学档案学领域就建立了完整的“学士—硕士—博士—博士后”人才培养体系。因此，从事图书馆学研究的人员很多，研究队伍日益扩大，研究成果也越来越多。不过，原创性精品并不多见。这既反映了图书馆学学科的科学性有待提升，也说明了理论研究应当扎根于实际才有出路。当前，我们虽然在图书馆学研究上取得了一定的进展，但并没有实质性的突破。因此，加强图书馆学研究中国化进程，扎实推进并努力提高图书馆学理论研究水平，是摆在中国图书馆学研究者面前的一项重要使命。

经过近几年的探索，情报学界越来越认同对原始的情报概念的回归。在这种思潮的指引下，未来几年的情报学研究将更加重视与情报工作实践的结合，更加重视科技、社会和经济发展的信息需求。在研究方法上，情报学研究将越来越多地利用实证和定量的方法，包括实验的方法。在应用研究方面，信息检索和竞争情报研究将占有重要的地位。

文献学作为一门独立的学科，在20世纪80年代就已初步形成。特别是在古典文献学领域，其研究对象、范围、目的等，都基本上形成了共识；但对于现代文献学一系列理论问题，尚待进一步深入。随着现代技术的发展，很多新型文献的出现，文献新载体与新的传播方式以及与此相关的利用、阅读等，对文献学研究提出了新的挑战。目前，在文献学领域，对这一挑战还没有很充分的应对。文献学著作的出版相当丰富，但研究者缺少必要的交流与合作。有些成果在某些程度上出现低水平的重复。因而，以后应加强文献学学术组织的建立，举办专门性的学术研讨会，以促进学者间的交流与沟通。

附　录

图书馆学 30 年大事记

1978 年，全国文献工作标准化技术委员会成立。

1979 年，《汉语主题词表》出版。

1979 年 7 月，刘国钧当选为中国图书馆学会第一届理事会名誉理事。

1979 年 7 月，中国图书馆学会成立大会暨第一次会员代表大会在山西太原召开。

1980 年，创刊于 1956 年的《中国科学院图书馆通讯》几易其名，1980 年改为现在的《图书情报工作》。

1981 年 3 月，中国图书馆学会学术委员会在四川峨嵋山召开了"图书馆科学管理专题学术讨论会"。

1981 年，《大学图书馆动态》创刊，1983 年改为《大学图书馆通讯》，1989 年改为现在的《大学图书馆学报》。

1981 年，《中华人民共和国高等学校图书馆工作条例》修订。

1982 年 5 月，在北京地区高校图书馆学会的指导下，召开了第一次图书馆自动化专业学术会议。

1982 年，彭斐章主编的《目录学概论》出版。

1982 年，《图书馆杂志》创刊。

1983 年，白国应的《图书分类学》出版。

1984 年，教育部印发《关于在高等学校开设〈文献检索与利用〉课的意见》。

1984年9月,在大连召开的“全国高校图书馆藏书建设研讨会”首次提出了文献资源和文献资源建设。

1984年,第一届全国图书馆学基础理论学术研讨会在杭州召开。

1985年,吴慰慈、邵巍著《图书馆学概论》,北京图书馆出版社出版。

1985年,谢灼华主编的《中国图书史与中国图书馆史》出版。

1986年,首届全国中青年图书馆学情报学理论研讨会在武汉大学召开。

1986年11月,中国图书馆学会在南宁召开全国文献资源布局学术讨论会。

1987年12月,“深圳大学图书馆计算机管理集成系统”通过鉴定。

1988年,黄宗忠著《图书馆学导论》,武汉大学出版社出版。

1988年12月,北京大学图书馆学系、武汉大学图书馆学系合编的《图书馆学基础》和武汉大学、北京大学《目录学概论》编写组编写的《目录学概论》,获得国家教委颁发的第一届高校优秀教材一等奖。

1989年,中国图书馆学会编辑、出版《中国图书馆学情报学论文选丛》(1949—1989),并对10年来的科研成果进行首次评奖。

1990年,彭斐章著《书目情报需求与服务研究》,武汉大学出版社出版。

1990年,北京大学、武汉大学招收首批图书馆学情报学博士生。

1990年,《中国国家书目机读目录》(速报版),北京图书馆开始发行。

1991年9月,北京地区高校图书馆自动化研究会成立

1991年,北京大学、武汉大学合编《图书馆学基础》,商务印书馆出版。

1991年,第二届全国图书馆学基础理论学术研讨会在庐山召开。

1993年,《中国大百科全书·图书馆学·情报学·档案学》出版。

1993年,首届海峡两岸图书资讯学术研讨会在上海华东师范大学召开。

1994年,《中国分类主题词表》出版。

1995年,《当代中国的图书馆事业》,当代中国出版社正式出版。

1995年,《中国机读目录格式使用手册》出版。

1996年,第六十二届IFLA大会在北京召开。

1996 年,《中国文献编目规则》出版。

1997 年,中宣部、文化部等部门联合发出《关于在全国组织实施“知识工程”的通知》。

1997 年,“中国试验型数字式图书馆”项目正式启动。

1998 年,中国高等教育文献保障系统正式启动。

1999 年,徐引篪著《现代图书馆学理论》,北京图书馆出版社出版。

1999 年,“改革开放 20 年中国图书馆事业高层论坛”召开。

1999 年 1 月,全国文献信息资源共建共享协作会议在北京召开。

1999 年 2 月,武汉大学信息资源研究中心成立。

1999 年 7 月,中国图书馆学会成立 20 周年暨 1999 年年会在大连召开。

2000 年,第三届全国图书馆学基础理论学术研讨会在常州召开。

2001 年,北京大学和武汉大学的图书馆学被评为国家重点学科。

2002 年,中国图书馆学会举办第一届青年学术论坛。

2002 年 7 月,国家教育部高等学校图书馆学学科教学指导委员会成立大会在南开大学举行。

2002 年,中国图书馆学会发布《中国图书馆员职业道德准则》(试行)。

2003 年,于良芝著《图书馆学导论》,科学出版社出版。

2003 年,第四届全国图书馆学基础理论学术研讨会在郑州召开。

2004 年,彭斐章主编《目录学教程》,高等教育出版社出版。

2004 年,吴慰慈著《图书馆学基础》,高等教育出版社出版。

2004 年,王子舟著《图书馆学基础教程》,武汉大学出版社出版。

2005 年,谢灼华主编《中国图书和图书馆史》,武汉大学出版社出版。

2005 年 1 月,“中国图书馆学会 2005 新年峰会”在黑龙江大学召开。

2005 年 7 月,50 余所高等院校的图书馆长在武汉大学信息管理学院举办的“中国大学图书馆馆长论坛”上,签署了“中国大学图书馆合作与资源共享武汉宣言”。

2005 年 8 月,中国图书馆学会在新疆乌鲁木齐主办了以“和谐社会中的图书馆”为主题的中国科协2005年学术年会第32分会场，达成《西部公共图书馆“乌鲁木齐共识”》。

2005年9月，中国图书馆学会受文化部委托承担的《公共图书馆建设标准》编制大纲工作开编会暨第一次工作会议在京召开，此项目正式启动。

2005年10月，中国图书馆学会在河南林州举办首届“百县馆长论坛”，达成《林州共识》。

2005年11月，“中国图书馆学会第七届学术研究委员会成立大会暨工作研讨会”在浙江杭州召开。

2006年，中国图书馆学会学术研究委员会新增设图书馆史研究专业委员会。

2006年4月，中国图书馆学会科普与阅读指导委员会成立大会在东莞召开。

2006年5月，第一届Web2.0与信息服务研讨会在上海图书馆举行。

2007年9月，《中国图书馆学报》创刊50周年纪念座谈会在中国国家图书馆文会堂举行。

2007年，第五届全国图书馆学基础理论学术研讨会在重庆召开。

2007年11月，“2007数字图书馆建设与应用研讨会暨成果展示会”在深圳大学城召开。

2008年7月，第九届海峡两岸图书资讯学学术研讨会举行。

2008年，吴慰慈、董焱著《图书馆学概论》(修订二版)，国家图书馆出版社出版。

2008年9月，由文化部负责编制的《公共图书馆建设标准》，经有关部门会审批准发布，自2008年11月1日起施行。

情报学30年大事记

1978年，中国科学技术情报学会成立。

1978年，中国《国防科技情报工作通讯》创刊，1985年改为《情报科学技术》。

1980年，《情报科学》、《情报学刊》问世。

1980年,第一届全国科技情报调研学术讨论会召开。

1982年,《情报学报》创刊。

1982年,第一批情报学硕士学位授予点设立。

1983年,严怡民主编的《情报学概论》出版,经国家教委审定为高校情报专业统编教材。

1983年,张琪玉著《情报检索语言》出版。

1984年,国务院和中央军委颁布了《国防科技情报工作条例》。

1984年,全国情报检索系统领导小组筹建全国联机检索网络。

1984年,第六次全国科技情报工作会议召开,会议提出情报工作必须有效地为国民经济建设服务。

1985年,赖茂生、徐克敏著《科技文献检索》出版。

1986年,中国社会科学情报学会成立。

1987年,严怡民、马大川著《情报学基础》出版。

1987年,全国情报研究方法论学术讨论会召开。

1988年,中国国防科学技术情报学会成立,1993年更名为中国国防科学技术信息学会。

1989年,中国国防科学技术情报学会举办首届年会。

1990年,第一个情报学博士学位授予点在武汉大学设立。

1991年2月,国家科委颁布《国家科学技术情报发展政策》(蓝皮书第6号)。

1991年,马费成著《情报经济学》出版。

1992年9月,第8次全国科技情报工作会议召开,国家科委作出将"科技情报"改为"科技信息"的行政决定。

1993年,陈光祚主编《计算机情报系统导论》出版。

1993年,赖茂生主编《计算机情报检索》出版。

1993年,国家教委颁布新的《普通高等学校本科专业目录》,将"科技情报"专业调整为"科技信息"专业。

1994 年,王崇德著《情报学引论》出版。

1994 年 9 月,全国竞争情报与企业发展研讨会召开。

1995 年 4 月,中国科技情报学会竞争情报分会成立。

1995 年,《情报学进展》(第一卷)出版。

1996 年,中国科学院文献情报中心公开发行《中国科学引文索引》。

1998 年,国家教委颁布新的《普通高等学校本科专业目录》,将“科技信息”等五个专业合并为“信息管理与信息系统”专业。

2000 年,全国科技信息机构体制改革与发展工作研讨会召开。

2000 年 11 月,国家信息资源管理南京研究基地经国家信息化推进工作办公室批准成立。

2002 年 5 月,第四届海峡两岸信息交流研讨会在北京召开。

2003 年,中国科技情报学会信息咨询专业委员会成立。

2003 年 8 月,第九届科学计量学与信息计量学国际会议(ISSI2003)在北京召开。

2003 年 10 月,信息构建(IA)与情报学理论方法的新发展学术研讨会在南京召开。

2004 年 9 月,第十八届全国计算机信息管理学术研讨会召开。

2004 年 11 月,第三届信息化与信息资源管理学术研讨会在武汉召开。

2004 年 11 月,科技信息标准化工作发展学术研讨会召开。

2005 年,《情报学进展》(第六卷)出版。

2006 年 8 月,我国情报学学科现状、发展与前瞻学术研讨会在北京召开。

2006 年 10 月,庆祝中国科技信息事业创建 50 周年学术研讨会在人民大会堂召开,徐冠华部长代表科技部党组在会上作了重要讲话。

2006 年 10 月,第二十届国际科技数据委员会国际学术会议召开。

2007 年 10 月,中国咨询业发展论坛在大连召开。

2008 年 8 月,第七届全国科技情报工作研讨会在昆明召开。

文献学30年大事记

1979年4月,中国历史文献研究会成立。

1980年1月,中国加入国际文献联合会。

1980年6月,文献学家赵万里逝世。

1981年,华中师范大学创办中国历史文献学研究所,开始招收历史文献学博士研究生。

1982年10月,吴枫著《中国古典文献学》,齐鲁书社出版。

1982年12月,张舜徽著《中国文献学》,中州书画社出版。

1983年2月,教育部召开全国高等院校古籍整理研究规划会议。同年9月,全国高等院校古籍整理研究工作委员会成立,负责组织协调高校古籍整理的科研和人才培养工作。

1983年8月,王重民著《中国善本书提要》,上海古籍出版社出版。

1983年,《古籍整理研究通讯》创刊,由东北师范大学古籍整理研究所编,1985年更名为《古籍整理研究学刊》。

1984年12月,王重民著《中国目录学史论丛》,中华书局出版。

1985年1月,《中国地方志联合目录》由中华书局出版,收方志8200余种。

1985年7月,《中国古籍善本书目》由上海古籍出版社出版。

1986年2月,王欣夫著《文献学讲义》,上海古籍出版社出版。

1986年7月,周文骏著《文献交流引论》,书目文献出版社出版。

1986年8月,《民国时期总书目》由书目文献出版社按学科分卷陆续出版。

1986年8月,《古籍整理与研究》创刊,由全国高校古籍整理与研究委员会主办。

1986年12月,张君炎著《中国文学文献学》,江西人民出版社出版。

1986年,文渊阁本《四库全书》,台湾商务印书馆影印出版。

1987 年 5 月，吴枫主编《简明中国古籍辞典》，吉林文史出版社出版。

1988 年 7 月，《中国方志大辞典》（该书编委会编），浙江人民出版社出版。

1988 年 11 月，王余光著《中国历史文献学》，武汉大学出版社出版。

1989 年 9 月，张秀民著《中国印刷史》，上海人民出版社出版。

1990 年 3 月，张舜徽著《汉书艺文志通释》，湖北教育出版社出版。

1991 年 1 月，赵国璋、潘树广主编《文献学辞典》，江西教育出版社出版。

1992 年 6 月，严绍汤等著《汉籍在日本的流布研究》，江苏古籍出版社出版。

1992 年 11 月，文献学家张舜徽逝世。

1993 年 5 月，王余光、徐雁主编《中国读书大辞典》，南京大学出版社出版。

1994 年 2 月，孙钦善著《中国古文献学史》，中华书局出版。

1997 年 10 月，《四库全书存目丛书》，齐鲁书社出版，收书 4500 种。

1997 年，《四库禁毁书丛刊》由北京出版社出版，收书 1500 种。

1998 年 4 月，程千帆、徐有富合著《校雠广义》，由齐鲁书社出版。

1998 年 6 月，彭斐章主编《中外图书交流史》，湖南教育出版社出版。

1998 年 8 月，文献学家顾廷龙逝世。

1998 年 9 月，曹书杰著《中国古籍辑佚学论稿》，东北师范大学出版社出版。

1999 年 3 月，杨绪敏著《中国辨伪学史》，天津人民出版社出版。

1999 年 6 月，郑伟章著《文献家通考》，中华书局出版。

1999 年，《四库未收书辑刊》由北京出版社出版，收书 2000 种。

2000 年 7 月，《清人别集总目》由安徽教育出版社出版。

2001 年 1 月，任继愈主编《中国藏书楼》，辽宁人民出版社出版。

2001 年 2 月，傅璇琮、谢灼华主编《中国藏书通史》，宁波出版社出版。

2001 年 3 月，文献学家吴枫逝世。

2002 年 12 月，《中国版本文化丛书》由江苏古籍出版社出版。

2002 年，《中华再造善本》由北京图书馆出版社陆续出版。

2002 年，《续修四库全书》由上海古籍出版社出版，收书 5213 种。

2004 年 5 月,钱存训著《中国纸和印刷文化史》,广西师范大学出版社出版。

2005 年 5 月,徐雁著《中国旧书业百年》,科学出版社出版。

2005 年 8 月,《中国著名藏书家书目汇刊》由商务印书馆出版。

2005 年 11 月,朱崇先主编《中国少数民族古典文献学》,民族出版社出版。

2005,文津阁《四库全书》,北京商务印书馆影印出版。

2006 年 8 月,《宋元明清书目题跋丛刊》由中华书局出版。

2007 年 4 月,文献学家王绍曾逝世。

2007 年,文澜阁《四库全书》,杭州出版社按原本影印出版。

参考文献

1. 白国应. 论20世纪的中国文献分类学(续)[J]. 晋图学刊，1999(2)：1－8.

2. 白国应. 中国检索语言研究中的十大转变[J]. 国家图书馆学刊，1996(4)：28－34.

3. 白国应. 中国文献分类学研究50年(1949—1999)[J]. 中国图书馆学报，1999(5)：63－67.

4. 白国应. 中国文献分类学研究的方向、重点及热点[J]. 大学图书馆学报，1995(2)：10－14.

5. 白国应. 中国文献分类学研究中的十大结合[J]. 图书与情报，1999(1)：9－14,39.

6. 柏丽娜. 由Ex Libris的技术特点看我国图书馆自动化的发展趋势[J]. 情报科学，2005(8)：1277－1280.

7. 曹志梅. 数字图书馆的用户服务模式研究[J]. 大学图书馆学报，2005(2)：16－19.

8. 曹作华. 图书馆信息服务质量综合评价层次结构模型[J]. 情报学报，2003(1)：65－71.

9. 陈成桂. 网络信息资源编目的思考与探索[J]. 图书馆论坛，2005(3)：164－166.

10. 陈富良. 中国文献资源建设历史轨迹的考察——从采访到藏书建设到文献资源建设[J]. 图书馆，1994(4)：6－8.

11. 陈进. 北京地区高校图书馆自动化现状及展望[J]. 现代图书情报技术，

1996(3):56—60.

12. 陈源蒸.中国图书馆自动化进展(1991)[J].图书情报通讯,1992(1):11—14,55.

13. 程桂荣.图书馆自动化集成系统发展状况研究[J].图书馆学研究,2006(12):36—38.

14. 程焕文,张靖.公理的呼吁 正义的呐喊——《图书馆合作与信息资源共享武汉宣言》的启示[J].大学图书馆学报,2006(2):13—15.

15. 程美群,杨天军.211高校图书馆自动化集成管理系统的使用情况分析[J].现代图书情报技术,2004(3):17—19.

16. 崔瑞琴,孟连生.数字信息资源整合问题研究[J].图书情报工作,2007(7):35—38.

17. 代根兴.八十年代以来我国文献资源建设理论研究综述[J].河南图书馆学刊,1993(1):14—16.

18. 代根兴.中国文献资源建设理论研究展望[J].图书馆,1995(6):1—3.

19. 戴维民,田春虎.从情报检索语言到本体——信息组织的新变革[J].图书情报工作,2005(7):6—10.

20. 党跃武.信息组织论[J].图书情报工作,1997(3):12—16.

21. 邓小昭.因特网用户信息检索与浏览行为研究[J].情报学报,2003(6):653—658.

22. 董成泰.我国高校图书馆自动化的回顾与展望[J].大学图书馆学报,1989(1):1—6.

23. 冯花朴.网络用户信息行为研究发展[J].情报杂志,2007(9):25—28.

24. 符绍宏.创新图书馆信息组织体系的战略思考[J].图书馆杂志,2006(6):8—12.

25. 高波.数字信息资源共享动力机制研究[J].中国图书馆学报,2008(3).

26. 高丹,李晓红.近年来我国网络信息组织研究述略[J].图书情报知识,

2004(5):63—65.

27. 龚亦农.数字图书馆的资源整合[EB/OL].中国图书馆网. http://www.chnlib.com/ZYLWJ/shuzitsg/200604/195.html. [2008—3—27].

28. 郭少友. 当前我国图书馆自动化研究综述[J]. 河南图书馆学刊,1993(1):39—41.

29. 胡海燕,詹德优. 我国图书馆虚拟咨询服务的现状与思考[J]. 图书馆建设,2003(4):65—68.

30. 胡燕菘. 国内数字图书馆研究项目综述[J]. 高校图书馆工作,2005(2):26—28,51.

31. 黄葵,吴礼志. 当前我国文献编目研究之现状[J]. 图书与情报,2001(4):33—36.

32. 黄秋梨. 近五年我国信息资源共享研究论文计量分析[J]. 现代情报,2007(5):92—96.

33. 黄如花. 国内外信息组织研究述评[J]. 中国图书馆学报,2002(1):63—66.

34. 黄晓斌,等.论图书馆数字资源的整合[J].图书情报工作,2005(1):50—54.

35. 黄筱玲. 新中国50年文献分类法研究述评[J].高校图书馆工作,1999(4):11—15 .

36. 黄宗忠. 中国图书馆管理的回顾与展望[J]. 图书情报知识,1997(4):7—11.

37. 江向东.我国数字图书馆建设现状、存在的问题及其对策[J].福建师范大学学报,2003(10):143—147.

38. 李富玲. 我国数字图书馆联盟建设的现状与未来发展[J]. 图书馆建设,2005(4):30—32.

39. 李红霞. 网络信息资源组织研究述评[J]. 情报杂志,2006(9):11—13.

40. 李晓明.从CALIS到CADLIS[J].大学图书馆学报,2004(5):3—4.

41. 李宗春,等.十年来我国图书馆管理研究的进展(1978—1987)[J].图书馆学研究,1989(3):12—21.

42. 刘立强,李佳军,田青.国内图书馆自动化系统现状分析[J].长春师范学院学报,2004(10):153—156.

43. 刘荣.全盘自动化——21世纪初中国图书馆自动化的发展目标[J].中国图书馆学报,1999(3):38—47,70.

44. 刘炜.数字图书馆引论[M].上海:上海科学技术文献出版社,2001.

45. 刘铮.九十年代我国文献资源建设研究论文状况统计分析[J].图书馆建设,1998(5).

46. 陆建芳.近十年高校图书馆自动化研究论文分析[J].江苏图书馆学报,1998(4).

47. 马费成,裴雷.我国信息资源共享实践及理论研究进展[J].情报学报,2005(3):277—285.

48. 马然,陈树年.网络信息分类组织的新星——Folksonomy[J].新世纪图书馆,2006(4):37—39.

49. 莫少强.广东省中山图书馆自动化集成系统的设计与实现[J].图书馆论坛,1995(1):20—23.

50. 聂华.北京大学图书馆Unicorn系统概况及特点[J].大学图书馆学报,2001(1):52—55.

51. 聂华.图书馆集成管理系统的发展现状与趋势[J].大学图书馆学报,2003(1):29—32.

52. 裴成发,赵传荣.文献资源建设研究中的六大问题评述[J].图书与情报,1993(2):43—47.

53. 沙勇忠.网络用户信息查寻行为研究述评[J].图书情报工作,2005(1):128—132.

54. 沈迪飞. 论当前我国图书馆自动化的发展路向[J]. 中国图书馆学报,2000(5):11—15.

55. 沈祥兴等. 中国高等教育数字图书馆发展综述[J]. 图书情报知识,2006(2):30—36.

56. 沈英. 中国图书馆自动化网络化发展现状[J]. 图书情报工作,1997(3):24—27.

57. 施波等. 电子信息资源自动编目的研究与实践[J]. 情报学报,2004(1):52—57.

58. 宋彩萍,霍国庆. 信息组织论纲[J]. 中国图书馆学报,1997(1):20—22.

59. 孙辨华. 北京大学图书馆自动化集成系统的设计思想与技术[J]. 现代图书情报技术,1993(2):25—29.

60. 孙承鉴,等. 我国数字图书馆发展十年回顾—综述[J]. 数字图书馆论坛,2006(1):1—13.

61. 孙林山. 我国信息用户需求和信息行为分析研究综述[J]. 图书馆论坛,2006(5):41—44.

62. 孙茜. Web2.0 对数字图书馆服务创新的启示[J]. 图书馆杂志,2005(12):27—30.

63. 唐林. 数字环境下用户信息行为评析[J]. 图书馆学刊,2007(5):72—75.

64. 汪东波,沈辅成. 国家图书馆集成管理系统选型[J]. 国家图书馆学刊,2002(3):2—5.

65. 王晓光. 基于文献计量的信息资源共享研究综述[J]. 情报理论与实践,2006(3):376—379.

66. 王颖洁. 近几年来我国文献信息资源共享研究综述[J]. 情报科学,2005(2):306—310.

67. 王知津,侯延香. 我国数字图书馆可持续发展的服务模式[J]. 大学图书馆学报,2005(5):2—6.

68. 王知津,孙鑫. 近年来我国信息组织研究述评[J]. 高校图书馆工作,2004(5):1—7.

69. 吴建中.网络环境下的图书馆自动化建设[J].图书馆杂志,1997(4):5—8.

70. 肖珑,陈凌. CALIS与中国高校数字图书馆的发展[J]. 图书情报工作,2005(11):9—14.

71. 肖希明.我国信息资源建设研究述评[J].高校图书馆工作,2004(4):7—12.

72. 徐建华.近五年来我国图书馆管理研究现状分析[J].中国图书馆学报,2001(6):67—70.

73. 杨沛超,等.从藏书建设到文献资源建设——文献情报工作理论与实践的重要进展[J].情报资料工作,1991(5):5—7.

74. 杨宗英 郑巧英.数字图书馆研究[J].大学图书馆学报,2000(1):7—10.

75. 杨宗英,郑巧英,夏佩农. 图书馆自动化发展的新阶段[J].大学图书馆学报,1997(3):1—5.

76. 姚晓慧,龚晓林.近十年来我国数字图书馆信息服务研究综述[J].高校图书馆工作,2007(5):4—9.

77. 袁名敦,朱强.高校图书馆自动化发展的十年回顾和"八五"展望[J].大学图书馆学报,1992(5):17—21.

78. 袁名敦.高校图书馆自动化发展的新阶段[J].大学图书馆学报,1990(6):1—5.

79. 张建勇,沈英,晏章军. 中国图书馆自动化进展[J].现代图书情报技术,1997(S1):46—48.

80. 张卫群. 图书馆用户信息行为研究综述[J]. 图书馆学研究,2006(8):87—90.

81. 张晓娟.数字图书馆与中国图书馆自动化的发展路向[J].图书情报知识,1997(1):7—10.

82. 张晓林. 数字化信息组织的结构与技术(一)[J]. 大学图书馆学报,2001(4):9－16.

83. 张晓林.数字图书馆理论、方法与技术[M]. 北京:北京图书馆出版社,2007.

84. 张玉礼. 新时期我国藏书建设理论研究与实践述评[J]. 图书馆,1992(6):19－24.

85. 张珍连. 网络信息服务质量评价指标研究[J]. 情报杂志,2005(2):82－83.

86. 张智雄. 世纪之交图书情报自动化系统发展的几大趋势[J].现代图书情报技术,2000(3):3－5,19.

87. 赵冬梅. 1990－2002 年 MARC 研究定量分析[J]. 图书情报工作,2004(6):110－113.

88. 赵媛,王磊,李浩凌. 近几年中美图书馆参考咨询服务研究比较分析[J]. 图书情报工作,1997(10):34－37.

89. 周慧芳. 图书馆联盟研究[J]. 图书馆,2007(4).

90. 周玉陶. INTERNET 对图书馆自动化系统的影响[J]. 情报科学,1996(2):27－28.

91. 周曾文,郑培玉. 90 年代我国图书馆自动化发展模式[J]. 图书馆杂志,1993(4):36－37.